私は歌う、戦いと、そしてひとりの英雄を
　〜ヴェルギリウス「アエネイス」第一巻より〜

私は歌う、縮絨職人と梟を
戦いとひとりの英雄ではなく
　〜ポンペイの壁の落書きより〜

はじめに

Q：この本なに
A：中世欧州を中心とした世界史上の
　　職業をゲームっぽく紹介したShosekiです。

　騎士、魔法使い、吟遊詩人、死刑執行人に盗賊騎士、ホモ取締官に女装男子、そしてメガネ。華やかな中世ヨーロッパを彩る煌びやかな職業たち。中世ファンタジーなゲームをプレイしたことのある方は当然として、そうでない方も、これらの職に憧れないことがあり得ましょうか？　いえ、あり得ますまい。
　本日は、そんな魅力溢れるジョブジョブの世界を皆様にも紹介したい……そのような意図で本書は書き上げられました。

　より有り体に申し上げますと、ほらほらお前らジョブとかスキルとか好きなんだろジョブツリーとかパラメータのグラフとか見てときめいちゃうんだろゲームをやらなくても設定資料集だけで麦飯三杯はいけるんだろそれでオリジナルジョブとか考えちゃうんだろ素直になれよまさか違うなんて言わねえよなこの野郎。と、だいたいそんな感じの本です。

　本書は元々同人誌として頒布されたものでして、それを一迅社さんのご厚意で書籍として上梓する事になり今に至ります。
　元が元なため、無駄に詰め込まれたページ構成や雑な書き振りなど、色々お見苦しいところはあろうかと思いますが、至らぬところも若気の至りとしてご笑納頂ければ幸いです。（これでも同人版に比べると幾ばくかマシにはなっているのです）

　さて、本書で取り扱っている職業の数々は（外見を除いて）資料に基づいた叙述になっています。ので、創作などの参考にお使いいただけますが、そんなことするくらいなら、巻末に載っけた参考文献に当たることをお勧めします。

もくじ

はじめに ——————— 004
目次（今ココ）——————— 005
凡例 ——————— 006

1：街と村の風景 ——————— 007
水売り ／ 傘貸し屋 ／ 公示人 ／ 説教師 ／ パン屋 ／ 洗濯女 ／
ビール妻 ／ 魚売り女 ／ 粉ひき ／ 乳母 ／ ベナンダンティ

2：郊外と荒野の風景 ——————— 031
羊飼い ／ 伯楽 ／ ジプシー ／ ハイランダー ／ 遍歴学生 ／
隠修士 ／ 担ぎ屋 ／ 匪賊 ／ 盗賊騎士 ／ 飛脚

3：山・川・海の風景 ——————— 055
森番 ／ 鷹匠 ／ 鳥刺し ／ 狩狼官 ／ ドルイド ／ 渡し守 ／ 鵜飼 ／
鮮魚飛脚 ／ ヴァイキング ／ 銛打ち ／ 持衰 ／ 漕刑囚

4：城・宮廷と戦場の風景 ——————— 087
吟遊詩人 ／ 道化師 ／ 占星術師 ／ ヴァリャーギ ／ 公人朝夕人 ／ 剣士 ／
ランツクネヒト ／ ベルセルク ／ 神殿騎士 ／ マムルーク ／ 墨家

5：聖堂とかの風景 ——————— 121
聴罪師 ／ 祓魔師 ／ 異端審問官 ／ 免罪符売り ／
写本師 ／ 石工 ／ 犬神人 ／ 塔守

6：祭りの風景 ——————— 147
紋章官 ／ 闘牛士 ／ 剣闘士 ／ 戦車競走手 ／ 泣き女 ／
死刑執行人 ／ 火消し ／ 抜歯屋 ／ カストラート

7：工房・事務所の風景 ——————— 173
理髪外科医 ／ 三助 ／ 鯨骨職人 ／ 調香師 ／ 染物師 ／ 綱職人 ／
からくり技師 ／ 錬金術師 ／ キプカマヨク ／ ポデスタ ／ 放浪教師 ／
代書人 ／ 公証人 ／ 訟師 ／ 代闘士 ／ 高利貸し ／ 徴税請負人

8：路地裏の風景 ——————— 213
偽乞食 ／ マッチ売り ／ 煙突掃除人 ／ 花売り娘 ／ かむろ ／
遊侠 ／ 悪党 ／ コーヒー嗅ぎ ／ 募兵官 ／ 皮剥ぎ

9：夜と地下の風景 ——————— 237
夜の役人 ／ 蝋燭番 ／ 墓掘り ／ 提灯持ち ／ 太鼓持ち ／ アサシン ／
墓泥棒 ／ どぶさらい ／ 汲み取り人 ／ ダウザー ／ 鉱山師 ／ 鉱山奴隷

NPC専用職コーナー ——— 080、140、268
お勧め文献コーナー ——— 120、236、285
ステージ紹介コーナー ——— 274
あとがき ——————— 284
参考文献 ——————— 286
総覧・索引 ——————— 290

不適切と思われる用語も作品中には含まれておりますが、時代背景や作品の創作背景、参考文献の表現を正確にお伝えするため掲載しております。

職業紹介：凡例

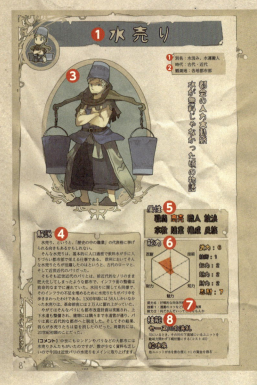

❶ **職業名**：職業の名前です。
たまに複数の名前を持つものもあるので、その場合は右上の方に別名を記載してあります。

❷ **時代・観測地**：その職業が存在した時代と地域です。
が、ほとんど「中世ヨーロッパ」の一言で片付く程度の情報量しかありません。

❸ **外見**：その職業の外見です。本書は可能な限り事実に則して描いていますが、ここは例外です。
資料を勝手にアレンジしたり敢えて無視したり、或いは想像で補ったりした結果、御覧の有様です。

❹ **解説**：その職業の解説です。

❺ **属性**：その職業がどのような要素を持っているかを属性という形で示してみました。
オレンジであれば、その要素を有しているということです。意味は文字通りです。

❻ **能力**：その職業に求められる能力、或いは就業者が有する能力です。
0〜10の11段階評価で、「3」が一般人レベルです。資料が足りない部分はフィーリングで。
武力：身体能力や戦闘力を表します。
技術：専門技能や手先の器用さを表します。
知力：専門知識や教養、したたかさ等を表します。「技術」との境目は往々にして適当です。
魅力：就業者の人気、或いは職業そのものの人気を表します。
財力：稼ぎの良さを表します。
忍耐：本来は就業者の精神的耐久力の値ですが、大抵は「労働環境の過酷さ」を表します。

❼ **能力値解説**：能力値には根拠があるんだよフィーリングじゃないんだよと主張するコーナーです。

❽ **技能**：職業の特色をスキルという形で表現してみました。
二つのうち片方はコマンド選択型、もう片方は常時発動型ですが、特に深い意味はありません。

❾ **解説その2**：右ページでは、その職業に関する雑多なことを紹介しています。
能力値やスキルの由来を解説している場合は、タイトルのカッコの中に関連する項目を書いてます。

１：街と村の風景

　まず手始めとして、街角と村々で行われた変哲もない商売の数々から本書の世界に入っていきましょう。

　城壁に囲まれた中世の都市は、12世紀頃から成立し始め、その後は領主たちと争いながらも独立し、独自の世界を築いていきます。中世都市の通りは決して閑静なものではなく、物売りたちの呼び声が響き渡っていました。広場は様々な人々が行き交い、そんな彼らに高らかに呼びかけることを商売にする者もいます。
　一方村では、生活に密着したより素朴な仕事が営まれていました。都市の仕事の数々と比べるとバリエーションに乏しく単調にも見えますが、真の意味で欧州を支えていたのは、名もなき農村の人々の営みでした。

水売り

別名：水汲み、水運搬人
時代：古代・近代
観測地：各地都市部

都会の人力★動脈
水が無料じゃなかった頃の物語

解説

　水売り、というと、「歴史の中の職業」の代表格に挙げられる向きもあるかもしれない。

　そんな水売りは、基本的に人口過密で飲料水が手に入りづらい都市部で栄える仕事である。欧州においてそんな水売りたちが活躍したのはというと、古代のローマと、そして近世近代のパリだった。

　そもそも近世近代のパリとは、前近代的なノリのまま肥大化してしまったような都市で、インフラ面の整備は致命的なまでに遅れていた。水回りに関しても同様で、そのインフラの不足を埋めるために水売りたちがパリ中を歩きまわったわけである。1300年頃には58人しかいなかった水売りは、革命前夜には2万人に膨れ上がっていた。

　やがてはそんなパリにも都市改造計画が実施され、上下水道も整備され、建物には隅々まで水道管が通り、パリは真に近代的な都市へと脱皮した。そしてその結果、我らが水売りたちは姿を消したのだった。時期的には、20世紀初頭のことだった。

【コメント】中世にもロンドンやパリなどの大都市には水売りさんたちがいたのですが、数が少なく資料も乏しいので今回は近世パリの水売りをメインに取り上げます。

属性

戦闘　商売　職人　放浪
宗教　賤業　権威　民族

能力

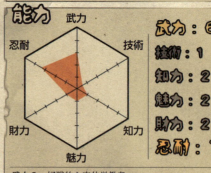

武力：6
技術：1
知力：2
魅力：2
財力：2
忍耐：7

武力6：好戦的な肉体労働者
技術1：運搬のコツなどは武力に換算
財力2：何だかんだいってこんなもんか

技能

セーヌ川の洗礼
川にいるとき、その川の下流域にいるユニットを敵味方問わず下痢状態にする（コスト40）

給水泉
他ユニットが水を飲む度に+1の資金を得る

水売りは儲かったのか（スキル・武力・魅力・財力）

一般的に、水売りというのはささやかな仕事である。社会の下層の労働者の仕事というのが相場だ。

しかし、資料をあさっていると、「割と儲かる仕事だった」といった記述に出くわすこともちらほらある。結局どっちやねんということで少し調べてみたが、どうやらこういう事情らしい。

まず前提として、パリでは早くも12世紀から「給水泉」を利用していた。これはよそから引いた水を使って設けた公共の水汲み場みたいなもので、水売りも含めてパリではこれが主要な給水源となっていたらしい。

給水泉を陣取るゴロツキたち

そして、近代パリの水売りたちが目をつけたのもこの給水泉。自らの利益のために水売りが試みたことは、平たく言えば、給水泉の独占。具体的には、公共の給水泉の周りを陣取って、市民の排除を画策。当然寄せられる非難に対しては、「我々は公共事業をしているのだ」とか何とか主張したらしい。住民とのトラブルも無数に発生し、警察も手を焼いていたようだ。

そもそも、彼らはしがない労働者とはいえ、気性の荒い肉体労働者であり、強面の騒乱好きでもある。そんな連中が、水の調達を妨害しようとするのだ。周囲から良い印象など得られる筈もない。当時の物書きの中には、水売りたちへ怒りと蔑みを込めて、最下層の下賤な連中だと罵る者もいたくらいだ。

そんなわけで彼らの努力の効果がどの程度あったのかは定かではない。このへんの事情は時代にもよるので一概には言えないが、水売りの営業権には高値が付けられたというから、それなりの稼ぎにはなったようである。

とはいえ、元軍人の水売りが困窮のために死亡するという事例も記されたりしており、必ずしも「ぼろい商売」と言えるわけでもないようだ。肉体を酷使する過酷な労働に見合うだけの報酬かと言われると、極めて怪しいところだろう。

水売りのお仕事（武力・忍耐）

資料によってばらつきがあるが、彼らはだいたい40～60リットルほどの水を一度に運んだようである。ただし、当時のパリの住居は非常に高層化しており、部屋に水を運ぶのも一苦労だった。高いところでは8階だとか、更には屋根裏部屋にまで水を運ぶ必要があったのだ。強健な水売りは、そんな重労働を1日30往復したともいう。

18世紀には、こんな感じの「タガ」でバケツの間隔が調整された。足にあたらないようにとの配慮である。

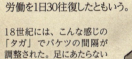

裕福なものは馬に曳かせた荷車で水を運ぶことができた。年1000万円くらいは稼げたとか。

ちなみに水の料金は1往復数百円といったところのようだ。また、階数によっても料金は異なったそうな。

セーヌ川の水（スキル）

川が都市民によって汚染されるのは珍しいことではないが、特にパリを流れるセーヌ川は著しかった。屠殺の排水や皮なめしの排水、それにゴミやら糞便やら。パリの汚染を一手に引き受けるのが当時のセーヌ川だったのだ。当局は川から飲料水を取得することを禁止していたが、原価をケチるためにこのセーヌ川から汲み上げた水を売りつける水売りもいた。というか、18世紀あたりになると給水泉の不足から、セーヌ川の水の使用が常態化していたようである。予想されたこととはいえ、実に歴史的である。

都会の環境ですっかり汚れてしまったセーヌの精

外国人や上京者は、このセーヌの水で腹を壊すのが通過儀礼だった。ある記述によれば、パリに来た外国人の3分の2が下痢になり、中には赤痢にかかる者もいたとか。

世界の水売り

申し訳程度に各国の水売り。やはりどこでもきつい仕事だったようだ。

古代ローマ
水を汲むのは水汲み奴隷の仕事だったが、彼らは最下等の人間とみなされていた。ローマには水道管理の奴隷もいた。

イスラム圏
建前上でこそ水売りは尊い存在だとされていたが、実際のところは卑しい下賤民とされた。彼の地では井戸からの組み上げはラクダがやることも。

日本
江戸でも水道の普及は不完全であり、一部では水売りが船に積まれた水を担いで回った。明治になっても水売りの姿はしばらく見られた。

傘貸し屋

別名：貸し傘屋
時代：近世
観測地：パリ

パリジャンの見栄が生み出した恐るべき隙間産業

解説

近世パリには傘貸し屋なる職業が存在した。傘貸しと聞けば、突如の雨に襲われた、傘持たぬ不運の市民に傘を貸すお仕事……と思われるかもしれない。

それも間違いではないのだが、パリの傘貸しは微妙に事情が異なる。資料によればパリジャンたちは、

「傘を差す＝馬車を持ってない証＝下層民」

という思考回路の持ち主だったらしく、傘を差して貧乏人であることがバレるくらいなら濡れた方がマシだったようだ。となると、傘貸し屋の商売は何かというと、そう、日傘である。当時のパリジャンは、雨でびしょ濡れになることよりも、日に焼けて美肌を損なうことの方が恐ろしかったようだ。

ちなみに現代でも、東南アジアの観光地あたりでは観光客相手の傘貸しをやってる地域もあるようだ。噂によると、貸した傘を回収するための、傘貸し屋ネットワークがあるとか何とか。

【コメント】本書で取り扱う職業の中でも相当にニッチです。欧州広しと言えど、調べた限りでは類似する商売は見つかりませんでした。この手の職業は往々にして、レアリティの割には性能はイマイチです。

属性

| 戦闘 | 商売 | 職人 | 放浪 |
| 宗教 | 賤業 | 権威 | 民族 |

能力

武力：2
技術：1
知力：3
魅力：5
財力：6
忍耐：1

技術1：傘を渡して回収するだけのお仕事です
魅力5：必要とする人にとっては有り難い存在
財力6：事業を拡大する程度には儲かった模様

技能

こうもり傘
射程2の通常攻撃を行う(コスト10)
また、天候の影響を受けない

ペパンとリフラール
「7」以上の能力値が全て7まで引き下げられる

橋が仕事場

日傘のレンタルと言えど、パリは一応は大都市。日を遮る遮蔽物には事欠かないではないか、という意見ももっともである。が、どうしても照りつける太陽に対して無防備にならざるを得ない場所が一か所だけ存在した。

それが、つまり橋である。

そんなわけで、パリジャンの切実な悩みをかぎつけたのか、傘貸し屋たちは橋の両端に窓口を設け、橋を渡らんとする者に傘のレンタルを行った。

簡単！正しい傘の借り方
①橋の入口の窓口で傘を借りる
②橋を渡る
③橋の出口の窓口で傘を返す

レンタルだけではなくて、雨傘日傘の随伴歩行サービスなんてものもやっていた。位置づけ的には、提灯持ちと同等の日銭商売とされていたっぽい。

権威の盾と凡庸の傘（スキル）

今でこそ傘と言えば雨傘を意味するが、元々は日傘の方が起源は古い。古代インドの日傘である「天蓋」をはじめ、古代世界において日傘とは従者が貴人に差し掛けるものであり、権威の象徴であった。ヨーロッパでも、遺言状の中に「傘は誰々が相続する」といったことが書かれるのも珍しくなかったそうな。

一方の雨傘がパリで発明されたのは、ずいぶん後代の17世紀になってからだった。中世には雨用のカッパと名付けられたフードくらいしか雨具はなかった。

しかし新たに発明されたこの画期的な雨具は受容されるまでには長い時間がかかった。前述の通り、貧乏人と思われるくらいなら濡れたほうがマシというのがパリジャンの心意気である。当時は傘にも様々な象徴的な意味付けがなされた。スキル名である「ペパンとリフラール」とは当時の喜劇の登場人物の名前だが、やがて彼らの名前は雨傘の同義語となった。更に、その雨傘は「用心深い凡庸な人物」の象徴として風刺の対象にすらなったという。19世紀になっても、雨傘を差すのはかように臆病なことと結び付けられていたようだ。パリジャン、ちょっと自意識をこじらせすぎじゃなかろうか。

貧乏人の証であるとして傘を差すことを拒んだパリジャンであるが、差して貰えるのであればそのプライドも保たれたことだろう。

こうもり傘（スキル）

傘自体が天蓋から進化したことからもわかるが、かつての傘は言ってみれば「蓋」であり、開いたり閉じたりするものではなかった。現代のような開閉式の傘は西洋では13世紀イタリアで生まれたとされる。一方我が国でも、中国から伝わった傘を独自に開閉式に改良したようであるが、正確な年代はわからない。

ともあれ、開閉式になったお陰で今日のように刺突攻撃に使え、子供たちも傘を手に装着してロボごっこができるようになったのである。

「手にはめた傘をランスに見立ててトーナメントごっこ」が、当初のデザインコンセプトだったりする。頭についているユリのかざりはその頃の名残。

意外と儲かる隙間商売（財力）

橋一本分の傘の価値
- 傘 0.5本 ＝ 桶1杯分の水
- 傘 4本 ＝ 1日分のパン
- 傘 24本 ＝ 女性労働者の1日分の賃金

ノルマは1日25本でどこかな。

橋の端から端まで傘を貸す商売。なんだかもう突っ込み所が多くて戸惑うばかりであるが、ちゃんと商売として成立はしていたようである。この日傘賃貸業を営む権利を獲得した会社であるが、フランスの国立公文書館にある資料によると、その後雨傘賃貸業にも手を出し、更には夜間営業へと事業を拡大していったようなのだ。どうも、ある程度は儲かっていたらしい。

ちなみに気になるお値段であるが、橋1回分の賃貸料は2リアール。……と言われてもよくわからないが、一人の人間の1日分のパンが大体8リアール程度だったらしい。まあ、ぼろい商売のうちには入るといったところだろうか。

とはいえ貨幣の価値も時代で変わるので、あくまで参考程度、ということで一つ。

公示人

別名：触れ役
時代：中世〜近世
観測地：英、仏とか

神と人の仲介人、
新商品の名を叫ぶ

解説

　報道陣が見守る中、「勝訴」と書かれた紙を誇らしく掲げ走ってくる……。死ぬまでに一度は遭遇したいものだが、現物にお目にかかったことはまだない。中世にはこのような告示を専門に行う職業があった。言うまでもないがそれが本項の主役、公示人である。そのまんまだ。触れ役とも言う。

　一般的に、中世のヨーロッパでは識字率は低く、そのため「代書人」(200p) のような商売も登場した。が、しかし、執筆作業を専門業者に任せるよりも前に解決すべき問題がある。そう、書く以前に読めない市民も多いのだ。

　新しい法令が公布されたとしても、掲げられた看板を誰も読めないのであれば意味がない。これを補うのが公示人の仕事だ。最新ニュースや新たな法令、或いは偉い人の声明など、あらゆる情報を四つ辻で触れ回った。言ってみれば生きた新聞である。「勝訴」の文字も「平成」の文字も、掲げるのは彼らの仕事だった。

〔コメント〕どこの主教様やねんと言いたくなる衣装ですが、公示人です。

属性

戦闘 **商売** **職人** **放浪**
宗教 **賎業** **権威** **民族**

能力

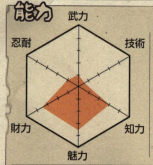

武力：2
技術：1
知力：6
魅力：7
財力：7
忍耐：2

技術1：技術に換算できるものがまるでないのには驚きだ
魅力7：最高権力者と民衆の仲立であった
財力7：彼らの税金は「国庫の重要な財源」だったとか

技能

王令の布告
周囲8マスの味方ユニットの攻撃力を一定時間+2する（コスト60）

神々の宣伝
「商売」属性の味方ユニットの数だけ毎ターン収入を得る

王と人民と公示人と（スキル・魅力）

　3名のトランペットを吹く陪審員を従え、公示人は馬にまたがり広場に現れる。辻ごとに留まり、トランペットの音色と共に王令を高らかに布告する。
「いざ、聞くがよい。国王陛下におかせられては……」
　……というのがパリの告示の様子だったそうである。たかが文章を読み上げるだけの簡単な商売と甘く見てはいけない。彼らは国王や領主の上意を下々に伝える者であり、民衆からすれば権威の代表者であった。公示人の声は王の声なのである。なので、公示人にもそれ相応の格というものが求められたのである。それだけではない。国家間の問題やローカルなニュースなど、重要な情報が住民に伝わるか否かは彼らの働きにかかっていたので、責任は重大な仕事である。
　公示人は王や諸侯に雇われることもあったが、町などの共同体から選出されることもあった。いずれにせよ歴とした公務員であり、公示人になれるのは町の名士といった、当時の社会で信望を得ている者だったという。

ラギエルミーの絵画を参考にしたところの公示人による布告の様子。やたら大袈裟。

Don't shoot the messenger

　海外には表題のような慣用句があるらしい。悪い報せを持ってきた人に八つ当たりすんな、といった所だろう。公示人たちは上記の言葉のごとく、法によって保護されていた。公示人は権威の代表であり、その公示人に危害を加えるということは王や領主への反逆だとみなされていたのだ。
　公示人らはある意味、不可侵の存在とも言えた。その結果（かどうかはわからないが）、彼らは極めて神聖な職務を全うしている侵しがたい存在とすら認識されるようになった、ようだ。

そんな法律がわざわざあるってことは、つまり、不運な触れ役が殺された例があるということである。

神々の宣伝（スキル・財力）

　神々の宣伝といっても、神の宣伝をするという意味ではなく、神の権威をまとった宣伝、の意。
　公示人は生きた新聞であると書いたが、新聞に挟まれた宣伝チラシの役割も担った。つまり、市場や相場の情報であるとか、商品の広告などの告示も行った。文字を読めない側からすれば、公示人なくしてそれらの情報に触れることは困難だったからである。
　さて、彼らはそんな公示人としての立場を使って、公務だけではなく私的な依頼も請け負い報酬を得ていた。お上から与えられた公示人の権威を私的に濫用していると言えなくもないが、その代わり税金を国家に納めていたからその辺はOKらしい。具体的な金額は記されていないが、その税が「国家の重要な財源になって」いったという程であるから、結構な金額が動いたようである。

新商品の名の他、集会、遺失物、失踪人等、何でも彼らは告知した。

公示人あれこれ

　いわゆる触れ役は、時代や地域を越えて存在した。
　英国の場合は、征服王ウィリアムが新しい法律を領地に速やかに行き渡らせるために設けたと言われる。その当時の階級や衣装は謎である。

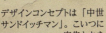

デザインコンセプトは「中世サンドイッチマン」。こいつに広告とかを張るのだ。

サンドイッチの模様はヘルメスの杖である「ケリュケイオン」。公示人らは伝令と商業の神ヘルメスを守護神としていた。

近世イギリスの典型的公示人。夫婦でペアとなって公示人を務める例も多数有ったとか。

公示人のトレードマークは何といってもベル。ベルマンの別名もあるくらいである。ただし、地域によっては他の道具も使われた。

フランスでは hunting horn が使われたとあるが、新旧どっちのタイプなのかは不明。

オランダの一部では銅鑼が使われていたとか。

説教師

時代：主に中世
観測地：各宗教圏

神の言葉から夫婦の営みまで
今日も坊主は町で教えを説く

解説

　坊主が民衆相手に説教をする構図、というのはどこでも見られたものらしい。宣教・伝道・説法と名前は色々あるが、説教は歴史を通じて民衆に布教する第一の手段で有り続けた。我が国でも、日蓮の辻説法はつとに有名である。

　欧州でも当然、キリスト教聖職者によって説教は行われた。ただ中世初期は、説教というものは聖職者による聖職者のためのものだったようだ。場所も聖堂内で、言語もラテン語で話された。

　11世紀に入ると、様々な事情から民衆に対する説教が重要視されるようになる。それと同時に、元々は司教の職務の一つだった説教は、より広く僧侶の手に渡るようになる。そこからやがて説教の専門家としての説教師が登場し、15世紀あたりには説教は全盛期を迎えることになる。中世マスメディアの完成である。

〔コメント〕修道僧の服をベースとして、仏僧っぽさも感じさせるデザイン……というコンセプトで描いたはずが、気がつけば何だかやけに偉そうなお姿に。「真・女神転生」あたりで悪魔として出てきそうなポーズですね。

　人気説教師ほど資料によく出るので評価もそっちに引きずられてます。凡百の説教師もいたわけですが。

属性

| 戦闘 | 商売 | 職人 | 放浪 |
| 宗教 | 賤業 | 権威 | 民族 |

能力

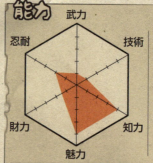

武力：2
技術：2
知力：8
魅力：8
財力：3
忍耐：4

知力8：聖典のみならず人情の機微にも精通
魅力8：人気説教師はちょっとした聖人扱いだった
財力3：建前上財産は持たないが、報酬は得ていた

技能

調停
周囲8マスにいるユニットは、敵味方問わず1ターンの間攻撃できない（コスト35）

新説教
隣接する民衆系ユニットの行動力に +1

新説教と説教の時代（スキル、魅力、知力、忍耐）

13世紀以降になると、新説教(sermo modernus)と呼ばれる形式の説教が登場する。これは、聖書から引用した言葉をテーマ分割して説話を展開する手法、とのことである。

小欄で解説するのはとても難しいのだが、ともあれこれによって、聖書の権威を利用しつつも、単なる宗教的教義にとどまらない多彩なテーマを説くことが可能になったらしい。

テーマが多岐にわたる分、説教師には幅広い教養が求められるようになった。一例として、彼らは動物に関する知識が求められた。動物の比喩は聴衆に人気があり、そのためには各動物の特徴を把握せねばならないからだ、という。

そんな説教術の研鑽の甲斐あってか、13世紀～15世紀にかけて説教は大いに流行する。各都市はこぞって人気の説教師を招こうと躍起になり、実際招かれた説教師の説教に群衆は熱狂した。中には40日間にもわたって熱弁を繰り広げたという例も存在する。

民衆を洗脳する悪の司祭　聖堂内部での説教の図

中世では、存在感に応じて身体のサイズは変更されるのだ。

修道会や教皇への根回し、対立都市との交渉、或いは恫喝など、都市はあらゆる手段を用いて人気説教師を招聘しようとした。一方招かれた説教師は、都市から去る際には引き留められぬよう、夜間にこっそり脱出せねばならなかった。

調停（スキル・魅力）

説教師が説いたテーマは家族関係から金融まで様々だったが、特に影響力を誇ったのが平和に関する説教だった。

場所にもよるが、当時の都市というものは部族、党派、貴賤等々、あらゆる対立と抗争を内に抱えていた。そんな中、都市内の党派と利害関係のない第三者であり、かつ権威と影響力を持つ説教師は、争いごとの調停者としてうってつけだったのだ。

15世紀には、説教師による説教は紛争解決のプロセスとして定着しており、それを期待して都市当局が説教師を招くことも多かった。

説教師の貢献は、単なる説教に留まらない。

凄まじい殴り合いの中、説教師自ら巨大な十字架を抱えて割って入り「慈悲、慈悲、平和、平和」と叫んで闘争を直接終わらせた例も存在する。

多分、感動的かつ劇的な場面なんだろうが、日本語で再現すると、どうにもサマにならねえ。これが言葉の壁か。

説教師と托鉢修道会

この時代、説教師として活動を担ったのは、主に「ドミニコ会」「フランチェスコ会」らの托鉢修道会だった。托鉢修道会とは、当時の修道会が忘れていた清貧の志を旨として活動する修道会の一派。他の宗教系ジョブとも密接な関わりを持つので、この際まとめて取り上げてみる。両会士の仲も一筋縄ではいかなかったりと、実際にはもっと複雑だったりするのだが、それはともかくジョブツリーって眺めてると心が癒されるよね。

修道士
基本ジョブ。使徒的生活を目指した信徒たちだったが、時代が経つと堕落し、封建領主化したものもいた。

フランチェスコ会士
アッシジのフランチェスコによって設立された、清貧と説教を旨とする修道会。ドミニコ会と協力して対異端戦線を築いた。

説教師
本項の主役。説教の専門家。托鉢修道僧らを母体とした。

ハティーブ
イスラム圏のカリフ公認説教師。他にも数種類の非公式の説教師がおり、イスラム社会の説教に対する関心の高さが窺える。

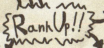

隠修士（42p）
托鉢修道会同様、清貧を目指した一派であるが、時として先鋭化し、異端と化した。

ドミニコ会士
特に異端との戦いに重点を置いた修道会。正式名称を説教僧団といい、説教を武器に異端と戦った。

異端審問官（128p）
対異端の専門家。托鉢修道僧らを母体とし、イベリアでは国王に属した。

俗人説教師
教会の権威に依らず、自発的に説教を行った俗人だが、当局からは異端とされることも。

パン屋

時代：古代～現代
観測地：欧州全土など

中世都市の台所
人はパン無しで生くる者に非ず

属性
戦闘　商売　職人　放浪
宗教　賤業　権威　民族

能力

武力：3
技術：5
知力：3
魅力：2
財力：5
忍耐：3

技術5：他の職人に比べて徒弟期間も短かった
魅力2：粉ひきと同様、身近な嫌われ者だった
財力5：資料によって評価は分かれるが、とりあえず5で

技能

パン試作実験
凶作、物価高騰の影響を半減させる
（コスト55）

トランショクワール
防御力1の盾を装備したときと同じ効果を得る
盾装備と重複はできない

解説

　"わたしがおおきくなったとき、だれと結婚するのでしょう……"　海外の伝統的な縄跳びの数え歌では、このあと肉屋、パン屋、蝋燭屋と続く（らしい）。マザーグースの唄の中にも同じ三職の組み合わせは登場している。このあたりから察するに、肉屋やパン屋は欧州では最も一般的な職業の一つとされていたようだ。蝋燭屋はちょっと微妙かもしれないが。

　というわけで中世のパン屋だ。パンを作ること自体には大した技術は必要なく、実際中世初期には人々は自分たちのパンをご家庭でこねていた。が、やがて都市が各地に勃興してくるとそんな牧歌的なことも言っていられなくなる。

　「粉ひき」(24p) の項目でも述べるが、小麦とパンは欧州人の魂そのものだ。物理的にもパンは人々の主食であり、これがなかったら単純に人々が飢えて死ぬことになる。まだ当時はお菓子もブリオッシュも十分にはなかったのだ。

　そんなわけで、パンの供給を担う専門家たるパン屋の責任は重大だった。都市当局もパン屋と同様に、いや、パン屋以上に食料の安定供給に心を砕いていた。これはパン屋の物語、というよりは、パン屋を介した都市当局の物語でもあったりする。

誰がためのパン（スキル・忍耐）

中世都市の手工業世界は色々規制が多かったが、パン屋に関してはその傾向は更に顕著だった。何しろパン屋は都市市民の胃袋を支えるインフラでもあった訳で、半ば公共的な性格をもっていた。そのため都市当局からの介入も入りまくりで様々な規制があった。

ただし、これを単なるお役所主義と見てはいけない。都市市民の幾割かは貧困者、穀物価格も不安定、明日の飯がないという状況とリアルに隣り合わせな中世都市において、彼らは消費者保護に本気で取り組んでいたらしい。

パンにみる都市の食料政策の例

パン試作実験
新製品の開発、ではなくパン価格の策定のための実験。パンの価格の決定は、役人立会いのもと、実際に粉を吟味しパンを試作して小麦代や人件費等を勘案した上で決定された。

深夜作業
キリスト教社会なので休日労働は禁じられていたが、休日にもパンを提供させるため「休日でも朝の鐘から晩の鐘の間以外はOKよ」と妙な理屈で休日労働や深夜労働が許容された。

ギルド
組合や都市によって任命されたパンの監視官。品質などを抜き打ちでチェックし、違反していれば罰金を取った。このようなチェック機構を備えている職は他にもあったが、パン屋や肉屋などは特に厳しく検査され、違反時の刑罰も重かった。

小麦粉取引制限
パン屋は原料である小麦粉を買う際も、場所や時間、量などが制限された。投機的な大量購入による穀物価格の高騰を防ぐ意図などがあったらしい。また、店で市民とパン屋が同じ小麦粉を買おうとした際は、市民が優先された。

市場の保護
「パン市場の周囲10歩以内では排泄してはならない」といった具合で、市民のパンの清潔さは常に重視された。物理的に汚い仕事に従事している者も要注意リストに加えられていたらしい。

特に凶作などの非常時には、緊急の市場の開設、買い溜めた小麦の開放、休日労働の解禁、安価パンの製造指示など、当局の活動は一気に活発になる。正直、筆者も彼らの仕事ぶりを見て、中世の役人を見直したくらいである。そんなわけで中世のパン一切れの裏には、パン屋ギルドとそれを統制しようとする都市当局との葛藤があったのだ。

パン屋と社会（財力・魅力）

都市のインフラたるパン屋であるが、都市民からは粉ひき同様に嫌われていたらしい。パン販売時のインチキやパン価格の高騰の不満が彼らの悪評になった。もっとも、商売上のインチキは当時の商売の枕詞みたいなものなので、パン屋のみが強欲という訳ではないが。

シュップフェン
違反したパン屋に対する刑罰の例。吊るした檻に受刑者を入れて放置し、飢えに耐えかねて飛び降りると下には肥溜めが待っているという仕掛け。群衆も喝采だ。

一方、財力や地位はどうかというと、どうも資料によって差が大きい。ドイツの例では町の有力者であり地位も財産も豊かだったとあるが、フランスの例では貧乏で地位もいまいちとなっている。地域差もあったのだろう。

更によくわからないのがフランスの例での収入。曰く、親方の1日あたりの日当は2〜3スーだというが、これ、ネットの情報を付き合わせる限り、どう計算しても200円くらいにしかならないのである。いくらなんでもこれじゃ生活できないだろう。

パン作成時にでる「ふすま」を豚の餌にしたり染物師に売ったりして副収入を得ることもできた。それにしても日当少なすぎると思うが。

トランショワール（スキル・武力）

中世のパンを語る上ではトランショワールは欠かせない。これは硬くなった古いパンを皿代わりにするもので、使用した後は動物や貧者に配られることもあった。資料によっては「木皿」と訳しているものもある。

なんかこう、「中世」って感じでいいよね。

衛生と窯と

上のほうでもちょろっと触れたが、パンの清潔さには皆、気を配っていた。例えば生地をこねる際の水も、井戸水は汚染されているとして川や泉の水が好まれた。

他には、パン焼き用の窯を使う際も、窯のそばに汚れた衣服を置いて窯の熱でこれを乾かす行為は、不衛生であるとして禁じられている。（やった奴がいたんだろうなぁ）

窯と言えば、ロシアの田舎の方ではサウナの亜種化、パン焼き窯を風呂として用いていたらしい。一方スイスでも、パン焼き窯の熱気を応用したサウナ風の風呂があったようだ。パン文化の周縁部には妙なものもあるという話。

洗濯女

別名：足踏み、さらし工
時代：古代～近世
観測地：世界各地

高地の若き娘達、原初の洗濯の姿を伝える

属性

戦闘　商売　**職人**　放浪
宗教　賎業　権威　民族

能力

武力：4
技術：3
知力：2
魅力：2
財力：3
忍耐：5

武力4：かつては洗濯は心身ともに重労働
技術3：一般人と大差なかろうかと
魅力2：見てる分にはよいが、近づきたいものでは

解説

　公共の洗濯場にある、水の入った大きなたらいに汚れた衣類を浸け、その上で踊ったり跳ねたりする。古代ローマでの洗濯の風景である。

　ローマ人の下着はウールが多かったので、手もみ洗いよりも、足で踏み付けて汚れを押し出すやり方が適していたらしい。ウールとかその辺の理屈は筆者にはよくわからない。ともあれ、足で踏んでいたので、洗濯女たちは足踏みとも呼ばれていた。

　「彼女たち」と言ったように、洗濯業は女性の仕事だった。この次に紹介するビール妻と同様、洗濯も元々は家庭で女性が行う仕事だったからだろう。

　中世になっても相変わらず叩いたり踏み付けたりといった手法がとられたが、16世紀になると洗濯板と洗濯ベラが普及し、彼女らの仕事も多少は楽になった。

　ソースは失念してしまったが、どこぞの説話だかでは、高貴な女性を貶めるために、「汚らわしい職」である洗濯女にさせるという記述が出てくる。これもまた、当時の人々の認識の一例だろう。

【コメント】力はちょっとだけ高めですが、それを除けばまさしくミス一般人。フロイライン村娘。だがそこにはふとももがある。

技能

洗濯ベラ
+2の通常攻撃を行う（コスト20）

石鹸
回復スキル／アイテムの効果を増加させる

洗濯：栄光なき重労働

今でこそどのご家庭にも全自動洗濯機があるが、20世紀になるまでは、洗濯とは体力・精力を要する大仕事だった。

19世紀イギリスでは週に1回まとめて洗濯をしたが、それは文字通り丸1日がかりの大仕事だった。ものの本では、足踏みらの仕事を「苦役」に分類しているケースもある。ちなみに洗濯をしたのはもっぱら月曜日だったと言われる。日曜日には沢山の料理を作るので、翌日の月曜日は夕食をこしらえる必要がなく1日中洗濯に専念できるから、らしい。

足踏みさん基本形
デザインコンセプトは「普通の村娘」

足踏みブレイン
水汲み中や作業中は同業者とお喋りしてるので噂話には詳しいぞ。でも教養があるとは言えないので「知力2」。

足踏みヘッド
適当にデザインしたら、後頭部のお団子、左右のお下げ、そして頭巾が絡み合ってやたら立体的に。

足踏みレッグ
いわゆる裸足。通常攻撃は蹴り技だ。田舎娘がスカートをたくし上げて洗濯する姿は、18世紀の画家たちも好んで描いたようである。

足踏みアーム
女性ではあるが、洗濯ベラでひたすら叩く毎日なので攻撃力はそこそこだ。というわけで「武力4」。

EXTRAスキル
たくし上げ
効果：魅力+2

洗濯は、川辺か、もしくは川に浮かべた「洗濯船」で行った。萌える。白さを求める金持ちの場合、水の綺麗な海外、場合によっては遥かカリブ海はドミニカ島まで洗濯のために衣類を送っていたという。

洗濯のお供たち

石鹸が貴重だった時代、洗濯の基本は圧力と摩擦を加えることで、汚れを衣類から分離させるやり方だった。既に述べた通り、当初はもっぱら足で踏んでいたが、ルネサンス期あたりから原始的な道具が発明され、彼女らの負担も少し和らいだ。

洗濯板
平らな板の上に凹凸をつけたもの。この凹凸に衣類をこすりつけて摩擦で汚れを取る。
効果：慎み深い者に対して魅力+3

洗濯ベラ
平らな岩の上に置いた衣類を思いっきりぶっ叩くことで汚れを取る。洗濯棒などとも呼ばれる。
効果：威力+2の通常攻撃

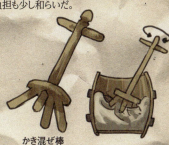

かき混ぜ棒
樽の中に入れた衣類をかき混ぜる棒。右回転左回転を交互に入れ替えて回すのは、現代の洗濯機も同じ。効果：知力+1

石鹸（スキル）

石鹸の歴史は古く、その起源は最低でも紀元前2千年以上は遡る。古代では動物性の脂肪と木の灰を混ぜたものを使用した。

が、少なくとも16世紀末までは石鹸は貴重品であり、一部の金持ちしか使えなかった。

やがて18世紀にソーダから石鹸が作れることが判明し、大量生産が可能になった。かくしてようやく安価になった石鹸はご家庭まで行き届くようになった。

近世までは灰汁などを使って石鹸を作った。左図のような装置で灰を濾して灰汁を作り、油を混ぜて煮て作った。

漂白は茨の道（魅力）

貴重な石鹸の代用品としては、石灰、粘質の土、そして尿などが用いられていた。曰く、インク汚れには玉葱汁や尿が適しており、特に人間の子供の尿は効果が高かったらしい。

そんなものを漬け込んだ水の中で彼女らは踏み踏みしていたワケで、周囲の臭いは推して知るべしであろう。ちなみに尿を使った洗濯は古代ローマでも有名。

こんな感じで、当時の世相を調べていたら糞尿は割と色んなものに利用されていたりするのだ。

スコットランドでは19世紀でも昔ながらの足踏みを行った。ハイランダー(38p)といい足踏みといい、あそこは裸足文化なのだろう。すこぶる良い。

ビール妻

別名：エールワイフ
時代：中世
観測地：英・独あたり

御家庭発、欧州におけるビール文化の担い手

属性
戦闘　商売　**職人**　放浪
宗教　賤業　権威　民族

能力

武力：3
技術：5
知力：2
魅力：6
財力：4
忍耐：3

武力3：女性にしては腕力あるかも、といった程度
知力2：ビール醸造のノウハウは技術に分配
魅力6：世の野郎共からの人気は高かったようだ

技能

ビール純粋令
隣接ユニットの攻撃力を2ターンだけ+3する
(コスト40)

液体のパン
隣接する「宗教」属性ユニットのHPを
毎ターン1ポイント回復させる

解説

　筆者の家系には底なしと呼ばれた酒飲みが何人かいるが、その血は筆者には受け継がれなかったようだ。苦いしすぐ頭が痛くなるし、アルコールとはどうも相性が悪いようである。

　さて、欧州ではビールとワインが酒の代表格で、中でもヨーロッパとビールとの付き合いは古い。そんなビールの起源は最低でもシュメール文明までは遡る。あくまで俗説だが、中世欧州では水が汚かったのでビールが飲み水代わりだったという話もある。因果関係はともあれ、中世人はビールで煮炊きし、ビールでスープや粥を作ったりと、ビールと共に生きていた。

　そんな訳で、ビールは各家庭で生産されていたし、人が集う場所では酒場・宿屋のようにビールを振る舞う商売が栄えた。生産者としても消費者としても皆が関わるものであるため、ビールの生産は当時の人々や法令の関心を引いたようである。そしてそれらのビール生産者の中でも、特にビール造りに秀でた女性や酒場の女将は特別な名前で呼ばれていたという。これ即ちビール妻(alewife)である。

【コメント】個人的には、酒を飲めない体質の人間が中世でどう生きたかがすごく気になります。

太古、女性はビールであった

さけをくれ なかまでに もうぎえる

おかみ やあ、昼間から酒場に 何の用だい？

RPGでは欠かせない宿屋兼酒場。イギリスでは、キリスト教の普及により巡礼者や訪問者が増え、それに応えて宿泊施設も増加した。他の地域でも多分そんなもん。

少なくとも近代になるまでは、ビールに携わる仕事は女性の領分だった。左ページでも述べたが、ビールは生活必需品であるが故に、ビール醸造とは家事の一端であった。つまり女性の仕事というわけである。各家庭毎に秘伝の味付けなるものが存在し、美味いビールを求めて皆、切磋琢磨していた。イギリスではビールのレシピと醸造用の鍋が嫁入り道具だったともいう。更に、ビール醸造の道具は女性専用であると法で定められていたことすらあった。

この傾向は遥か昔、古代文明の時代には既に存在した。エジプトじゃビールは女神ハトホルが伝えたものとされ、シュメールでもまたニンカシなるビールの女神が崇められていた。またシュメールではビール妻同様、ビールに携わる女性は特別な名で呼ばれていた。

サブティエム
シュメールのビール妻。ビールの醸造・販売は彼女らの特権。ちょっとデザイン失敗したかも。

ハトホルさん
牛の頭を持つかなり偉い女神。守護神だったり死の神だったり色んな側面を持つ。

ビール純粋令 (スキル)

通常攻撃!!

1516年にバイエルンで、ビールの品質を維持するための「ビール純粋令」が公布された。内容は「ビールは、麦芽・ホップ・水・酵母のみを原料とする」というもの。粗悪なビールの存在は昔から問題視されていたらしく、かの有名なハムラビ法典にも、ビールを薄める罪に対する刑罰が記されている。

少なくとも中世には、ビールの品質チェック工程も存在した。木のベンチにビールを注いで水たまりをつくり、腰を掛ける。そして半時間経ったときに革の半ズボンがベンチにくっつくか否かでビールの純度を判定したという。

ズボンにくっつけば合格とする資料もあれば、ベタベタなビールを造ると罰せられたと真反対の主張をする資料も。どっちやねん。

液体のパン (スキル)

神のしもべたるものエールのひとつやふたつは作れねば

ほぉ。中々やるじゃないか

「トラピストビール」など、ベルギーやドイツの修道院ビールは今でもとても有名。

ビール文化の担い手はご家庭のみにあらず。カトリックの修道院もまたビールの生産拠点であった。

伝染病などから身を守る安全な飲料水が求められていたという点もあるが、何より修道院には偉い人が視察に来たり、巡礼者やら物乞いが訪れたり、ともかく人が沢山来る。そのため、彼らをもてなすためにビールを大量に造る必要があったのだ。元々修道院は自給自足文化。自分たちのためのビール生産で技術的な下地はあったのかもしれない。ともあれ彼らは優秀なビール醸造人であったのだ。

そんなわけでビールと親しくなった修道僧。一応はあまり飲み過ぎてはならないと戒律で定められていたが、断食の修行の際には好んで飲んだ。固体じゃないから飲んでもいいんだモンというのが彼らの主張らしい。こいつらといい般若湯といい、酒を巡る坊主の屁理屈は世界共通なのかもしれない。

気になるあの子はビール妻 (魅力)

腕の良いビール妻は、巷の野郎共からも大人気であったという。一方では魔女のように考えられていたという側面もあったようだ。高度に発達したビール醸造は魔法と区別が付かなかったのかもしれない。

悪徳ビール妻は厳しく罰せられたが、正当な酒場や宿は店先に「ほうき」を掲げ、自らを示す印とした。

It's Ale house!

ダッ ダッ

宿屋のマークとしてのほうきは、やがて「看板」へと進化してゆく。……と思うのだが、包括的な資料がないので断言はできないのが現状。

ビール妻さんのデザインは、いつでも品質チェックができるようにと半ズボンになっています。チェック作業をビール妻自身が行ったという資料はないのですが、その辺はご愛嬌。

大いなる意思により史実以上に短いズボンをはかされておかんむりなビール妻さん。

魚売り女

時代：古代～近代
観測地：英仏伊あたり

海の上の女傑、
磯の臭いと共に大地に舞い降りん

属性

戦闘 **商売** 職人 放浪
宗教 賭業 権威 民族

能力

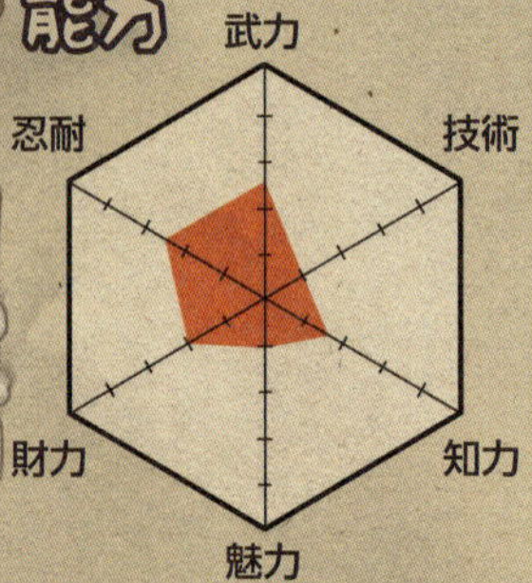

武力：5
技術：2
知力：3
魅力：2
財力：4
忍耐：5

武力5：精神性を考慮。また、漁師を兼ねることもあった
魅力2：時代にもよるが、反社会的とみなされることも
忍耐5：社会的圧力など屁でもないといった風であったよ

技能

がみがみ女
周囲4マスにいる敵ユニット全員に
通常攻撃を行う（コスト25）

モリー・マローン
死亡後も1ターンだけ幽霊となって行動できる

解説

　以前さる駅前の下町に住んでいたとき、家から少し歩くと小さな魚屋があった。最近には珍しく、夕方にもなると捻り鉢巻きの主人が威勢のいい呼び声を通行人に浴びせ掛けていた様子を覚えている。が、時代の流れには敵わなかったのか、いつの間にか魚屋は閉店。同時に主人の掛け声もこの世から消滅した。
　というわけで魚屋と言えば威勢のいい店主というステレオタイプが根強い。欧州ではどうかと言えば、女性に関しては日本以上にその傾向があったようだ。何故女性限定なのかは知らん。ともかく古代はローマ・ギリシャから中世を経て近代に至るまで、魚売り女と言えば「がさつ！」「口汚い！」「がさつ！」。彼女らに対する評価は爪先から脳天まで、がさつの雨あられである。
　特に、「威勢がよい」ではなく一貫して「がさつ」というネガティブな評価である点に、当時の女性に対する価値観が透けて見える。女丈夫など認めんということだろう、愚かな話だ。気丈な者がふいに見せるナイーブさこそが良いというのに、それがわからぬとは。

〔コメント〕商人なのに「武力」が最も高いあたり、趣深いですね。

魚売り女 ～ヨーロッパのオバタリアン～

古今東西、魚売りが活動的なのはそれほど不思議なことではないだろう。何しろ彼らの商品は足が早いため、腐る前にさっさと売り切らないと商品価値がなくなってしまう。そりゃ黙って突っ立ってるわけにもいかないだろう。また、売り手自身が威勢よく売ることで、商品自体も鮮度がよく見えるのかもしれない。いずれにせよ、かくして魚売り女という最強の生物が誕生したのであった。

本邦初(でもない)！これが魚売り女の生態だ！

魚売りリップ
粗野な言葉が矢継ぎ早に飛び出るぞ。彼女らの大きなだみ声は、客との交渉で強気に出るための武器なのだ。

魚売りヘッド
普段から頭に籠を乗せて運搬するので、彼女らの被っていた帽子はペチャンコになっていたそうだ。

魚売りアイテム
ジンとパイプがトレードマーク(たぶん)。アイルランド人のほかスコットランド人が多いためか、衣装はキルトや縞模様成分が多いようだ。

魚売りアーム
魚介類が満載された籠を持ち歩き、ある時は漁師としても働く。そんな彼女らの太い腕は、ギリシャ喜劇の中でも冗談の種にされていた。何気に、女性専用職の中では力は一番高い部類だぞ。

魚売りハート
毛が生えているぞ。口汚くやかましい彼女らの生態は冗談や皮肉として取り上げられることが多かったが、その気の強さも愛されていたようだ。18世紀イギリスの風刺画では、彼女らの剛胆さは弱腰の政府に対する皮肉として描かれていたらしい。中には、フランス人にヤキを入れるためにドーバー海峡を横断する魚売り女の一群、なんて図も。

がみがみ女 (スキル・力・魅力・忍耐)

魚売り女の英語表現は"fishwife"だが、この語にはもう一つ、「がみがみ女」という意味がある。これは社会規範を破る女性に対する蔑称や、他にも見境なく喧嘩騒ぎを起こす女性に対する刑罰も意味する。要するにそういう女性の代名詞になるくらい、魚売り女は粗暴だったということだろう。

がみがみ女に対する刑罰としては、椅子に縛り付けて川に沈める刑や、くつわをはめる恥辱刑もあった。

モリー・マローン (スキル・魅力)

粗暴なイメージの付きまとう魚売り女だが、時と場所によっては違うイメージを持たれていることもある。ニューヘブンのスコットランド人魚売り女は美人で勤勉であるとして有名だったらしい。絵画や写真の中の魚売り女も、素朴な魅力を感じさせるものが多い。

またアイルランドの首都ダブリンでは、モリー・マローンという魚売り女の存在が半分伝説として語られている。

伝えるところによれば、モリー・マローンは手押し車で貝を売る美人の魚売り娘だったが、病で死んでしまう。しかし死して尚、ダブリンには彼女の幽霊が手押し車をカタカタと押す音が響き渡ったという。

彼女を唄った歌は、ダブリンの非公式の祝歌として人々に愛されている。

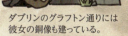

ダブリンのグラフトン通りには彼女の銅像も建っている。

参考・日本の魚売り

一方日本では威勢で売るタイプの魚売りは男の例が多く、欧米流魚売り女は少ないように見える。調べ方が悪いだけだろうかね。

魚売り女は上記の通り英語では"fishwife"ですが、この"wife"は妻という意味ではなく、古英語で女性一般を意味する"wif"に由来するそうです。たぶんビール妻の"alewife"も同様でしょうな。

魚売り
江戸の魚売りは、棒手振といって、担ぐのが主流だった。頭上運搬はチョンマゲと相性が悪かったとか何とか。

おたたさん
戦国末期、松前に飛ばされた公家の娘が始めたとされる鮮魚商。頭に桶を乗せて行商した。

この人、年取ったら恐らくドーラになると思われます。巨乳ですが誰も喜びません。

粉ひき

別名：粉屋
時代：古代〜近世
観測地：西の方

欧州人の原動力
パンが無いなら死んでしまえ

解説

　日本人が米と大豆でできていたとすれば、西洋人はきっと麦でできていた。麦と言えばまずは何よりも食と繁栄の象徴たるパンだ。また大麦からはビールが造られる。他にも菓子や粥も麦を原料とし、イタリアでは13世紀以降、パスタも勢力を拡大するようになる。

　さて、パンの原料である小麦だが、かつて、ある逸話の中で武田信玄が述べたように、そのままでは食えない。麦飯にするにも、「穂をこき落とし、こなして、干して、ついて又干して、その後で水を注いでさらにつく。日にさらし、水にひたしてよく煮て」はじめて食える。パンにするにしたってどのみち脱穀して製粉して小麦粉にせねばならない。要するに面倒くさい。ネットでみた資料によれば、製粉所・水車小屋を表す英語「mill」は「面倒臭いこと」という意味も持つそうだ。

　というわけで、例によって中世の社会は製粉の専門業者を生み出した。麦を挽いて粉にする、粉ひきだ。それだけではない。製粉の面倒臭さは「水車」という古代技術を再発明させるに及んだ。それもこれも、全ては食卓に並ぶパンのためだった。

　血潮はビールで、心はパン。その体は、きっと麦でできていた。

属性

| 戦闘 | 商売 | 職人 | 放浪 |
| 宗教 | 賎業 | 権威 | 民族 |

能力

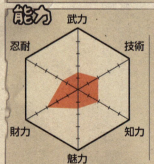

武力：3
技術：4
知力：4
魅力：3
財力：6
忍耐：3

技術4：一応、水車を扱うには技術が要ったとか何とか
知力4：水車小屋は人が集まる場でもあり、噂にも精通
魅力3：村の嫌われ者だが、ハブの役目でもあった

技能

金の指
隣接する敵のHPをくすねる（コスト20）

バナリテ
毎ターン、フィールド上の総ユニット数/3の収入を得る。

水車 ～中世の産業革命～ (技術)

　製粉の歴史は長い。古代エジプトでは原始的なすり臼が使われていたが、ギリシャ・ローマ時代には既に水車が発明されている。しかし、当時は奴隷という労働力があったため、水車の使用は極めて稀で、例外に過ぎなかった。
　水車が一般化したのは中世に入ってからのこと。地域差もあるが、水車の利用は地中海を中心に時代と共に広がっていった。これは生物以外の力を利用した人類初の機関であり、その意義は産業革命に匹敵する……と言ってる人もいるにはいる。

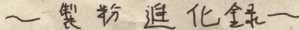

その他の水車

　水車はやがて製粉以外の用途にも用いられることになった。製油、製材、製紙、鍛冶屋のハンマーやふいご、縮絨（織物を叩いて編み目を密にする作業）等々、多数の作業の動力源となった。
　左ページで述べた、水車小屋を表す英語「mill」であるが、これは製造工場という意味も持っている。水車は、最古の機械工場でもあった。全てはパンから始まったのだ。

水力を利用したハンマーの図。水車と連動した歯車(?)によってハンマーが持ち上がり、歯車が外れると同時にハンマーが振り下ろされる。

バナリテ (スキル・財力・魅力)

　水車を安定して効率的に運用するには、ダムを造ったりして水量や水位の高低をコントロールする必要があった。そのため、水車の建設にも結構な資本が必要だった。都市では株式によって建設費を賄ったりもしたが、農村世界でこれを建てられるのは領主ら支配者層に限られていた。
　というわけで、農村の水車小屋は領主の財産であり、農民は小麦粉を得るために使用料を払わねばならなかった。更に領主は水車利権を増強すべく、農民たちに水車の使用を強制させて使用料を徴収しようとした。この手の施設の使用強制をバナリテと言い、領主の利権の一つとなった。

粉ひきは賦役の免除や商売権といった特権を領主から得ており、農村の中では極めて裕福と言えた。
　その一方で、理不尽な強制使用の象徴として農民らの恨みを買っていた。
　後に紹介する死刑執行人や森番も同じパターン。嗚呼、中世賤民の様式美。

金の指 (スキル・魅力・財力)

　「コウノトリが水車小屋で産卵しないのは何故か。粉ひきが卵を盗んでいくからだ」「粉ひきの子供の指は既に曲がっている」「正直な粉ひきは金の指を持っている（と言ってよいくらいに稀だ）」「すべての盗人のうちの最たるもの、これ粉ひき屋なり」
　粉ひきを盗人と揶揄することわざは枚挙にいとまがない。民話でも粉ひきは悪魔と同類だったりと、ロクな描かれ方をしていない。チョーサーの「カンタベリー物語」でも、触れるだけで麦の良し悪しがわかる黄金の親指を持っており、これを駆使して規定の3倍の金を取るという粉屋が描かれている。
　このような噂は、農民らの水車小屋強制使用への怨嗟であり、また、領主の手先であり自分たちの力が及ばない存在である粉ひきに対する不信感を反映したものと考えられている。
　尚、本当に粉ひきが小麦粉をくすねたという証拠は聞かない。ピンハネはしていたが。

というわけで、粉ひきさんのガントレットは悪魔をモチーフにしています。

乳母 （うば）

時代：古代〜現代
観測地：世界各地

貴族も庶民も我が胸の中に。
「子供の誕生」の物語

解説

　創作ものにおいて、王侯貴族の子供の側には「じいや」「ばあや」等の教育係が付けられることが多い。最近は執事やメイドなど若いキャラの方が需要があるのかもしれないが、ともあれ上流の家庭になるほど、実の親自身による子育ては少なくなってくる。

　勿論これは創作に限った話ではなく、貴人の子を他人が育てる制度は世界中どこでも見られた。乳母が実母に代わって授乳も含む養育を行う「乳母制度」に絞っても、古代オリエントからギリシャ・ローマ、欧州、日本も含むアジア各国、ポリネシアに古代インカとやはり世界中に例がある。

　ただ、この乳母制度。欧州の歴史をよくよく見てみると、王侯貴族や上流階級にかぎらず、もうちょっと幅の広い層がこの制度を利用していたらしい。例えば中世では都市の中下層の市民も乳母に子供を預けたし、近世でもやはり上流を真似てブルジョワ階級も乳母を利用したようだ。他に乳母の乳を必要とした子供はいなかっただろうか？　時代によっては存在した。代表例が、捨て子と、そして奴隷だ。

　……乳児の死亡率が高かった時代、欧州では人乳市場と呼べる世界が広がっていた。そしてその広がりは、社会の暗部にまで及んでいた。

属性

戦闘　商売　職人　放浪
宗教　賤業　権威　民族

能力

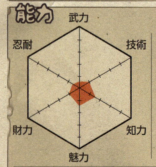

武力：1
技術：2
知力：3
魅力：3
財力：2
忍耐：1

技術２：割と雑な養育の例もちらほらある
財力２：貧しい農婦の金稼ぎだった
忍耐１：割と役得も多く、有り難い仕事だった

技能

オブラティオ
私生児の年少ユニットを強制的に修道士にジョブチェンジさせる（コスト20）

スワッドリング
年少ユニットの場合、武力－２

乳母のお仕事概論（財力）

　一般的に母親は出産を経ることで母乳が分泌されるようになる。つまり、乳母になれるのは出産後の母親だということになる。一方で、母親は同時には一人の子しか育ててはならないという規制もあった。では自分の子供はどうするのかという疑問が出てくるが、これには授乳期の期間差を利用した。一般的に母親が母乳を出せる期間は、子供が乳離れするまでの期間より長いため、自身の子供が離乳した後で、乳母として他人の子供を預かることが可能になっていた。少なくとも建前上はこういう理屈だった。

上流階級が顧客の場合、乳母は住み込みで子育てを行った。昔は多産が望まれたので、母親は子育てを他人にまかせて自身は子作りに励むという習慣があったのだ。

中下層階級が顧客の場合、子供は里子として乳母に預けられ、農村にある乳母自身の家で養育された。

　とはいえ、建前はあくまで建前。現実には自分の子供と平行して他人の子供を預かる例もあったし、他人の子供を預かっておきながら自分の子供は他の乳母に預けるという珍妙な例も存在した。上流階級の子供を預かった場合だと、自分の子供は他の乳母に預けても、養育料の差額が利益として残るのである。
　もともと乳母は、田舎の農婦による単なる金策手段だった。そのため、乳母として金を稼ぐために子供を産むという事態も見られたし、中には報酬目当てに12人もの子供を同時に預かった豪の者もいたそうである。
　特に上流階級の家が顧客になった場合、都会の金持ちの家で住み込みで暮らせるという大きな役得がついてきた。それ故これ目当てに農婦はせっせと子を産み続け、乳母としてのキャリアを終える頃には半ダースほどの子供が生産されているのだった。
　乳母自身の子供の都合は、徹頭徹尾資料には現れない。

揺動係
乳母の補佐でいわゆるオシメ係。恐らく王侯などの上流階級の家でのみ用いられたと思われる。

捨て子、そして奴隷（スキル）

　昔は避妊や中絶の技術も発達していなかったので、どこでも捨て子は結構いた。しかし流石に古代人や中世人とて、乳児が道端に捨てられている現実には後ろめたいものを感じていたようで、受け皿も存在していた。代表的な受け皿は、中世近世においては養育院であり、古代においては奴隷商人だった（奴隷商を受け皿と表現するのはアレだが）。
　養育院はキリスト教的慈善の精神に基づいて捨て子を引き取ったし、奴隷商人は奴隷として育てるために子供を引き取った。しかし子を育てるにはいずれにせよ乳が要る。そんなわけでやっぱり乳母にお呼びがかかるのであった。

欧州版捨て子サイクル

　聖職者や上流の子供が醜聞隠しのために養育院に送られることもあったが、主に貴族層に対しては別の受け皿も存在した。それがオブラティオ……要するに修道院送りである（元々は子供を神に捧げる行為を意味する言葉）。
　嬰児遺棄、奴隷、養育院に修道院送り。子供の命と尊厳の安さはいかにも前近代といった感じだが、しかしそれは、避妊手段もない状況で、嬰児殺害という最悪の手段を避けるために当時の人間が当時なりに対応した結果でもあった。

歴史の中の子供たち（スキル・技術・忍耐）

　中世に限らず20世紀に至るまで、幼児が置かれた状況は望ましいものではなく、乳幼児の死亡率は今に比べると高かった。
　例えば中近世には、赤ん坊をスワドリング・バンドと呼ばれる包帯のような布で固くぐるぐる巻きにする習慣があった。子供の動きを封じることで育児を楽にしようという意図があったが、一方で無理な状態を強いた結果、乳児の体に悪影響を与えることもあったとされている。

　本項の主題である乳母に関しても同様である。近代、乳母市場には斡旋業者や運び屋などが既に組織されていたが、その仕事ぶりも雑なものだった。乳母や業者に割けるコストが限られていたせいもあり、7割以上は農村への運搬中に死亡し、乳母の手に渡っても2/3は1ヶ月以内に死亡したという調査もある。
　子供の命も尊厳も、当時はまだまだ安かった。時代が時代とはいえ、この辺の記述は読んでて気持ち良いものではない。

斡旋人
大都市では中世の頃から乳母斡旋制度が存在した。彼らは周辺の産婆などから乳母の情報を入手し、運び屋たちをつかって乳児の輸送を行った。

ベナンダンティ

時代：？～近代
観測地：イタリア北東部

いにしえの信仰の残照、
歴史の傾間に名を留める

解説

　中世の「名もなき人々」のことを知るに当たって、最初にして最大の障壁は、資料の問題だろう。
　後期を除けば中世の記録者とはすなわち聖職者に他ならなかったので、例えば田舎の農村での習俗なんかは滅多に記録に残りはしない。記録に残ることなく消えていった習俗がどれだけあっただろう。
　で、このベナンダンティはその貴重な例外の一つである。この職業／習俗は、特定の日に幽体離脱をして霊魂と化し、豊作を巡る儀式的な戦闘を繰り広げたとされている。そして、彼らや彼女らは、同様に幽体離脱した「悪しき魔術師」たちと霊魂上の戦いを繰り広げ、彼女らが勝利するとその年は豊作になり、負ければ不作となると言われている。いまいちピンと来ない気もするが、少なくとも明らかにキリスト教的風習ではない。
　しかし、この古の信仰の生き残りは、異端審問官らに認識されたときから、異端の嫌疑をかけられ「サバトに通う魔術師」というステレオタイプを押し付けられ続けた。そして記録に登場して半世紀経った頃にはすっかり魔術師と同化して、ベナンダンティ自身、サバトに通う魔術師だと認めるようになったのであった。
　こうして古から続く信仰は残照だけ残して姿を消した。大切なことはいつも記録には残らないのだ。

属性

戦闘　商売　職人　放浪
宗教　賭業　権威　**民族**

能力

武力：3
技術：3
知力：3
魅力：5
財力：5
忍耐：3

技術3：一般農民
知力3：昔はシャーマン的存在だったかもしれないが
魅力5：末期はともかく、それ以前はある程度の敬意は

技能

トランス
霊体となっての行動が可能になる。ただし肉体が攻撃されると霊魂は肉体に戻る（コスト30）

魔王の軍団
死者から霊魂を召喚する（コスト40）

ヨーロッピアン・シャーマニズム（知力・スキル）

ベナンダンティとはイタリアのフリウーリ地方の田舎に見られた職業／習俗だが、その活動はおおまかに言って二通り伝えられている。その内の一つが左ページで述べた「夜の戦い」だ。ベナンダンティは「ういきょう」を、悪しき魔術師たちは「もろこし」をそれぞれ手に持ち、夜の平原で戦いを繰り広げたとされている。

個人的には、もろこしとういきょうを持ったオッサンたち(の魂)が野原で戯れ合っている牧歌的な風景しか思い浮かばないが、しかしこの習俗には、「恍惚状態による幽体離脱」という見過ごせない要素が存在する。これが、いわゆるシャーマニズムを強く連想させるからだ。

異端審問官もびっくりだ

シャーマニズムと言えば、普通はユーラシアの北の方の文化というのが通説である。しかし研究者によれば、その昔、シベリアの狩人から中央アジアの遊牧民、そしてスキタイ人を経由してこの信仰が欧州に伝播した可能性があるのだとか。

だとすれば、ベナンダンティとはシベリア・シャーマンたちの遠い子孫であり、キリスト教社会の中で表に出ることなく地下水脈のごとく延々と流れ続けたもう一つの信仰が、その数千年に亘る永い生涯の最後の50年だけ歴史の表舞台に姿を現したもの……と言えるかもしれない。無論、異端審問官たちにとっては知る由もないことであったが。

死者との交流（スキル・財力）

ベナンダンティらは、もう一つの活動として、やはり幽体離脱をすることによって地上をさまよう死者たちと交流を行うこともできるとされていた。こちらは女性がメインである。

キリスト教世界では、死者は地獄か天国か煉獄に行くのであって、死者の魂が幽霊のように地上に留まることはないということになっている。が、民間信仰の世界では事情が違っており、夭折した死者の魂が群れをなして地上をさまようという伝承が広く語られ続けていたのだ。こっちの信仰はゲルマン世界に由来するとされ、「魔王の軍団」「野蛮な狩猟」「ヘルレキヌスの一党」などと呼ばれていた。

そんな死者と交流ができるとされたベナンダンティは、周囲の農民の依頼を受けて死者への言伝を引き受けたり、或いは逆に死者からの伝言を伝える役目を果たしていたようだ。平たく言えば、イタコの憑依しない版みたいなもんである。

ちなみにその稼ぎはというと人によってまちまちだったようで、日々のパンを稼ぐために細々と営んだという例から、現在の日本円に換算して年間1千万円程度の金額を稼ぐ者もいたようである。

ベナンダンティの実際のところ（魅力）

シャーマンの末裔と目されるベナンダンティであるが、その実際の所を知るのは難しい。

そもそも彼らの言う夜の戦いとは本当にあったのか。ベナンダンティたちが皆、特定の夜に同時に恍惚状態に陥り、しかも夜の戦いという同じような恍惚体験をする、というのはどうにも信じがたい。しかしベナンダンティ本人は魂になっての戦いだと主張する。

では「そういう設定の信仰」が流布していたのかというと、それもまた微妙で、周辺の農民たちにとって、既にベナンダンティは馴染みのない存在と化しつつあったようなのだ。

マランダンティ
前述の「悪しき魔術師」のこと。例えばこいつらの場合、ぶっちゃけ、実在したのかどうかさえ不明。

恐らく、審問官たちが目をつけた時点で、かの古の信仰は既に消えかかっていたのだろう。彼らは何者だったのか、当時も今も、知るものはいない。

記録に残るベナンダンティは、ただの農民がトランス能力を持った程度のものなのですが、かつての時代は、もうちょっと本職のシャーマンめいた存在だったのかもしれません。能力値にはその辺の事情をちょっとだけ加味しています。

ベナンダンティさんのデザインは、魔女と巫女を混ぜたものになっています。彼女は広い意味では巫覡であり、巫女と同類とも言えるのです。本当は農民要素も混ぜたかったのですが諦めました。

NOW LOADING...

2：郊外と荒野の風景

　次は町や村から飛び出して外の世界を見ていきます。

　本書でも何度か言及していますが、当時、町の外は危険に満ちたものでした。道らしい道もない悪路で、獣やら盗賊やらが跋扈する世界。中世の都市や村は、荒海に浮かぶ孤島のようなものだと評する人もいます。中世の旅も、なかなかどうして楽なものではなかったのです。

　しかし、中世人は決して孤立した世界で生きていたわけではありません。村々や町々の間を旅し、それぞれの世界を繋ぐ役割を果たした人々がいたからです。羊飼い、商人、巡礼者……。郊外を征く彼らこそ、中世のハブであり、都市世界を活性化させる存在でした。

　そしてそんな荒野には、これまで述べたご大層なお話とは無関係に活動する人々の姿もありました。

羊飼い

別名：牧者
時代：古代～近代
観測地：世界各地

神々の賭業
今日も一人荒野を往く

解説

人類最古の職業は売春婦と傭兵だ、などと言われることがあるが、羊飼いも中々歴史が長い。羊の飼育は中国で8000年前には行われており、その他の家畜よりも遥かに古いのだ。

しかし、羊の大群を維持するためには、群れを牧草から牧草まで連れて行かねばならず、鶏や豚といった家畜とは少々勝手が違った。そのため、やがて羊の群れを率いる専門家、つまり羊飼いが登場する。小アジアにおいては約6000年前には羊飼いの存在が確認されている。

羊飼いたちは一般的に持たれているであろうイメージに違わず、都市部から離れて放牧の生活を送っていた。その日々は孤独であり、また実入りがよいわけでもないし尊敬されるわけでもない。少なくとも、なりたがられるような職業ではなかった。実際、土地を継げなかった農家の末っ子がやむを得ず羊飼いになるケースもあったという。

【コメント】物語の中では俗世を超越した存在として描かれることもある羊飼いですが、能力値はこんなもんです。その分スキルが微妙に便利になってます。

属性

| 戦闘 | 商売 | 職人 | **放浪** |
| 宗教 | 賭業 | 権威 | 民族 |

能力

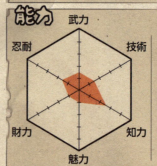

武力：3
技術：3
知力：5
魅力：2
財力：2
忍耐：3

武力3：投石といったスキルはあるが、概ね一般人程度
知力5：薬学など自然の中で生きる知恵を持っていた
魅力2：刑吏らと同一視し、蔑む慣用句が多数

技能

牧羊犬
射程2、威力+1の攻撃を行う(コスト15)

神の子羊
キリスト教徒、ユダヤ教徒、イスラム教徒に対し魅力に+6、防御力に+3のボーナスを得る

キリスト教と羊飼い（スキル）

スキル名である「神の子羊」とはナザレのイエス（キリスト）を指す言葉。生け贄として捧げられる羊のごとく、神に捧げられ死んだことによって人類の罪を償ったのだ、という解釈に基づく。またイエス自身、自分のことを「良き牧者なり」と言っている。

ユダヤ教・キリスト教において、羊飼いと羊はやたらと比喩として用いられる。エルサレム付近は昔から放牧が盛んであり、ダビデを始め羊飼いの有名人も多いためだろう。そもそも、原初の女イヴの二人の子供「アベル」と「カイン」のうち、アベルは羊飼いであったというくらいである。

さてそのキリスト教的比喩において、「羊飼い」は羊（一般人）を率いる者という意味で、人類の指導者たる神やイエス、及び聖職者に例えられる。

そんなわけで現実の羊飼いは下で述べるように大して厚遇されなかったが、お話の中の羊飼いは大抵の場合キリスト教的イメージと結びつけられる。世俗を超越した存在だったり、どこか神聖さを帯びて描かれることが多い。

羊飼いさんのちぢれっ毛は
イエスをイメージしたもの

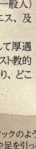

牧羊杖
牧杖とも言う。先がフックのように曲がっており、これに羊の首や足を引っ掛ける。カトリックの聖職者が用いる司祭杖はこの牧羊杖を模してデザインしている。
効果：キリスト教徒に対して攻撃力+1

現実と羊飼い（魅力）

理想の羊飼い
文字通り牧歌的であり
神秘性すら感じさせる

現実の羊飼い
彼らは常に疑いの眼で見られ
「羊飼いと刑吏は従兄弟同士」
などと陰口をたたかれた

では現実の羊飼いはどんな案配だったのか。阿部謹也が紹介するドイツの羊飼いを例に取ってみよう。彼らの仕事を簡単に言うと、村など共同体に雇われて、雇い主の家畜を預かって管理することである。

春に家畜を預かって村を出、荒野で夏を過ごし、秋になると家畜を引き連れて村に戻る。冬は仕事がないので町や村で墓掘り、夜警、刑吏、皮剥ぎなどのアルバイトをやっていた。

また仕事の都合上、羊飼いは様々な共同体に雇われ、町から町を放浪していくことになる。そんな、定住者らの秩序の枠外に住む羊飼いを、一般人たちは胡散臭い目で見つめていた。中世の農村や町は基本的には村社会なのだ。

というわけで、冬のアルバイトの内容や放浪者への偏見など（他にもある）から、彼らは差別・抑圧の対象だった。ここに至り、上で述べたような放浪者への神秘的なイメージは、「魔術師」のイメージへと置き換えられる。実際、魔女狩りが流行った際には羊飼いも一緒に巻き添えを食らったことが多々あった。

たたかう羊飼い（力）

・羊飼いの天敵は、羊を狙う狼である。熟練の羊飼いでも狼から羊を完全に守ることは不可能と言われるほど、狼は羊飼いにとって脅威だった。

が、羊飼いとて対抗手段がないわけではなかった。

牧羊犬（スキル）

羊の群れをコントロール・防衛するために羊飼いが飼っていた犬。これまた歴史は古く、紀元前約4000年まで遡る。時代を経ると共に羊飼いには欠かせぬ存在となってくる。名人ともなると6匹もの牧羊犬を同時に操ることができたという。

スリング（道具）

石を投げるための道具。遠心力を使って石を高速に振り回し、その速度で敵をねらい打つ。狼を追い払うために使われた。旧約聖書でも、羊飼いのダビデは投石で巨人ゴリアテを倒している。
効果：遠距離攻撃の威力+1

ミケランジェロのダビデ像。左手で持っているのがスリング。筆者には風呂上がりの兄ちゃんにしか見えない。

モエXTRAスキル
メデア

伯楽（はくらく）

別名：博労、馬喰など
時代：古代～近代
観測地：世界各地

馬と人とをつなぐ者
その実態は名士か詐欺師か

解説

中世……に限ったことではないが、現代以前の世界において、馬の存在感はすこぶる大きい。紀元前4000年頃に家畜化されて以来、この動物は人類の友として運搬、農耕、戦争、食料、娯楽など実に様々な用途に用いられてきた。幅の広さでこれに比肩できるのはたぶん羊やアラブの駱駝くらいだろう。

また馬たちは物理的に便利であるのみならず、武の象徴になったり富の象徴になったりと、精神的な存在感も大きかった。例えば近世や中世の欧州では、「馬を持っているか否か」が金持ちとその他を分ける境目だった節がある。

しかし金持ちのステイタスシンボルとなるだけあって、馬は決して安い買い物ではなかった。高い買い物だから当然、戦士たちにとっては軍馬としての質が気になるし、農民にとっても事情は同様だ。そんなわけで、やがて馬の周囲には仲買とか鑑定とか獣医とかを生業とする専門家が登場した。地域や時代によって微妙に呼び名や範囲が違ったりもするが、伯楽と呼ばれるのが一般的だろう。

伯楽は古代中国や中世日本、近代欧州など様々な場所で活動し、記録に名を残した。肝心の中世欧州に関しては、資料は見つかっていない。いつものことだ。

属性

戦闘 **商売** 職人 **放浪**
宗教 賎業 権威 民族

能力

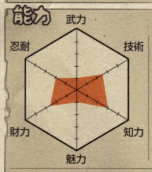

武力：2
技術：5
知力：6
魅力：2
財力：5
忍耐：4

技術5：獣医とも親しい存在だったか
知力6：世間師としての側面もあり、妙に悪知恵も働いた
財力5：直接的な資料はナシ

技能

保馬法
その場で馬を得ることができる
ただし馬が死亡した際には代金を支払う（コスト20）

鋼馬法
全味方ユニットの乗馬スキルが+1される

古代中国の養馬と伯楽（スキル・知力）

　西側の資料で言及されることは少ないのだが、少なくとも中国側の資料を信じるなら、かつての中国は世界に冠たる養馬先進国だったらしい。最古の記録になると伝説の世界に入ってしまうが、ともあれ戦国時代（紀元前400年頃）以前から獣医や馬の飼育名人の名が語られており、相当早い時代から馬の扱いに関する関心とノウハウが積まれていったことが窺える。

　で、そんな馬の名人の中には馬の良し悪しを鑑定（＝相馬）する専門家たちがいた。なるほど、人ならともかく言葉を解さない馬となると、素人にわかるのは精々が身体の大小程度。気質やら将来的な素質まで判断するには専門家にお出まし頂くより他はない、というわけだ。彼らの相馬は、例えば「鼻孔がでかいと肺が発達し持久力に富む」とかそんな感じで、このような胡散臭い鑑定法が何十もあったようである。

ちなみに漢代に作成された銅馬は後に戦乱で破壊され、その技術も途絶えてしまったという。この辺も実に中国的。

　これだけだと果たして当てになるのか疑わしいが、中国の伯楽は更に一歩進んだ技術を開発した。それが漢代に発達した「銅馬法」。これは平たく言えば理想的なスタイルの馬の彫像を銅で作成することで相馬技術のマニュアル化を推し進めようというものだ。
　中国的合理主義とでも言おうか。彫像という動かぬ物品の形でマニュアルを残してしまえば、馬の判定法も曖昧模糊とした職人技ではなく、検証可能な科学となりうるわけである。これは確かに慧眼と言うべき発想であり、西洋がこれに類似する方法を発明したのは18世紀に至ってからのことだという。
　かように古代中国では馬の育成法は相当に発達していたのであり、その裏には伯楽たちの努力があったのだというお話。

中国の馬政（スキル・技術）

　上述のように発達した古代中国の馬のノウハウは、後に封建社会に入るに至り、皇帝などのお上から無理な徴発を受けて衰退したのだという。その後も、景気が良いときは養馬は栄え、朝廷の腐敗や戦乱が続くと養馬業も衰退する。で、そのうち王朝がひっくり返って振り出しに戻るというサイクルを繰り返すのが中国の養馬史なんだそうな。

中国的養馬サイクル

　しかしたまには改革者も現れる。教科書にも載っている王安石の「保馬法」もその一つだ。これは、住民に官の馬を貸し与えて飼育させ、平時は使用を認める一方で戦時には徴収するというもので、馬政の大改革と呼びうるものだったらしい。つまり官からすれば飼育の費用が省け、民からすれば無料で馬が入手できるという両得の関係を狙ったものだ。
　ただ、現実には反対派の抵抗やら疫病の流行などで、結局軌道には乗らなかったようである。かくして中国の誇りある馬産業は、時代とともに衰退してゆくのであった。

伯楽と馬喰（魅力・財力）

　日本における伯楽・馬喰・博労の語は同義に使われることもあるが、より細かく分けると、鑑定・獣医を生業とする「はくらく＝伯楽」と、馬の仲買を生業とする「ばくろう＝馬喰」の二つに分類できるようだ。
　前者の「伯楽」グループは馬の治療や蹄の手入れなどを行い、住民からも高い尊敬を得ていたようである。
　問題は後者の「馬喰」グループだ。彼らは各地で馬売買を取り仕切ったが、地元住民からすれば「胡散臭い商人」的な存在だったようだ。漂泊的に各地を移動し、客である農民たちより遥かに世故に長け、牛馬を物のように売買する彼等は大いに警戒されたようである。
　しかし日本の馬喰たちはまだマシなようで、世界にはもっと評判の悪い人たちがいた。近代ドイツである。
　当時の馬市場は、今日の車市場に例えられるほど大きな存在だった。で、その大きな市場において馬喰たちが客を騙そうと馬の擬態に精を出した結果、馬市場は嘘と詐欺の百鬼夜行と化したのであった。
　例えば馬齢を誤魔化すためにたてがみを染め上げたり、耳毛や尻尾を切って若く見せるなどは序の口。耳の間の皮膚を一部切り取り縫い合わせることで皮膚を引き締めたり、病気の馬を誤魔化して売ったり、覚醒剤等を使用して元気に見せかけたりするなど、馬の値を釣り上げるためならどんな手段でも躊躇しなかったようである。
　そんなわけで、彼の地では「馬喰」という言葉が「詐欺師」と同じ意味で用いられるに至ったそうである。

中国の馬喰であればさぞ華麗な詐欺を見せてくれたことだろうが、残念ながら資料はない。

ジプシー

時代：10世紀辺り〜現代
観測地：世界各地

悔恨とロマンと現実と。
放浪の民、世界に散る

属性

| 戦闘 | 商売 | 職人 | 放浪 |
| 宗教 | 賤業 | 権威 | 民族 |

能力

武力：5
技術：5
知力：2
魅力：2
財力：1
忍耐：4

武力5：意外と戦闘適正高し
知力2：独自の伝統的思考は持っているが
財力1：今も昔も、概ね貧乏だった

解説

　中世も末期の15世紀、欧州諸都市の前に異形の集団が現れた。真っ黒い髪と瞳に、これまた黒い肌。彼らは偉い人の書状を携え、自分らは巡礼中のキリスト教徒であると称した。欧州中央部と、後にジプシーと呼ばれる人々との接触の始まりである。

　辞書的な定義では、ジプシーとは10世紀あたりにインド付近から世界各地に移動したであろうとされる放浪型民族ということになる。日本では放浪者の代名詞と言っても良いだろう。

　が、ジプシーを語るのは割と面倒くさい。放浪型民族っつっても現代においてジプシーと呼ばれる人々はもうほとんど放浪していないし、民族っつっても1000年以上もかけて世界各地に散った現在、彼らは一つの民族と呼べるだろうか。いや、そもそも彼らを民族とくくるのは妥当なのか？　中には、ジプシーとは欧州人が生んだ幻想に過ぎないと主張する者すらいる。

　というわけで結局ジプシーとは何ぞやという問いには、「その時代その時代にジプシーとされた人々のことである」という、鏡のような答えが返ってくるのであった。

【コメント】絵の中のジプシーは踊り子として描かれることが多いようなので、今回は趣向を変えてやさぐれジプシーさんを描いてみました。露出には頼らないぞ。

技能

ラウターリ
距離3マス以内にいる全ユニットの士気が30%向上する（コスト30）

グラスト
騎乗時に防御力+2

定住者と放浪者（魅力）

　ジプシーが欧州中央に現れた当初、彼らは庶民よりも高い身分として扱われ、教会人たちからも尊敬すべき存在とされていたという。というのも、当時は巡礼者を敬う風潮があったし、また彼らは大抵「彼らを客人として遇すべし」とする偉い人の書状を携えていたのだ。市民たちの好奇心もあっただろう。

　が、時間が経つにつれ、彼らのことを怪しむ声が出始める。それもそうだ。地元住民とのトラブルは起こすし、キリスト教信仰も上っ面だけのようだし、よく物を盗むし、なんか異教徒たちとも関係を持ってるようだし、胡散臭い実態が取りざたされるようになる。「人食い」の噂も、確たる根拠がないまま長年囁かれていた。

　更に中世末期の放浪者の増加や、近世の「国民意識」の芽生えなど、当時の世相もジプシーに不利に働いた。単純に、定住者と放浪者とでは生活のスタイルが違いすぎるという問題もある。

　ともあれ上記のような諸事情により、わずかな平和な時代の後、ジプシーたちは長い迫害の時代をすごすことになった。「長い時代」の中には、当然今も含まれる。

彼らは償いとしての17年間の巡礼を教皇から命じられた、と主張したが、17年経っても帰る気配はなかった。

放浪者の手仕事百態（スキル・技術・魅力）

　ジプシーとは一種の民族集団（のようなもの）であるからして、当然その仕事は人それぞれである。ただ、「ジプシーにお馴染みの仕事」というものもあったようで、当時からジプシーは手工業や芸事でよく知られていた。

占い

占いはジプシーの嗜みとして有名で、カード占いなどをよく行った。ただ、占いは欧州人相手の商売と割り切っており、自分自身は信じていなかったようだ。

大抵は相手を不安にさせることを言って、社会に不安を招いたそうである。

音楽と踊り（ラウターリ）

創作世界において、ジプシーといえばこれだろう。実際、地域によっては、ジプシーは宴会や祭りに欠かせない存在になっていた。ジプシーたちは、滞在したその土地その土地の音楽をアレンジすることに長けていた。スペインのフラメンコも、アンダルシアの伝統音楽とジプシー音楽の融合によって生まれたものである。

金物製作

鋳掛屋を中心として、金属細工やブリキ細工、鍛冶や蹄鉄うちなどの金属作業は最もポピュラーな仕事だった。

作業服ジプシーもまた良し

その他

他にも大道芸や動物使い、博労、砂金すくい、乞食、大工、医者、各種の季節労働や雑用など様々な仕事に手を出したようである。

　上記の仕事はジプシーに限らず、行商人や旅芸人など放浪する人々がよく身につけた手仕事と重複する。要するに、大規模な投資や設備が要らず、わずかな元手と経験だけでやっていける手工業や芸能こそが、放浪者たちの生活に合っていたということなのだろう。

軍人ジプシー？（スキル・武力・魅力）

　ジプシーの多様な仕事の中には、将軍なども含めた軍事関連の職が散見される。どうも、彼らは軍人として戦争にも携わっていたようだ。

　ジプシーは普段から「公爵」「伯爵」などと自称するリーダーに率いられていたが、その統率ぶりは同時代人も感嘆するほどだったらしく、その統率力は戦場でも活かされたようだ。

　戦闘員として以外にも、軍人相手の商売を営むこともあった。特に軍の必需品たる馬に精通していたため、馬の仲買として重宝された。スキル名の「グラスト」とはロマニ語で馬の意。

　更に、彼らの移動生活は行軍生活とも相性がよく、意外とジプシーは軍事属性が高いのであった。

キャラバン

　ジプシーは当初は荷馬車で移動し、宿営の度にテントを建てていた。近代になると家と一体化したワゴンを用いる例も登場する。なにこれちょう萌える。やった！勝った！ジプシー万歳！

だいたい19世紀くらいの馬車

初期の馬車

ハイランダー

時代：中世～近世
観測地：スコットランド

険しき大地に生きる民
防御はともかく剛勇さは折り紙付き

属性

戦闘 商売 職人 放浪
宗教 賤業 権威 **民族**

能力

武力：7
技術：3
知力：2
魅力：3
財力：2
忍耐：6

武力7：精鋭として名を馳せた
知力2：イメージで採点。知的っぽさは薄い
財力2：産業不足で貧乏

技能

ハイランドチャージ
威力4、防御力無視の攻撃を行う（コスト10）

ブレイブハート
HPが半分以下になると攻撃力が+2される

解説

ハイランド……。何となく高貴な香りのする響きに惹かれてか、この名前が創作世界の国名に使われることも多い。コンシューマゲームだと「オウガバトルサーガ」シリーズや「幻想水滸伝」などが有名だろうか。多分ファンタジーの古典的作品群にもこの手のものがあるのだろう。

こっちの世界におけるハイランドとは、スコットランドの高地地方のことを指す。そこの住民がつまりハイランダーである。また例によって厳密な職業ではないのだが、本項ではハイランド戦士という意味合いで用いている。

かの地は山岳地帯ゆえに他地域との交流が浅く、古くからの文化と価値観を引き継いでいた。その尚武の気風は勇猛果敢なハイランド戦士を生み出し、イングランドの征服軍を苦戦させたのみならず、傭兵としてもヨーロッパ中に名を馳せた。今日でも、ハイランダーの名はイギリス軍の部隊名として採用されている。

一方で彼らの反骨精神は時としてスコットランド人の反乱にも繋がった。それ故イングランド人からすると面倒くさい存在でもあったようだ。よくある話だ。

【コメント】軽装で武力・攻撃力が高くて他がしょぼい典型的な民族戦士。選ばれたのは衣装の好みに因るところが大きい。要するにキルトですよキルト。

キルト！キルト！キルト！

スコットランド・ハイランドの民族衣装と言えば、何よりもタータンチェック柄の「キルト」が有名。実は割と最近作られた伝統だと言われるが、この際気にするまい。

各氏族ごとに固有のタータン柄を持っており、「クランタータン」と呼ばれる。日本で言えば家紋のようなもの。

現代だと、上半身は白いシャツや黒いジャケットが定番になっている。昔の民族衣装の厳密な再現ではないのだが、その時々の衣服との組み合わせも研究されてきたのだろう。

「スポラン」。スコットランド人の愛用した革袋。語源はそのまんま「財布」らしい。

キルト着用次才

羽根や植物を飾ったボンネット帽。これもまた、氏族によって様々な種類のものがある。

今でこそスカート状のものが多いが、元々は大きな一枚布を全身を纏うようなものだった。

キルトと並んで有名なのが民族楽器バグパイプ。今でも軍楽隊などで用いられる。

派生ジョブ「バグパイパー」

こっそりと仕込んだ短剣「ダーク」（右下参照）

クレイモア

スコットランド産の大型両手剣。ゲール語の「巨大な剣」が語源。斜めに伸びた鍔の先についた丸い飾りが特徴。両手剣の代名詞とも言える存在であり、RPGなどでも大活躍。

……というのが一般的な解説だが、全く異なる形状の武器が「クレイモア」と呼ばれることもある。こっちはどちらかというとブロードソードに近い籠手が付いた剣で、大型ではあるものの両手剣ではない。こっちがRPGに登場することは、まずない。

こっちが有名

その他のスコット特有の武装としては
・鉤付き斧「ロッコバーアックス」
・短剣「ダーク」
などが有名。

ダークは日常的に用いられた。刃の背には刻みが付いており、ノコギリのようにも使える。

ブレイブハート（スキル）

ハイランダーたちは、興奮すると脱ぐ癖があった。勇敢さを誇示しているのか、それとも只の露出趣味なのか。その答えは資料には載っていなかった。

ともあれ、本書でもそうだが、ハイランダーたちの評価を見ていると、勇敢だとか野蛮だとか、そんな感じの言葉がよく目に付く。つまり、勇気が尊ばれる氏族社会の風潮が残っていたということだろう。

スキル名の「ブレイブハート」は、彼等を扱った映画のタイトルより。

典型的ファイター（武力・スキル）

武装も戦術も前近代的だが、その辺は何度も言うように個人の武勇で補った。兵士としての練度も高く、長槍を巧みに操り整然と整列する様は、敵であるイングランド人でさえ称えたという。そんな彼らの必殺技「ハイランドチャージ」である。……が、どうもその細かな内容はものによって言ってることがコロコロ変わる。近代にあっては、銃火器を交えた突撃戦法を指したようだ。いずれにせよ、先祖伝来の果敢さで高い戦果を上げたようだ。

小規模での奇襲などは得意だった。大規模な近代戦術は不得手だったという説明もあるが、果たして真相やいかに。

貧乏＆ケチ（忍耐・財力）

険しい土地故に、交易も活発ではなく資源も少なかった。結果的にそれが彼らを傭兵稼業の道に後押しし、古来からの伝統を保持させることになったのだが、ともあれ生活は貧しかった。スイス傭兵、ランツクネヒト（104p）など、この手の傭兵軍団の影にはいつも仕事不足が存在する。

関連性は不明だが、国民性を皮肉ったジョークの中では、スコットランド人は必ずと言っていいほど「ケチ」として描かれる。例えば有名なジョークの中では、イギリスの新聞に以下のような投書が寄せられたとか。

「我々スコットランド人をケチと描くのは侮辱であるからやめてもらいたい。もし今後も侮辱を続けるのであれば、今後我々は貴紙を借りて読むのを止めることにする」

また貪欲さの表現として「村々を荒らしまわるスコットランド兵並の略奪」などという文句があったりもする。尚武で貧乏で、そして貪欲、と。

遍歴学生

別名：ゴリアール
時代：中世
観測地：伊仏あたり

群れては散るドロップアウター
そして若者は非行に走る

属性

戦闘 商売 職人 放浪
宗教 賤業 権威 民族

能力

武力：5
技術：3
知力：5
魅力：2
財力：2
忍耐：2

武力5：フィジカル面はともかく、攻撃性を評価
知力5：勉学を放り投げても、さすがに教養はあった
財力2：筆写のバイトや乞食などで糊口を凌いだ

技能

風刺詩
距離3マス以内にいる、「権威」属性ユニットの魅力を半減させる（敵味方問わず）（コスト30）

逃散権
体力が0になった際、死亡せずに確実に逃走できる

解説

　大学は、古代ギリシャやローマにすらない、中世が生み出した独自の文化だった。そのはしりは「神学のパリ大学」と「法学のボローニャ大学」であり、両者は学問を志す者がヨーロッパ中から集まる知の集散地となっていた。
　さてその大学であるが、設立当初は教師と学生らの同業組合という側面が強かった。大学固有の建物もなく、授業は広場や教会で行われた。当時の大学は現代のそれと比べて物理的要素が少なく、より流動的だったのだ。
　なので学生や教師らは割とよく移動した。教師はより良い待遇を求め、学生はより良い教師を求めた。しかし、そんな真っ当な学生たちとは別の理由で移動する者もいた。学業をほっぽって酒と女と喧嘩を求め、各地を放浪する不真面目な学生……。そう、彼らこそ、本項で取り扱う遍歴学生と呼ばれる存在である。学生が勉学に励まないのは今に始まったことではないのだ。

【コメント】学ラン＋ジャンパースカート＋中世＝世界。中世的要素を無理矢理足そうとした結果、デザイン性をかえって損なっているような気もするね。ということは学ラン＋ジャンパースカート－中世＝世界、か。

離合集散する大学（スキル）

左ページで述べた以外にも、都市当局との対立や法外な家賃等々、様々な要因で教師と学生は都市間を移動した。大学は俗世の介入によって諸権利が脅かされそうになった際には、他都市へと逃れる「逃散権」が認められていたのだ。

当時は大学と言っても、実際には教師と学生からなる「教場」がその主体だった。そのため、教師が移動すれば生徒も当然のように付いていったのであった。

集団疎開先で教師と学生の集団が新たな大学を形成する例も多く、移動する学生団が学問の伝搬に一役買った側面もある。例えば12世紀のパリ大学のストライキでは、逃散した教師らは逃亡先でアンジェ大学やオルレアン大学を創立している。

「パリ大学から来ました」

遍歴学生あるいは逃亡聖職者

そんな移動する学生の一形態が本項の主役「遍歴学生」であるわけだが、その定義は必ずしも明確ではない。ただ、資料によって放浪学生・逃亡聖職者等と呼ばれることもあるように、「学業を放り投げた学生」と「司祭の職にありつけないために色々諦めた聖職者」たちがその中核を占めるようだ（もっとも、両者はある程度同一の存在とも言えた）。

学生＋聖職者という構図であるが、ここにさらに芸人成分が加わる。というのも、彼らは日銭を稼ぐために芸人として活動することも多かったのだ。

芸人（≒吟遊詩人。88p）といえば当時の放浪者の代表格である。本職の遍歴芸人と肩を並べて放浪することもあったようだ。ああややこしい。

楽師と僧侶と学生が備わり、なんだかよくわからないものに見える。

風刺詩（スキル・知力）

遍歴学生らは芸人として活動する例も多かったが、腐っても学生・学僧である。かつて身につけた教養が武器になった。例えば、ラテン語の知識は詩作に活かせるし、修道院学校で学ぶ様々なことは芸人活動の助けになった。

それらの活動の中でも特に風刺詩によって遍歴学生は有名である。これは教会の堕落や十字軍の残虐さ、また拝金主義に陥った都市の商業など、様々な権威を皮肉っている。その作品の中には学生としての学識、聖職者としての教会関連の知識、アウトサイダーとしての批判的精神が融合されており、遍歴学生ならではの創作と言える。かもしれない。

例：「マルコによる福音書」をパロった「マルク（通貨）による福音書」。神の意志も金次第ということか。

特権と非行（魅力）

もともと中世における学生の粗暴さは有名だった。ギャンブルに酒盛りにと争乱をまき散らす彼らの生態については多数の報告が残されている。その性は、たとえ遍歴学生にジョブチェンジしたところで消えるものではないだろう。

例えば、13世紀パリの遍歴学生に発せられた勅令に至っては「暗殺や追いはぎ、住宅への押し込み強盗、姦通、生娘の誘拐・暴行」を禁止するという内容になっている。わざわざ改めて勅令で禁止せねばならなかったということは、要するに彼らはそういう存在だったという訳だ。そしてそのような勅令が度々出されたということは、それらは守られなかったということだ。

(13)世紀末、パリは学の炎に包まれた。

話が前後するが、12世紀に発された「ハビタ」と呼ばれる特許状によって、大学は一種の治外法権的なものを認められていた。つまり俗世の権力は学生に手出しできないわけである。

厳しく律しても暴走するのが学生というもの。その彼らに特許状なんてモンを与えた日にゃどうなるか、火を見るよりも明らかである。

学生の暴力的な態度の後ろには、彼らに認められた特権があったのだ。そしてその特権の後ろ盾となったのは、教皇やら皇帝やらの偉いひとたちだった。歴代教皇の中にはパリやボローニャ大学出身者も多かったのだ。

かくして都市当局と大学はよく争った。これをタウン（都市）とガウン（大学）の争いと言うらしい。誰が上手いことを言えと。

隠修士 （いんしゅうし）

別名：隠者
時代：古代～中世
観測地：欧州付近

神の道を求めし者
俗世を捨て荒野へ向かう

解説

　キリスト教の信仰の主要な形態の一つである修道院。そんな修道制の母体となったのが、初期キリスト教の苦行者……つまり隠修士たちだった。

　イエスが砂漠で40日間断食をしたように、初期のキリスト教には自身に苦難を課す中で道を見出すような禁欲的な側面が色濃かった。

　中でも砂漠や荒野で苛烈な苦行に勤しむ隠修士たちは深く畏敬の念を抱かれたが、しかし常人が付いていけるようなものではない。そこで、隠修制への補完として、個人ではなく共同体として協力し合いながら使徒的生活を目指す共住修道制が生まれ、発展する。一方で大本の隠修士たちは行き過ぎた個人主義などのために警戒され、中世に入ってしばらくたつと衰退していった。

　しかし、人間は、堕落する。世は乱れ、教会も修道院もまた然りである。そんなとき、人々はかつての原始キリスト教の純粋さと清貧を思い起こす。かくして隠修士は復活した。

　さよう、隠修士とは、堕落と回帰の間を揺れ動くキリスト教社会の端っこにときどき現れる一種のアンチテーゼのような人たちなのである。

属性

戦闘　商売　職人　放浪
宗教　賤業　権威　民族

能力

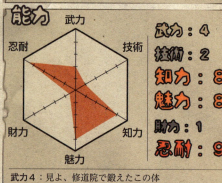

武力：4
技術：2
知力：8
魅力：8
財力：1
忍耐：9

武力4：見よ、修道院で鍛えたこの体
魅力8：宗教界の大物もおり、敬愛された
財力1：理屈上は文字通り無一文だが？

技能

グレゴリウス改革
「宗教」属性を持つ全味方ユニットの防御力を一定時間「+2」する（コスト70）

自給自足
毎ターンHPが+1される

祈り祈り祈り、働け働け働け

隠修士にジョブチェンジするためには、まずは修道士をマスターせねばならない。というわけで、申し訳程度に修道士の解説を試みる。前述の通り、彼らは人里離れた場所に修道院を作り、自給自足（を理想とする）生活を送っていた。

清貧・貞潔・服従の精神を説き、1日7時間の労働と5時間の祈りが課せられていた。「祈り、働け」が彼らのモットーだ。

これらの労働・学問の結果、高い学力だけでなく、農業、医療、料理など高いスキルも習得することになった。しかし、大抵の場合、時代がたつと面倒な労働は下人に押し付けるようになるので、能力評価が中々難しかったりもする。

英語ではmonkと綴る。ファンタジーでおなじみのやつだ。

ギリシャにあるメテオラ修道院。いわのうえにある。

修道士さんの外見。隠修士のデザインと通ずるものがあるようにしたところ、妙に目立つ衣装に。

ちなみにこの人、肩からストラ（頸垂帯）を巻いてますが、これは在俗聖職者のアイテムなので、修道士のスタイルとしてはあんまり正しくありません。
適当に描いてた初期デザインの産物です。

自給自足（スキル・財力）

独居ひたすら祈っている隠修士さん。一体飯はどうやって確保しているのかと思ったが、その辺は托鉢などで凌いでいたようだ。また、隠修士とて完全に孤立したわけではなく、森の経済活動に沿って生きていたという文献もある。

しかし時は既に遅し、筆者の頭の中では森の奥で熊と戦い川の主を釣り上げる隠修士さんのイメージが既に焼き付いていたのであった。

想像上の隠修士生活。岩の中の洞窟で暮らしていたのは本当のようだ。

神の僕たるもの毒キノコの判別程度嗜んでおかねばなりません。

それはともかくとして、彼らは「杖一本のほか何も持たず、パンも、袋も、また帯の中に金も持たず」と福音書に書かれた使徒たちの生き様を理想としていた。私有財産の放棄は基本中の基本だよね。

グレゴリウス改革（スキル）

11世紀に教皇グレゴリウス7世によって推進された改革。世俗権威からの独立と、堕落しきっていた聖職者の綱紀粛正の二本柱で構成される。これらの目的は紆余曲折あった末に達成されるが、この運動の裏には、原始的理想的な教会の姿を説く隠修士たちの影響があった。

シトー会などの大修道院の設立の発端にもなったりと、自身は極端な存在でありながら、その生き様は一定の影響を与えたという話。

さあ、あなたも禁欲に身を投じましょう。全ては真なるキリスト教的生活のため！

道を極めしもの（魅力・知力）

隠修士は巡回説教者として布教活動も行ったが、方々で民衆の多大な支持と尊敬を集めていたようだ。実際、隠修士の一人であるロベルトゥスはさる修道院の創始者という経歴を持つ。他にも司教・大修道院長クラスの大物が隠修士になった例もある。そんなわけで、隠修士の知力・魅力は総じて高いと言えるだろう。

隠修士と森のなかまたち

資料曰く「定住の枠を打ち破って乞食のような姿で町を遍歴する（先述の）ロベルトゥスの姿を愛し、彼を慕って説教を聞き、その後を追いかけ、移葬の際には奇跡を願って柩に群がるほどの熱狂を示した」とのこと。

関連ジョブ

お雇い隠者

18世紀頃、古典文化にかぶれた金持ちの間で、自分の庭を古代の理想郷に仕立てようとする流行があった。

彼らは、理想の庭園には庵の中で苦行に勤しむ「隠者」が必要と考えたらしい。そこで彼らは庭園の風景を完成させるため、人を高額で雇って自分の庭園で苦行をさせたとか。

しかし、したくもない隠遁生活を強いられるのは苦痛だったらしく、脱走する者や自殺する者もいたそうな。

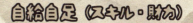

担ぎ屋

別名：小間物行商
時代：中世～近世
観測地：いろいろ

田舎を渡り歩く旅の行商人
ロリババアは付いてこない

解説

中世のヨーロッパには、箱や籠に刃物や針などの雑貨小間物を詰め込んで、売って町々を歩き廻る集団がいた。つまり小間物の行商人だ。彼らは文字通り荷物を担いでいたため、店を構えていた小間物商と区別して担ぎ屋と呼ばれていた、らしい。

一口に行商人と言っても居住地の近くを売り歩くものと、遠隔地を放浪するものの二通りがある。特定の商品を売って廻る多種多様な行商人たちは前者が多かったが、小間物屋は後者が多かったようだ。特に商業や交通網が発達していない田舎では、食料・生活雑貨、そして情報などを手に入れるのに彼らの世話になることが多かった。そういう意味では、担ぎ屋たちは田舎の暮らしのインフラの一種と言えなくもない。

日本でも江戸時代や戦後には小間物を歩いて売った行商人がいたようだが、小間物の行商人を直接指す日本語はないようだ。その分、特定の商品に特化した行商人は実に種類が豊富。その一部は右のページで紹介する。

【コメント】なんか気がつけば魔術師みたいな格好になりました。商人だけあってサポート系のスキルが素敵。

属性

戦闘　**商売**　職人　**放浪**
宗教　賤業　権威　民族

能力

武力：3
技術：4
知力：5
魅力：4
財力：3
忍耐：4

技術4：ハサミ研磨のような「一芸」を持つ例もあった
知力5：仮にも商人なので、情報収集は怠らない
魅力4：生活インフラである一方、胡散臭いという評価も

技能

治療
隣接味方ユニットのHPを知力/3だけ回復する
（コスト25）

幸福を売る男
隣接味方ユニットの防御力+1

トップグループの最底辺（財力）

中世・近世には様々な商人集団がいたが、小間物商らはその中でもトップクラスの勢力・財力を誇っていたという。一等地に店を構え、一流貴族を相手に羽振りの良い商売をしていたようだ。

小間物屋万々歳と言いたいところだが、本項で取り上げた行商スタイルの「担ぎ屋」たちは、小間物商のグループの中でも最底辺に属していた。そもそも店を持てないから行商をしているわけで、その売り上げにも限度があるというものである。

小間物商に限らず行商というのはだいたいどれも慎ましい商売で、ウィキペディアさんにもささいな商売と言われてる始末だ。というわけで一般人程度の「財力3」としてみた。商人らしからぬ数字だが後のほうで紹介するマッチ売り(218p)なんかよりはマシだろう。

権勢を誇っていた中世の小間物屋ってのは、きっとこんな感じだろう。

治療（スキル・技術）

担ぎ屋たちは単に商品を売るだけではなく、様々なサービスも提供した。鋳掛け屋やハサミ研磨などを兼任することもあったし、医術にも精通していた。

これは担ぎ屋固有のスキルというわけではなく、担ぎ屋も含むジプシーやユダヤ人など「放浪の民」たちが食い扶持を稼ぐために身につけた技能という側面もあった。他にも大道芸や占いを身につけたものもいた。

そういえば、同じ放浪の生活をしている羊飼いも薬学に秀でていた。人里離れた生活をしていると、自分の体は自分で看ねばならんということだろうか。

フィクションの世界にも放浪の薬屋は結構いる。ような気がする。

幸せを売る男（スキル・魅力）

イギリスの担ぎ屋たちは自分たちのことを「幸せを売る男」と称していた。自分らが田舎の生活を支えているという自覚があったからこその言葉だろう。

さてそんな担ぎ屋だが、魅力は必ずしも高いとは言えない。というのも、この手の行商らには往々にして「胡散臭い」という評価がついて回るからだ。

書籍行商人
文字通り、書籍を売って廻った行商人。たくみな弁舌で本を売りさばいた。扱うのは聖書などの宗教関連も多かったが、禁書や風刺文、予言書といった胡散臭いコンテンツも取り扱った。ある意味、草の根での情報流布に一役買った存在とも言える。でも胡散臭い。

その他の行商人

江戸やロンドンなどの都市では、多種多様な行商人が家々を巡って商品を売って廻った。種類が多すぎて取り上げようにもキリがないというのが正直な所。

唐辛子売り
本当に図のような唐辛子型の容器を持ち運んでいたらしい。

二八そば屋
屋台を担いでそばを売った。行商というよりは立ち売りか（描いてて気付いた）。

小間物婆や(notion nanny)
イギリスの田舎で小間物を売って廻ったおばはん。担ぎ屋の派生ジョブ。多分。

図のように、担ぎ屋の杖は荷物を固定させる用途にも用いたようだ。本項のイラストだと杖が長すぎて固定には使えない（描いてて気付いた）。

匪賊（ひぞく）

時代：中世～近現代
観測地：主に中国、バルカン、南米など

お上の秩序に歯向かうもの
反抗はいつも農村から

属性
戦闘　商売　職人　放浪
宗教　賤業　権威　民族

能力

武力：5
技術：2
知力：2
魅力：5
財力：2
忍耐：3

武力5：元兵士などもいたが、正規軍には劣る
財力2：頭目クラスを除けば、裕福には程遠かった
忍耐3：環境は劣悪だが、特段忍耐力があったわけでも

技能

易姓革命
どこの勢力下にも属していない土地において、
盗賊系ユニットの戦闘力を増加させる（コスト60）

緑林の定め
農民に対して魅力＋3のボーナスを得る
ただし、その農民に対して攻撃すると失われる

解説

　我々は「盗賊」に感謝せねばならないだろう。中世モノの世界設定であればほぼ無条件で使えるお手軽な敵役という点で、盗賊をしのぐものはそうあるまい。
　一口に賊と言っても一般的な盗賊のほかにも海賊から山賊、中には林賊砂賊なんて名称が使われることもあり、その範囲は結構広い。そしてそんな多彩な賊の一つとして、匪賊が存在する。
　「匪賊」と「盗賊」は非常に近い意味で用いられているが、元々匪賊という語は中国における否定的な価値判断を伴う僭称であり、権力側から侮辱的な意図で使用された。が、ここで、あくまで「官」側からの呼称であるという点がミソである。これは逆に言えば、人々の側から見れば、匪賊たちは単純な悪とは割り切れない側面も有していたということでもある。
　つまり、匪賊という語の背後には、秩序を推し進めたい当局と、その秩序に対する人民の潜在的な反抗という概念が横たわっている。例えば戦時中の中国では、匪賊という語は抗日ゲリラ的な意味で用いられていた。この一筋縄ではいかない微妙に政治的社会的な要素こそが、広義の盗賊と匪賊との違いと言えよう。
　もっとも、英語だと匪賊も盗賊もどのみちbanditだが。

匪賊とは何ぞやという話

匪賊。この言葉には広義の盗賊と異なり、何らかの「抵抗」の精神が見える。このあたりにロマンを感じたからこそ、筆者は本書に匪賊の項目を設けたのであるが、いざ調べてみると、この匪賊なる概念は意外と厄介なことに気がついた。何というか、この世界、それぞれの用語の境界が極めて曖昧なのだ。

なるほど、匪賊と称される個々の盗賊たちの研究はあちこちで進められている。しかしそれらを総称する概念としての匪賊を考えたとき、その輪郭は途端にぼやけてくる。匪賊研究の始祖たるホブズボームの「世論では単純な犯罪者とはみなされていない、ある種の盗賊」という定義が有名だが、どうしても曖昧さは残る。「おそらく私たちはこのことばを、なんらかの厳密性をもって定義しようと試みるべきではあるまい」という白状もあるくらいである。

農と匪（武力・財力・魅力）

とはいえ、典型的な匪賊と呼べる存在もある。そのうちの一つは、「農民的匪賊」とでも呼びうる人たちだ。農村、それも、特に貧しい農村地帯の出身で、生活のために賊活動に身を投じた元農民たちである。当局からは国家の秩序を脅かすものとして敵視される一方、彼ら自身は農村社会との繋がりを保っており、半ば是認された存在だった。

そもそも、農村と匪賊の関係は、意外と強い。困窮に喘ぐ農村社会では、明日を生きるために鋤を捨てて銃を手に取ることは、十分に合理的な選択肢でありえた。それに、貧困地帯の農民にとっては、盗賊よりも役人たちのほうがよほど悪辣な略奪者だったりもする。そんな社会においては、農民たちから見た匪賊像は多義的である。略奪者ではあるが、一方で、農村にあっては彼らの庇護者として振る舞うこともあり、また農民たちを抑圧する国家秩序に対する怒りの体現者でもあった。

中国の華北地方では、農繁期は農作業を行う一方で手持ち無沙汰になる農閑期に賊稼業に繰り出すというサイクルが存在した（逆の例もアリ）。それだけ、賊活動は農村の生活と結びついているということでもある。

そしてその背後には、やはり「抑圧する国家とそれに抗する民」という枠組みが存在するのであった。

農民反乱が発生したときでも、収穫期になると反乱は中断されたという。

部族と国家と盗賊（武力）

典型的匪賊の一つが「農民的匪賊」なら、もう一つの典型例は「部族的匪賊」だろう。軍事的部族や遊牧民などは伝統的に略奪等を生業の一部にすることが多く、近代的な国家権力からは敵視されることが多かった。また逆に、伝統的な部族的社会が近代国家に圧迫された結果、困窮し犯罪に手を出さざるを得なくなったというケースもある。

ダコイト

インド・ビルマにおける武装強盗集団。イギリス統治時代に数多く出現して社会を騒がせたが、実際には戦闘的な諸部族や山の民たちの伝統的生活がイギリス統治によって破壊された結果、賊徒に転化したという側面が強かった。

ちなみにダコイトの活動は現在でも活発。

ハイドゥク

ヨーロッパの匪賊として最も有名な人たち。特にバルカン半島において、オスマン帝国の支配に抗した自由の闘士として名を馳せた。ロビンフッドに代表される義賊や水滸伝の武侠たちに近い存在として幾多の伝説も残している。

その出自は地元の「自由農民に由来する戦闘的階層」だったが、やはりトルコ人の支配の結果、困窮し匪賊と化したとされる。また、他には武装した遊牧民がハイドゥクと化すことも多かったようだ。そういう意味では農民的・部族的双方の匪賊要素を持っている。

コサック

ウクライナやロシア南部の自由農民遊撃団（かっこいい形容だ）。

その出自は辺境の農民や国境付近に配置された「自由戦士」たちが中核となって発展していったとされる。血族的には様々な民族から構成されたが、宗教（正教）を中核に結束し、武勇を轟かせた。

略奪行為もしたし時の権力者と戦ったりもしたのだが、賊というよりは自由人の軍事集団という印象の方が強いためか、匪賊に分類されることは少ない。

ゼイベキ

オスマン帝国末期にバルカン地方で活動した任侠集団兼匪賊。通商路に屯してみかじめ料を取るというヤクザみたいなことをしていたが、帝国によって活動が禁じられると、匪賊と化して地下に潜ったり反乱を起こしたりした。しかし権力と戦うゼイベキは地元の人間にとっても誇りだったという。

ハイドゥク同様にバルカンの匪賊だが、ハイドゥクとは異なり、ゼイベキの場合はトルコ人「が」抵抗したと言える。ゼイベキもオスマン朝に逆らったが、その背後にはオスマン朝を操る欧州の帝国主義勢力があったわけである。後に起こるトルコ革命においても、ゼイベキはパルチザンとして祖国のために戦っている。

ちなみに西ヨーロッパはどうなのかというと、近代には既に部族社会でなくなっていたし、また盗賊の出自も農民というよりは放浪者たちが主体だったし、外国勢力に占領されることもあんまなかったので、匪賊の活動はあまり活発ではない。ただし、コルシカやイタリア南部は例外で、かの地では匪賊が歴史を揺るがしえた存在として記憶されている。

盗賊の美学（スキル・魅力）

　匪賊の実態を語る資料は必ずしも豊富なわけではない。しかし限られた資料を見ても、匪賊たちの間に一種の美意識が存在したことははっきりと窺える。そしてその美意識の多くは、彼らの出自と立場で説明できるものだった。

　何だかんだ言って匪賊は農村世界の住民であり、農民たちとは相互依存の関係にあった。それ故、彼らには農民たちの支持を得るためにそれ相応の振る舞いが要求された。

　例えば友誼・徳義・正義といった道義に則った振る舞いもその一つである。強きをくじき弱きを助け、世の不正を正し、信念のためには命も投げ出す……。特に中国においてはこれらの道義は「緑林の定め」と呼ばれ、水滸伝に出てくる武侠たち、あるいは三国志の「桃園の誓い」にまで遡る伝統的な美意識を継承していた。

　とはいえ、現実的にはこの手の美学はあくまで美学であり、彼らの実際の振る舞いはお察しの通りであったよ。

中国の諺曰く「若者に水滸伝を読ませるな。老人に三国志を読ませるな」とのことである。

中国の匪賊たちは略奪品で自らを装ったが、とくに人気だったのが眼鏡。「頭が良さそうに見える」というのがその理由だとか。

　また匪賊の多くは、農民の世界を抜けだして賊の世界に入った者である。それ故、匪賊の農民たちに対する視線には愛憎の念が入り交じっている。

　例えば、匪賊たちは自らを自由な戦士だと自負し、土地に縛られ権力に服従する農民たちを軽蔑の目で眺めていた。やたらと派手な服装をしたがるのも、かつて自分が属していた農村世界との差別化の意味が大きかった。

　とはいえ彼らが根っこのところでは農民的精神を捨てきれなかったことも各種の記録からは明らかである。総じて言えば、言葉は悪いが「田舎を見下す田舎者」みたいな心根と思えばいいんじゃなかろうか。

匪賊とその隣人たち（魅力）

　これまでの解説の中には、義賊であるとか任侠集団であるとか、別の集団の名前がちらほら登場している。この辺の記述から何となく察せられるとおり、匪賊の周辺には、部分的に重なりつつも完全に同一というわけではない、似て非なる集団が幾つか存在した。まあそもそも匪賊という概念自体が曖昧なので、ある意味必然でもあるのだが。

義賊
・反権力的・道義的
匪賊の一種に数えられることが多く、匪賊の理想像とも言える存在だった。周囲の人々も匪賊に対して義賊として振る舞うことを期待したが、しかし、現実には真に義賊と呼べる者はほとんどいなかった。

任侠集団（226p）
・道義的・犯罪的・組織的
匪賊と同様、武侠的な価値観を持っていたが、匪賊ほど農村的ではなく、また一般的には匪賊よりも「ヤクザ的」である。

狭義の盗賊
・反社会的・犯罪的・組織的
農民たちの怒りの体現者とかそういう要素のない、単純な悪人たち。無法者と称される人たちが盗賊と匪賊のどちらに属すかは微妙なところだ。

匪賊は歴史を変えうるか

　匪賊たちと繋がりの深い勢力として、義賊や任侠の他に、「革命家」もまた挙げることができる。何しろ農民たちと価値観を共有する彼らだ。農民が抱く社会への不満に関しても敏感だった。そんな彼らによる体制への反抗が国家を転覆させる革命につながることも時として存在した。ローマ皇帝の中にも匪賊出身者は存在するし、張作霖も匪賊（もしくは馬賊）出身だ。

　とはいえ、革命分子としての匪賊には、根源的な限界も存在する。彼らは思想的にはやはり素朴で保守的な農民でしかなく、革命家が描くような遠大なビジョンは中々理解できなかった。強きをくじき弱きを助ける義賊精神を持っていたとはいえ、匪賊たちが認識できる理想は、精々悪い連中をやっつけて古き良き生活を復興させるといった程度のものだった。

　また核となるイデオロギーも高度な組織もなく、頭目の個人的カリスマによって成立していた匪賊団は、精々数十人程度の規模を維持するのが限度だった。それ故、匪賊団が単体で大規模な勢力に成長することはほとんどなかった。

　社会の大きな転換期に姿を現す匪賊であるが、彼ら自身が歴史を変えることは滅多になかったのだった。

…烏合の衆

中国～匪賊天国～（スキル）

　世界には、匪賊の名産地と呼べるような地域が存在する。例えばバルカン半島であり、イタリア南部であり、南米であり、そして中国だ。匪賊が発生する理屈を眺めていたら何となく想像がつくとは思うが、国が外国勢力に支配されているときや、人民が支配者に虐げられているような場合に匪賊の活動は活発になる。

　で、中国だ。元々中国は役人の支配がいい加減で賊が活動する余地が大きい。また孟子が唱えた「易姓革命」の理屈では、天下の支配者としてふさわしくない王朝は力ずくで葬り去って良いという理屈になった。そんなわけで中国には、王朝の衰退期や多民族の侵入、あるいは内乱などのイベントが発生するたびに匪賊が大量発生し、新たな王朝が興り政治が安定すると匪賊の活動もまた終息するという伝統的サイクルが存在した。

　そんな中国であるが、20世紀に入ると、更に匪賊の活動に拍車をかけるイベントが発生した。日本も含む外国勢力の跳梁に加え、辛亥革命に続く軍閥の割拠、である。

どこかで見たような中国的テンプレ

　外国勢力と結びついた軍閥は、互いに抗争しあい、中国全土を内乱状態に陥れた。戦が起これば敗者は逃れて賊と化した。また兵への給与の支払いが滞ると彼らは軍を抜けて賊となり、また解雇された元兵士たちもやっぱり賊になった。賊による略奪が増えると農民も食いつないでいくために賊の世界に足を踏み入れる……。

　この時代、中国ではこんな悪循環が繰り広げられ、瞬く間に歴史上類を見ないほどの匪賊天国と化したのであった。控えめな見積りでも、1930年の時点で中国には2000万人を超える匪賊がいたというから中国は中国である。省人口の20％が賊になったという地域すら存在した。

中国の匪賊団（技術・知力）

　前ページで、匪賊団の人数は精々が数十人と言ったがあれは嘘だ。本場中国では、大きなものになると数万人の規模を誇る匪賊団が生まれることもあった。この辺は相変わらず中国だ。匪賊団が軍隊と呼びうるくらいの規模に成長すると、組織の方も規模に応じて整備されていった。以下は中国の大型匪賊団の役職リストである。

炮頭（パオトウ）
門神（メンシェン）
軍団の最高位の指導者にして軍師。炮頭の名は頭に布帯を巻く習慣から名付けられた

白扇（バーシャン）
牛一（ニウイー）
書記。身代金交渉などの役目も担った。落ちぶれた教養人とかがなった

貝長架（ジャンジア）
水箱（シュイシャン）
いわゆる財政係

糧臺（リャンタイ）
兵站責任者

巡冷子（シュンロンヅ）
いわゆる歩哨

　他にも以下のような役職があり、その細かさからは、この国における匪賊文化の発達具合が窺えるのであった。
- 拒捕（ジューブー）、把手（バーショウ）：武装した警戒線係
- 扛扇（ガンシャン）：襲撃の先陣係
- 稽査（ジーチャ）：内部向けのスパイ
- 踏線（ターシエン）、走線（ゾウシエン）：情報収集係
- 挿籤（チェーチエン）：身代金が取れそうな地方名士の身辺調査係
- 圧水（ヤーシュイ）：営利誘拐恐喝係
- 巡風（シュンフォン）：偵察隊
- 養子（ヤンヅ）：捕虜監視などの雑用にまわされた新参者

そして現実へ（忍耐）

　今回はどうも抽象的な言説が多かったような気もするが、最後に（主に中国の）匪賊の現実に触れておきたい。

　一言で言えば、匪賊の現実は甘くはなかった。所詮はならず者の寄せ集めである。裏切りや密告は当たり前であり、権力争いで頭目が殺されることも多々あった。また、官軍から逃げるために常に移動を余儀なくされ、腰を落ち着ける暇もない。常に追われているという心理的な重圧は確実に彼らの心を蝕んだ。度重なる戦闘で仲間は次々と死んでいくが、たとえ重症を負っても満足な治療など望むべくもない。アヘンが彼らの万能薬だった。

　景気が良いときは農民よりは稼げたが、とても命をかけたリスクに見合う収入とは呼べなかった。貧窮した世界にあっては賊もまた貧窮しており、あらゆる理想からは程遠かったという話である。

　では逆に、理想と現実が合致することはあっただろうか？

　匪賊の構成員はほぼ全てが男だったが、頭目に限っては女が就くことも割とあった。また、女がハイドゥックになるときは、彼女らは男の格好をして男として戦った。故に、「男まさりの女盗賊」は正しい。繰り返す、「男まさりの女盗賊」は圧倒的に正しい。

盗賊騎士

時代：中世後期
観測地：ドイツとか

古き幻想と現実の落とし子
騎士の矜持 ここにあり

属性

戦闘 商売 職人 放浪
宗教 賤業 権威 民族

能力

武力：7
技術：2
知力：4
魅力：3
財力：5
忍耐：3

知力4：一応は騎士階級。それなりの教養はあろう
魅力3：悪人とされたが、同じ騎士からは支持されることも
忍耐3：リスクの多い仕事だが、自ら望んだ面もある訳で

技能

フェーデ
自分にダメージを与えたことのある敵に対し、
攻撃力1.5倍の攻撃を行い金品も奪う（コスト50）

ウェアフェーデ
特定の敵と3回以上戦闘を行った場合、
3ターンの間、双方ともにお互いを攻撃できない

解説

　本書の前身にあたるDOUJIN誌を世に出していた頃、「騎士とか、そういう職は取り扱わんのか」と知人に言われたことがあった。なるほど、中世と言えばやはり騎士が真っ先に期待されるのも理解できる話である。というわけでご期待に応じて取り上げるとしよう。騎士を。
　御存じの通り、中世後期、騎士階級は衰退してゆく。銃火器の普及がどうと言われることもあるが、それ以前から経済的・文化的・政治的な中心は大領主と都市に集約されつつあった。生活史に関する本は大抵は中世後期の都市を中心に取り上げるため、読んでいると「騎士ってどこにいたの？」という気分になることも多々ある。
　で、没落した騎士の一部は盗賊めいた存在と化して生き残りを図ることになる。これすなわち盗賊騎士である。しかし盗賊だとて笑うなかれ。これは上記のように時代の中心から追いやられ、本書でもスルーされがちな騎士階級の心の叫びの物語でもあるのだ。
　まあ、それを言ったら、人口の上では大多数を占めるにもかかわらず騎士以上にスルーされる農民はどうなんだという話にもなるが。

封建制の隙間から（財力）

　そもそも「盗賊騎士」という言葉は近世の造語である。最初に使い始めたのはグリム兄弟だとも言われるが、その出自からしてあまり厳密な用語ではなく国によっても意味に微妙な違いがあるという。
　盗賊めいた行為をする騎士自体は割と昔からいたようである。理由はいろいろあるけれど、結局やることは一緒だね。

非嫡子ゆえに
家督を継げない騎士の次男三男の中には、騎士を捨てて盗賊と化す者もいた。森を根城とする盗賊にはこのような者が多かったらしい。

無秩序ゆえに
いわゆる大空位時代になると、無秩序の中で狼藉三昧を働く輩も増えてくる。ライン河で船の強奪を働く輩もまた、盗賊騎士と呼ばれたらしい。

困窮ゆえに
中世後期、貨幣経済についていけず困窮していった騎士たちが、埋め合わせと言わんばかりに農民相手に搾取・強奪することもままあった。

平和ゆえに
百年戦争の頃から、騎士が傭兵として参戦することが増えてきたが「仕事」がなくなると、彼らは徒党を組んで「盗賊騎士団」として掠奪やタカリに精を出した。

フェーデ（スキル・魅力・財力）

　上述の例は弁解の余地なく盗賊だが、盗賊騎士の中には「フェーデ」の権利を掲げて「合法的略奪」を生業とするようなタイプも存在する。寧ろ最近はこっちを指すことの方が多い。
　フェーデとは「私闘」などと訳される言葉で、平たく言えば、紛争時に力ずくで解決することを認める制度である。例えばある騎士が誰かから不当に損害を受けた場合、その仕返しに相手を攻撃したり、あるいは損害の埋め合わせとして敵の領土から略奪する権利を有するとされていた。このフェーデの権利を口実にして、今日も盗賊騎士は略奪や営利誘拐に精を出すのであった。

当該都市に所属する者であれば、問題の紛争に直接関わってなくても略奪の対象になった。襲われる側からしてみればいい迷惑である。

というわけで、荷物をたんまり積んだ商人や、身代金目当てのお偉方が襲撃の対象としてよく選ばれた。

フェーデの相手に選ばれるのは、だいたいは都市だった。都市が持つ財産が欲しかったのだろう。

フェーデの際には仲間の騎士や傭兵たちが集められた。このように当事者ではなく、助力者として首を突っ込んで戦うことも騎士の商売の一つだった。騎らが騎士同盟なるものを結んで長期的に徒党を組むこともあった。

フェーデの図（騎士対都市の場合）

　もちろん建前的には合法的行為ということになる。が、実際にはフェーデの根拠をでっち上げたり、あるいは既に解決済みの紛争に首を突っ込んだりと、略奪目当ての悪用や拡大解釈が横行していた。そんなわけで中世中期頃からこのフェーデの権利は幾度となく制限され、最終的には15世紀末に全面的に禁止されるに至るのであった。

ウェアフェーデ（スキル）

　一見すると、フェーデとはまこと暴力的な制度のように見えるが、本来の意義は全く逆で、これは紛争解決のための制度だった。中央集権的な国家権力のない中世では、裁判を起こしても相手が無視すれば意味がない。そんなときに実力で相手を交渉の席につかせるのがフェーデだった。言ってみれば、中世人は紛争解決の手段として、ローマ法的裁判とゲルマン法的フェーデという2つの手段を持っていたということになる。

　じっさい、フェーデの一連の手続きの最後には「ウェアフェーデ」という復讐放棄の誓約が待っていた。つまり「もうこれ以上は喧嘩しないよ」という宣誓であり、これでもって一連の紛争は解決したものとみなされた。

フェーデの要約：
「殴られたら殴り返せ。でも最後は握手で解決な」

お金と魅力

　盗賊騎士の魅力と財力の採点は難しい。確かにフェーデは法で制限されるように、歓迎されざるものだった。
　しかし一方で、同じ騎士たちは内心ではこれらの所業に拍手喝采していたという。元々は武力の行使こそが騎士たる彼らの権利であり存在意義であった。時代の流れから取り残され、経済的に困窮し、昔ながらの権利すら奪われつつある時代にあって、フェーデを行い都市に立ち向かう同朋の姿は、確かに騎士そのものであったのだ。

　また、財力も同様に判定しづらい。フェーデの背後には困窮があったと思われるが、フェーデ自体にも結構金が要る。一方でフェーデが成功すれば億レベルの見返りが得られることもあった。末端はともかく、主催者レベルであれば財力はそれなりにあったのかもしれない。

飛脚

別名：箱飛脚
時代：古代～近世
観測地：世界各地

中世の伝令官
荷と信頼を背負い各地を駆ける

解説

　飛脚と言えば、腹掛け姿で荷物を括り付けた棒を担ぐ姿がお馴染みだろう。通信制度の象徴といった側面もあり、かつては佐川急便も飛脚をロゴマークとしていた。そんな飛脚は欧州にも古くから存在した。かつての欧州飛脚は、専門の運搬業者というよりは外交等の「使者」と不可分の存在だった。

　中世であれば、町で民間を相手にしていた飛脚もいるが、大学や国王に雇われたものが有名であった。彼らは箱に入れた書簡の他、政治的、軍事的命令なども伝達した。箱に荷物を入れて運んだことから箱飛脚と呼ばれることもある。そんな彼らは、当時のヨーロッパの通信網の根幹を支える存在であり、重宝された。

　また当初は、専門の飛脚ではなく遠距離間を行き来する立場の人間がついでに配達を行うことも多かった。しかし時とともに飛脚制度は整っていき、そしてその飛脚制度は、次に生まれた郵便制度に駆逐されていくことになる。

　〔コメント〕能力値もバランスがとれている上に、スキルもやけに便利。飛脚さん、意外と強キャラです。実際、彼らは単なる使い走りに留まらない存在だったんですよ。

属性

戦闘　商売　職人　放浪
宗教　賭業　権威　民族

能力

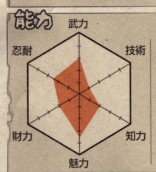

武力：6
技術：2
知力：4
魅力：7
財力：4
忍耐：5

武力6：身を守るだけの力は必要かと。あと脚力
知力4：商取引にも関わったりと、馬鹿ではないようだ
財力4：危険な割には……といった程度の収入らしい

技能

駅伝制
隣接する味方ユニットを再行動させる
（コスト 25）

飛脚走り
ZOC、及び敵ユニットを無視して移動ができる

中世の郊外は危険がいっぱい（武力）

勿論、走りっ放しの商売なので体力は求められるが、中世の郊外を征くには、ある程度の備えが必要だった。

飛脚たちがトレードマークとして「槍」を携えていたことからも、その辺の事情が窺える(ような気がする)。

以下は、ある旅回りの道化による近世飛脚のうた。

飛脚になってはや1年
来る日も来る日も文箱を持ち
奥山じゃたんと
　危うい目もみてる
11フランと引き替えに……

僧院飛脚（知力）

中世ヨーロッパの郵送システムはどんな感じだったのか。そもそも当時は各領土がモザイク状に分割されてそれぞれの領主が通行を管轄しているような世相だったので、統一的な郵送システムの構築は夢のまた夢だった。

だがそんな中世にあって、高度に整備された通信網を担いうる組織が存在した。そう、教会と修道院だ。

中世盛期頃から、クリュニー修道院は情報伝達の効率化を進め、最終的に1450もの修道院を傘下に収める中央集権的な連絡体制を整えるに至った。網の目のように欧州中に張り巡らされた教会の通信網を利用したこの通信システムは僧院飛脚と呼ばれた。文字通り僧侶が情報を運ぶわけだ。

例えば教皇からの公文書は僧侶によって司教座に運ばれ、そこで写筆され、そこから各司教へと回送された。といった具合である。

修道士の訃報が記された書簡が届けられる場合、届けられた各修道院で新たな追悼文が継ぎ足されたため、最終的に20mに達したりしたそうな。

なんちゃって権威属性（魅力）

中世の情報通信は教会が一歩リードしていたが、中世後半になると俗世の中にも独自の飛脚を整備する勢力が現れ始める。国家と大学と都市、そして金融商人だ。

特に銀行家たちにとっては金融情報を真っ先に掴めるか否かは死活問題だったので、イタリア等の金融都市には彼らの手による飛脚が発達することになった。中には専門の飛脚会社を立ち上げる例もある。

商人飛脚にせよ国王飛脚にせよ、いずれもまだまだ庶民には縁のない存在だったが、これが逆に飛脚の品格に繋がった。飛脚たちは雇い主の権威のお裾分けを貰い、それぞれ王家や大学の紋章を誇らしげに身につけていたという。民衆の目にも彼らは煌びやかに映ったようだ。また、政治的軍事的指令の伝達などにも関わっており、物腰は慇懃だったという。

本項の箱飛脚も、マントに何やら紋章らしき模様が。

飛脚走り（スキル）

江戸時代の飛脚が使っていたと言われる走行法。右手と右足、左手と左足をそれぞれ同時に前に出す走法とされる。

体のひねりがなくなるため、姿勢が安定しスタミナを消耗しないと言われている。

が、実際に飛脚がこのような走法を使ったという明確な証拠はないので、コレを語る際には警戒が必要だ。

佐川急便のシンボルマーク（旧）。左右の手足をそれぞれ同時に出しているようにも見えるが、多分関係ないだろう。

飛脚あれこれ

実は意外と資料に即した格好をしている箱飛脚さん。ナリは大学や国王の飛脚の標準的な格好です。勿論、箱の担ぎ方はフィクションだ。

- 丸い帽子。羽根飾り付き。
- 体や荷物が雨に濡れぬよう、マントで身を覆った。
- トレードマークの槍。杖の場合もあった。
- チュニック
- 頑丈な靴

彼らは文などを箱に入れて運んだので、箱飛脚と呼ばれることもありました。その箱要素を無駄に強調したのが本書の飛脚さんです。

EXTRAスキル フルブレット
肩ミサイルは浪漫。

駅伝制と飛脚（スキル・武力・魅力）

飛脚というのは荷物を遠隔地に届ける商売だが、彼らが真価を発揮するのは、物理的な荷物ではなく情報を届けるときだった。そういう意味で、飛脚の仕事は情報の伝え手である伝令・使者と不可分の関係にある。

インターネットも電信も腕木通信もない時代、彼ら伝令官は誇張抜きにまさしく人々の眼であり耳であった。1日中部屋にこもっているような人間にとって、インターネットは情報通信の生命線と言えるが、それと同等の重みを持つのが彼ら伝令官である。

かつての帝国の支配者もその価値を熟知していたから、情報（と物資）の通信には多大な関心を払った。古代に栄えた国の大抵は、公道に宿駅を設けてこれを拠点にリレー形式で情報や荷物を迅速に伝達する、いわゆる駅伝制を整備している。

アケメネス朝ペルシャの「王の道」に始まり、アッシリア、エジプト、モンゴルetc.etc.。実例は枚挙に暇がない。有名なローマの軍道もその一例である。

ちなみに、いわゆる「駅伝」の語源でもある。

で、その駅逓制度の中で走ったのが我らが飛脚だ。大帝国が多大なコストを掛けてまで用意した駅逓制度である。その駅逓制の要たる飛脚も当然選りすぐりだった。以下はその例だが、いずれも並の人材ではないことが見て取れると思う。飛脚というのはただの使い走りではないのだ。どうだ、凄いだろう。

ヘメロドロメーン

ギリシャの最高級飛脚。オリンピックの優勝者がその職に就いたとされるくらいなので、脚力に関しては文字通り最高の人材と言える。その肩書に負けず、俊足として多くの伝説を残している。

今日のマラソンの起源は、42kmの道のりを駆け抜け、勝報を伝えて息絶えたギリシャ人伝令の故事にちなむとされているが、その伝令がこいつだ。

チャスキ

インカ帝国の精鋭伝令官。ギリシャの長距離型の飛脚とは異なり、彼らは3キロ程度を一気に駆け抜ける中距離型。リレー形式で、2000キロを5日で駆け抜けたとされる俊足の持ち主。

その仕事は楽ではなく、比類なき苦役とされている鉱山労働の更に3倍はしんどいとみなされていた。また怠けたチャスキは棒叩きの刑で処刑されたが、一方で優れたチャスキは王自身から惜しみない賞賛を受けた。

鋪兵

モンゴル帝国はジャムチと呼ばれる駅逓制度を整えたが、そこで働く飛脚の一つ（他にも色々ある）。

この飛脚が鳴らす鈴の音が聞こえると、高官も武将も道を譲らねばならなかった。マルコポーロ先生が言うには、10日行程の道を一昼夜で駆け抜けたそうである。ジャムチの真価は個人の脚力というよりは高度に整備された駅逓制度全体にあったが、そこで働く飛脚もまた精鋭には違いなかった。

飛脚から郵便へ（財力・魅力）

前ページで述べたように、ヨーロッパには中央集権的な近代国家が中々登場しなかったので、統一的な郵便制度も中々発達しなかった。数百の領邦に分割されていたドイツなんかではそれが特に顕著だった。例えば郵便業者がハプスブルク家と懇意にしている場合、ドイツの諸侯はスペイン勢の介入を恐れてその郵便業者を通そうとはしなかった。万事がこんな調子なのだ。

かように欧州の郵便は常に国際情勢に翻弄されていたのだが、そんな中で頑張って郵便事業を推し進めたのがタクシス家。彼らは皇帝から郵便事業の独占権を与えられ、各地に駅を作り厩舎を建てた。ようやくヨーロッパにまともな駅逓制が整ったといった感じである。

最終的にタクシス家の郵便事業は国有化されたが、彼らの努力やイギリスのローランド・ヒルによる郵便改革などを経て、古の飛脚制度は近代的な郵便制度へと進化してゆくのであった。

ちなみに識者によれば、飛脚と郵便の概念に明確な違いはないそうである。英語だと両者ともPOSTだ。

郵便配達人

かつての飛脚と同様、この郵便配達人も大いに存在感を誇っていた。若者たちにとっては憧れの的であり、郵便馬車が村につくと、御者は地元の若い娘から冷えたビールで歓迎されたという。

その他の飛脚

というわけで、意外と馬鹿にできない存在だった飛脚。歴史の中にはいろんな亜種もいたよ。

飛脚（日本）

日本の飛脚。江戸大阪間を最短で4日で走った。流石にチャスキには劣るが、それでも健脚の代名詞的存在だった。

肉屋飛脚

中世には肉屋が新鮮な肉を届けるための交通網を使用して、都市と農村間の配達を請け負うこともあった。タクシス家の競合相手だったとも言うので、近代になっても活動してたようだ。

米飛脚

米相場専用飛脚。当時は大坂堂島の米相場が米の国内取引の基準となっており、この相場表を各地の商人へと届けた。各分野に特化した飛脚の例。

3：山・川・海の風景

　郊外を突き抜けた先、大自然の中でもまた、人々は生きていました。

　自然であるということは、人の力が及ばないということ。中世的な発想で言えば、そこは神々が支配する世界です。もちろんキリスト教的には「父なる神」以外に神などいないということになるのですが、古の信仰は中々どうして根強いものでした。

　自然の中で生きる仕事人たちは、野生動物を相手に闘う狩人から海の上の生贄までその職掌は様々です。しかし、いずれも楽な仕事ではないことは確かでしょう。彼らは総じて、大自然と相対してゆく中で独自の精神世界を築いていきます。
　そんな、人里離れた世界の営みの一端を覗いてみることにいたしましょう。

森番

時代：中世
観測地：森林地帯

大いなる森林の守護者
御主人様と、ついでに★自然の為に

属性

| 戦闘 | 商売 | 職人 | 放浪 |
| 宗教 | 賭業 | 権威 | 民族 |

能力

武力：5
技術：5
知力：3
魅力：1
財力：7
忍耐：3

武力5：賊と戦うだけの戦力は保持していたはず
技術5：狩りをはじめ、森の中のこと一通りに精通していた
魅力1：領主の手先として嫌われていた

技能

叫喚追跡
隣接する四方の敵ユニットの防御力を-1する
（コスト20）

森林法
森、または森林のマス上で全能力が+1される

解説

　森の番人。ファンタジー世界ならきっと金髪ロン毛、もしくは緑髪褐色のエルフが弓を構えて「愚かな人間たちよ」とかどうのこうの口上を述べて襲いかかってくるに違いない。適当にあしらいつつイベントを進めると、当の森番エルフは帝国軍の奇襲に遭っているではないか。ざまあみろと言いたいところだが、ゲームの展開の都合上助けるより他はない。
　仕方なくも助けると、彼女は照れくさそうに適当な口実を口にしつつ仲間になってくれるのである。晴れてイベント完了。ところがまた弓はゲームじゃ役に立たないんだなこれが。

　──現実に戻ろう。当時のヨーロッパでは森は莫大な財産だった。そのため森の所有権を巡ってあらゆる人々が火花を散らし、所有者の異なる森同士の境目ではいざこざが起こるのが常であった。
　例えばイギリスの例だと、「王領林」の巡視を行う委員会、森林に関する法（森林法）を実施するための裁判所等々、様々な制度が定められた。それと同時に森林を管理するための巨大な役人組織も設立された。最高位は森林長官、次は林務官、樹木管理官と続き、密猟者の摘発や狩りの獲物の保護などの実務を担当する最下級の役人が森番であった。やっと本項の主人公が出てきた。
　というわけで、現実の森番は自然を守る戦士ではなく、領主の財産を守る公務員であった。もちろん、エルフではないし褐色でもない。緑髪？　いいから夢から覚めなさい。

森と中世（スキル）

森は天然資源の宝庫だった。それ故、多彩な食料や燃料、資材を提供する森を誰もが欲しがった。森の所有権を得られればこれらの資源を独占できるし、逆に他者に使用許可を与える見返りとして使用料を徴収することもできたのだ。

そんなわけで王や諸侯、聖職者たちだけでなく、領主と領民たちもまた森の使用権を求めて対立を続けた。16世紀にドイツ農民戦争として知られる大反乱が巻き起こるが、それは森や川の使用権を奪われた農民たちの反抗という側面もあった。

イギリスのウィリアム征服王は、大陸本土から「森林法」を持ってきて、森の占有計画を進めた。元々森林法は自分の森のシカを保護するためのものだったらしい。例えば保護区のシカを殺せば刑罰として目を潰されるといった内容で、かなり厳格に運用されたようだ。

木は建築の資材にもなったが、それ以上に、あらゆる人々にとって必須となる薪の材料になった。

シカやイノシシなどは狩りの対象となった。狩りは、肉の供給源であると同時に偉い人たちの最大のレジャーだった。

川もまた多彩な川の幸をもたらし、同様に利権争いの対象だった。

木の実、キノコ、ベリーなど多彩な食用植物ももたらした。

叫喚追跡（スキル）

犯人追跡のための叫び声。森林法の違反行為を発見した近所の住民は、叫び声を上げて犯人追跡のために武器を持って繰り出す義務があった。また、その声を聞いた者にも追跡の義務があった。

これは特に森林法に限った話ではなく、ゲルマン古来からの風習。

誰が為の財産（魅力・財力）

森番、周囲からの評価は著しく悪い。民草からしてみれば、元々自分たちのものであったはずの身近な森の利用を理不尽に制限するものが森林法であり、森林法の使者が森番であった。

そんなわけで民にしてみれば、森番は利害が反する「領主の犬」であった。それだけではない。すべてがそうではないが、森の管理を任されていることを良いことに、森内の資源を着服したり、賄賂を取ったり、森林法違反をでっちあげて貴族から財産を強請ったりと、権力を濫用する者も多かった。中には森番による強請のせいで没落させられた貴族までいたという。

かくして森番を始めとする悪徳役人に対する憎悪から生まれたのが、民のために圧政と戦う義賊の物語、つまり、ロビンフッドの伝説である。……とも言われる。

ロビンフッド
職業：森賊
専用スキル：主人公

デザインコンセプトは「犬」。権力の犬だけに。

サルノコシカケ（犬耳役）
サルノコシカケ（胸隠し）
薬指と小指は出す
首輪
尻尾
こっそりと短刀

修道院が密猟者と取引した例や、聖職者が森番にとっ捕まったこともある。たぶん、肉が食いたかったのだろう。

鷹匠

時代：古代～近代
観測地：日欧蒙アラブ他

猛禽の王を使役する者、
地上の王に使役せらる

属性

戦闘　商売　職人　放浪
宗教　賭業　権威　民族

能力

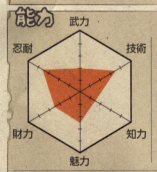

武力：4
技術：7
知力：3
魅力：5
財力：5
忍耐：7

知力3：鷹匠としてのノウハウは技術に割り振ったので
財力5：例えば昭和の鷹匠もお上から結構もらってた
忍耐7：ブラックではないが忍耐が求められる仕事だった

技能

和平交渉
キリスト教徒とイスラム教徒のユニットが、
お互い3ターン間停戦状態になる（コスト50）

王の快楽
獣系ユニットを倒すたびに、味方の
王侯系ユニットの幸福度が+5される

解説

　鷹狩の起源は定かではないが、紀元前2000年ごろにメソポタミア辺りで生まれたとも言われる。恐らく最初は実用的な目的のために生まれたのだろう。モンゴル辺りの遊牧民や砂漠のベドウィンの間では後になっても生活のための鷹狩が行われていたと言う。が、大抵の地域では、鷹狩文化は娯楽として発展した。
　特に、記録の残りやすさという都合もあり、今日手に入る資料はだいたいこの手の娯楽的な鷹狩文化に偏っている。それ故、本項で紹介する鷹狩も金と手間の掛かる王侯向けの娯楽であり、それに従事する鷹匠もまた、森番たちと同様に、王侯に仕えた技術系公務員ということになる。資料の都合には逆らえない。
　今日ではそのような鷹狩の主体となる王侯はあらかた消失したが、鷹狩自体は愛好家たちの手によって保存されている。きっと100年後の同人誌では、鷹匠は本書のような公務員とはまた異なった存在として描かれていることだろう。それまで鷹狩文化が残っていれば。

〔コメント〕今回紹介するのは主に欧州の鷹匠ですが、衣装はモンゴルと日本を混ぜた感じにしてます。資料さえあればモンゴル枠としてモンゴル鷹匠を紹介したかったのですが、資料の都合には逆らえない。

王様の鷹匠 (スキル・魅力・財力)

　一つ手前の「森番」の項目で述べたように、王侯貴族は森の支配権を住民たちから奪っていったが、その主要な目的の一つが狩りだった。狩猟は貴族らの行動原理の一つ(ちなみに他は戦争と馬上槍試合)であり、「王の快楽」という言葉は王の狩猟を意味するほどだった。中世においては、狩猟とは貴族であり、貴族とは狩猟であったのだ。
　そんな狩猟の要となるのが猟師や鷹匠だ。鷹匠や猟師は高給で雇われたし、鷹狩頭といった役職は宮廷でも高い地位にあった。これらの役目を広い領土を持つ大貴族が務めることもあったという。どうも中世の鷹匠、けっこう馬鹿にならない存在だったようである。

鷹を使った鴨猟の例。グレイハウンドなどの猟犬をけしかけて鴨を驚かせ、飛び立ったところを鷹が襲うのだ。

鷹匠の資質 (技術・忍耐)

　中世貴族にとって意外と重要人物だった鷹匠だが、これになるのは容易ではない。そもそも、鷹やハヤブサは食物連鎖の頂点であり、本来は群れることも他者に従うこともしない孤高の生き物である。その猛禽の本能に反してまで、人に従うようにさせるのだ。並大抵のことではない。
　なんでも、鷹というものは慣れないうちは人の顔を見るだけで動揺してしまい、それ以降は決して人に慣れず、もう鷹狩には使えなくなってしまうという(どんだけ繊細なんだ)。だから、辛抱強く慎重に、少しずつ段階を経て人に慣らさせていかねばならなかった。

最初は真っ暗で視界を奪った状態にしておくが、これに慣れてくると次は朝早い時間に外に連れ出して、徐々に外の景色に慣れさせる、といった訓練を行った。奇しくも昭和の日本でも全く同じような訓練を行っていたという。

　ちょうど筆者の手元には本邦昭和と中世欧州のそれぞれの鷹狩本があり、そこでは鷹匠の資質について語られている。肉体面では多少見解の相違があるが、面白いことに精神面については両者とも口をそろえて穏やかな気性と忍耐が何よりも必要だと説いている。きっと、そういうことなのだろう。
　忍耐を要する場面は鷹の訓練中には何度も出てくる。例えば鷹を腕に停まらせる訓練の際も、シャイな鷹や気の強い鷹の場合は中々停まろうとしないこともある。そんな時は何日も眠らせず、睡眠不足で抵抗力の弱った状態にしてから腕に停めるのだが、鷹匠の方も当然眠らずに側についていなければならない。鷹匠と鷹の根競べでもあるのだ。

鷹を通じた交流 (知力・技術)

　元々西欧の鷹狩文化は東方から伝えられたものであり、その後もアラブあたりは一貫して鷹狩先進国であり続けた。そんなわけで十字軍で両者が出会った時、他の多くのものと同様に鷹狩に関しても文化的交流が起こったようである。
　既述のごとく鷹狩術はアラブが進んでいたが、一方で鷹そのものは欧州のものが優秀であったらしい。とくに、ハヤブサによる狩猟が主流だったアラブでは鷹が手に入りづらく、欧州産の鷹は偉い人たちの垂涎の的であったそうだ。両勢力による鷹の交換や鷹狩への同行といったイベントも実際に行われたらしく、このような交流は十字軍の和平交渉を影で促進したはずだ、と学者も言っている。
　再び欧州の狩場に視線を戻すと、そこには女官ら女性の姿もあった。宮廷の鷹狩は言ってみれば見る狩猟であり、武器を用いないため女性でも行うことが可能だった。で、そんなわけで鷹狩は男女交流の機会にもなったのであった。
　かように鷹狩一つとっても、色々な交流のきっかけになるものである。モテたき男子よ鷹を飼うのだ。

鳥刺し

別名：餌差
時代：中世～近代
観測地：日欧など

森に身を潜めるは小さき狩人。喰う為だけが狩りにあらず

解説

こんな本を描いておいて今更言うのもなんだが、人類の歴史の中には様々な仕事が存在した。まっとうな仕事もあれば、ヘンテコな仕事、誰もが名前だけは聞くが実態は知られていない仕事等々。そしてそれらの中には、取り立てて奇異というわけではないが、かといってあらゆる意味で存在感があるわけでもない、そんな仕事も存在した。今回はそんな微妙枠として、鳥を捕獲する専門家……いわゆる鳥刺しを紹介したい。

単純に食料目当てということであれば、鳥を捕るという行為はそれこそ古代から行われていたが、中世以降になるとレジャーなど様々な目的で鳥が捕獲されるようになった。特に、日本でも欧州でも、鷹狩り用の猛禽の餌として小鳥の需要は古くから存在し、それを賄っていたのも彼ら鳥刺したちだった。手元に資料はないが、同様に鷹狩が栄えたアラブやモンゴルなんかでもそういう人たちはいたのかもしれない。

こうして地味ながら確かに役割を果たしていた彼らだったが、現代では大抵の地域で、もはや捕鳥は禁止されている。鳥刺したちが脚光を浴びることは、今後も、あんまりないだろう。

【コメント】トリモチに吹き矢と、妙にマニアックな武器の使い手になりました。威力は多分、低いです。

属性

戦闘　商売　職人　放浪
宗教　賭業　権威　民族

能力

武力：3
技術：5
知力：2
魅力：2
財力：2
忍耐：3

武力3：狩人だが戦闘能力は一般人レベル
技術5：猟師としての技術と手先の器用さを考慮
魅力2：古代の日本では賤民だった

技能

放生会
財力を1消費し、魅力を2上昇させる
（コスト10）

小鳥笛
距離3以内にいる周囲の鳥使い系ユニットの戦闘力を上昇させる（敵味方問わず）

鳥とワナのはなし (スキル・技術)

時代や地域によって多少の違いはあるが、彼らの仕事は、森の中で罠を張って鳥を捕まえるという形が基本だったようだ。下の図にもあるように、罠の種類も色々あり、時代とともに洗練されていった。勿論、実際には季節や状況、対象となる鳥に応じてこれらの罠は使い分けられたのであり、ここが鳥刺しの技術の発揮しどころだった。

トリモチ竿
おなじみのトリモチ竿は欧州でも用いられていた。彼の地ではヤドリギの実を潰してトリモチを作ったらしい。この竿で鳥を「刺し取」ったからこそ、彼らは鳥刺しと呼ばれたのである（多分）。

網
かすみ網などの網で鳥を捕まえる古典的な手法も当然存在した。鳥の通り道に張ったり、餌をまいた地面に張ったり、あるいは鳥が夜営している隙に周囲に張り巡らしたりといった具合。

小鳥笛
鳥をおびき寄せる笛。熟練者が吹くと小鳥が次々集まってきたとか。他には鳥の鳴き真似で獲物をおびき寄せることもあった。

吹き矢
欧州でもアジア各地でも捕鳥に用いられた。ドイツの一部では20世紀に至るまで伝統的に用いられていたとか。

トリモチ竿は、鳥刺しが持つだけでなく、止まり木に差し込んで留まった鳥を捕らえることもあった。これだと羽を傷つけない。

囮
獲物をおびき寄せるために囮を用いることもままあった。誘い場に飛ばせたり、鳥かごに入れたり。これらの囮も、当然、鳥刺しによって捕らえられた鳥である。

歴史の中の鳥の用途 (スキル・魅力)

中世社会にあって、鳥は一体いかなる用途に用いられたのか。この問題に関して正直に白状しておくと、中世の生活史関連の本を読んでいても、鳥に関する言及はあまり見つけられなかった。断片的な記述から当時の鳥の用途を挙げてみたが、実際のところ当時の社会で鳥がどのような存在だったかは、あんまりはっきりしない。前述のように補鳥の囮に使ったり、骨をコルセットの材料にしたりといった記述もあるが、何だかんだ言って圧倒的大多数は食料としての言及である。

観賞用
鳴禽や綺麗な羽を持つ鳥は、観賞用に飼われることもあったという。ただ、鳥籠で鳥を飼う風習ができたのは15世紀だというから、中世というよりは近世以降の風習といえるだろう。

イベント用
例えばパリの鳥刺しは、国王がパリに入る際の入場式において鳥を飛ばすという役割を負っていたらしい。鳥を観賞する習慣もあまりなかった割には、鳥を飛ばすという演出は中世からあったようだ。なんだろうこのアンバランス感。

鉱山用
空気に敏感な性質を利用して、炭鉱などにおける毒ガス検知としても鳥（カナリア）が用いられた。「炭鉱のカナリア」は有名だが、本項を調べるまではてっきり例え話だと思ってたよ。

放生会（ほうじょうえ）
小鳥の用途の中で、日本独特のものといえば放生会だろう。これは捕獲した鳥獣を野に解き放つことで殺生を戒め供養を行う行事である。各地の八幡宮を訪れた人々は、放生会のために鳥獣を買い求めるのであるが、その鳥獣たちはというとそもそもが放生会のために捕らえられたものである。放つために捕らえる。美しいマッチポンプである。

餌取（えとり）
日本でも欧州でも、鷹狩の餌として小鳥が用いられたが、古代の日本ではこの職は餌取と呼ばれていた。立場的には朝廷の鷹狩部署や検非違使の配下の職だったが、当時の日本は触穢思想の影響下にあったため、鳥の死肉を扱う餌取は触穢の禁忌に触れた賤民とされるようになった。後に賤民の代名詞となる「穢多」は、この餌取が訛ってきた名称だとする説もあるくらいなので、日本の賤民史において結構無視できない存在だったりする。

放し鳥ローテーション

蟻の巣取り
鷹匠の鷹は、鳥刺しが捕らえた小鳥を餌とした。では、飼われた小鳥たちは何を餌としたのか。資料によれば、答えはアリの蛹だったらしい。鳥の飼育が流行った近代において、アリの蛹は高蛋白な食料として重宝されたとか何とか。
マイナーな職業は、更にマイナーな職業によって支えられていたのだった。

狩狼官（しゅろうかん）

時代：中世〜現代
観測地：仏など

対獣の人類代表戦士
或いはあんまり誇り高くはない狩人

属性

戦闘 商売 職人 放浪
宗教 賭業 権威 民族

能力

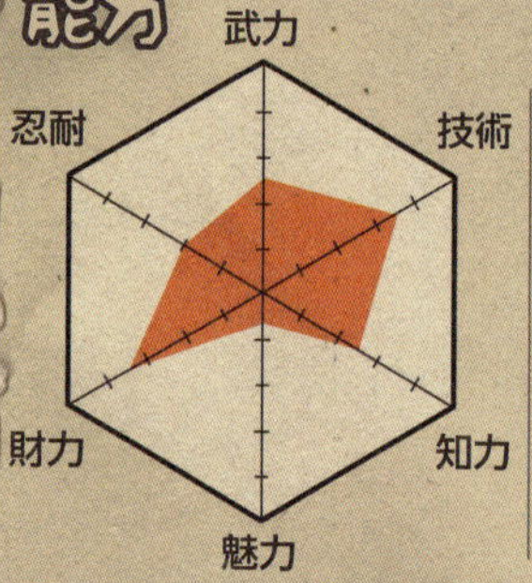

武力：5
技術：7
知力：5
魅力：1
財力：7
忍耐：4

技術7：狼とやり合うには高い専門技術が必要だった
魅力1：地元民にとっては狼と同程度の害悪だった
忍耐4：狼狩りには忍耐が要ったが、横暴でもあった

技能

狼回り
侵入した敵を3ターン移動不可にする罠を自分のマスに仕掛ける（コスト20）

狼税
敵を撃破した際、隣接するユニットから1の資金を奪う

解説

ものの本によれば、欧州人にとって代表的な恐怖の対象は「ペスト、狼、トルコ人」だったらしい。

そんなわけで、牧畜が盛んであり、かつ動物たちと生息範囲が接近している欧州人と家畜にとって、狼は不倶戴天の敵だった。それゆえ、彼の地で狼を駆除する制度が生まれたのも必然だったのだろう。フランスでは4〜5世紀の頃から狼の首に懸賞金を出していたと言うし、カール大帝は狼を狩る専門の役職を設けた。狼を狩って報奨で暮らす専門家も生まれた。かくして狼に対する人類の闘争の幕が切って落とされた。

しかし、彼の地で狼狩りを行うには致命的な問題があった。中世近世に詳しい方ならピンと来たかもしれない。そう、狩猟特権だ。

欧州において、森で狩りをする権利は厳しく規定され、時代とともに王侯貴族の占有物となっていった。そんなわけで、人口の大多数を占める農民に狼狩りは許されず、この職掌は特権を得た専門家たる狩狼官にのみ託されていた。狼に対する人類側の反撃は、総力戦と言うには程遠いというのが実態だった。

フランスにおける狩狼官の制度は、役目を果たしたり役に立たなかったりしながら、或いは廃止されたり再建されたりしながら、今もなお存続している。

ハンターVS.ハンター (武力・技術)

「狼王ロボ」を例に挙げるまでもなく、狼を狩るのはそう簡単なことではない。彼らは素早い足を持ち、しかも頑健でスタミナもあり、嗅覚は鋭くて我慢強く、そして冷静な判断力も持っている。そう、単純にやたらと高スペックなのだ。おまけに、捕らえても基本的に人間には懐かないので、例え味方になってもあまり使えない。SRPGにおいては最も厄介な役どころである。ネクタリスで例えればガイチの切り札「ハンター」みたいなものだ。

そしてその悪名高いハンターを狩る狩狼官にもまた高い技術が求められた。前項で述べた、カール大帝が設置した狩狼官も勇ましい猟師であり、人類の強敵たる狼を退治する者として高い名声を勝ち得ていたそうである。

猟にあたって、彼らは様々な猟犬を使って狼を追い詰めていった。狩猟には良い馬と優秀な猟犬と、そして忍耐が要るとされた。あと、それらを準備するだけの金も。

グレイハウンド
狼に追いつける足を持つ唯一の犬とされ、狼の追跡に投入された。

マスティフ
闘犬として名高く、グレイハウンドが追いついた後の最後の白兵戦を務めた。

ブラッドハウンド
「魔法の嗅覚」の肩書を持ち、狼の足跡を発見する役目を果たした。

人と狼の知恵比べ (スキル・技術・知力)

何だかんだ言って狼猟は危険だし金も手間もかかるということで、狼対策としては罠も多く用いられた。こちらもまた、時代とともに様々な手法が開発されていったようである。以下はそのほんの一例である。

トラバサミ
フィクションの世界では罠の定番だが、現実でも有用だった。とはいえ狼は金属の匂いを嗅ぎ分けてしまうので、獣脂を塗って匂いを消すなどして用いた。

狼回り
狼が狭い通路では方向転換ができないことを利用した罠。一度入ると狼は内周に沿って回ることしかできず、一回転したところで自分で扉を閉ざしてしまう。その後はずっと脱出できず、延々回り続けるしかないのだ。かわいい。

鯨骨罠
動物の腱を使って鯨骨を曲げ、それを罠の餌に仕込む。狼がこれを食べると、腱が胃液で溶ける際に曲がっていた鯨骨が真っ直ぐに伸び、狼の胃を突き破るという仕組みである。えげつない。

罠を運ぶ際も、人の匂いが着かぬように馬に乗って運んだ。また、馬を使えない場合は、血の滴る兎の毛皮で靴を包み匂いを消す等の対策を取った。狼、鼻が良いのだ。

他
その他、単純な落とし穴から大掛かりなものまで、色々な罠が用いられた。それらのなかで、最終的に一番威力を誇ったのは、毒の餌を仕掛けた罠だったという。

そして職権濫用へ (スキル・財力・魅力)

なるほど、カール大帝が設けた頃の狩狼官は誉れある狩人だったのだろう。しかし彼らは、中世後期にも入る頃には、すっかり堕落していた。彼らは特権多き身分であったが、それ故現地の農民に対しては横暴に振る舞った。畑を荒らし、家禽を殺したりと、占領地にいるような振る舞いであったとされ、現地の農民と度々対立している。

狼狩りに限った話ではないが、当時、一般的にこの手の費用等は現地負担だった。滞在費用に馬の飼料代は当然として、駆り出し猟の実施にあたっては現地人が狼を追い詰める勢子として無給で動員された。サボると当然、罰金だ。

狼を討伐したら報奨金が得られたが、地元民は武装が禁じられていたので、狼を仕留め賞金にありつけるのは結局のところ狩狼官たちだった。ではその賞金はどこから出るか? 場合にもよるが、現地負担だったらしい。それでも十分に仕事をしたのならまだ救いはあったのかもしれないが、彼らは無能でも知られていた。王命を無視して狩りが楽な地域でしか狩らなかったとも言われている。またある時より狩狼官らは、狼を仕留めると、周囲8キロの各家庭から税を徴収する権利が与えられた(やっぱり現地負担だ)。すると今度は税目当てに家々の密集した地域で狩りに勤しむという具合だった。結局彼らはあんまりにも役に立たないので、密猟者の方が狼狩りに貢献したと言われる始末であった。

ちなみにイギリスでは狼狩りはもっと人々に開かれていた。そして彼の地では、税の代わりに狼の首を収めることを認める制度が普及していた。その結末はどうだったか? イギリスでは狼は16世紀には早々に絶滅していた。

ドカーン

ドルイド

時代：古代～辛うじて近世
観測地：アイルランド、
　　　　ウェールズ、ガリア

人呼んで、気高い未開人。
ケルトのインテリは仕事が多い

属性

戦闘　商売　職人　放浪
宗教　賭業　権威　民族

能力

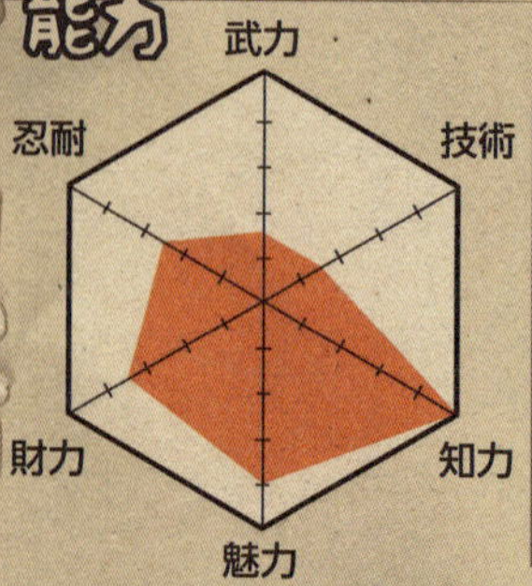

武力：3
技術：3
知力：10
魅力：8
財力：7
忍耐：5

知力10：文字なき世界の知識そのもの
魅力 8：権威と存在感は極めて高い。社会の要
財力 7：支配者階級だしこれくらいはあったのでは

技能

破門
「民族」属性を持つ敵ユニットに破門宣告を出し、
魅力を「1」にさせる（コスト40）

転生
死亡時、一番近くにいる味方ユニットに乗り移り
HPを回復させる

解説

　ドルイド。その名から連想されるイメージは人によって様々だろう。純白のローブを纏った尊敬すべき老人、人身御供の儀式を司る残虐な蛮族、聖なる森の奥にたたずむ魔術師、などなど。
　え、どれも違う？ FE？ DIABLO2？ MTG？ ミーティングがどうしたこのゲーム世代め。
　とまあ、現代ではゲーム内の方が存在感があるかもしれないが、では歴史の中のドルイドはどうか。一言で言えば「古代ケルト社会の祭司」ということになるのだが、彼らに対する文明世界側からの評価は、上で挙げたように、常に「野蛮」と「崇高」の間を揺れ動いている。近現代に入っても同様で、好古趣味や民族意識の高まりなどでやたら持ち上げられる一方、生贄の儀式のために激しく嫌悪されることもある。
　では当のドルイド自身はというと、実態は今も昔も謎に包まれたままである。一つ言えるのは、きっと外野からの評価など知ったことではなかっただろうということ。

[コメント]

・昔から絵の中では白い装束の姿で描かれた
・女性ドルイドの存在も種々の資料で示されている
・森と共に生きる民
　→ じゃ、エルフで。

文字なき社会の知識人（知力・魅力）

　カエサルは一般的に司祭を意味する「サケルドス」という語と「ドルイデス」、いわゆるドルイドを使い分けている。つまりドルイドとは単なる司祭ではなく個別の名に値する存在だということだ。
　実際、ドルイドの役割は俗世・政治の領域にも及んでいる。ざっと抜き出してみても支配者、助言者、政治家、外交家、裁判官、調停者、祭司、予言者、魔術師、歴史家、教師、口頭伝承の保持者、治癒者、種々の学者（神学、哲学、自然哲学、天文学、数学、歴史学、地理学、医学、法律学、詩学、演説法）etc.etc. ... と、実に多彩。なんかもう、ケルト世界のすべての知的活動を一箇所に放り込んでみました感が漂うリストである。

バードとフィリ

ケルトのインテリとして、他にはバードとフィリの二者が存在した。彼らは詩や伝承、占いに関する知的活動を担当したようだ。
ドルイドに至るにはまずバードにならなければならなかったが、そのバードになるにも12年の修行を要したようで、これまたたやすい仕事ではなかった。ちなみにフィリはバードとドルイドの中間。

　そもそも、当時のケルト世界は基本的に無文字社会。これは、法律を始め宗教的儀式、神話、歴史、果ては武勲の記録から家系図まで、すべての情報は人間の頭の中にしか存在しないということを意味する。
　なので、それらの記憶を担当する知識人の役割の重さは現代の比ではなく、またそれゆえに「知」にまつわるすべてのことは知識人たちの仕事となったのだろう。まさに文字通りの生き字引だ。
　もちろんそう易々となれる職ではなく、20年くらいかけて研鑽を重ね、膨大な量の詩句を暗記せねばならなかった。これらをひっくるめて言えば、ローマ人ポンポニウス・メラが彼らのことをよんだ「知恵の師」という呼称がぴったりだろう。

人身御供と輪廻転生（スキル）

　ローマの時代からドルイドに対する毀誉褒貶は著しかったが、悪しざまに罵る際の根拠はだいたい同じだ。人身御供、つまり生贄の儀式である。火あぶりの儀式など、ドルイドが各種の生贄の儀式を取り仕切ったのは確かなようだ。生贄には罪人や捕虜が使われたが、足りない場合は無実の者も駆り出されたという。紀元後一世紀になるとローマの著述者は皆一様にこの儀式でもってドルイドは野蛮としている。
　そんな悪名高き儀式にも、背景がないわけではない。というのもドルイド教では魂は永久不滅であり、たとえ死んでも他者にやどり永遠に再生を繰り返すとされていた。
　また「あの世」といっても、ギリシャ・ローマ人が想像するような荒涼とした冥界ではなく、海の向こうの常若の理想郷「ティル・ナ・ノーグ」がケルト人の他界観である。要するに死に対するネガティブな意識は希薄であり、こういう気質が生贄の儀式を生んだのだと考えられるのだ。

剣で生贄を刺し、出血具合などで未来を占うタイプの儀式もあった。

戦う司祭？（武力）

　知的活動を旨とするドルイドだが、カエサルによればドルイドたちの長を決める際、同列のものが複数名いたら「武器を持って戦う」こともあったという。戦の指導をすることもあったことだし、存外戦闘にも適正があるのかもしれない。

ドルイド頂上決戦の図

ドルイドの影響力（スキル・魅力）

　ドルイドは公私を問わず殺人も含む争いごとに裁定権を持っていた。仮にドルイドの決定に従わない者がいた場合、ドルイドはその者の「供犠への参加を拒否」するという手段を行使した。これは一種の破門であり、参加権を奪われた者は村八分状態になったという。また王に対しても色々物を申すことができたようで、要するに彼らはすごい社会的影響力を持っていた。

ケルトがローマに反旗を翻した時にも常に中心にドルイドがいたという。ケルトの人民たちにとって、ドルイドは単なる支配者や坊主ではなく、精神的支柱だったのだろう。

渡し守

時代：古代〜近代
観測地：世界各地

船の上の小さな王国
かの国の王様は時として暴君

解説

　歴史だったか地理だったか、学校で欧州の地理について覚えさせられた記憶がある。何故に異国の川の名前なぞ覚えんといかんのだと、当時は納得できざる気分であったと記憶している。今も納得していない。

　とはいえ、最近中世関連の本を読むようになって、川も無視できる存在ではないと思うようにもなった。例えば大雑把な地域を表す際には「ヴォルガ川上流」とか「エルベ川以東」とか、そんな表現が何だかんだ言って一番わかりやすいこともあるのだ。

　当の中世人にとっても川は無視できない存在だった。彼の地の商業を支えたのは欧州中に張り巡らされた河川ネットワークであり、大都市も必ず河川の脇にできた。また、川辺の町には川にまつわる仕事人たちが集ってくる。漁師や商人、帆布を作る織手や荷運び人夫……。そんな川の職人たちの中には渡し守の姿もあった。当時の橋は金が掛かる割にはよく壊れたので、そうそう簡単には架けられず、渡河には渡し舟を用いるのが一般的だったのだ。

　かように、川は道としてまた門として、豊穣とも言える水の文化を育んでいた。そしてそんな川の文化を紹介しておきながら、どこに何川があるのか未だにちっとも覚えられないのが他ならぬこの私である。

属性

| 戦闘 | 商売 | 職人 | 放浪 |
| 宗教 | 賤業 | 権威 | 民族 |

能力

武力：5
技術：3
知力：3
魅力：2
財力：4
忍耐：2

技術3：高度な技術という程のものはなかろう
魅力2：悪徳な渡し守の事例も
財力4：社会的立場を考えるに、一般人よか上かと

技能

自沈
自身が搭乗する船を沈没させ、乗船している泳げないユニットを溺死させる（コスト50）

渡し場強制権
水上・水中にいるユニットに対して攻撃力+2

66

渡し場の支配者（魅力・財力）

世界的にはまだまだ長い川はいっぱいあるが、欧州にも3000km近い長さを誇るドナウ川やドイツ人にとっての心の川たるライン川など、大いなる存在感を誇る河川がいくつもあった。当然それだけでかいので、徒歩で渡河するのは無理だ。というか、雨が激しくなれば川に近づくことすら困難だった。そんな塩梅なので橋などごくわずかしかなく、例えばドイツ人は近代に至るまで渡し舟を主な渡河手段として用いていたという。

船は、オールを漕ぐこともあれば、対岸に張った綱を伝って渡ることもあったようだ。

中世の渡し舟の図は案外あまりなかったりするのだが、スカルピーナの絵によればこんな感じだったらしい。この絵では馬どころか馬車も積まれており、それなりに積載量があったようだ。

かと思えば、幹一本彫り作りの小さな船が用いられることもあったという。川のサイズに応じてピンきりといったところだろう。

渡し場の風景

そんなわけで渡し舟は、旅の者なら必ずお世話になる一種のインフラだった。そして、中世におけるインフラには利権がつきものである。さよう、渡し場の設置の権利もまた国王大権（レガリア）の一つであり勝手に渡し場を作ってはいけないとされていたのだ。

後世になるとこの利権は都市や領主に委ねられることになるのだが、彼らもまたこの権利を最大限活用しようと色々画策。例えば近隣に渡し場の設置を認めずに独占を試みたり、漁師が勝手に客を渡す行為を禁じ、違反者の船をハンマーで破壊してみせたり、歩いて渡河できるくらい水量が減っても尚渡し賃を強制したりといった具合である。このような渡し場の利権の独占は、「渡し場強制権」と呼ばれたそうである。

悪徳★渡し守（スキル・魅力・財力）

上記のように、渡し舟はインフラでありその渡し場は独占権で守られていた。そのためかどうか、客とのトラブルは渡し舟に付き物だったようである。

単純にぼったくるのは序の口として、増水で川の流れが速くなり徒歩での渡河が不可能になると恫喝まがいの方法で渡し賃を釣り上げることもあったようだ。果ては、客を満載した船を途中でわざと沈め、客を溺死させてからその所持品を奪い去るような外道な渡し守の事例すら残っている。

また、川を越えて移動するには渡し舟を使わねばならなかった都合上、逃亡者や後ろめたい連中と接触することもあったようである。たまたま読んだ記録でも、渡し守は密輸商人を脅迫したりと中々に悪辣であったよ。

ところで、渡し場におけるトラブルは欧州に限ったことではないようだ。ちょっと見ただけでも、我らが日本や中国でもまた悪徳渡し守は色々問題になっていたようだ。もっとも、一口に悪徳といってもそれぞれ事情は異なるので、安易に一般化はできないだろうが。

雲助
江戸時代のモグリ人足。もともとはこの手の人足は宿場人足として統制されていたが、やがてモグリも登場してくる。彼らはぼったくりや恐喝などで評判が悪かった。

船頭（中国）
中国では、渡し賃は国庫に納めることになっており、渡し守はその官銭の徴収請負人でもあった。彼らは国庫への上納分の他に自らの取り分も徴収したわけであるが、「お上のお墨付き」という立場を悪用してアコギな取り立てを行った。悪党とつるんで恐喝や暴行を行うのは日常茶飯事だったという。

そのた

筆者がイメージする「川の民」

欧州人がイメージしてるらしい「川の民」

渡し守というテーマでデザインをしてるとどうしてもアジアーンなものができ上がってしまいます。日本人的には、そりゃ水の上だしあまり服は着込まないだろうと思うんですが、向こうの人的なイメージでは冥界の渡し守「カロン」よろしく、外套を身にまとった姿なんかが連想されるっぽいです。このへんは、気候や裸を露出することに対する認識の違いなんかもあるかもしれません。

鵜飼（うかい）

時代：飛鳥時代辺り～
観測地：日本と中国

狩人にして伝統芸能、或いは太古から受け継ぎし観光業

属性

戦闘 商売 職人 放浪
宗教 賭業 権威 民族

能力

武力：3
技術：6
知力：3
魅力：4
財力：3
忍耐：5

技術6：特に長良川のそれは高度な技術で名高い
知力3：職人系の常として鵜飼のノウハウは技術に分配
忍耐5：シーズンオフのやりくりには根気が要った

技能

鵜匠制度
距離4マス以内の水域に漁業権を確立し、その領域内での攻撃力を+2させる（コスト20）

餌飼
戦闘していないターンは毎ターンコストが+1

解説

　本書では空のビーストテイマーたる鷹匠を取り上げたが、そうくれば次は水上のビーストテイマーたる我が国の鵜飼を取り上げない訳にはいくまいて。

　鵜飼そのものは日本人であれば皆ご存知だろう。岐阜県の長良川とかあの辺で、船に乗って鵜を使役しているアレだ。では本書の守備範囲であるところの歴史の中の鵜飼はどうだったか。

　研究者らの調査によれば、かつての日本では少なくとも150箇所で鵜飼が行われていたらしい。多いような少ないようなといった数字だが、様々な階層の人々の間で嗜まれていたのは確かなようだ。が、それらのうち、文字として記録されているのはもっぱら偉い人たちに関わる鵜飼であり、庶民百姓らの鵜飼は記録が少ない。当時描かれた絵画や言い伝えの中に辛うじて見いだせるといった具合である。要するに、歴史の中の鵜飼の「実際のところ」は忘れられてしまったという訳だ。

　というわけで鵜飼の実態については今後の研究の進展が待たれるのである。

　……の、だ、が、調べてみてもこの辺、どうも1960、70年代を最後にまとまった研究は止まっているくさい。はてさていったいいつまで進展を待ち続ければよいのやら。

68

鵜飼の色々（技術・魅力）

鵜飼に関する最古の記録は7世紀初頭の「隋書」に現れ、それ以来この文化はもっぱら日本と中国の二カ国で発展してきた。ただし、動物を使って魚を捕るという行為自体は世界各地で散見されるし、エジプトの壁画にも鳥を使って何かしてる様が描かれているらしい。

日本に限ってみても、鵜飼の形態や位置付けは多様である。ポジションは同じ鳥使いである鷹匠と似通っているが、鵜飼の強い観光要素は他にない特色である。

漁業
当たり前といえば当たり前だが、鵜飼は魚を捕る行為であるからして、その本質は漁業である。専業の鵜飼のみならず百姓らも鵜を使って漁をすることもあった。

観賞
俳句においては鵜飼は夏の季語であり、その情緒は「涼・景・興」の三つからなるとされる。要するに昔から鵜飼には観賞するものという側面があったようだ。

娯楽
武士の時代になると、彼らは見るのみならず自ら鵜飼を嗜み始める。人気では劣るものの、鷹狩と位置付け的には同じと見てよいだろう。戦国・江戸期の大名の中にも好んで鵜飼をする者もいた。

神事
時代は遡るが、他の多くの文化と同様、鵜飼も元をたどれば宗教的行事であったという。昔から鵜飼は宮中行事でもあり、現代でも長良川等の鵜飼は宮内庁の管轄である。

鵜飼と大名と農民と（スキル・魅力・財力）

鵜飼にとっての天敵は冬の閑漁期である。この時期は収入がないくせに鵜の飼育代だけはどんどんかさむ。鵜飼は条件さえ揃えば鵜1羽につき1時間で200尾以上鮎を取れるというが、それがために乱獲を引き起こす恐れがあり、漁が制限されることも多々あった。上記のような時間・空間の制約のため、経済的には極めて不安定だったのだ。

で、これの対策として導入されたのが戦国・江戸期の大名による鵜匠制度。これは、大名が鮎の献納を条件として、特定の鵜飼に「鵜匠」の名を許し、また排他的な漁業権を与える制度で、これによって鵜飼は独占的に漁ができるようになったのだ。

当時の鮎は幕府や諸勢力への贈答品として最適だったらしい。そんな訳で偉い人たちは鵜飼を保護したのであった。

鵜匠の中には苗字帯刀を許される者もいたらしく、大名と鵜飼の「鮎の絆」を偲ばせる。

鵜匠制度の割りを食ったのは、漁業権を奪われた地元の農民である。そのため、漁業権を巡っては幾度となく鵜匠といさかいを起こしている。

鵜捕り

鵜飼あるところに鵜捕りあり。日本の鵜飼は鵜の人工孵化は行わず、もっぱら鵜は野生の中から補充した。ので、鵜飼とは別に野生の鵜を取る猟師や専門業者が存在した。彼らは鵜とり、或いは鳥船などと呼ばれたとか。

かつては良質の鵜を求めて朝鮮方面まで出向いていった記録すらあるという。

トリモチ

風上におとりの鵜を置いて、他の鵜を招き寄せる。

崖の上の風下にムシロで小屋を作り、ここで鵜がやってくるのを待つのだ。

鵜の捕獲の様子
鵜は渡り鳥であり、海沿いの崖で休む習性がある。職人はこれを利用して鵜を捕獲するわけだが、場所が場所だけに危険も大きい。

放浪する鵜飼（スキル・財力）

上で述べたように、冬は鵜飼もシーズンオフ。仕事はなくても鵜飼は鵜を養わねばならないので、川や沼に鵜を放って魚を食わせていた。これを餌飼というが、乱獲を防ぐためだろうか、ひと月程にもわたってあちこちの川を巡る餌飼の旅に出ることもあったらしい。

また中国の方では、遊牧的に各地を渡り歩いて魚を売るタイプの鵜飼もいるという。存外、鵜飼は元々は放浪する存在だったのかもしれない。

餌飼舟
餌飼にあたり、鵜飼は炊事や宿泊道具を積んで旅に出た。簡易的な「家船」の一種とも言えるかも。ともあれちょう萌える。

鮮魚飛脚

別名：鮮魚運搬人
時代：古代〜現代
観測地：世界各地

母なる海からの使者
全ては鮮度のために

解説

　ヤマザキマリの漫画「テルマエ・ロマエ」3巻の冒頭で、元老院議員が密談をしつつ仲間にウニを勧めるシーンがある。曰く、「今朝オスティアの港から運ばせたばかりのもの」とのことである。オスティアから20km離れたローマまでウニを運んできたのは誰だろうか。

　セネカによれば、ローマ人は海産物を迅速に輸送するための専用の飛脚を抱えていた。他にも、パルティアに遠征中のトラヤヌス帝に遥かカスピ海からの生牡蠣を届けたという記録も残っているらしい。

　時は流れ、中世と呼ばれる時代になってもあの辺の人々は意外と結構魚介類を食べた。そして、陸地では手に入らない新鮮な魚を誰もが食べたがった。

　というか、魚を食う文化のある土地なら、いつでもどこでも普遍的に鮮魚は求められたし、その要望に応えるため、鮮魚を運ぶ業者は常に存在した。

　古代は歩行で、中世になると馬車を使い、現代であればトラックと列車だ。鮮魚を運ぶための鮮魚貨物列車ばかりではなく、鮮魚商人のための鮮魚列車なんてものまで今なお存在する。

　そう、人類の歴史あるところ、鮮魚運搬人は常に存在したのだ。たぶん。

属性

| 戦闘 | 商売 | 職人 | 放浪 |
| 宗教 | 賭業 | 権威 | 民族 |

能力

武力：5
技術：4
知力：3
魅力：5
財力：7
忍耐：6

武力5：通常の飛脚以上に危険に満ちた仕事だった
技術4：速さのためには持てる全てを尽くした
財力7：危険に見合う見返りは十分あった

技能

海の御者
騎乗した状態で水上を移動できるようになる

押送舟
水上での移動力が2倍になる

中世お魚事情

馬で魚を運ぶ運搬人。空気孔のある樽に魚を入れて運んだ。

西洋人は、意外と魚を食った。古代ローマの時代から人々は魚、甲殻類、貝、タコと、海に住む物は何でも食べていた。
中世に入ると、宗教的理由からも需要が発生した。キリスト教では1年のうちの一定期間は四旬節と言い、肉を食べてはならない（ということになっている）。そんなわけで敬虔な信徒はこの期間を魚で凌ぐのであった。
ただし、内陸部の庶民が食べられたのはもっぱら川魚や養殖の進んだコイ、或いは塩漬けや干物などであり、海で取れた鮮魚を食べられるのは金持ちに限られていた。

ある資料曰く、中世人は魚を、水中に湧く植物の一種と考えていたとか。ほんまかいな。

おさかな地獄（武力・財力・忍耐）

というわけで、洋の東西を問わず中世……特に内陸部においては鮮魚はまさに値千金、お宝であった。それ故、魚にまつわる商売は金になった。
鮮魚運搬も例に漏れず中々儲かったようだ。運搬人が運営用に積み立てた特別資金だけでも年間9000リーブルに及んだという話もある。ざっと調べた限りだと、普通の肉体労働者の1日の給料が1.5リーブル程度らしいので、現在の貨幣に換算して数千万円はくだらないだろう。
で、運搬人はそんなお宝を抱えて荒野を走っているのである。中世の人間ならすることは一つ。そりゃ、襲うわな。
普通の飛脚ですら大いに襲われた時代である。賊のたぐいは言うまでもなく、僧侶や貴族、挙げ句の果てには王室の御用商人らまでもが鮮魚を狙って運搬人らを襲撃したそうである。
魚を運ぶのも命がけなのだ。

襲われる鮮魚飛脚の図。

押送舟 〜日の本の鮮魚運搬〜（スキル・技術）

葛飾北斎の「富嶽三十六景」にも押送舟は描かれている。

当然のように江戸期の日本にも鮮魚運搬人はいた。ただ、江戸の鮮魚運搬は運搬人というよりは輸送路の物語として語られることが多い。
100万の人口を擁する一大消費地・江戸に少しでも早く魚を届けるため、陸路・運河・海路を組み合わせた様々な街道・海道が開拓され、互いに鎬を削った。
さて、そうやって開拓された水路であるが、輸送には押送舟（おしおくりぶね）と呼ばれる高速船が用いられた。これは、帆と櫓を同時に使用するという、ひたすらに速さを追求した代物だ。江戸の河岸にはこの高速船が魚を満載して「織るが如く」やってきたそうだ。

海の御者（スキル・魅力）

魚を満載した籠を乗せて馬車を駆る彼らは、フランスでは「海の御者」と呼ばれていた。そんな大層な称号がつく程度には、彼らの仕事は責任重大だった。パリの場合は1日か2日、銚子から江戸への輸送の場合も積み出して3日目の早朝までには江戸に必着するよう厳命されていた。
その一方で、彼らは何かと偉い人たちから便宜を図られる存在でもあった。フランスでは鮮魚運搬人のために街道の修復が近隣住民に課せられ、江戸でも運搬人は関所をパスできる等の特権が与えられた。

さよう、偉い人も新鮮な魚が食べたかったのだ。

その他

鮮魚検査官・鮮魚監査官
魚のための役人も色々と存在したようだ。パリには深夜の魚取引にて、顔も見えぬ暗闇の中で活動する検査官がいたらしい。また、鮮魚運搬人のために道路を整備させたのは鮮魚監査官なる役人だった。両者が同一なのかはちと不明である。

ウナギ
川の幸の一つとして、中世の資料にはウナギもよく登場する。右の物体はウナギ用の罠。

サバ
その内臓がローマ人の万能調味料「ガルム」の原料になったことで有名。

ヴァイキング

時代：8〜11世紀
観測地：スカンジナビア

北からやって来たゲルマンの真打ち
ヨーロッパ中を荒らし回る

解説

西ローマの滅亡前後のヨーロッパは異民族の時代だった。いわゆるゲルマン民族の大移動である。

当時のローマ人から見れば彼らは蛮族だったが、やがては土着の文化と同化して、その地に根付いてゆく。現フランスの母体となったフランク人、ブリテン島の主流となったアングル族、サクソン族などなど。このようにかつてはヨーロッパに混迷をもたらした異民族たちもそろそろ落ち着いてきたかという頃、こんどは海からもっとめんどくさい異民族がやってきた。北方ゲルマン民族、ヴァイキングである。

ヴァイキングのはっきりした定義は難しい。一般的には海賊がイメージされるが、最近はそれを包含する、スカンジナビア半島を本拠とする諸集団を指すことが多い。いずれにせよヨーロッパから見れば、略奪のために略奪を繰り返す彼らは、自我を持った災害のようなものかもしれない。人が自然災害に敵わないのと同じように、ヴァイキングは先住民の都合などお構いなしに、我が物顔でヨーロッパを蹂躙していった。

しかし、そこは自我を持つ者の限界か。更に欲を持ったヴァイキングたちはやがて内地に乗りだし、そしてヨーロッパに同化していった。

属性

戦闘　商売　職人　放浪
宗教　賤業　権威　民族

能力

武力：7
技術：6
知力：4
魅力：3
財力：6
忍耐：3

武力7：ヴァイキング戦士一般ならこれくらいか
技術6：同時代随一の職人集団でもあった
知力4：知的ではないが、合理的思考の持ち主だった

技能

ロングシップ
数ターン、地形・敵ユニットに拘らず移動できる（コスト30）

略奪経済
敵を撃破時、
撃破した敵の雇用コストの半分の金額を得る

ヴァイキング、その四つの素顔

左ページの「属性」の項目にもあるようにヴァイキングたちは様々な属性を持っていた。何しろヴァイキングと言っても、特定の職業というよりは最近は民族全体を指すことがおおいもんだから、その活動の幅は随分広がるってもんである。ここではヴァイキングと呼ばれた人たちの主な特徴を追ってみた。

① 職人（技術）

ヴァイキングたちは生まれながらの職人であった。当時のヨーロッパがグダグダだったという面もあるが、当時としては最高レベルの手工業技術を持っていた。10世紀には既にガラス製造所があったという。

ガラスの小像
ヴァイキングらの交易所で販売されていたようだ。

銀のカップ
ヴァイキングたちは特に銀細工を得意とした。ちなみにこのカップは現代で約3000万円の値が付いたとか。

また、彼らは同時に天性の芸術家でもあり、日用品のあらゆるものに装飾を施していった。皿や壺は当然としてソリや櫛、果ては桶にまで装飾を施しやがるもんだから、描くほうは大変である。ヴァイキングの漫画だけは絶対描かねえ。

象牙の針
絡み合う蛇のような装飾が施されている。

ブローチ
マントを留めるためのブローチ。金銀細工はヴァイキングの十八番。

② 船乗り（スキル）

ヴァイキングの優れた工芸技術は造船にも活かされた。元々海上交通の方が都合の良い土地だったこともあり、時代と共に航海術は発達していった。コロンブスよりも500年早くアメリカ大陸に到達していたことはつとに有名だが、彼らの航海術あればこそである。

ロングシップ
ヴァイキングたちが乗った、独特の形をした船。喫水線が浅いため小さな川でも航行が可能。更にいざとなれば、持ち上げて陸地を移動することもできたとされるが、実際には並べた丸太の上を転がしていったんだとも。

エビフライぶっけんでコラ

拡大図
そしてやはり装飾が。

④ 商人（知力）

彼らは合理的だったので、奪うばかりではなく必要とあらば交易も行った。もちろん、機会があれば交易先で略奪したりもした。

ヴァイキングの進出経路を表す地図。よくわからんが凄いエネルギーは感じる。

仏像
スウェーデンで出土した仏像。ヴァイキングは仏教徒だった……のではなく、これも交易で入手した財宝だろう。

銀貨
サマルカンドなど中央アジア製の銀貨がスカンジナビアで出土したらしい。ヴァイキングの交易パワーを物語る一品。

③ 略奪者（武力）

ヴァイキングと言えば、何と言っても略奪者として名高い。

彼らが得意としたのは村落を急襲して人や財宝を奪い、敵の兵が現場に駆けつける前に撤退するというヒット＆アウェイ戦法。

この合理的な戦法を支えたのが、前述のロングシップによる機動力だった。

かくして各地を襲っては逃げ襲っては逃げを繰り返した結果、「ヴァイキングに襲われた町を紙に描いていけば世界地図ができる」とまで言われたという。

ただし、ヒット＆アウェイが得意とはいえ、正面から戦っても並の戦士と同等以上の戦いを繰り広げることができた。

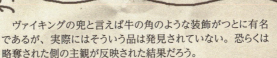

ヴァイキングソード
ヴァイキングが用いた剣。軽量化のため、剣の刃に「樋」があるのが特徴。そして柄にはやっぱ装飾が。

斧
ヴァイキングの代名詞。柄の長いものが用いられた。刃の下側がそり出したものは髭斧とも呼ばれる。

盾
大抵は円形の盾を用いた。菩提樹の板を繋げたものを鉄の枠で補強した。

投げ槍
なげやり。

ヴァイキングの兜と言えば牛の角のような装飾がつとに有名であるが、実際にはそういう品は発見されていない。恐らくは略奪された側の主観が反映された結果だろう。

とはいえツノがないと「ヴァイキングッ」って感じがあんましないので、折衷案として中の人本人からツノを生やしてみました。

銛打ち（もりうち）

別名：鯨取り、捕鯨者等
時代：古代〜近世
観測地：ビスケ湾岸とか

西の捕鯨を拓きしは謎の民
北の海もまた一筋縄に非ず

属性

戦闘 商売 **職人** 放浪
宗教 賭業 権威 民族

能力

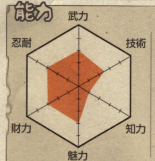

武力：6
技術：5
知力：2
魅力：6
財力：6
忍耐：6

技術5：謎に包まれし卓越した専門技術でもあった
財力6：雑魚水夫の数倍稼ぐことも
忍耐6：死者もぼちぼち出た

技能

一番銛
射程距離2の通常攻撃を行うが、
敵に止めを刺した場合は魅力+3（コスト15）

四自節油
このスキルを保持していると、ランプ系および
石鹸系道具の効果が2倍になる。

解説

　時は1583年。メイフラワー号に先立つこと40年、アメリカ大陸入植団の第一陣がイギリスの港を出航した。当時の北米は総じて言えば未だ謎だらけの大陸。入植団も、実質は開拓団であり探検隊と言えた。
　さて、2カ月程の航海を経て探検隊は無事北米東岸に到達。が、その未知の世界で彼らが見たものは、母国イギリスも含む、欧州各国の漁船団だった。さよう、入植だ探検だのと言うはるか昔から、漁民たちは魚を追って大西洋を渡り北米の地にたどり着き、ここで漁を展開していたのだった。
　そんな漁船団のなかにはバスク人の捕鯨船の姿もあった。バスク人。イベリア半島の付け根、フランスとスペインの境目あたりに住む彼らは、その出自や独自の言語など謎多き民族である。しかしこのよくわからない民族こそ、近代欧米式捕鯨の先祖なのだ。
　という訳で本項ではバスク人を中心に各地の伝統的捕鯨民について述べる。捕鯨は日本独自の文化だというような言説をたまに見かけるが、捕鯨文化は他にもあるんだよという話でもある。もっとも、バスク含め、大抵の伝統的捕鯨文化は、近代の欧米式大規模捕鯨の煽りで衰退するのだが。

THE・銛：海の男の得物（スキル・武力・魅力）

　一口に捕鯨従事者と言っても実際には様々な種類がある。が、あんまり範囲が広がるとステータスが平均化されて面白くないので、ここでは本項のタイトル通り「銛打ち」を見てみよう。
　形態は多少異なれど、捕鯨のメインウェポンは、イメージ通り歴史を通じてほぼ銛一択である。これは鯨を殺傷するというよりも、打ち込んだ銛に繋がれた船を鯨に「曳かせる」ことによって、鯨を疲弊させる意味合いが強い。直接殺傷するタイプの武器は日本では「剣」、欧州では「槍」などと言われるが、大抵は補助的な位置にとどまっている。

自由銛
初期のバスク人は、銛を船ではなくブイに結びつけていたらしい。鯨を追うには使えるが、疲弊させる機能は薄いので、その分槍などで殺傷させる必要があった。

バスクの祈り
投銛の瞬間や止めを刺す前には、神への祈りが唱えられたという。これらの瞬間は極めて接近せねばならないため、危険も大きいのだ。

　言ってみれば銛は捕鯨の象徴みたいなもので、それを扱う銛打ちは、前述のとおり、どの捕鯨文化でも花形として遇されている。鯨と対峙する勇敢なる男の中の男というわけだ。
　また面白いことに、日本やインドネシア、アラスカにシベリアと多くの地域で「一番銛」の伝統を持っていたり、習慣にも共通点が多かったりする。一番銛とは文字通り、最初に銛を付けた銛打ちに報酬と名誉の優先権が与えられるシステムだ。捕鯨者同士の「競争」と「協力」を両立させようとしたら、どこでも似たような形に落ち着くということなのだろう。

世界の銛打ち達

銛打ちを示す名称は場所によって様々だが、どこでも現場のトッププレベルの熟練漁師であり、子供にとっては憧れの職だった。

羽指（はざし）
日本の捕鯨における銛打ち。鯨に止めを刺す作業も行い、また現場責任者的立場でもあった。

ラマファ
インドネシアのラマレラ島の銛打ち。銛を投げるのではなく銛とともに鯨に突撃するという古式かつダイナミックな銛の使い手。

ボートスティアラー
アメリカ捕鯨の銛打ち。従業員の階層化も進んだ近代捕鯨の中でも銛打ちは上層を占めた。

くじら経済（財力・スキル）

　鯨はその図体と同様に経済へのインパクトも大きかった。鯨1匹で鯨油が樽300個分取れたとか、遠洋捕鯨船は1隻1シーズンで数億〜十数億の収益を挙げたとか、捕鯨漁のスケール感を示す資料は枚挙にいとまがない。そんなわけで、欧州でも捕鯨は税源として目をつけられ、領主層も含めた地域一帯の貴重な収入源となった。また鯨自体が様々な産業の原料となったのは周知の通り。文化面で語られることの多い彼らだが、経済的にも立派に社会を回していたのである。

鯨骨
鯨の骨は杭や梁、更には教会前の願掛けにも使われた。どっかで見たことある人も多いのではなかろうか。

他
他にも排泄物が赤色の染料として使われたといった記録もある。また鯨の素材としては鯨ヒゲも挙げられるが、これについては180pを参照のこと。

鯨肉
欧米捕鯨と言えば油だけ取って肉は捨てるというイメージがあるが、伝統的捕鯨の範疇であれば欧州バスク人もまた鯨肉をちゃんと利用していたようだ。
例えば肉が食えない四旬節に魚肉として食されたり、或いは貧者や船乗りの食料として与えられたそうである。鯨舌は修道院や王侯の間で美味であるとして珍重されていたらしい。

四旬節油
鯨から取れる素材の中でも最も重要なものは鯨油だろう。これは照明や石鹸、皮なめし、ワニスやペンキなど様々な製品の原料となった。鯨肉が四旬節に食われていたためか、パリでは鯨油が四旬節油という名で売られていたらしい。
鯨油は鯨の皮脂を溶かして精製されるが、バスク人はこの作業を洋上でやってしまう方法を開発したらしい。平たく言えば、母船の中に炉を作り、そこで都度精製を行うのだ。この技術の結果、鯨を捕るたびに陸の基地に帰投する必要がなくなり、捕鯨の遠洋化が可能になったわけだ。

トライワークスと呼ばれる煉瓦製の船内炉。

バスクの黄昏

　卓越した技術で欧州に名を馳せたバスク人鯨取りだったが、16世紀末あたりから暗雲が訪れる。イギリスやオランダという競合相手が出現したのである。
　当初は後輩たる彼らに技術を伝授したバスク人であったが、やがて技術を吸収されると優位性を喪失。政治・資本力の差やスペイン本国の無理解なども重なって、国境の小集団たる彼らはもはや太刀打ちできなくなっていた。バスク人が伝授した技術はオランダ経由でアメリカにも伝わり大乱獲時代が幕を開ける訳だが、当のバスク人自体は表舞台からひっそりと退場するのであった。

かつてイギリスやオランダに技術を伝授した際には、その腕は高く評価され、返礼として銛打ちや船長の銅像が建てられることすらあったという。今となっては諸行無常の物語。

持衰 (じさい)

時代：古代
観測地：日本

海の上のスケープゴート
もうひとつのカミのすがた

解説

中国の正史「三国志」中の「魏書」の中の「東夷伝」の中の「倭人」の項目……というとややこしいが、いわゆる魏志倭人伝のことである。彼の書には、古代日本の職業の一つについての言及がある。

作業内容はというと、航海をする際に船に乗って道中の安全を祈願する簡単なお仕事だが、少々特殊な箇所もある。魏志倭人伝曰く、フロも入らずノミやシラミも放置し、アカのついた体や服もそのままにする。肉は食わず女性にも触れず、喪に服しているかのように扱われる。

そして航海が安全に済めば褒美を貰えるが、もし悪天候や病気に遭遇したら、信心が足りんとして海に放り込まれたという。

命がけの日照り乞い。どう見ても人柱。これすなわち本項で取り扱う持衰（じさい）である。

〔コメント〕この手の古代物件は中々資料が少なく断片的なので、取扱いが難しいのが玉に瑕。何と申しますか、巷には資料の不足を空想で埋めるような言説が多いので資料の取捨選択が面倒なんですよね。当方もあまり人のことは言えませんが。

それにしてもレア職なのに弱い。

属性

| 戦闘 | 商売 | 職人 | 放浪 |
| 宗教 | 賎業 | 権威 | 民族 |

能力

武力：2
技術：2
知力：4
魅力：2
財力：4
忍耐：8

武力2：フィジカルな要素がまるでない
知力4：呪術に精通していた可能性はある
忍耐8：富か、あるいは死か

技能

斎戒沐浴
天候を「快晴」に変更する(コスト35)
まれに失敗して「雷雨」になる

賎民の神
「賎民」属性持ちの全味方ユニットに
「宗教」属性が付与される

斎戒沐浴 〜海の上の呪術者〜（スキル）

【斎戒】は飲食を慎み、心身の不浄を清めること
【沐浴】心身を清めること（沐は髪を、浴は体を洗うの意）
　この場合の斎戒沐浴とは、（宗教的な意味で）清く正しくあることで航海の無事を祈ることを指す。持衰の場合、髪や体は洗うどころか積極的に汚いままにしているが、不浄を避けるという意味では斎戒沐浴と言えるだろう。

　ところで、航海にあたって斎戒するのは何も持衰に限ったわけではなく、割と一般的な話だったらしい。万葉集にも似たような話が残っている。持衰のように乗船したわけではないが、旅に出た者の無事を、「髪もとかさず家の掃除もせず」祈っているという歌だ（19巻 4263）。そのほか沖縄やインドネシアでも似たような話はある。

お仕事に励む持衰の図。
船の形状は宝塚古墳の船形埴輪のもの。

青森県深浦町円覚寺に奉納された江戸期の絵馬。そこには持衰と推定される人物が描かれている。

　元々、昔の人にとって海は人の力の及ぶ世界ではなかっただろうから、神様的な力を当てにするのも極々自然なことなのかもしれない。
　とはいえ、下手すれば殺される持衰ほどアグレッシブな例が他にないのもまた事実である。江戸時代にも持衰の存在は確認されているが、魏志倭人伝に記されていた頃と同様、祈祷失敗の際に海に放り込まれていたかは不明だ。

賤業の神（スキル）

賤民らの伝える神々の中には、遥か縄文時代の神々の姿もあるという。

　ほとんど人身御供一歩手前な持衰のお仕事である。間違っても自ら進んで就くような職業ではなく、被支配層に強いられた仕事であろうことは想像に難くない。しかしながら、航海の無事を祈願するという神官的な役割を与えられたということは、持衰に何らかの呪術的能力が期待された裏返しだとも推測できる。
　このように、昔からこの国では、社会的弱者たちが最も強い霊力を持つとされたりもする。坊主に雨乞いを頼んでも効果がなかったから、「最後の手段として」賤民たちに雨乞いを依頼したというエピソードも残っている。
　神にまつわるお仕事のうち、面倒くさい部分は被差別階級に押しつけ、そして彼らの中で保存されていったというお話。

イタコ
口寄せの技を使う巫女。盲者がなる職業として有名。これも社会的弱者が霊力を持つ一例。

持衰さんあれこれ

遠い未来の関連ジョブ

メシモライ
宮本常一著『忘れられた日本人』曰く、対馬界隈では遠出する船に幼い少年を乗せていたという。当然生け贄にはならないが、持衰の一種とする意見もある（あんま関係ないような気もするが）。
また、孤児を漁師に育てるための相互扶助システムという側面も持つ。

ボロボロの服に、ぼさぼさの髪、泥だらけの体……。
これが女性であれば萌えポイントにもなろうものですが、やんぬるかな、魏志倭人伝にはしっかりと「男」と明記されちゃってます。夢のない話である。

当初は女性の予定だった持衰さん。資料に忠実に……ではなく、本全体の男女比調整のために野郎に変更に。嗚呼。

　ちなみに持衰さんの衣装には縄文チックな部分があったりと時代的にはチャンポンです。この辺、被支配層に転落した縄文人の末裔という設定だったりします。魏志倭人伝自体は弥生時代のものですね。

縄文土器
網目模様が施された古代の土器の一種。とりあえず持衰さんにかぶらせてみた。

勾玉
古代の装身具。用途は明らかにはなっていないが、少なくとも耳当てではないだろう。

銅鐸
釣鐘型の青銅器。持衰が持ってるのは実は照る照る坊主に見立てているとか。

銅鐸フレイル
勾玉スラッガー

漕刑囚 (そうけいしゅう)

別名：ガレー船徒刑囚
時代：中世末～近世
観測地：地中海とか

> 雄々しきガレー、古代の遺物。
> おいらの船は海上の監獄。

属性

戦闘　商売　職人　放浪
宗教　賭業　権威　民族

能力

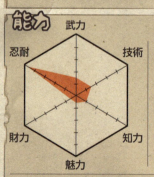

武力：3
技術：3
知力：2
魅力：1
財力：1
忍耐：9

技術3：副業で内職とかやっていた
財力1：無一文ではなかったが、なきに等しい
忍耐9：過酷な環境で、すぐ死んだ

技能

シャマード
距離2マス以内にいる全ての敵ユニットに対し、一定確率で士気を半減させる（コスト30）

靴下編み
財力が「2」以下の時、財力を+1する

解説

　ガレー船という言葉に心躍らない男の子など、この星にはいないだろう。念のために解説すると、ガレー船とは古代において海戦の主力を為した、帆ではなくオールを主動力とする軍船だ。風の弱い地中海では帆船よりも有利であり、また旋回などの運動性能にも優れていたため、古代地中海では海の王者の座を占めていた。

　が、なにしろでっかい軍船を人力で漕ぐのだ。その負担は半端ではなく、例えば乗組員170名のうち、じつに約145名は漕ぎ手だったという具合である。いびつと言える人数比といい、兵士が槍を投げようと重心をずらしただけでバランスを崩す安定性といい、「お前、戦闘以外のことはろくすっぽ考えとらんだろ」と言いたくなるようなマッチョさがそこにはある。脳筋と言ってもよい。独特のフォルムも又、贅肉を削ぎ落したサメのようではないか。

　さてその漕ぎ手。古代では奴隷が務めていたとよく言われるが、実際には原則として自由人の仕事であり、奴隷の使用は緊急時に限られたらしい。寧ろ、囚人を漕ぎ手に充てるのは中近世に盛んであった。その背後には、国家というもう一つのマッチョの存在があった。

ガレー船の素敵な日々 (忍耐)

当時は過酷な労働のことを「漕刑囚のように働く」という言い回しがあったらしい。そんな過酷な仕事には、捕虜や奴隷、そして本項の主役である罪人が割り当てられた。ちなみにドイツなどではヴェネツィアなどの海洋国と契約を結んで漕刑囚を売り飛ばしていたらしい。犯罪者を処分して金ももらえる素敵システムというわけだ。

漕ぎ手が疲弊してくると、指揮官は葡萄酒を含んだビスケットを口に突っ込んだりして目を覚まさせた。

帆も存在したが、微風時などに限って使われた。

綱打刑：
疲労等で働きが鈍ると、すぐに鞭や綱が飛んできた。数十発も打たれると再起不能になったり、死に至ることもあった。

漕ぐさいには一糸乱れぬ揃ったタイミングが要求された。これがずれると、前後の漕ぎ手の頭にオールが当たったりして凄く痛い。その後には綱打刑も待っている。

囚人を監視し罰を加える指揮官たちは、「死刑執行人」とあだ名された。彼らは船の中央通路で囚人たちを威圧した。

大砲は正面に配置されている。ガレー船は喫水線が低いので、大砲の弾も水面スレスレを飛び攻撃力が高かった。

古代の三段櫂船では3人が3本のオールを漕いだが、近世のガレー船は1本のオールを5、6人が漕いだ。そのため、個々人の技量は低くても何とかなったという。

船の側面ほど漕ぐのは軽く、中心側にいくほど重くなった。ので、病人や老人は側面側に配置された。

重いオールをひたすら漕ぐ作業を朝から晩までぶっ続けで行うが、休息ろくに与えられない。メシはパンと水と石のように硬い豆のみで、寝るときも横になるスペースなどある筈もなく、腰掛けの上でもたれあうようにして寝る。更に、航海中は難破や戦闘の危険もある。特に近世ともなると、海戦は大砲の撃ち合いである。

そんなこんなで漕刑囚の死亡率は非常に高く、平均してだいたい20%弱が1年以内に死亡し、35%程度が3年以内に死亡したそうである。おまけに刑期の扱いもいい加減だったらしく、本来の刑期を満了しても解放されないケースもあったという。これらを全てまとめると、服役中に半分は死ぬ。

内職と囚人経済 (スキル・技術・魅力)

詳しい資料は持っていないが、どうもこの時代、囚人であっても個人の財産を持てたらしい。というのも、当時の囚人の様子を記した本の中には「囚人自らが金を看守等に払って待遇を改善してもらう」というような記述がぽちぽちと見られるのだ。また、船内ではビールが販売されていたりと、囚人とて貨幣経済からは無縁ではなかったようだ。

しかし、漕刑そのものは無給である。そこで彼等は出港しない冬の宿営中に副業をして金を稼いでいたらしい。同じ囚人相手に酒や煙草を売ったり、或いは靴下編みの下請けなどの船の中でもできる簡単な作業に従事したり。また手に職を持つ者は、港に出て商売を営むこともあったようだ（金を払えば1日船の外に出られたらしい）。

囚人たちの小屋で、港にちょっとした市ができることも。

戦いの雄叫び (スキル・武力)

肉体労働に従事し、またある意味戦闘に従事しているとも言える漕刑囚であるが、その個人的武力はというと残念ながら高くはない。何しろ環境が環境ゆえに、健康状態が著しく悪い。老人や病人もいる。重労働ではあるが、まともなメシも食えないので筋肉もつかないだろう。

とはいえ、全く戦闘技術と無縁なわけではない。敵の船と接近した時、漕刑囚たちはシャマードとよばれる叫び声をあげて敵を威嚇した。何百人もの囚人の叫び声は、慣れない者には相当脅威に映るらしい。

- 囚人 → じゃあ横縞で
- 船乗り → じゃあ横縞で
- 海軍 → じゃセーラー服で
- あと何となく海賊っぽさとか
- 囚人っぽい拘束具合も宜しく

これらの要求を全部混ぜた末にできたのが本項の漕刑囚さんです。なに、いつものことさ。

番外編：
ＮＰＣ専用ジョブ（その１）

　ここらで一旦、番外編としてNPC専用ジョブを紹介します。これらの職は残念ながらプレイヤーが使うことはできませんが、敵キャラや固定キャラの職業として登場します。大抵はそんな職に限って妙に高性能だったりするもんですが、本書の場合はNPC専用ジョブもやっぱり微妙な職が揃っています。ですので、安心です。

　まあ要するに、資料が足りなかったり他の職業に枠を取られたりして紹介できなかった諸々のジョブを、合間合間に紹介して供養してしまおうというわけです。自分で言うのもなんですが、マイナーさやろくでもなさに関しては本編に劣らぬ仕事の数々が揃っていると自負しております。
　あ、ちなみにNPC職も本編と同様ステータスを設定しておりますが、資料の量の都合上、想像による採点が相当量入っておりますこと、ご了承下さい。ここの他にも、140ページと268ページにもNPC専用職のコーナーは設けてあります。それでは、どうぞ。

　敵専用ジョブと似て非なるのがモンスター等の非人間ユニット。こういう「通常では仲間にならないユニット」や「意図的に仲間にしない限り普通は使わないユニット」は意地でも使いたくなるが、いざ使ってみると役に立たない。

猟師
～ 中世の猟師はやはり中世 ～

力：■■■■□□
技：■■■■□□
知：■■■□□□
魅：■■■□□□
財：■■■□□□
耐：■■■□□□

　森で獲物を狩る猟師さんは中世にもいた。が、彼らも鷹匠や森番たちと同様、王侯貴族に仕える宮廷官吏だった。主人の狩りのために諸々の差配をする役職で、貴族がこれになる例も存在した。猟師、意外とノーブルなのだ。
　宮廷官吏としての猟師は、狩猟係、猟犬係、騎馬係などに分かれていた。見方によっては鷹匠も猟師の一種と言えなくもない。

　猟師と言えど、猟犬狩頭、鷹狩頭ともなると宮廷の中でも上位の役職だった。ただ、猟犬係と鷹匠は対立関係にあったそうで、特定の日に相手を宮廷から追い出す行事なんかも存在したらしい。楽しそうで何よりである。

駱駝飼い
～ 存外馬鹿にできない、アラブ人の友の友 ～

力：■■□□□□
技：■■■■□□
知：■■■■□□
魅：■■■■■□
財：■■■■□□
耐：■■■□□□

　家畜界の雄といえば馬が挙げられるだろう。が、アジアには馬とほぼ互角の役割を果たした友がもう一頭いた。家畜界東の雄、駱駝だ。
　アラブやモンゴル、テュルクなどの遊牧民にとって駱駝は日常的な家畜だったが、中には駱駝の扱いに専業化する者もいた。それが本項の駱駝飼いだ。駱駝飼いは、その形態によって、飼育の専門家たる「駝追い（だおい）」と取引・管理等の専門家たる「駝喰（だくろう）」に分けられる。この名前は、その筋の専門家である堀内勝が馬の「馬追い」と「馬喰」との類比から作った名前であるが、格好いいので是非とも広めていきたい。
　さて、駱駝飼いの中には出世して名を残すものも出たが、特に駱駝鑑定人と呼ばれる者は、名士として高い尊崇の念を受けていたという。

　というのも、アラブの社会では駱駝は一種の通貨でもあり、揉めごとの賠償金も駱駝で支払われたりした。そしてその仲裁の席で賠償駱駝の価値を判定するのがこの駱駝鑑定人であり、彼の意見の如何によって仲裁の結果が左右されることにもなったのだ。揉めごとの仲裁に限らず万事こんな調子なので、駱駝鑑定人は必然的に物事を判定する御意見番として高い権威を帯びることになったのだった。専門知識はうまく使えば社会的立場に繋がるよというお話。

メスタ
～ 羊飼い、時として連合す ～

力：■■■□□□
技：■■■□□□
知：■■■□□□
魅：■■■□□□
財：■■■■□□
耐：■■■■□□

　スペインにおける移動放牧業者（の組合）。羊飼いの上級職。
　スペインの高原では元々南北に移動する移動型の牧羊業が盛んだった。この移動型の羊飼いたちが集まって組合を作り、そこに税収を見込んだ王権も絡んだ結果、彼らは移動・牧草地の利用に関する種々の特権や裁判権を獲得するに至ったのだった。
　中世では権利とは力であり、それを有するメスタ組員らは凡百の羊飼い共とは一味違った。社会情勢次第では零細職でも強キャラになれるのだ。

　尚、牧羊を後押しした結果、農地が減少して食料不足に陥る一幕もあったという。何事もバランスだ。

漁師
～ 汝、欧州淡水魚市場を侮るなかれ ～

力：■■□□□□
技：■■■■□□
知：■■■□□□
魅：■■■□□□
財：■■■□□□
耐：■■■□□□

　日本で漁師と言うと、海の漁が一般的だと思われる。しかし欧州では、場所にもよるが海水魚よりも淡水魚の方が主流な場所もあった。というわけでここでは欧州の川漁師について述べる。
　中世初期には、まだ人々は川で自由に漁ができたらしい。しかし時代が進むにつれて、森と同様、河川の権利も王侯や修道院らが独占的に握るようになっていった。やがて、王侯から漁業権を購入した者や、あるいは領主の配下の者たちの中には専門の漁師と化した者も登場した。

　漁の方法としては、釣り竿を使う例も見られるが、網や罠を使うことが多かったようである。中には迷路のような仕掛けで魚を捕えることもあった。
　こうして採られた魚は、主に王侯と修道院の食卓に上った。庶民が気楽に食せるようになるには中世後期まで待たねばならなかった。

川番
漁師たちの活動を監督する森番ならぬ川番なる役職も存在した。制度的に見れば、森と川はだいたい同じようなノリで管理されていたようだ。

炭焼き
～ あらゆる森林系ジョブの最奥に住まう者 ～

力：■■■■□□
技：■■■■■□
知：■■■■■□
魅：■□□□□□
財：■■□□□□
耐：■■□□□□

　以前、中世を愛する人たちが主催するBBQに誘って貰ったことがあった。そこではそこらの枝を燃やしていたため、いささか煙が著しかった。こんな所も中世風なのかと感心したが、真相は単に炭を買い損ねただけだったらしい。
　さて、中世人は石炭も少しは使ったが、主流はやはり木炭だった。これは木材をじっくり燻して水分を飛ばし炭化させたもので、その木炭を作るのが炭焼きだった。
　炭焼きは下図のように、薪を積んでドーム状の山を作りこれを燃やすわけであるが、木材に火が付いて燃え上がってしまわないように常に空気の量を調整しつつ見張っていなければならない。その間、ざっと4、5日間は不眠不休というわけだ。

　仕事内容もさることながら、それ以上に炭焼きを特徴付けていたのがその生態だ。彼らは山の中で作業を行ったが、決して一箇所には留まらない。山の中を絶えず放浪しながら作業の間だけ掘建て小屋を建てるといった具合だった。そう、彼らは山の中の遊牧民なのだ。森番、猟師、木こり……。森を仕事場とする職は幾つかあるが、その極地こそがこの炭焼きだった。中世ヨーロッパにおける森の民と言ってもよい。
　しかしそんな森の住民も、里の人間から見れば胡散臭さ極まりない存在だった。どの土地にも属さず、顔は炭で焦げて真っ黒で、何ヶ月も森の中に籠って何かやってる。そんな炭焼きはもうほとんど異界の住民であり、幾度となく悪魔と結び付けられた。「森の民」の現実はこんなもんだった。

樹脂焼き
～ 炭焼きの同類、やはり木々を燃やす ～

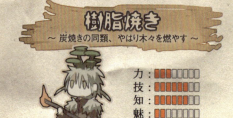

力：■■■□□□
技：■■■■■□
知：■■■■■□
魅：■■□□□□
財：■■■□□□
耐：■■■□□□

　炭焼き人は森の奥で暮らす、忌まれながらも各種工業に不可欠な木炭を生み出す寡黙な仕事人だった。
　そしてそんな炭焼きと似て非なる仕事がもう一つ存在した。樹脂焼きだ。彼の仕事は森の奥で木材を伐採し、それらを集めて火で燻すこと……。こう書くと炭焼きと同じように見えるが目的が違う。

　松やトウヒの木材を乾留……つまり空気を断ったまま強熱で熱分解すると木は木炭になるが、そこから抽出物として樹脂……ピッチとタールが得られる。これらは樽や船舶の防水などに用いられ、中世においても重要な交易品として扱われた。戦闘に用いられることもあったし、古代にはミイラの歯なんかにも使われたらしい。
　生産者の側からしても、かさばる木材そのものよりも焼いて樹脂にした方が商品価値が高かったらしく、地元の人間たちにとって実入りの良い収入をもたらしたとか何とか。
　彼らもまた炭焼きと同様に様々な産業を支えたのであるが、炭焼きに比べてちっとも存在感がなく、森の民として語られることもなかったのである。

八瀬童子
～ 唯の賤民に収まらぬ本邦の炭焼き ～

力：■■■□□□
技：■■■■□□
知：■■■■■□
魅：■■■□□□
財：■■■■□□
耐：■■■□□□

　比叡山のふもと、八瀬の地の炭焼きたちを、日本における炭焼き関連者として紹介する次第である。
　立場的には天台宗の青蓮院に属す一種の誇りある被差別民であり、炭焼きに関しても特権的な座のようなものを構成していたとされている。

　近代まで天皇が崩御した際に棺を担ぐ奥担ぎの役割を果たしていたことでも知られる。この手の「異形」の賤民たちは、中世にあっては朝廷とも決して遠い世界の存在ではなかったのだ。先帝の崩御の際も、彼らが棺を担ぐのか否かが一部で話題になっていたらしい。
　同じ炭焼きでも、国と地域によって扱いは色々だよというお話。

養蜂家
~ 甘い話はドイツの森の中にあり ~

力：■■■■□□□
技：■■■■■□□
知：■■■□□□□
魅：■■■■□□□
財：■■■■□□□
耐：■□□□□□□

筆者は中世を愛する人間だが、一生を中世で過ごしたいとは断じて思わない。理由は山ほどあるが、その一つが砂糖の欠如だ。

サトウキビを栽培していた南イタリアあたりを除けば、中世人は自前で砂糖を栽培することができず、アジアから大枚をはたいて輸入するか、そうでなければ蜂蜜で代用するしかなかった。

そんなわけで代用砂糖であり、また宗教行事にも使われる蜂蜜を産する彼ら養蜂家は、人々から望まれ感謝される数少ない職業だったそうである。

資料の都合でもっぱらドイツの話になるが、彼らは皇帝直属の民という位置づけであり、自前の法定を持ちギルドも結成していた。蜂蜜泥棒に対しては警察権も持っており、法的地位はかなり高かった。森の民としてはかなり異色の存在と言えそうだ。

地位だけでなく、技術力も高かったのかもしれない。一般的に蜂蜜を得るためには巣を燻す必要があるが、これをやると蜂が巣から去って行ってしまう。しかし中世の養蜂家は何らかの持続可能な蜂蜜採取方法を開発していたらしい。残念ながら彼らの技術は口伝で伝えられたため、今となっては詳細不明なロストテクノロジーになってしまっているとか。

逃げる蜂をどこまで追いかけてよいかはトラブルの種だった。「斧を投げて届く範囲まではOK」とする中世的な法も。

ちなみに、恐らく皇帝の臣民という立場に絡むものと思われるが、彼らは有事の際にはクロスボウの射手として参戦する義務を負っていたとされている。というわけで得意武器は弩だ。実際に使い手だったか否かは不明だが。

ガラス職人
~ 羨望の新素材、灰の中からいでり ~

力：■■■□□□□
技：■■■■■□□
知：■■■■□□□
魅：■■■□□□□
財：■■■■■□□
耐：■■■□□□□

ファンタジーものにおいて窓ガラスは珍しくもないが、現実の中世においてアレは貴重品だった。中世末になってようやく金持ちの家に用いられるといった具合である。

そんなガラス製作を担ったのが、高度な専門職たるガラス職人。かつてはシリアあたりがそのメッカだったが、いろいろあって技術が流出し、欧州ではヴェネツィアあたりがその本場の座を獲得した。

「流出」という言葉から窺えるようにガラス製作は秘伝の技術であり、そんな技術を使うガラス職人らは色々と法的にも保護された金持ちでもあった。

ところでガラスは何から作られるか？ その主要な材料の一つはソーダ灰だ。ではその灰はどうやって作るかというと、木を燃やせばいい。というわけで彼らの作業場は森の中であり、そこらの木々を焼きつくしながら森中を転々としていった。

中世も後半に入ると欧州は決して木々に囲まれた「緑豊かな」土地ではなく、木材不足に悩む枯れた世界になっていた。その主犯の一人が、コイツだ。

筏師（いかだし）
~ 木と川をつなぐ者 ~

力：■■■□□□□
技：■■■■□□□
知：■■□□□□□
魅：■■□□□□□
財：■■■□□□□
耐：■■■■□□□

造船、炭焼き、ガラス職人……。木材を必要とする職人は数多い。勿論現地調達できれば良いが、そうでない場合は輸送にも手間がかかる。そんな時に登場するのがイカダ師だ。平たく言えば川を使った木材運搬業者。

フック付きの棒が俺らの得物

木材を川に浮かべてイカダを作り、そのイカダと共に下流まで移動する。目的地に着いたらイカダは解体されてそのまま木材になるという寸法だ。

牧歌的な風景ではあるが、川には橋や堤防なんかもあるので危険な仕事でもあった。そんな彼らの立場はと言うと、伝統的な職とされたりされなかったりと、色々のようだ。

ステンドグラス職人
〜 教会芸術の画竜点睛、コピペの技を知る 〜

力：■■□□□□□□
技：■■■□□□□□
知：■■□□□□□□
魅：■■□□□□□□
財：■■□□□□□□
耐：■■□□□□□□

　一体この感情をどう表現すればいいのだろう。
　職業本のネタを求めて彷徨っていた私はある日、日本人の学者によって中世イタリアのステンドグラス職人を取り上げた本が上梓されたというニュースを発見した。喜んで本屋で検索するが、該当の書籍がちっとも見つからない。おかしいと思って調べてみるとどうも、件の本、イタリア語版しか出版していないのだという。何かこう、新しい諺でも作りたくなるようながっかり感である。
　それはともかくステンドグラス職人だ。ステンドグラスは教会芸術の雄でもあり、信徒にとって教会を特別な空間にする意義深い技術だった。教会との関係故か、聖職者がステンドグラス職人を務めることも多かった。単独ではなく修道会単位で制作集団を構成することもあったようだ。
　現場では分業がなされていたらしく、デザインそのものは画家に発注し、彼らはその下絵をもとに制作を行った。ただし、残された作品を見ると、どう見ても同じ元絵から作られたと思われるものや、既存の絵画を元ネタにしたと思われるものもあるのだという。どうやら画家のあずかり知らぬところで、下絵を再利用するといったことも行われていたらしい。
　工房によっては、下絵を使いまわす量産型と特注品の一品物とを使い分けて作る制作体制が採られたりもしていたという。まぁ、気持ちはわからんでもない。

流用しまくった結果、元絵とかけ離れてしまう事態も。

灰男
〜 燃え尽きた後の世界 〜

力：■■□□□□□□
技：■■■□□□□□
知：■■□□□□□□
魅：■■□□□□□□
財：■■□□□□□□
耐：■■□□□□□□

　ガラス職人と同様に灰を使った職業人。まだ石炭が一般的でない頃、暖炉やオーブンで木材を燃焼させるとそれなりの量の灰ができる。これを各ご家庭から回収するのが彼らの仕事。当然、下層民の職だった。

　他の地域ではそもそも存在したのかすら定かではないが、少なくともウィーンでは灰回収の独占権を持っていたようだ。とはいえその実入りはささやかなもので、彼らは石鹸用に灰を売って糊口を凌いでいた。
　江戸でも同様の職は存在した。こちらは肥料、洗剤、媒染剤などに使われた模様。

砂男
〜 肺も臓腑も何もかも。ああ人生は砂利の味 〜

力：■■■□□□□□
技：■■□□□□□□
知：■■□□□□□□
魅：■■□□□□□□
財：■□□□□□□□
耐：■■■■□□□□

　ザントマン(Sandmann)と言えば、ドイツの民間伝承に登場する妖精を思い浮かべる方もおられるかもしれない。が、ここで言う砂男はそれとは異なり、文字通り砂を掘って売る労働者だった。
　砂の用途はというと、清掃用。なんでもかつては、土曜日に床に砂をまいて、1週間後に泥と一緒に掃き出すという習慣があったらしい。手を洗う際に石鹸に加えて砂が用いられたとか、インクを消すのに使われたとかいう記述もある。どこぞの要塞では、掃除に(年間?)300万リットルの砂を使ったなんて話もあるくらいだから、かつては膨大な砂が使われたようだ。

　そんな砂を調達したのが本項の砂男。簡単に砂とは言うが、大抵の場合は洞窟の岩を砕いて砂を作らねばならず、相当な重労働だった。
　そして上述のように砂の需要は膨大だ。その需要に応えて砂男が砂を掘りまくった結果、地下に広大な大空洞ができたり森の地面が穴だらけになったりと、土壌の荒廃を招いたりもしたようだ。砂掘りが禁止されるところも多かった。

　しかし砂掘りの禁止は守られなかった。何故なら砂男たちには他に仕事がなかったからだ。そう、彼らは最下層の肉体労働者であり、僅かな金のために鉱山と同様の劣悪な環境で砂を掘り続けるしかなかったのだ。砂男の内臓を手術した医者によれば、彼の内臓は砂だらけで「まるで砂を切っているかのよう」だったという。その砂で、家々の清潔は保たれていた。

カリエ
～ 地底の住民の冴えない方 ～

力：■■■■□□□
技：■■□□□□□
知：■□□□□□□
魅：■□□□□□□
財：■□□□□□□
耐：■■■■■□□

　欧州最大の都市であるパリは、「幾本もの触手を持つ巨大な生物」などという異名を持っていた。何のことかというと、あの都市は地下が石灰岩や石膏の採石場になっており、長年かけて延々掘られ続けたという歴史があるのだ。
　そしてその地下坑道の労働者がカリエ、つまり採石夫。彼らは概して遠方からやってきた出稼ぎであり、危険な労働に従事する薄給の肉体労働者というステレオタイプな人々だった。

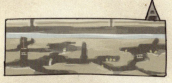

　しかし、そんな彼らの功績によって、穴だらけの地下迷宮というパリの隠れた観光名所は生み出されたのだった。ファンタジックでいいじゃないか。

琥珀漁師
～ バルトの宝石、海の底の採掘夫、そして鉄兜 ～

力：■□□□□□□
技：■■□□□□□
知：■■□□□□□
魅：■■□□□□□
財：■■□□□□□
耐：■■■■□□□

網でガーっとやることも

　琥珀は木の樹脂が凝固した宝石だが、これの名産地はバルト海だった。色々事情があって、バルト海の海岸や海底に多くが埋まっているのだ。これを採取したのは地元の漁民たちだったので、琥珀を採取する人間は琥珀の漁師などと呼ばれたようだ。

　が、13世紀頃からバルト海岸には暗雲が立ち込めてきた。ドイツ騎士団がやってきたのだ。彼らは海岸一帯を支配下に置き、琥珀産業の独占を試みた。その結果、地元の住民はもはや自由に琥珀を採ることはできず、採取した琥珀を騎士団に供出せねばならなくなった。供出した琥珀の対価として支払われるのは塩であり、これはあんまり嬉しいものではなかった。
　更に騎士団による禁制の結果、彼ら住民は海岸を勝手に歩くことすらできなくなった。海岸には晒し台が並べられ、密猟への監視の視線が住民を締め付けた。琥珀の盗難・密猟などを扱う琥珀裁判所なる代物まで設けられたらしい。
　そんなわけで、資料に記されている琥珀漁師の歴史は、いつのまにか騎士団の搾取の歴史と化すのが常なのだった。

塩鉱夫
～ もう一つの鉱山師の話 ～

力：■■□□□□□
技：■■■□□□□
知：■■□□□□□
魅：■□□□□□□
財：■■□□□□□
耐：■■■■□□□

　給料を意味する「サラリー」の語源が「塩」だという話は有名だ。塩は人間の活動に必須の物質であり、古代から重要な交易品だった。とくに産業革命までは、塩は当然のように手に入る類のものではなかったので、塩の確保は意外と重大な問題だったのだ。
　というわけで人々はこれを得るために様々な手をつくした。その一つが塩鉱。日本にはあまりないが、欧州の地下には岩塩鉱が幾らか存在した。学者曰く、中世の修道院も古代の塩鉱跡に建てられたものが多いらしい。
　塩といえど、地下深くで掘り出す作業は鉱山労働とさほど変わりない重労働。地下で掘り出した重い岩塩を背負ってよじ登り、岩を砕いて塩を取り出す……。ローマ時代からこれは奴隷や囚人の作業であり、中世になっても14世紀くらいまでは似たような状況だったらしい。平均寿命も極めて短かった。
　そんな塩鉱には、単に岩塩を掘り出す以外にも別の形態が存在した。岩塩そのものではなく鹹水……つまり、地下岩塩が溶け出してできた、塩分濃度の高い地下水を汲み上げ、そこから塩を得る手法である。これらの鹹水は海水よりも塩分濃度が高いため、煮詰めると十分な量の塩が得られた（逆に海水をそのまま煮詰めた場合、燃料費の方が高くついたりした）。
　地下水がない場合でも、塩鉱に水を流して鹹水を人工的に作り出した上で管で汲み出すなどの手法が採られるようになった。
　これらの技術改良の結果だろう。中世後期になると自由人も参入するようになり、地下製塩所は高度に細分化・専門化された大規模事業の様相を呈するようになる。
　塩鉱夫も鉱山師も、共に古代には奴隷であったが、中世になると自由人の誇りある仕事人へと変貌している。単なる偶然だろうか。それともそれが中世という時代だということだろうか。

製塩所の設備の例

浜子
～製塩の本道は海辺の畑から～

力：■■■■□□□
技：■■□□□□□□
知：■■□□□□□□
魅：■■□□□□□□
財：■■■□□□□□
耐：■■■■□□□□

　何も欧州人は岩塩からしか塩を採らなかったわけではない。海水を蒸発させる塩田法も当然、用いられた。浜子とはそんな塩田で働く者のこと。元々は日本の近世頃の塩田労働者を指す言葉だが、ここでは中世欧州の浜子について述べる。

　塩田では海水を引き込んで天日で蒸発させるわけであるが、中世初期頃から複数の池を段階的に区切る方法が用いられるようになった。

塩田の例。階層化された貯水池に段階的に水が引かれ、処理される。

　これによって製塩の質が向上したとされる。例えば、塩水の流量と諸成分の沈殿時期を段階的に調整できるようになり、塩化ナトリウム以外の成分の分離が制御できるようになったわけだ。

　これらの塩田で働く浜子は、賃金労働者の場合もあったが、概ねは保有契約によって塩田の区画を保有していた自営業者だった。彼ら浜子と製塩場主との関係は、農民と領主の関係とほぼ等しい、らしい。学者によれば、農地契約と塩田の保有契約の形式等は非常に似通っているそうである。

　同じ製塩でも、塩鉱は鉱山業の、塩田は農業の亜種という位置づけになるだろうか。いずれも語られることはあまりない。

塩梟
～中国の塩、地下にもぐる～

力：■■■■□□□□
技：■■■■□□□□
知：■■■□□□□□
魅：■■□□□□□□
財：■■■□□□□□
耐：■■■■□□□□

　今度はアジアの塩の話。中国では唐代以降、塩の専売制度が導入された。で、その結果何が起こったか。言うまでもない。密造・密輸である。

　専売制度の結果、粗悪な塩を買わされることになった中国では、塩梟・塩賊・塩徒などと呼ばれる密売密造業者が幅を利かせることになった。遊侠との関係も深く、官憲に対抗すべく数百人の集団で結社を組織するような例も存在した。彼らは隠語などを使いこなして広大な地下社会で活動し続けた。

　唐末以降、王朝末期の反体制運動の中核にはいつも塩梟がいたというから、塩の恨みは恐ろしい。

ガブルー
～フランスの塩も地下にもぐる～

力：■■■■■■□□
技：■■□□□□□□
知：■■■□□□□□
魅：■■■□□□□□
財：■■■■■□□□
耐：■■■□□□□□

　個人的には、世界の塩税と言えば西はフランス東は中国という印象がある。フランスの特徴的な塩税制度は、戦費を確保するために国家が塩を統制したことに始まる。フランスの塩は一旦王立の倉庫に集められた後に公定価格で販売された。その際に課せられる塩税は「ガベル」と呼ばれ、そのガベルの徴収人が本項のガブルーであった。

　そこまではまだ理解できるのだが、この国家の塩管理制度もやがてツッコミどころが生じてくる。例えば国家の塩を国民に強制的に買い取らせる「義務の塩」制度。無理やり買わされた塩は、個人で消費するには多すぎるが、しかし加工品のために用いることは禁止されているというものだった。それ以外にも、このガベル、適用が恣意的だったり地域によって税率がバラバラだったりと唯でさえ不満が多かった。川を挟んだ向こう側とこちら側とで、塩の価格が20倍になるという事態も起こったそうである。

　結果として密輸が横行するが、ガブルーも負けてはいない。複雑な塩税制度に対応するため、徴収には請負制度が導入された。さよう、古代ローマで散々暴れた悪名高い徴税請負制度である（210p参照）。

　こうして請負人となったガブルーは粗野で無法者が多く、特権を濫用し、手当たり次第に人を呼び止め尋問し捜索し逮捕した。女性の密輸者は塩を胸や尻などに隠したが、ガブルーの方も、該当部分に手を触れて捜査したりした（役得！）。そんなガブルーの中には徴税で得た富で大富豪になる者もあった。

　18世紀末にもなると、毎年数千から1万人近い人々が塩税がらみで投獄されるような事態にもなり、この鬱憤がやがてフランス革命へと繋がるのであった。

コーヒー嗅ぎの項目（230p）で、プロイセンではフランスから徴税請負制度が導入されていると説明しているが、多分それとも関わっているのだろう。

4：城・宮廷と戦場の風景

　大自然と戯れるのはこれくらいにして、再び人の世界に戻りましょう。

　城。華やかな騎士道文化を彩るお城と騎士たちが華々しく散る戦場は、中世の象徴であると言っても過言ではないでしょう。まぁ、「華やかな騎士道文化」なんかこれっぽっちも紹介する気のないラインナップになっていますが、たぶん、きっと、偶然でしょう。

　戦場では、世界史に名を残した戦士たちが文字通りしのぎを削っています。中世生活史に興味のない方でも、名前くらいは聞いたことがある戦士も多いのではないでしょうか。特にファンタジー創作物などの絡みで、軍事関係であれば詳しいという方もおられるでしょう。そんな方々にとっては物足りないところもあるかもしれませんが、ご笑納くだされば幸いです。
　と言いますか、軍事畑の豊富な人口を、生活史畑にも分けてもらえないもんでしょうかね。

吟遊詩人

別名：吟遊楽師など多数
時代：中世
観測地：仏独あたり

数多の側面を持つ弾き語りの元祖、宮廷で、路上で大いに歌う

解説

ファンタジー世界に欠かせぬ存在として城・甲冑・メガネなどが挙げられるが、吟遊詩人の存在も忘れてはならない。いや、まあ、いないならいないでさほど困りはしないだろうが。

創作世界の中で語られる吟遊詩人……俗世を離れて悲歌（エレジー）を奏でるその姿には、どこか神秘的なものすら感じられる。一方で、駅前でギター弾いてる兄ちゃんたちの先祖と表現すれば多少は親近感も湧くかもしれない。ただ、いずれも吟遊詩人と呼ばれる存在の一面に過ぎない。

実際の吟遊詩人は、何というか面倒くさい。宮廷で詩歌を吟じる上流階級だったり、何処の馬の骨とも知れない浮浪者だったり、同時に流行の歌や遠い物語の伝道者でもあった。そもそも吟遊詩人というのは特定の職業ではなく「なんか中世で歌ったりしてたひと」ていどの抽象的な概念なのだ。だからこそファンタジーというわけだ。

〔コメント〕他の多くの職業と同様、一口に吟遊詩人といっても実態は時と場所によって異なります。それはそれで語り甲斐があるってもんですが、能力評価が面倒くさいんだなこういうのは。

属性

戦闘　商売　職人　**放浪**
宗教　賤業　権威　民族

能力

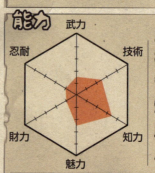

武力：3
技術：5
知力：7
魅力：5
財力：2
忍耐：2

技術5：大道芸人としての側面もちょっとあった
知力7：詩は元々は教養のある人間の嗜みだった
魅力5：疎まれ、望まれた

技能

たたかいのうた
距離2マス以内の「戦闘」属性持ちユニットの攻撃力を+2する（コスト35）

間諜
隣接する敵「権威」ユニットの防御力を−2する

吟遊詩人とはなんぞや

左ページで述べたように吟遊詩人とは抽象的な概念であるが、中世に存在した詩人・楽師たちを下敷きにしていることは確かである。

そんな彼らを指す言葉は数多く存在するが、その有り様を大ざっぱに纏めると、「宮廷詩人」「放浪楽師」の2パターンにわけることができる。

宮廷詩人は文字通り宮廷などの上流階級の社会で詩作をしていた者であり、後者の放浪楽師は歌舞音曲を生業として各地を放浪していた演奏者である。二者がそれぞれもつ「詩作」「放浪」という要素を足し合わせると「吟遊詩人」という概念が完成する、のかもしれない。

というわけで本項の吟遊詩人の能力値は、宮廷詩人と放浪楽師を混ぜ合わせたものになっている。

宮廷詩人

トルバドゥール、ミンネジンガーなどの言葉が該当する。求愛や戦意昂揚、あるいは歌人として名を成すなどの目的で詩を作り、吟じた。その担い手は騎士や諸侯、あるいはその家臣など社会的立場のある者であり、詩作が本業ではない。そういう意味では職業というよりは肩書きに近い。

放浪楽師

ジョングルール、ミンストレルといった語が該当する。歌舞を生業とした集団。元々は宮廷詩人らのための演奏者という位置づけだったが、やがて宮廷とは関係なしに様々な場で演奏や踊りを披露した。社会的立場は「芸人」であり、宮廷詩人よりは格下。基本的に演奏が仕事であり、詩作はしない。

吟遊詩人の得物たち

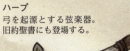

フィドル
手で弦を弾くのではなく弓を用いて演奏する。今でいうヴァイオリン。

ハープ
弓を起源とする弦楽器。旧約聖書にも登場する。

ホーンパイプ
木製の笛に牛の角を結びつけた楽器。難度は高いらしい。

リュート
吟遊詩人の代名詞。アラビア起源の弦楽器。

ハーディガーディ
弦楽器の一種。手回し琴とも訳される。機械仕掛けのヴァイオリン的存在。右側が現代的なスタイルのものだが、中世には左側のように胴を木枠で覆ったものもあった。

たたかいのうた（スキル）

吟遊詩人らによる初期の詩歌は、歴史的事件、特に戦争を扱うものが多かった。それもそのはず、当初の詩人というのは騎士や領主たちであったから、歌で戦意を盛り上げることは彼らの仕事に合致するものだった。

例えばイスラム勢力に占領された聖地イェルサレムを詩に詠い、十字軍の気運を高めたり。といった具合である。

楽師と芸人

本項の主役たる楽師たちであるが、彼らは同じく放浪する放浪芸人たちと近い関係にあった。……というよりは、広義の芸人の中のひとつが楽師だと言える。歌も踊りも芸のうちというわけだ。

放浪芸人

楽師たちと同様にあちこちをさまよい、様々な芸で人々に娯楽を提供した。

ただ、放浪芸人というくくりはいささか大きすぎて語るのがちょっと難しい。

間諜（スキル・知力）

吟遊詩人はあちこち移動するものでありながら、宮廷や城などともなじみが深かった。そのため、詩歌だけではなく他の宮廷の様子を教える情報提供者という側面も持っていた。

そこから更に話を進めて、吟遊詩人たちは王侯らのスパイだったのでは、なんて説も存在する。

吟遊詩人たちの楽器の中には「手回しオルガン」なんてものもあった。本項のイラストの吟遊詩人が背負ってるのはソレである。

でも、冷静に考えたら「手回しオルガン」って、ハーディガーディのことかも。

NO MORE MUSIC？(魅力)

　楽師たちは音楽(と詩)で商売をする身だが、欧州人の音楽に対する評価は低い。ローマの時代から歌や踊りや音楽は肉体的な活動であり、芸人のするものであるとして名誉ある行いとはみなされなかった。
　このへんの事情は中世になっても同様であり、格調高い詩作や音楽理論に対し、歌や音楽は低俗なものとされていた。のみならず、楽士たちが一般にあちこちを放浪していたことも彼らの評判を下げる要因となった。当時、放浪者というのは胡散臭い連中とされていたのだ。
　つまり楽士たちはそこらをうろついて日銭を稼ぐヒッピーめいた連中であり、賎民……あるいは賎民に限りなく近い何かだった。組合をつくることも許されず、法的な権利は著しく制限され、時として悪魔や魔法使いと混同された。特に教会はこれらが奏でる低俗な音楽に強い嫌悪感を示していた。
　これが、放浪楽師たちの世界だった。

影への復讐

　楽師たちに限らないのだが、この手の名誉なき民たちの置かれた立場を示す法に「影への復讐」というものがある。
　これは中世ドイツの法書ザクセンシュピーゲル等に記載されているもので、平たく言えば「芸人らは、例え理不尽な仕打ちを受けたとしても、加害者に直接復讐することは許されず、加害者の影に対してしか復讐してはならない」というもの。
　格好いいのは名前だけである。

NO MUSIC NO LIFE (魅力)

　楽師たちは蔑まれ、音楽は軽蔑された。それが現実だった。だが半分だ。
　1224年のある日、ベネディクト会の修道院に、道に迷った二人のフランチェスコ会士がやってきて一夜の宿を求めたことがあった。散々道に迷ったのか、二人の身なりはボロボロだったため、修道院の人間は二人を放浪楽師だと勘違いしてしまった。しかし、知らせを聞いた修道院長は大歓迎。うやうやしく二人を中に招待した。
　楽師と勘違いされたのに、何故二人は歓迎されたのか？答えは簡単、修道院長たちが楽師を欲していたからだ。
　当時、修道院や教会の聖職者たちは公には楽師たちを散々弾劾していたが、しかしその一方で聖職者自身が芸人や楽師を個人的に招いたりしていた。教皇ですら自分自身の楽師たちを雇い入れていたという。要するに、口先では何を言おうとも、耳は音楽を聴きたかったのだ。
　教会に限らず、世俗の領主も民草も似たような態度だった。軽蔑されたはずの楽師たちであったが、宴席、行列、教会の儀礼、定期市、宮廷。あらゆる祝宴の際に楽師たちは雇われ、音楽を奏でた。結局、彼らの歌が止むことはなかった。神ですら音楽は殺せなかったのだ。

　ちなみに上で述べた、勘違いされた二人のフランチェスコ会士はどうなったか。ひと通り歓待された後、本当は楽師ではなく修道僧であることが明らかになると、修道院長は落胆・激怒。二人をぶん殴って修道院から追い出してしまったという。こうして教会と楽士のお話には綺麗にオチが付いたのであった。

楽師のおしごと (知力・財力)

　というわけで人々から望まれた楽師であるが、具体的にどのような仕事があっただろうか。宴席における演奏は既に上で述べたので、他のものを軽くピックアップしてみたよ。

風刺詩
　前述した遍歴学生たち(40p)と同様、アウトサイダーであるところの放浪楽師らは、皮肉たっぷりの詩歌を吟じて社会の秩序を嘲笑ったりした。
　一方で、権威を散々批判しておきながら、2・3日後には何事もなかったかのように権威にお べっかを使う変り身の早さも彼らの特徴だった。面の皮の厚さもまた、食っていくための処世術である。

情報提供
　外界の情報を伝える情報提供者としての側面は前ページで語った通りだが、これは歌のついでではなく、王侯たちは情報を目当てに楽師らを雇い入れたと思われる側面もあった。
　楽師たち自身、放浪できない冬の間はパトロン宅で勉学したりして、ラテン語などの教養を身につける者もいたという。

治癒
　楽師たちの音楽は、心身に影響を及ぼすと考えられており、治癒の場にも採用された。例えば戦場や王侯の屋敷、あるいは浴場などで音楽を奏でた。
　ちなみに浴場では売春仲介人といった怪しいこともしていたらしい。

楽師・ザ・ジョブツリー

他のページで述べることとも多少かぶるが、放浪楽師たちは非常に多くの職と近しい関係にあった。ちょっと前後関係等があやふやなところもあるが、楽師から始まるアップデートツリーを作ってみたよ。あと、この辺は用語がややこしいので、その整理にもひとつお使い頂ければ。

○凡例 → 歴史的に連続性あり ⇒ 直接は無関係だけど無理やり関連ジョブにしたよ

放浪芸人（シュピールマン）
放浪楽師を包括する概念。ここではとりあえず楽師の母体ということで、最基本ジョブに位置づけてみた。

講釈師
手に講釈棒を持った、辻楽師の仲間。めでたい席に現れ、トンチ話や笑い話や猥談をして人々を楽しませた。

放浪楽師（ジョングルール）
本項の主役その1。下層民ながら、あちこちを流離いつつ歌や音楽を人々に提供した。

塔守（138p）
放浪楽師が町に居着いて塔守の仕事を始めることもあった。賎民身分だが、都市楽師へと脱皮していくこともあった。

遍歴学生（40p）
放浪楽師の仲間。元学僧であり出自は異なるため、放浪楽師からのジョブチェンジはできないが、逆に遍歴学生から放浪楽師へのジョブチェンジは可能。

宮廷楽師（ミンストレル）
放浪楽師とかぶるところもあるが、彼らが宮廷や都市に雇用され、ある程度社会的立場を得たもの。放浪楽師と宮廷詩人の間くらい。都市に雇われた都市楽師もこれに該当か。

職匠歌人（マイスタージンガー）
歌謡文化の高まりに伴い、都市の職人階層が歌の技術を身につけたもの。俗な歌とは一線を画した清く正しい歌を歌った。ミンネジンガーが騎士階級の没落に伴い都市に居着いたものとも言われる。

ライマー
陽気な世俗の歌に詩をつけるへぼ詩人、とのこと。詳細は不明だが、楽師たちの一形態と思われる。

宮廷詩人（トルバドゥール／ミンネジンガー）
本項の主役その2。宮廷で崇高な愛の歌などを歌う詩人。貴族や従者等の階級も多かった。放浪芸人との連続性は微妙なところ。

琵琶法師
ご存じ本邦の吟遊詩人。盲僧が食っていくために芸人として職業化したものと思われる。平家物語の語り手として有名。

紋章官（148p）
パトロンにひっついて騎士たちを称揚する歌を吟じた歌人たちが、仕事柄騎士たちと紋章に精通してそっち方面の専門家となったもの。

スカルド詩人
ヴァイキング時代の遍歴詩人。エッダ詩とは異なる宮廷韻律に従って詩を節に乗せ、宴席などで歌った。相当高度な比喩表現なども用いたようであり、ヴァイキングだからと侮ってはいけない。

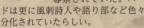

バード（65p）
ケルトの吟遊詩人。文字なき世界において、彼ら詩人は古から語り継がれた口承を伝承する役割を担っており、尊崇されていた。バードは更に風刺詩人や語り部など色々分化されていたらしい。

公示人（12p）
紋章官・式部官の仕事のうちでも伝令や公示に特化していったもの。使者の役目を務めたりもした。

式部官
紋章官がその能力を発揮するのが馬上槍試合（トーナメント）だったが、やがてトーナメントの運営から宮廷の様々な儀式まで取り仕切るようになったもの。ただし、紋章官との前後関係は不明瞭。

道化師

時代：中世
観測地：欧州

僕らの町の
ちょっとあたまがかわいそうなこ

属性

| 戦闘 | 商売 | 職人 | 放浪 |
| 宗教 | 賭業 | 権威 | 民族 |

能力

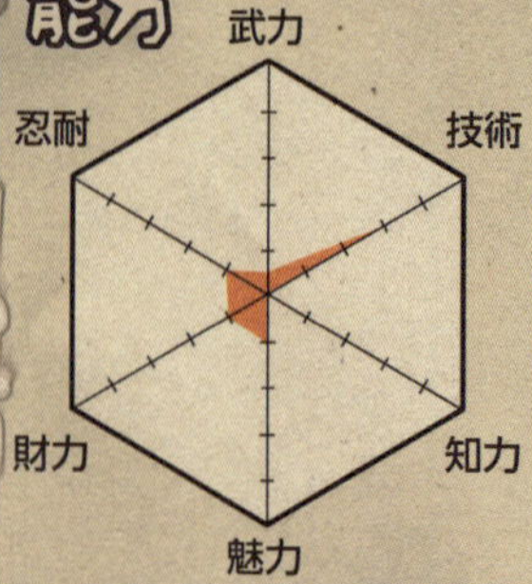

武力：1
技術：6
知力：0
魅力：2
財力：2
忍耐：2

技術6：大道芸一般に秀でていたとする説も
知力0：頭がおかしい者とされていた
財力2：固有財産持てたんだろうか

解説

中世ヨーロッパの城には、「頭の変な人」、とされる人がいた。道化である。彼らはその変な言動でもって周囲を笑わせることを生業としていた。サーカスなどに登場するピエロ（クラウン）と区別するため、「宮廷道化師」と呼ぶ例もある。もっとも、ピエロも元の元を辿れば宮廷道化師がルーツである。

道化師は悪意の篭もったジョークや権力への皮肉に満ちた風刺をよく口にしたが、誰も本気にしなかった。上記の通り、彼らは頭がおかしい人だ（と思われていた）からだ。その結果、彼らはあらゆる社会的立場を無視して物を喋る「特権」を手にすることになった。

そんな道化のおかしな言動は、王に仕える人々にとってはある種のガス抜きであったし、中世の閉塞した空気を引っかき回す作用も持っていた。中世の秩序をあざ笑うものでありながら、同時に秩序と相補的な関係にあった道化師。トリックスターとしての側面がここに見える。

[コメント] 中世の世界でも特殊な存在である道化ですが、ステータスを振ってみると酷いことになってしまいました。はぐれメタルみたいな極端さですね。

技能

物真似
直前に行動したユニットの行動を真似する

王の影
権威属性のユニット数だけ自身の攻撃力を上昇
また、権威属性を持つ全ユニットの攻撃力+1

王の影（スキル）

宮廷にいた道化師は、左ページで述べた通り、無礼な物言いが許されていた。その特徴はやがて、彼らを「王や主人の個人的腹心・友人」という特殊な立場に変質させてゆく。何故なら、王に向かって本音で物が言えるのは道化師だけだったからだ。そしてそれ故に王も誰にも言わないような本音を道化師にのみ打ち明けることもあったという。或いは、これこそが雇われていたそもそもの目的だったのかもしれない。トランプのキングとジョーカー。宮廷の中の光と影。中二的でかっこよいが、ちょっと話ができ過ぎのような気がしないでもない。

創作分野で言えば、シェイクスピアの「リア王」を中心とする戯曲や、漫画版「風の谷のナウシカ」に出てくるヴ王の道化が上記の側面をよく表している。

フィクション故に、現実よりも「それっぽく」なってる感も。

大道芸化する世界（技術・スキル）

時代が下るにつれ、道化は大道芸人的な側面が強くなり、パロディーや物真似気質が求められた。というか、中世の本でも大道芸人らと一緒くたに紹介されるケースも多い。会食の場で雑多な芸を披露したが、もちろん、彼らの専門分野は謎かけやジョークなど、話術による余興にこそあった。

ではその腕前はというと、これがまた資料によってまちまち。「お粗末なもの」という資料もあれば「様々な芸に秀でていた」とする資料も。技術まで低評価だとあまりにも低能力すぎるので、今回は秀でていたという説をとって「技術6」としてみた。

大体は吟遊詩人や曲芸師などと同じカテゴリーに入れられることが多い。

道化師、その起源は（武力）

「道化師はあたまがおかしい」。事実は兎も角、これが当時の共通認識だった。そもそもこれこそが道化師を道化師たらしめている要因でもある。

そんな風に精神面でのおかしさが強調されがちだが、道化師は身体障がい者がなることも多かった。道化の起源は心身の障がい者であるとする説も存在する。労働という面で不利な立場にある障がい者に社会的意義を与えようとする社会システムの一例とも言えるだろう。

宮廷ドワーフ
道化師の派生職。王侯の宮廷で雇われていた小人症の人物のこと（小人症は英語ではdwarfism）。こちらは道化師に比べると、障がい者としての側面がより強い。

かっこよくないトリックスター（魅力）

確かに道化師は社会の中でも特異な地位にいたが、決して尊敬はされなかった。彼らが誘う笑いとは、基本的に「嘲笑」であった。そもそも当時、障がいというものは先祖の罪に対する罰と考えられており（らしい）、からかい・軽蔑の対象になりこそすれ同情はされなかった。

また、あらゆる物言いが許されていたとは書いたが、まともな人間扱いをされていない証左とも言える。貴族間で道化師を交換したり王の贈り物にされたりと、様々な要素が、道化師が物扱いされていたことを示唆している。

この辺は、左で述べた障がい者起源説ともリンクする話でもある。

もっとも、不人気であろうとも当人は一向に気にしてなさそうではある。

そしてタイツ

道化師の服装は、当時流行した服を皮肉ったものらしい。

今回は、そんな道化師の服装を、中世ヨーロッパを語る上で欠かせない「うれしくないタイツ」をコンセプトに再構築してみた。大きなお世話とも言う。

道化師の杖はガラガラといい、豚の膀胱に乾燥したエンドウ豆を入れたもの。「あたまからっぽ」を表しているとも、王権の象徴たる王杖を皮肉っているとも言われる。やっぱ話ができ過ぎな気もするが。

左右で色が異なるあしゅら男爵的要素を取り入れた結果オッドアイに。

中世によくある市松模様的要素を取り入れた結果、微妙なケツ出し状態に。

フードと一体化したひだひだを分離・独立

よくある道化師　本項の道化師

オーギュスト・ラシネの本に描かれた中世の労働者。微妙に生々しい足の質感がうれしくなさを加速させる（正確にはショースと言って、タイツとは別物だが）。

占星術師

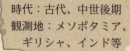

時代：古代、中世後期
観測地：メソポタミア、ギリシャ、インド等

天の学問の双子の片割れ
占いとて侮るなかれ

属性

戦闘 商売 職人 放浪
宗教 賭業 権威 民族

能力

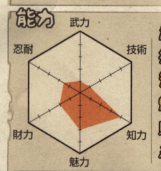

武力：2
技術：2
知力：8
魅力：6
財力：4
忍耐：3

知力8：少なくとも昔は広い教養を持った知識人だった
魅力6：尊敬されたが、支配者からは煙たがられることも
財力4：資料がないのでこんくらい

技能

宿命占星術
天候をランダムに変更させる（コスト40）

占星医学
このスキル保持者は、自他のユニットを回復させたときの効果が半減する

解説

聞くところによれば最近は世界的に星占いが流行っているらしい。もっとも、ここでいう「最近」とはだいたい1930年代から現在までの期間を指すのだが。

さて、今でこそ大いに簡略化されて星占いと称されているが、この占術は、近代以前には占星術と呼ばれた、れっきとした技術であり、学問であった。

古代天文学の大家プトレマイオスが同時に占星術の書をも記していたように、かつては占星術は天文学と密接な関係にあった。天文学はより精密な占星術を実現させるために生まれたという説もあり、だとすれば占星術は天文学の兄とすら言えるかもしれない。

ただし、上記のプトレマイオスはこうも言っている。天文学は紛れもない科学だが、占星術の方は自明性に劣る、「経験的な科学」であると。

そんなプトレマイオスの伏線は約1600年後になって回収された。つまり、17世紀の近代科学に関する論争の中で、占星術はそのふるいにかけられ、最終的に「科学」の座から転落した。一方で弟の天文学の方はというと、天体力学という分野を開拓し近代科学の尖兵と言える存在にまで成長していた。その後は今に至るまで、両者の差は開く一方である。時の流れとは酷なもの。もう、あの頃の二人には戻れない。

占星術の三態 (スキル・知力)

　占星術が生まれたのは古代バビロニアとされているが、そこから占星術は段階を経ながらゆるやかに発展していった。その過程は、細かなバリエーションを敢えて無視して大雑把に分類すると、大体3段階にわけられる。

1：天変占星術

　古代バビロニアには「天の動向が地上の出来事にも影響する」という考えがあった。その発想の延長として、星空の様子から地上全体の吉凶を占う一種の国家事業である「天変占星術」が生まれた。
　ところが、やがて天文学の発達により天体の動向が「計算・予測できる」ものであることが判明すると、この天変占星術は神秘性を失い廃れていく。

「これは凶兆と思われます」「見りゃわかるわ」

2：宿命占星術

時の皇帝が気難しかったり不吉なことがあったりすると、占星術師は自衛のためか姿を隠したという。

　天変占星術の代わりに興ってきたのが、生まれたときの惑星等の位置によってその人の人生を宿命付ける「宿命占星術」である。個人が対象になるので様々な階層にも浸透したが、王侯との結びつきも強かった。特に帝政ローマでは「皇帝となる星の下に生まれた」か否かが重要視されるようになる。中には、生まれた星が原因でクーデターが起きたりといった殺伐とした出来事もあったらしい。

3：時間占星術

　宿命占星術を応用して生まれたのが「時間占星術」だ。これは、ある行為をいつ行えば良い結果が得られるかを占星術的に助言する行為だが、色々な応用・亜流を生んだようだ。ちなみにこの時間占星術、実際の吉凶は厳密な時間に依存したので、外れても事後的な言い訳が容易という利点があったらしい。

占星医学：中世の真っ当な医学は星の様子で瀉血（しゃけつ）の日にちを決めたりと、占星術要素がテンコ盛だった。

戦車競走の予想：レース開始時の星の位置から結果を占う商売もあった。似たようなものは現代にもあるらしい。

他にも建物を建てるのに縁起の良い日付を選ぶ、なんてことも行われた。

占星術師のじっさいのところ (知力・魅力)

　占星術はいいとして、それに従事した占星術師はどうであったか。一言で言えばピンからキリまで色々だったようだ。占星術師に向けられた態度はアンビバレンツなところがあり、批判されたり擁護されたりといった具合だ。

魅力（キリスト教編）
　「星によって宿命が決まる」とする占星術は、全ては神の意志とするキリスト教の理屈とは根本的に相容れなかった。当然厳しく弾圧され、その結果占星術はローマ帝国の西側ではしばらく姿を消すことになる。
　とはいえ現場のレベルだと、例えば司祭も占星術を使ってお祈りの時間を決めたりとか、妥協も割と行われていた。

知力（教養編）
　当時は占星術自体が最新の科学であったし、数学・天文学も修めていたので知力は高い。ローマでは「数字に強い人」と呼ばれていたし、逆に星の運行計算のノウハウのない日本では、占星術が伝わってもすぐに廃れてしまったとか。

魅力（王侯編）
　占星術師は皇帝のお抱えとして暗躍することもあったが、それは同時に世を乱す行為として断罪の対象にもなった。
　市井の占星術師もまた、お上からすれば反乱を扇動しかねない厄介な存在として、しばしば追放処分に遭っている。というわけで、頼られもし、嫌われもした。

知力（機転編）
　占星術師は、外れたときのために色々と工夫を凝らす必要があった。例えば金持ちの顧客と、その使用人に対してあらかじめ別々の予測を伝えておき、どちらに転んでも言い訳ができるよう保険をかけるといった具合である。この辺の生活の知恵は、医者とも通ずるところがある。

　色々言われた占星術師であるが、「星々が地上に影響を与える」という発想自体は長い間素朴に信じられていたし、民衆レベルでは高く尊敬される存在でもあったという。

魔術とカルトと占星術 (魅力)

くらえ、星の力（物理）！

　ゲームの世界ならば、占星術師は星の力を駆使して何か超自然的なわざでも行ったことだろう。しかし現実の占星術師の仕事はあくまで予測であり、能動的に係るにしてもせいぜいが日取りを決める程度である。
　星々の働きに積極的に介入するなら、それは魔術の範疇ということになる。実際、ローマ帝国末期には占星術的手法は魔術にも取り込まれ応用されたのだ。もっともこのために、キリスト教から魔術と同一視され、弾圧の一因にもなったわけだが。

ヴァリャーギ

時代：中世中期
観測地：ビザンツ帝国

神聖なる皇帝を守護するは北の蛮族
北欧のモノノフ、帝都に来たる

解説

　10世紀前後、ヴァイキングと呼ばれる北欧人たちが欧州でブイブイいわせていたことは有名だが、ヴァイキングの項で述べたように、彼らは単なる海賊ではなく、職人であり開拓者であり商人でもあった。その形はともかくとして、彼らは富と栄誉を求めて欧州中を駆け巡り、最終的に西はアメリカ大陸から東はロシアまで、広大な領域にその足跡を刻むことになる。そして、そんな中には南の地にある帝国に辿り着き、そこで傭兵として名を残す変わり種もいた。それが、北欧人からなるビザンツ皇帝親衛隊、つまり本項のヴァリャーギだ。

　ヴァリャーギ（単数形だとヴァリャーグ）とは、いわゆる「ヴァイキング」のロシア語での呼称である。親衛隊を務めたのは「ビザンツ帝国にやってきたロシア出身のスカンジナビア人」といったややこしい出自の人びとだったため、結果的に北欧人（＝ヴァイキング）を意味するロシア語のヴァリャーギがこの職の人びとを指すようになった次第である。

　「粗暴なヴァイキング」が「遠い異国の地」で「忠誠篤き親衛隊」になる。この、いかにも噛み合わない諸要素を一身にまとうあたりがこの人たちの魅力なのだと思う。存外、彼ら自身、そんなロマンを自ら誇っていたりしたのかもしれない。

属性

| 戦闘 | 商売 | 職人 | 放浪 |
| 宗教 | 賭業 | 権威 | 民族 |

能力

武力：9
技術：2
知力：2
魅力：6
財力：7
忍耐：6

武力9：精鋭として名を馳せた
知力2：総じて上流出身だが、知的には見えない
財力7：親衛隊だけあって、並の兵より遥かに高給取り

技能

ドゥライングル
「戦闘」属性を持つユニットに対して魅力に＋2のボーナスを得る

ポウルータスヴァルフ
リーダーユニットが死去した際、2の資金を得る

飛んでコンスタンティノープル（魅力）

北欧とビザンツ。いずれも「中世ヨーロッパ」の枠組みからスルーされがちな地域であるが、ぱっと見ではあまり接点があるように見えない。一体、何故ヴァイキングはわざわざ欧州を縦断してまでビザンツに遠出をし、そして何故皇帝は現地のビザンツ人を差し置いてまでわざわざ北欧人を親衛隊に据えたのか。

スウェーデンからビザンツ帝国に至るルートの例。ビザンツ帝国と言えば「東」の国というイメージが強いが、このルートはどちらかというと「南下」。

まずは規模の差が挙げられる。北欧では都市ですら人口は1000人程度だったのに対し、東ローマとしての矜持を持つビザンツ帝国の帝都コンスタンティノープルは、人口は10万〜40万（統計間で差アリ）。北の「蛮族」にとって帝都は、まさに想像の限界を超えた圧倒的大都会であり夢に見る憧れの地だった。

特にヴァイキング社会の上流階級には、若い頃に一時離郷して傭兵として武名を積むことを良しとする伝統があったらしく、彼らが戦闘経験と富と名誉を得る場所としてビザンツ帝国はうってつけだったわけである。帝都に滞在したというだけでちょっとした羨望を抱かれたし、彼の地で手柄を立てれば成功者として帰郷できたのだ。

一方ビザンツ側からしても、各地で武名を轟かせた北欧人の戦闘能力は魅力的だった。しかし、彼らが親衛隊として格別の地位を与えられたのはその忠誠心によるところも大きい。歴史家の記述によれば、彼らヴァリャーギは皇帝への忠誠を伝統的かつ神聖な美徳としていたそうである。

しかし実際のところは、北欧人が信頼されたというよりは、ビザンツ人が信頼されなかったと表現した方が良いのかもしれない。元々ビザンツという国は内乱が多く、あっちで自称皇帝が立ったかと思えばこっちで将軍が反乱を起こすという有様なのだ。

このような状況では、いつ反乱側に寝返るともわからない付和雷同な現地人よりも、国内事情に疎いがゆえに政治的事情に翻弄されない部外者の方がかえって信用できるというわけである。彼の地では外国人傭兵の使用も珍しくはなかった。

余談：当時の東ローマ

ビザンツ帝国或いは東ローマ帝国。「古代ローマの末裔」という大看板の割に、「なんか東の方にあった、よくわからないけどやられ役の国」程度の認識で済まされることが多い。

しかし、現実には相応の存在感を持っており、少なくとも中世盛期以前であれば西側の田舎に比べて遥かに権威を持つ存在だった。

ちなみに中世と呼ばれる時代、アルプス以北のヨーロッパで人口10万人を越える都市はパリのみで、他は軒並み5万もないといったレベルだった（イタリアにはぽつぽつ10万都市がある）。それと比べると、帝都の人口40万という重みが何となく想像できるのではないだろうか。1000年続いたローマの看板は伊達ではなかったという話。

ファルガノイ
フェルガナ地方に住むトルコ人による傭兵部隊。他にもハザル人の部隊とかもあった。

マグラヴィタイ
イスラム教徒からなる騎兵の傭兵部隊と目されている。ビザンツにはイスラムからの傭兵とかもいたのだ。

このような互いに現実的な事情はあったが、ともあれ北欧の「蛮族」たちは憧れの帝都の親衛隊の座を射止めたのであり、その活躍は多くのサガなどで語られ後代まで北欧人を魅了し続けたのである。

親衛隊の道（スキル・魅力・財力・忍耐）

10世紀末くらいから、ビザンツの地にて「北欧人親衛隊」という図式が固められるようになったようだ。しかし北欧人ならだれでもなれる訳ではなく、この座を得るには多額の金が必要だったらしい。そのため帝都に来た北欧人も、大抵は他の部隊で長年下積みをして資金を貯める必要があった。また、その下積み期間に己の資質を示す必要もあったようだ。

しかし、ひとたび親衛隊の椅子を勝ち取ればそこは成功者の世界だった。皇帝の傍という栄誉に加えて給料も破格。金にして年間2ポンド分の給料を得ていたそうである。「かつてどんな北欧人も、これほどの富を単独で所有したことはなかった」という記述もあるくらいだ。

そんなわけで親衛隊の仕事を全うした北欧人は、仕事で得た財産を手に、晴れて故郷に錦を飾ることができたのである。北欧には「ドゥラリングル」という敬称があったが、この称号は優れた資質を示した遠征者らに捧げられ、その名を刻んだルーン石碑は現在まで数多く残っている。もちろん、仕事柄、そうなる前に殉職することもままあったが。

北海の猛者、南で暴れる（武力・魅力）

かくして親衛隊となったヴァリャーギだが、彼らの仕事は宮廷の警護だけではなく、皇帝の直属軍として戦場で暴れることもあった。戦場においては、彼らは「ここぞという場面で投入されて暴れまわる」という、切り札的な位置付けだったようだ。他にも、劣勢の場面で投入されたとか、最初は傍観していたがいざ戦いに加わると命を惜しまぬ戦いぶりで勝利をもぎ取ったとか、そんな記述が目につく。おそらくは個々人の戦闘能力の高さを軸に据えた、乱戦に強い部隊だったのだろう。

何というか、「荒くれ者のヴァイキング」というステレオタイプとちっとも乖離しないので、こっちが逆に動揺するくらいである。

というわけでヴァリャーギは強力な兵士でもあったのだが、じゃあ具体的な武力の値はどうしようかと言われるとちょっと悩む。この時代故の資料の少なさもあるが、そもそも筆者は軍事方面は得意ではないので各兵士たちの資質を感覚として把握するのが難しいのだ。

とりあえず、ヴァリャーギと同様に傭兵だったノルマン傭兵を「武力8」と想定して、彼らと同格かやや上くらいの記述のあるヴァリャーギさんは「武力9」としてみましたがいかがでしょう先生。ちょっと評価にロマンが入っているかもしれません。

ノルマン傭兵
ヴァリャーギたちと同様にヴァイキングの子孫であり、これまたヴァリャーギたちと同様に傭兵として色んな所で喧嘩しまくって歴史に大いに影響を与えた人たち。

特集！ミカエル・プセルロス『年代記』におけるヴァリャーギとノルマン傭兵の比較

ノルマン傭兵
碧眼
化粧をしていた
一気呵成の速攻が得意
攻撃は激しいが
激情はすぐに収まる

ヴァリャーギ
碧眼
すっぴん
向こう見ずの猛攻が得意
ノルマン人ほど短気じゃないが
戦いぶりは恐れ知らず

斧の戦士（武力・魅力）

ヴァイキングは一般的に斧のイメージとよく結び付けられるが、実際にはそれほど斧一辺倒というわけではなく剣や槍や弓なども必要に応じて使った。ヴァイキングの子孫たる本項のヴァリャーギの場合はどうかというと、彼らはヴァイキング以上に斧と結びついていたようだ。というのも、当時の記述には「斧を持つ衛兵」とか「斧の戦士」とか「闘斧を右肩に担いだ」といった記述が多く、現地の人間にとっても斧がヴァリャーギの代名詞だったことが窺えるのだ。

マント
宮廷内の正装では赤いチュニックに緋色のマントを羽織っていたとか言われる。紺碧色の裂裳を渡していたという記述もあるので、ある程度のバリエーションはあったのだろう。

斧
ヴァリャーギの代名詞。先祖伝来の物を愛用したとされるが、現物は残っていないので正確な形状は不明のようだ。僅かな資料によれば、ハルバードに似ているがより短い……とのことである。

ラメラーアーマー
ビザンツと言ったらこれだこれ！

盾
盾はヴァイキング風の円形盾。ただし、時代が下れば西欧風の凧型のものも使用されたようだ。色はマントと同様に赤だったとする記述もある。

剣
斧に象徴されるヴァリャーギだが、「剣を右肩に吊るした」といった表現もある。一般的なビザンツ衛兵はロムパイアを使っていたそうな。

武装に関して簡単にまとめると、ビザンツの武装と北欧の武装が混ざっていただろうと識者は語る。というのも、彼らは故郷から北欧風の武装を持ち込んだだろうが、これが傷めば当然現地の武器と交換せざるを得ないからだ。

ヴァイキング・スタイル？

ヴァイキングたちは「右手に剣、左手に斧」という二刀流に近いスタイルを取ることもあったらしい。

本来二刀流というのは集団戦には不向きであり、事実、世界史上でもこのスタイルを用いる戦士たちはあんまりいない。そのことを考えると、ヴァイキングやヴァリャーギたちがいかに防御を放棄して攻撃と勇敢さに特化した存在だったかが見えてくるのだ。

極端に柄を短く持つことで手を保護し、防御効果を高めていたとか。「ヒゲ」の長いヴァイキングアックスだからできる芸当でもある。

二刀流の場合は盾は背負うより他ないが、うまく使えば背負うだけでも結構効果があるらしい。これも経験者の談。

蛙の子は蛙か (魅力)

荒くれ者の蛮族は、いかにして高潔な忠誠心に富んだ親衛隊へと変貌したのか？ この謎を追っていく内に、筆者は一つの結論に辿り着いた。つまり、ヴァイキングたち、実は帝都に辿り着いて親衛隊に出世した後も、性格はちっとも変わっていなかったのだ。高潔な親衛隊なんて空想だった。全然変貌してないよ兄さん。

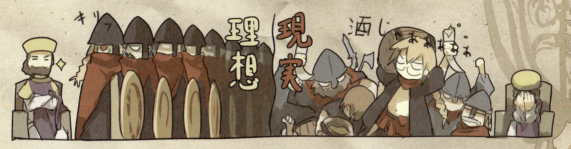

例えば酒。ヴァリャーギの酒好きは有名だったが、それにまつわる醜態も幾つか報告されている。例えば密命を受けたヴァリャーギが、泥酔してこともあろうに敵に密命を喋ってしまったり。故地スウェーデンから遥々ビザンツにやってきた同郷のスウェーデン王に、酒を慎めと説教されたこともあった。よりストレートに、彼らのことを「酒袋」と呼ぶ資料もある。

酒の他にも、彼らはゲルマン民族式の「復讐」の習慣を帝都に持ち込んで血で血を洗う復讐劇を繰り広げたりしていたし、「宮廷内にいる様々な兵の中で、ヴァリャーギが一番傍若無人だった」という証言も残っている。

万事こんな調子で、証言を探せども探せども、彼らがいかに行儀の悪い存在だったかを示す資料しか見つからないのだ。挙句の果てに、ヴァリャーギの名声など「法を無視する殺し屋が、過って褒め称えられただけ」であると一蹴する学者も出てくる始末である。

というわけで結論を述べると、彼らは帝都にあっても蛮族根性丸出しだった。そもそも彼らは現地の言葉は使えなかったらしく、現地の通訳を雇っていた。どうも、神の代理人たる皇帝の側にいようとも、ビザンツの洗練された都市文化に馴染む気はあまりなかったようだ。

親衛隊のお仕事 (魅力・忍耐)

申し訳程度に、彼らの普段の仕事についても語ろう。彼らは親衛隊なので普段は皇帝の側に座したし、皇帝が式典に出るときなどは当然その警護もした。

ところで、彼らのその警護の様子を語る面白い記述がある。それによれば、彼らは交代制で夜通し皇帝の警護にあたっていたが、休むときも完全武装で、盾を布団にし剣を枕にし、更に右手は剣の柄を握ったまま眠りについたという。この記述が野営時のことなのかそれとも普段からこんな調子だったのかはいまいち不明だが、彼らの仕事ぶりが窺える一幕である。

また、もう一つの仕事として、彼らは捕虜の拷問や罪人の四肢切断といった血なまぐさい仕事も任されていた。どうやら現地人がやりたがらないような仕事が彼らに回されたという側面もあるらしい。

このヴァリャーギによる拷問も相応にクオリティが高かったのだろうか、「尋問中にヴァリャーギの姿を見ただけで、恐れをなして白状した」とか、他にもヴァリャーギを見ただけで失神したとかショック死したとかいった逸話も残されている。一体どんな仕事ぶりだったのやら。

王座の守護者 (スキル・魅力・財力)

古代ローマの皇帝親衛隊は、末期においては皇帝の首を挿げ替えるほどの権力を持ったりもしたが、ヴァリャーギは古代の親衛隊に比べると己の任務に忠実だった。

ただ、その忠誠も完璧というわけではなく、ヴァリャーギの歴史の中には、酔っ払って皇帝を暗殺しようとしてしまった事例や、反乱が起きた際に反乱軍側に就くこともあった。

それでもなお、概して言えばヴァリャーギたちは信用ならない現地人に比べれば遥かに信頼できる存在であり、お家騒動においては彼らが一定の影響力を持つこともあった。帝位簒奪を試みる不埒な野望が彼らの威圧によって潰えることもあったようだ。

宮廷における彼らの立場を示唆する慣習に「ポウルータスヴァルフ」というものがある。これは直訳すると「コンスタンティノープルの宮殿略奪」という剣呑な言葉になるが、その実態は、「皇帝の許可を得た上で皇帝の私室を略奪する」という一種の儀式を意味する。また別の資料だと、「皇帝が逝去した際に、宝物庫に入って両手で掴んだ分だけの財物を持ち帰る」という慣習のことだとされている。

要するに、皇帝の私室なり宝物庫なり、本来は立入りが到底許されないような宮殿の深部を略奪させるくらい、皇帝から深い信頼を得ているよということを象徴的に表した慣習なのだろう。何だかんだ言って、皇帝からの信頼は相当のものだったようだ。いや、現地人がよほど信頼されなかったと言うべきか。

公人朝夕人（くにんちょうじゃくにん）

別名：便器番
時代：鎌倉～江戸時代
観測地：京都、フランス

> 朝も晩も貴方のために
> 貴人の「御用」は我がサポート

属性

| 戦闘 | 商売 | 職人 | 放浪 |
| 宗教 | 賭業 | 権威 | 民族 |

能力

武力：2
技術：1
知力：2
魅力：7
財力：4
忍耐：5

魅力7：昇殿、御目見、脇差帯刀が許された
財力4：10人扶持。西洋では年収700リーブル
忍耐5：少なくとも私はやりたくない

解説

「公人（くにん）」とは、朝廷や幕府、寺院などいわゆる「公」の組織に仕える官吏を意味するが、その範囲は時と場合によって色々である。
「朝夕（ちょうじゃく）」とは、室町幕府の役職の一つで、文字通り朝から晩まで雑務をこなしたとされる。
で、それらを足した公人朝夕人とは何ぞやという話であるが、これは前述「朝夕」にならって江戸時代に置かれた役職。その仕事の内容は、将軍が尿意を催したときに尿筒（しとづつ）を差し出すこと。以上。
……どうもシモに関わる仕事は出落ち感が激しいが、もうちょっと話を続けよう。この公人朝夕人、前身たる室町時代の「朝夕」の頃は小用の手伝い以外の雑用もしていたが、江戸時代に公人朝夕人として再配置されたときには何故か小用専門家になっていた。
また、仕事内容が仕事内容だけに、実態以上に耳目を集めたのか雑学クイズとかでもよく取り上げられるらしい。気持ちはわかる。私も人のことは言えない。

【コメント】同じ職業と言うには少し厳しいですが、欧州版の便器番も取り上げておきました。しかしまさかこんなところでNINJA枠を使うとは。

技能

脇差帯刀
職業ごとの装備可能武器を無視して、「刀」タイプの武器が装備可能になる

大入室
「権威」属性持ちユニットと隣接するとき、魅力に＋2のボーナスを得る

帝の膝元での小用事情（技術）

朝も夕もという名前に反して、実は朝夕人は年がら年中将軍にひっついていたわけではない。そもそも将軍のいる江戸城には厠もある。では一体どこに小用係の需要があったかというと、正装をしての礼式の時……特に将軍が京都の御所に参上するときである。

将軍が宮中の紫宸殿などに参内する際は正装である衣冠束帯のいでたちになるが、この衣冠束帯、礼服だけあって一度着たらそうそう簡単に脱げるものではない。おまけに場所が場所で、時間の掛かる儀礼の参列中ともなれば、例え尿意を催したとしてもホイホイ便所に行くというわけにもいかない。そこで、本項の公人朝夕人が袴の裾からそっと尿筒を差し入れる……と相成るわけである。

尚、公人朝夕人はあくまで将軍の御所参内時専用という極めて限定的な小用役だが、それ以外のケースや将軍以外の大名武士も事情は似たようなものだった。そんなケースでは適当な家臣などに尿筒を持たせて利用していたようである。ただし朝夕人以外の尿筒事情は不明な点も多く、これからの研究の発展が待たれる。

御目見帯刀（スキル・魅力・忍耐）

朝夕人とはどのような立場だったのか。平たく言えば幕府に仕えた下級武士ということになるが、仕事の都合上、本来は御家人には許されない特権を色々と持っていた。将軍に直接拝謁する権利である「御目見」、さらに脇差を帯刀しての拝謁の権利、そして内裏の殿上に昇る権利である「昇殿」など。

では誰がこの仕事に就いたかというと、これははっきりしていて、鎌倉時代から信長秀吉家康を経て江戸時代に至るまで、御家人である土田家という家が延々世襲をしていたそうである。

そら昇殿できんと仕事にならんわな。

が、そもそも将軍が京の御所に行くことなどそんなに多くはない。実際、三代目家光から十四代目家茂までの間、将軍の上洛はない。朝夕人が仕事をしたことが確かなのは、江戸時代の265年間でもごく初期のわずか3回。そのうち幕府の方も朝夕人が一体どんな仕事かわからなくなる始末だった。

そう、朝夕人とは、少なくとも江戸時代以降は実態がほとんどなく書類の上でのみ存在する名誉職だったのだ。もっとも、将軍の下の世話をすることがいかほどの名誉だったかは筆者にはよくわからないが。

西の公人朝夕人（スキル・魅力・財力）

一見珍妙に見える仕事でも、西に東にと見渡せば意外と似たような稼業が見つかるものである。例えば当方の守備範囲である欧州には、綿持ちの騎士などと呼ばれる人が存在した。

便器番
綿持ちの騎士などとも呼ばれた。フランスの王に仕え、二人一組で王の便器である「穴あき椅子（後述）」の管理などを行った。また、王がこの便器に座っている間も側に仕え、王様が用を足し終わった後は尻拭き用の綿であとの処理も行った。この職は他にも「椅子の貴族」「椅子御用の者」「おまる係と綿係」などとも呼ばれたようだが、公で語ることが憚られるような仕事にはだいたい遠回しな異名が沢山つくもんだ。

芳しの穴あき椅子

この仕事を語るなら、欧州（多分、特にフランス）で流行った「穴あき椅子」について説明せねばならないだろう。これは、椅子と「おまる」を足したようなもので、中世末から近代にかけて便器として使用された。この時代は普通のおまるも使用されていたが、それと比べてこの穴あき椅子は上品で使い心地も良い高級品という位置付けだった。

で、王侯貴族の穴あき椅子は金銀ビロードなどで飾り立てられ、大紋章が燦然と輝き、ダマスク織、金泥、日本産砂金石等、あらゆる装飾が惜しみなく投入されたのだった。

大入室

大入室。現地の言葉では「グランド・ザントレ」。やけに仰々しい名前だが、平たく言うと所定の時間に王の寝室に入る権利のこと。王の私室に入るということは重大な栄誉だったのだ。

で、その私室の中でも特にプライベートな時間である排便中に王に近侍することを許されるということは、何よりの王の信頼の証であった。それゆえ綿持ちの騎士の座は、大枚をはたいてでも手に入れる価値のある憧れの職務であり、朝夕人と同様様々な特権を得ることができた。偉い人の下の世話は、西でも東でも栄誉なことだったのだ。

尚、便器を金銀で飾るなんて欧州人はなんて悪趣味なんだと思う向きもあるかもしれないが、あんまり異文化の人びとを笑っちゃいけない。現代日本のハイテクトイレだって、熱意の方向性こそ多少異なるが、向こうの人にしてみれば同じくらい狂った代物である。欧州人が書いたトイレや糞の歴史本を読んでいると、散々欧州のヘンテコな糞便文化を述べたあとで、「でも現代トイレ界における変態はやっぱ日本人だよNE」という結論に落ち着くパターンが妙に多かったりするのだ。

剣士

時代：中世
観測地：欧州

忘れ去られし剣士たち
いま歴史の狭間から蘇らん

解説

　戦国から江戸時代にかけて、剣客・剣豪と呼ばれる人たちが活躍したことは皆ご存じだと思う。では、中世ヨーロッパではどうだっただろうか。中世欧州の剣客をぱっと思い浮かべられる人は少ないだろう。何人も思い浮かべられるとしたら、そいつはきっとその業界の人間だ。
　中世にも、傭兵のような「戦力」ではなく、「武術」でもって生計を立てる者たちは存在した。存在はしたのだが、忘れ去られていた。当の欧州人自身、中世にはまともな剣術や剣客など存在しなかったと長年思っていたらしい。単純に当時の資料が少なかったというのもあるのだが、欧州の場合、近代以降はフェンシングによって剣術の座が上書きされてしまったという事情も存在した。
　最近はその辺の事情も徐々に改善されつつあり、日本においても中世の武術を研究・実践する団体が設立されている。まこと良い世の流れである。ついでにどさくさに紛れて中世の農業を再現するムーブメントでも起こらないかなぁと願っているのだが、こっちは一向に実現される気配がしない。

属性

戦闘　商売　職人　放浪
宗教　賤業　権威　民族

能力

武力：7
技術：7
知力：3
魅力：3
財力：3
忍耐：3

武力7：剣術は武力と技術の両方に分配
魅力3：当初はゴロツキの仕事だったが、後に上昇
財力3：儲かったという話はあんまり

技能

クー・ド・ジャルネ
敵の盾防御を無視した攻撃を行う(コスト15)

フェヒトビュッフ
隣接ユニットが得る経験値が15%増加

剣士のお仕事（武力・技術）

平たく言えば、彼らの仕事は武術の伝授だ。この辺は、日本でも師範が道場で剣術を教える様をイメージすれば割と容易に理解できるだろう。本項における剣士も、基本的に剣術の指導者としてのそれである。

ただ、彼らには他にも需要があった。それがいわゆる決闘裁判。例えば剣士が残した指南書には決闘裁判に関する記述もちらほら登場するし、有名な剣士の中には決闘裁判で審判役を務めた者もいる。また、裁判の際に（公平を期すために）原告被告に訓練の期間が与えられることがあったが、その際の教師役を務めたりもしている。

クー・ド・ジャルネ（スキル・技術）

彼らの技術の一例としてクー・ド・ジャルネと呼ばれる剣技を紹介する。

これは下図のように相手を後ろから回し斬る技だが、剣の裏刃を使うという両刃剣ならではの技である。特に、盾を持ち互いに接近した状況で効果を発揮する。被経験者曰く、達人にケツをやられるとすごく痛いらしい。

しかし、なんだかすごく久々にまともにゲームらしいスキルを紹介したような気がするNE。

地位の向上と没落（魅力）

少なくとも当初、彼ら剣士の社会的地位はそれほど高くはなかった。人に言わせれば、剣術の伝授をしていたのは「ちんぴら」であり、騎士や貴族階級が剣士として活動する例は少数だった。

とはいえ、彼らも決してその地位に甘んじていたわけではない。パトロンを獲得し、その庇護のもとで活動する者もおり、少しずつ社会に認められていった。中世末以降になると組合を結ぶ例も増えてくる。中世においてギルド・兄弟団などの組合を設立するということは、社会的に認められ、社会的な力を持つことを意味した。これによって剣術は真っ当なカルチャーとして認められるようになったわけだ。ここまでくれば一安心だ。

こうして地位を上昇させた剣士たちだったが、彼らの春は長くは続かなかった。時代は既に近代へと突入していたのだ。中世から続く剣術はやがて時代錯誤なものとされ、フェンシングなどの新しい技術へと取って代わられていった。

特にフランス革命により旧体制的なものが排除されたことの影響はでかく、ナポレオンの影響が強かった地域ほど古の剣術の資料が消滅してしまっているんだとか。なもんで、イギリス・ドイツ・イタリアあたりでは中世剣術の研究が進んでいる中、フランスは今日に至っても未だに暗黒時代なのであった。

剣術市場（スキル・魅力・財力）

商業活動としての剣術市場がどの程度成立していたか、は、まだ研究の余地があるらしい。当方もあちこちの識者に聞いて回ったことがあったが、未だに明確な答えには至っていない。本を書いて金を得ていたんじゃないかなという声もあるが、執筆速度と市場規模から考えて、果たして商売として成立し得たかは疑問の余地がある。

彼らの活動の形態もまた不明瞭な点は多い。上述したように近代に入るとギルドも増えてくるが、それ以前はどのような環境でどの程度の数を相手に教えを授けていたのか。初期の剣士はあちこちを放浪したりもしていたが、そのおかげでスパイの容疑をかけられることもあったらしい。どうも、これらの点を考慮すると、専門の剣士による技術の伝授はあまり一般的ではなく、剣士の市場規模は限られたものだったという気もしてくる。

剣士の一人であるタールホッファーの書の挿絵。その解説の解読困難さから、兵法書というよりは「広告」なのではないかという説も提唱されているとか。

目的はともあれ、彼らは「フェヒトビュッフ」と呼ばれる剣術書を多く残した。ドイツ人の本は技術一辺倒で、イギリス人の本はやけにユーモラスだったりするそう。

しかし、だからといって武術の研鑽と継承が行われなかったわけでは決してない。鍵を握るのは老人たちだ。

例えば戦場であれば老兵から、城に詰める騎士や従者であれば、やはり同じ城の先達から技術を教わった。その城固有の技術、なんて代物が開発されることもあったらしい。ランツクネヒトの部隊でも戦力の中核は老兵だったといわれるし、西欧では「老兵には手を出すな」という類の諺は多い。

たとえ制度は整っておらずとも、たとえ資料は残らずとも、彼らは生きるために日々牙を研ぎ、そうして獲得した技術を次の世代に託し繋いでいたのだ。もちろん、資料が残っていればもっと嬉しい。

ランツクネヒト

時代：16世紀前後
観測地：欧州各地
（出身地はほぼドイツ）

傭兵の代名詞 悲しき徒花
欧州全土に咲いて散る

属性

| 戦闘 | 商売 | 職人 | 放浪 |
| 宗教 | 賭業 | 権威 | 民族 |

能力

武力：7
技術：2
知力：2
魅力：2
財力：2
忍耐：5

武力7：大目に見てこのくらい
財力2：稼ぎはすぐに酒に消えた
忍耐5：境遇は劣悪と言えた

技能

突撃手当
3の賃金を消費して、通常の1.5倍の攻撃を行う（コスト30）

兵卒集会
雑兵系ユニットと隣接時に攻撃力+3
ただし、隣接時は一定確率で勝手に行動する

解説

　ランツクネヒト。このへんな横文字は15世紀末頃に誕生したドイツ製の傭兵を指す。中世末〜近世初頭の傭兵の時代に活躍した人たちという位置付けだ。
　ところで中世ヨーロッパという分野は、よく語られる割には不人気だ。中の人が半端な知識で適当な同人誌を書いてもツッコミをあまり受けないのは、ひとえにこの不人気さによるといってよい。
　しかし、そんな中世欧州にあってもこと軍事に限っては、何故かやたらと詳しい人たちがたくさんいるらしい。そしてその人たちは、初学者に駄目出しすることを楽しみとしていると聞く。つまり軍事ユニットを扱うのはリスクが高い。迂闊なことを書けば恐ろしいことになる。
　にも拘らずクネヒトを取り上げるという誘惑から逃れ得なかったのは、彼らが単なる兵士ではない、クネヒトとしか言いようがない何かを持っていたからだ。
　束縛を嫌い己の武器だけを頼りに生きる自由の戦士。中二病的とすら言える過剰なまでの個性。一丸となって武器を構えた時の戦闘力とその裏返しとしての粗暴さ。傭兵という言葉に込められたある種のイメージを余さず体現する彼らは、まさしく傭兵の中の傭兵と言えよう。もちろん、傭兵という言葉の中の、ネガティブなイメージもしっかりと体現しているわけだが。

有能なるクネヒト（武力）

　ランツクネヒトが誕生する以前、傭兵といえばスイスの長槍傭兵だと言われる時代があった。スイスは産業が少ないので傭兵稼業は半ば国策として行われており、その傭兵の強さは折り紙つきだった。
　しかし、常にスイス傭兵が雇えるわけではない。例えばかつてシャルル大胆公の代官が任地で反乱に遭ったことがあった。スイス傭兵を雇って鎮圧しようとしたが、大胆公らは政治的にスイスに対立していたため、雇うに雇えない状況だった。で、代官はスイス傭兵の代替として南西ドイツ辺りから人を雇ってスイス風の長槍部隊を結成することを思いついた。これが後のドイツ人傭兵部隊・ランツクネヒトである。ちなみに鎮圧は失敗して代官は死んだ。

スイス傭兵

獲物
クネヒトは武器としてハルバードとか長槍とか長剣とかを使用した。匕首的な位置付けとして、カッツバルゲルとかいう剣も好んで用いたりした。

ハリネズミ
クネヒトの陣形の一つ。この頃の戦場では、歩兵からなる密集方陣が戦力において、かつての花形の騎兵を凌駕していた。

マスケット兵
銃火器もクネヒトの部隊には取り入れられ、時とともに重要度を増していった。彼らはスイス傭兵に比べて新兵器や新戦術を取り入れる柔軟さを持っていた。

倍給傭兵
クネヒトの中でも優れた武力や高い武具を持つ者は「倍給傭兵」として他と区別され、文字通り通常の倍程度の給料をもらっていた。前線においても彼らは最前線だった。

前陣の雑軍
くじで決められた兵や罪人らの交じった雑軍なんてのも存在したらしい。敵の突撃を食い止めるために本体の前に立ち、大抵は全滅した。

戦場のクネヒトたち

　クネヒトが生まれた当初、スイス傭兵は良き教師でありクネヒトは覚えの良い生徒だった。やがて戦い方を吸収した彼らは戦場で台頭していき、師たるスイス傭兵以上の武功を上げることもあった。そんな有能なるクネヒトであるが、武力はそこそこレベルの「7」とした。というのも彼らの多くは農民層の出身であり専門の訓練もそこまで多く積んだわけでもないので個人的武力はこれ以上は出せんと思うのだ。古参兵とその他では実戦における重みが全然違ったとも言うし、大半のクネヒトは個人ではそこまでではなかったんではなかろうか。隊になってこそのクネヒトだ。

後にクネヒトとスイス傭兵はライバルとして憎悪しあう関係になる。

クネヒト精神と共同体（スキル・武力・魅力）

　幾多の武功を生んだクネヒトではあるが、クネヒトのクネヒトたる所以は、やはりその精神性にこそあると言えよう。結束した兵団、少年めいた連合の秩序、戦友同士の連帯感。雑兵根性とでも言おうか。中隊という彼らの共同体は「家」そのものだった。上述の通り、その多くが農民や都市の下層部出身であった彼らにとって、他に生きていく場所などなかったのだ。そんなわけで彼らは共同体精神を強く持ち、戦場においては一丸となって戦った。
　そんな彼らの共同体精神は「兵卒集会」にも現れている。これは全ての全兵士からなる全体集会で、兵卒らの共同決定権はここで宣言された。もちろん全体的な指揮権は傭兵隊長ら「お上」が握っていたが、この集会もまた兵士の権利を擁護するためにお上の前に立ちはだかった。例えば一部の役職は兵卒集会で兵卒らの選挙によって選ばれたりしているし、給料の支払いが滞った時には隊長に反旗を翻すこともあった。

兵卒の団結は、隊長の側からすると頭痛の種でもあった。

　また特に当初は戦術的な都合もあり、貴族や騎士たちが馬から降り、兵卒と肩を並べて戦う風景もよく見られた。この手の「戦火の下の平等」的観念もまた、クネヒトたちの自負につながった。他にもスイス傭兵へのライバル心や、けばけばしくてダサい独特の衣装、更には自らをいにしえの騎士修道会（神殿騎士団）の末裔に例える不遜さなど、とにかくこいつらは自意識が過剰なのだ。連帯感・共同体精神に基づくこの溢れんばかりの自意識こそが、クネヒトのアイデンティティであった。

中隊・我らが家

クネヒトの軍団は約300人からなる「中隊」を最小単位として構成されていた。その中隊10個が「連隊」となり、その連隊を幾つか束ねるのが最高司令官たる傭兵隊長だった。

連隊長は自身の連隊に関して、傭兵隊長の干渉すら拒否したといわれており、隊長は自立した指揮権を持っていたようだ。同様に中隊もまた、中隊長による独立した経営体という性格を持っていた。というわけでクネヒト軍の中核であるところの中隊を構成するイカれたメンツを紹介するぜ。

書記官
中隊付きの将校の一つ。村の教師や学僧たちがこれに応募することもあった。

従軍床屋
中隊付きの将校の一つ。外科医の役割を果たすこともあった。その役割は、軍医というよりは衛生兵に近いらしい。

刑吏
死刑執行人や牢番などの役職も軍の維持には必要であったが、大方の予想通りこれらの職は嫌われた。飯も一人だ。

旗手
旗手はれっきとした役職であり戦場の花形だった。この職は軍の象徴として心身ともに高い能力が求められる、中隊長の次に重要な役職だったようだ。またこの職は出世していく上での登竜門でもあったとか。

従軍司祭・牧師・説教師
中隊付きの将校の一つ。プロテスタント、カトリックを問わずこの手の司祭はいたが、粗暴さでは兵士に引けを取らなかったとも言われる。ちなみに司祭と説教師の双方に登録して給料を二重に取ろうとする者もいるらしい。

楽師もいたよ

先導兵
先導兵には、他の中隊の先導兵と一緒に連隊を先導して中隊を宿営地まで連れていく任務があった。また、裁判においては兵士の弁護をしたりもする、兵士の利益代表者でもあった。

軍曹
軍と戦闘の秩序を守らせ、兵をしごくのが彼の仕事だった。また兵士たちの訓練も行なっており、軍に関する知識と経験を要する重要な役職だった。

工兵
道の整備や塹壕掘り、宿営時のゴミの片づけなど各種作業に従事したが、まともな戦闘兵扱いはされなかった。彼らの母体は、兵卒にすらなれない社会の落伍者だったりした。

中隊長
隊を「経営」する中隊の長。道徳を捨ててうまくやりくりすれば非常に儲かる職ではあった。中隊長以上の職は、実質貴族でなければ就けなかった。もちろん一部の例外はあるが。

砲兵
砲兵は特殊な技術を要する専門職であり、魔術師的存在として他の兵たちからはうさん臭がられた。また本人たちも一種のツンフト（ギルド）を組んでおり閉鎖的だった。ちなみに初期の大砲は極めて金のかかる代物だったようで、砲一門を曳くのには60頭程の馬が要り、また40発ほど発射するにも数千万円レベルの経費が掛かったらしい。費用対効果は極めて微妙だ。

連隊長もそうであるが、中隊長は彼の「宮廷」を持つことが許されていたらしい。中隊長付き宮廷という正式な制度が存在したかはどうかは不明であるが、ともあれ中隊長はこのような手下を率いて中隊運営を行なっていたようである。というわけで以下は宮廷の面々の一例である。キャラデザ時間は一人10秒だ。

伝令　　通訳　　料理人　　護衛兵

縁の下の輜重隊（魅力）

　クネヒトに限らず、当時の軍隊を語る上では「輜重隊（じちょうたい）」の存在は欠かせない。これは軍の後ろに勝手に付いてきた商人たちのことであるが、兵士の生活を支えるにはこの手の輜重隊が不可欠だった。当時は食料の支給といった制度は（一部を除いて）なかったのだ。言ってみれば輜重隊は、兵士たちのプライベートを担当する機関だった。
　ちなみに輜重隊の規模は年々拡大し続け、30年戦争末期には軍本体の3倍以上の規模になることもあった。この辺になると最早いしいひさいちの漫画の世界である。

憲兵
輜重隊は立場こそ民間人であったが、もはや輜重隊なき軍など考えられず、実際にはクネヒトの組織に組み込まれていたという。で、その輜重隊管理にあたったのが連隊所属の憲兵や曹長といった役職だった。とはいえそれとは別に輜重隊長なんて職もあったらしく、このへんの指揮系統は複雑である。

酒保商人
輜重隊の中核。飯やら酒やらを兵士に提供した。他にも武具の売買や戦利品の買取など、兵士たちのインフラでありコンビニの役割を果たしていた。

輜重隊のカオスさにまぎれて敵のスパイが忍び込むことも。

娼婦
もちろんと言うか何と言うか、この手の商売人も輜重隊の中にはいた。想像通り、性的には割と奔放だったようで、結果的に彼女らが家族となることもあった。

兵隊の妻子
輜重隊の群れの多くは兵士の家族であったという。彼女らは物資の輸送の他にも縫い物洗濯行商に治療、はたまた略奪の手伝いなど、種々の雑役に従事した。

種々の人々
他にも料理人、手工業者、御者、車力、家畜番、占い師、護符売り、博徒、墓掘り、仕立屋に針子等々様々な人々が軍の後ろを付いてきた。なんだかこのまま町が作れそうな勢いである。

メロデ連
戦争の末期にもなると、除隊兵がメロデ連と呼ばれる略奪集団と化すこともあった。末期にあたる30年戦争の頃は、マロード団という名で、やはり落伍兵らは略奪目当てで兵団の周囲をうろついていた。

命綱を握る酒保商人（財力・忍耐）

　酒保商人は何だかんだ言って独立した商人だったので、目的は軍に対する義務ではなく利潤だった。例えば戦闘が起こると、彼らは戦利品や略奪品を持ち帰った勝者の軍の方に群がったという。逆に負けた軍はというと食料の供給を握る酒保商人に見捨てられ、ますます困窮する羽目になった。
　酒保商人によるボッタクリもまた兵士を悩ませました。周辺の業者とグルになった価格操作を始めとして、カビた穀物や紛い物の酒の販売などが行われていたようだ。本来であればこれを取り締まるはずの憲兵たちも商人たちと結託して懐をこやしていた。いつの世も流通を握る者は強いという話で、結局しわ寄せは全て兵卒に降り掛かってくるのであった。いや、本当のしわ寄せはそのツケを払わされる庶民たちであったが。

傭兵の現実（スキル・魅力・財力・忍耐）

これまでもちらほら触れてきたが、一時代を築いた我らがランツクネヒトとはいえ、その実態は格好良いことばかりではない。これはクネヒトの個性という面もあるが、この時代の傭兵制という仕組みの限界を示すものでもあった。

戦いの現実

クネヒトは傭兵なので行動原理は多くの場合、金である。彼らは突撃の際の「突撃手当」など、困難な任務や戦闘行為そのものに追加報酬を要求したりした。場合によっては払わないとまともに戦いもしない有様だったとか。

また彼らの「仕事」が続くように、意図的に戦争を引き延ばしたり敵方と談合したりする例も存在する。勝とうが負けようが、戦争が続く限りは彼らは給金を得ることができたのだ。それは敵も味方も同じことだった。

平和の現実

クネヒトが最も恐れたものは平和だった。異国の地で軍が解散したとして、彼らには仕事を得るすべもツテもない。当時は除隊兵や廃兵に対する社会保障など皆無。故郷に帰っても爪弾き。クネヒトの中隊で生まれた子供にとっては帰る場所すら存在しなかった。

そんな除隊したクネヒトがならず者集団と合流して略奪に走るのは当然の成り行きだった。黒幕（例えば領土を没収された元侯爵）から依頼されて、組織的な放火を行うようなこともあったらしい。

お金の現実

クネヒトの月給は、最初から最後までほぼ4グルテンだった。これは通常の職人の2倍程度の金額で、額面上は決して悪くない数字だった。しかし、酒保商人による搾取や賭博、あるいは時代が流れるにつれて深刻化した貨幣価値の低下や給料の支払い遅延・現物支給化など、様々な要素が絡みあった結果、貯金ができる兵士などほとんど存在しなかった。彼らは常に飢えており、グリンメルスハウゼンによれば「葡萄酒やビールや肉にありつくことはほとんどなく、リンゴとカビの生えた堅いパンが最上のごちそうであった」という。まともな医療など望むべくもなかった。

クネヒトとは少し離れるが、17～18世紀のスウェーデン軍では戦死者15％に対して病死が75％だったとか。これほど極端でないにしても、クネヒトらの時代でも戦死より病死が多いことは変わらなかったようだ。

うたわれるもの（魅力）

研究者曰く、クネヒトほど歌を作りそれを歌った者はいないそうである。新聞のない当時では、歌が情報共有の手段だったという事情もあるだろうが、前述したクネヒトの自意識が溢れた結果のようにも思える。

クネヒトはまた一方で、うたわれる存在でもあった。誕生初こそ不信の目で見られていたが、その戦果が知られるようになると皆こぞって彼らを新しき兵士として賞賛したという。貴族にとっても、クネヒトやその将校は人気の職の一つとなっていた。

うとまれるもの（魅力）

16世紀も序盤あたりでは絶賛されたクネヒトであったが、時が経つにつれて風向きが変わってきた。1537年、さるシュヴァーベン人は年代記にこう記している。
「マクシミリアンが皇帝だった時、二つの苦難がドイツを襲った。フランス軍とランツクネヒトである」

金のために戦争を求めるその野獣の如き人間性は当初から非難の的であったが、ルター派や人文主義者からの攻撃などもあって段々クネヒトの評判は悪化。上述のように害悪とすらみなされるようになった。

特にクネヒトを高く評価したのは芸術家たちだった。アルブレヒト・デューラーをはじめ幾多の画家たちがクネヒトを英雄として描いた。果てには古代のシーンを描いた絵画にクネヒトを登場させたりもしたそうである。

クネヒトへの賞賛は、のちの時代になっても消滅はしなかった。18世紀のゲーテの作品などに見られるように、ロマン主義的なブームの中でクネヒトたちは幾度となく思い出され、古き良き時代の美徳を備えた騎士として人々の心を捉えたのであった（その際に伝えられるクネヒト像は、実態とはいささか異なっているとはいえ）。

かつてクネヒトは英雄として絵画に描かれたが、そんな絵も批判者にとっては非キリスト教徒の犯罪兵士だとか、旧約聖書に登場するアベルの殺害者カインの子孫だとか、とにかくネガティブな存在に再解釈されたという。

軍税という形で戦争の負担を押し付けられた庶民にとっては戦争を求めさえうらうクネヒトは蛇蝎のごときものだった。またクネヒトの困窮化とそれを原因とする略奪の横行もまた決定的に彼らの評判を下げた。

クネヒト・モード（魅力・財力）

ランツクネヒトの特徴の一つがその精神性であるとすれば、もう一つはそれと分かちがたく結びついたファッションであろう。このダサい服は彼らの自己主張の証であり、日本で言えばいわゆる婆娑羅者や傾奇者のそれに該当する。

クネヒトの服の特徴を一言で言い表せば、布地に入れられた切れ込み、「スリット」である。その起源は、スイス兵が略奪した布を切り刻んだことであるとか、略奪した布の切れ端で衣服に継当をしたことだとか言われるが確たる証拠はない。

帽子もまた、服に合わせて目立つように派手になり巨大化した。しかしさすがに邪魔になったのか、単純な鉄帽子と取り替えられることもあったようだ。

ヒゲもクネヒトらしさの一つ。

切れ込みの間から、布の裏地や下の服の色が顔を出すのが彼らのオシャレ。スリットの入った服は普通の服の2倍ほどの値段になった。手間の問題もあったが、切れ込み周囲は縁取りされておらずほつれやすく、消耗が早かったのだ。

左足（右足とする資料もあり）の腿を露出するのが洒落ているとされた時代もあった。彼らは長槍を使う際にズボンが邪魔になるので、左足の膝上でこれを切断したそうである。そういうことは野郎ではなく女性にやって頂きたい。

巨大な股袋もまたクネヒトには不可欠だった。これはクネヒトと言うよりは時代の流行だが、ともあれ彼らはこうやって男らしさを主張した。

クネヒトの評価が高かった頃は、このクネヒト風のスタイルもまた巷で人気を博した。クネヒトは自らの服装を「貴族のような」服として誇っていたらしい。制服なき時代にあって、この独特の服装がクネヒトとしての自覚と連帯感の醸成に一役買ったとする研究もある。ちなみにクネヒトの評判が地に落ちた後は、この服も「乞食のような服」とされた。流行というやつは時として残酷だ。

ズボンの悪魔

クネヒトのズボンは時と共にぶかぶかになり、しまいには一着つくるのに99エレ（約60メートル）の布地が使われるまでになったという。

ちなみに何故100エレではなく99エレなのかと問われたクネヒトは、「100（フンデルト）は短くてクネヒトっぽくないが、99（ノイヌントノインツィヒ）は長くて格好いいから」だと答えたとか。お前はちょっとひねくれた中学生か。

・ドイツ語とか逆に使いたがる
・汚れてるのを逆に言いたがる
・親に馬鹿にされたがる
・仕事をどこか違う感じを演出したがる

特徴あふれるクネヒトの服装でしたが、これをそのままデザインに取り入れるとどうやってもダサくしかなりません。というわけで奥の手としてドイツの民族衣装「ディアンドル」と中和してダサさを打ち消してみました。偉大なり民族衣装。
あ、ちなみに帽子はラフレシアになっています。クネヒトっぽいでしょ。

ラフレシア　ディアンドル

das Ende der Landsknecht（魅力）

クネヒトの歴史というものは、最初の成長期を除けば、あとはだいたい没落の歴史でもある。どうやら根本的な原因は経済的な没落だったらしい。左のページで触れたようにクネヒトの懐事情はあまり芳しいものではなく、また除隊や負傷の憂き目に遭っても社会的な保証もない。刹那的な日々の中で給料は酒に変わる。

貧すれば鈍するということか、経済的没落と並行して、彼ら固有の精神性もまた失われていった。危険をものともしない冒険家じみた名誉感情は失われ、保身と金のことしか考えないお雇い戦士へと変わってゆく。明日の飯もままならぬクネヒトにとって、貴族と肩を並べて戦った自由な戦士としての矜持などもはや重荷でしかなかったのだ。

一度のぼりし後は落ちるのみ　制服版クネヒト　1500　1600　人生はすべり台で見つけたり

この精神性の退潮は軍団内の立場にも影響を与える。かつて「お上」たる傭兵隊長と熾烈に争い権利を主張した兵卒集会は骨抜きになり、ますます権限を拡大する将校に対して兵卒の自立心は名ばかりのものであった。この頃登場した「制服」もまた、彼らの個性を奪うのに一役買った。

こうしてクネヒトは自身をクネヒトたらしめているそのアイデンティティを失い、唯の戦争の歯車と化してゆくのであった。これは言ってみれば時代の流れでもあった。クネヒトの時代の終焉に続いて傭兵の時代も幕を閉じる。かくしてクネヒトたちはあっけなく時代から忘れ去られていったのだった。

ちなみに先輩のスイス傭兵はもうちょっと長く生き延びた。18世紀末になってもフランス軍はスイス人傭兵を雇っていたし、またスイス人衛兵は高級な衛兵として大貴族の館を守っていたそうな。
バチカンでは昔からの流れで、現在でもスイス人衛兵が町の警護を行なっている。

ベルセルク

時代：中世初期
観測地：北海周辺

オーディンの化身、暴力の司祭
これぞヴァイキングの秘密兵器

解説

　北ヨーロッパ中を暴れ回ったヴァイキングであったが、彼らの強さの秘密は何だったのだろうか。
　考えられるのは彼らの船の機動力を中心とした奇襲や海戦の戦術、尚武の気風によって生み出された戦士たち等。また、単純に体格が優れていたことも当時の年代記には記されている。
　もう一つ付け加えるとしたら、ヴァイキングの精鋭の存在があるだろう。"ベルセルク"。どんな軍隊にも精鋭部隊は付きものだが、狂戦士とも訳されるこの戦士たちは、一般的な精鋭にありがちな高度な訓練や規律とは真反対のベクトルに特化した強さを持っていた。つまり野獣のような凶暴さに全パラメータを振り切ったような連中だった。
　その名前は神話・民話に登場する古ノルド語「berserkr」に由来するが、その解釈は分かれている。後半の「serkr」が「shirt（シャツ）」なのはいいとして、前半の「ber」の部分が「bear（熊）」と「bare（裸）」のどちらに解釈するか、見解が分かれている。
　前者の場合は「熊の毛皮を着た者」、後者の場合は「シャツを剥ぎ取った者」或いは「シャツを着ただけの者」と解される。最近の研究では後者が優勢とも聞く。よって本書はそれに従った。他意はない。

属性

戦闘 商売 職人 放浪
宗教 賤業 権威 **民族**

能力

武力：10
技術：0
知力：1
魅力：7
財力：3
忍耐：5

武力10：まさに狂戦士
技術　0：まさに狂戦士
魅力　7：ヴァイキングの中では敬意を持たれていた

技能

ベニテングダケ
一定時間、技術と知力が「0」になる代わりに攻撃力と防御力を+2する（コスト35）

素肌攻め
防具未装備時、攻撃力+2

ベニテングダケ（スキル・武力）

　神話で語られるベルセルクはオーディンの戦士であり、神の神通力を受けており決して傷付くことはないとされている。神話はともかくとして、もうちょっと信頼できるサガ（北欧の散文文学）の中にもベルセルクに関する描写は存在する。それによれば、歯で敵の頸動脈を噛みちぎったり盾に噛み付いたりと獣のように凶暴に暴れ回り、傷つくこともまるで恐れなかったそうである。

　まさに神話顔負けの野獣っぷりだが、その野獣性の泉源は何なのか。説の一つとしてベニテングダケ等の摂取によるトランス状態が根強く挙げられているが、今のところ定説はない。

ベニテングダケ　ハラタケ目テングダケ科。毒キノコの一種で、幻覚作用などを持つ。一説には、インド神話に出てくる神々の飲料「ソーマ」の材料とも言われる。

THE LAST BERSERK（武力）

　いきなりだが、1066年。イギリスはヨーク郊外のスタンフォード・ブリッジにて、イングランド勢とヴァイキング勢との最終決戦が繰り広げられた。そして、ヴァイキングは負け、ここにヴァイキングの時代は終焉を迎える。

　その最後の戦いの一コマに、ベルセルクの姿があった。イングランド軍の奇襲攻撃を受けてちりぢりになるヴァイキング軍の中、この男は只一人、殿となってスタンフォード・ブリッジに立ちはだかった。

　その武勇がまた伝説じみている。突撃したイングランド兵を斧の一降りで蹴散らし、再び向かってきた第二波も、またもう一降りで叩き潰す。弓の一斉射撃もなんのその。かつて長坂橋を曹操軍から20騎で食い止めた張飛もびっくりの無双ぶりである。

　最終的には橋の下から槍で奇襲を受け、結局このベルセルクも絶命。ヴァイキングと一緒にベルセルクもまた歴史の表舞台から姿を消したが、最後の最後までその強靭さは健在だった。

スタンフォード・ブリッジの死闘

素肌攻め（スキル）

　ベルセルクの語源が「bare shirt」である（異説有り）ように、軽装であるということは、しばしば勇敢さの証となった。38pで取り上げたハイランダーがよく脱いだのもその辺の理屈によるものかもしれない。

　我らが日本にもこのような逸話は残されている。時は戦国、場所は東上野（現群馬県）。有名な武田信玄の息子武田勝頼が敵の膳城を「素肌攻め」で攻め落としたとして評判になっている。ただし、素肌攻めと言っても素っ裸という意味ではなく、甲冑を着けない軽装、という意味である。広辞苑にもその意味が記載されている。

　「素肌」の字義はともかくとして、この手の表現というのは比喩や誇張を含むことが多いため、文字通りに受け止めていいかどうかは慎重にならねばならない。実際、上記のスタンフォード・ブリッジのベルセルクもチェインメイルを着ていたらしいのだ。勿論、「上半身チェインメイル一丁」もそれはそれで捨てがたくはあるが。いや、下着なしだと毛が鎖に挟まってよくないか。

「おやかたさむぁ～」

ヴァイキングとゆかいな仲間たち

　ヴァイキングの派生ジョブはベルセルクだけではない。なにしろ8世紀から11世紀まで四方八方でブイブイ言わせてたので、その分だけローカル版や伝説チックな変り種が存在する。それはともあれ、上級職っていいよね。ジョブツリーって、見てるだけで幸せになれるよね。

ヴァリャーギ	ハスカール	ヴァイキング	ビョルンセルク	ウルフヘズナル	ベルセルク
ビザンツ帝国で親衛隊になったヴァイキングの一派。別項で紹介。	イングランドや北欧部族の家士。騎士の前身とも言われる。	基本職。ここではヴァイキングの中でも、特に戦士を指す。	熊の毛皮を纏った戦士。ビョルンとは、そのまんま熊の意。	狼の毛皮を纏った戦士。ベルセルクと同一視されることもある。	最上級職。鉄塊のような大雑把な剣だって振り回すぞ。

神殿騎士

別名：テンプルナイト
時代：中世
観測地：パレスチナとか

騎士にして修道士、
聖地にて異教徒相手に奮戦す

解説

　ファンタジーの世界を、「騎士団」の存在なしに語ることはできないだろう。適当な言葉の後に「騎士団」の三文字をくっつけりゃ、エリートで保守的、しかして最終的には引き立て役になる団体様が一丁上がりという寸法である。

　ファンタジー世界によくある「騎士団」の概念は、12世紀に成立した各種の宗教騎士団（騎士修道会）に端を発する。宗教騎士団とは、平たく言えば異教徒と戦うための、武器を持った修道士や信心深い騎士たちによる団体である。では、宗教ではない騎士団はどうなのかと言われると、あんまりない。あると言えばあるのだが、独立した組織というよりは、既存の騎士たちによる同盟あるいは名誉組織といった側面が強い。

　というわけで、宗教じゃない方の騎士団は放っておいて宗教騎士団の話にもどろう。宗教騎士団としてはテンプル騎士団、聖ヨハネ騎士団、ドイツ騎士団の三つが有名。他にもこれら騎士修道会を模した組織がイベリア半島で設立されたりしたが、今回は対象外とする。どの団体も時代と共にグダグダになるが、これは歴史のお約束というものなのだろう。

属性

| 戦闘 | 商売 | 職人 | 放浪 |
| 宗教 | 賤業 | 権威 | 民族 |

能力

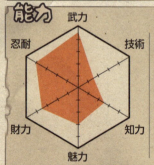

武力：9
技術：3
知力：5
魅力：6
財力：7
忍耐：8

武力9：当時のキリスト教世界では最強の戦士だった
魅力6：時代と共に横柄になり嫌われていった
財力7：少なくとも組織は大量の寄進＋金融業でウハウハ

技能

十字軍
一定時間、味方の全キリスト教徒の攻撃力＋4
（コスト100）

守護
HP半分以下の味方と隣接時、その味方が受けるダメージの半分を肩代わりする

発端：キリスト教徒の守護者（スキル）

12世紀当時、聖地イェルサレムへ巡礼に行くことはキリスト教徒にとってのステイタスだった。が、聖地があるのは遠い地パレスチナ。そこまでの道中は危険がいっぱいだし、そもそも当時イェルサレムはイスラム勢力の支配下にあった。

そのため、イェルサレムへの道中には巡礼者のための救護・宿泊施設が整えられていった。この施設（ホスピス）が後の宗教騎士団の前身となる。

医療系スキルも持たせたかったが、スキル枠数の都合であえなく没に。

十字軍（スキル）

キリスト教勢力による、聖地イェルサレム奪回のための一連の運動を指す。そして宗教騎士団誕生のきっかけ。

第一回十字軍が成功し、イェルサレムを占領してしまった後のこと。占領したはいいものの、十字軍に参加していた諸侯は国元に帰っちゃったので、防衛のための戦力が足りない。そこで引っ張ってこられたのが上述の、巡礼者のための救護施設ホスピスというわけである。時代の需要に合わせてホスピスは軍事色を増強させてゆき、いわゆる宗教騎士団へと変貌。聖地周辺における対イスラム抗争の主戦力となってゆく。

第一回十字軍の中には一般人からなる、「民衆十字軍」と呼ばれる集団もあった。この手の案件は、往々にしてろくな結果にならない。

隠者ピエール
方々で演説を行い、十字軍ブームを加熱させたオッサン。
職業：隠修士
専用スキル：煽動

騎士の蛮勇・修道士の規律（武力・忍耐）

組織力、士気、徹底した規律、練度、そして装備。少なくとも当時の西欧世界では全てにおいて群を抜いた高さを誇っていた。特に上官の命令には絶対服従であり、彼らは決して降伏しないという誓いを立てていた。この辺は他の騎士たちと異なる点である。実際、西欧諸国の兵士から見ても伝説的と言われるほどの強さを発揮した。

そんな神殿騎士たちであるが、弱点もあった。上官の言うことは絶対なため、上が無能だと無謀な作戦を盛大に繰り広げてすぐ死んじゃうのである。特に、上官も騎士なもんだから、名誉とか手柄とかの理屈によって不毛な突撃をすることも珍しくなかったようだ。

神殿騎士たちは、騎士団ごとにそれぞれ固有の衣装を纏っていた。この辺からも、騎士たちが組織化されていることが窺える。

テンプル騎士団	ドイツ騎士団	聖ヨハネ騎士団	聖ヨハネ騎士団（後期）
白地赤十字	白(灰)地黒十字	黒地白十字	赤地白十字

1522年のロードス島の攻防戦でも、聖ヨハネ騎士団はその力を発揮した。騎士600+傭兵・市民兵3000の軍勢で、オスマン帝国軍20万を相手に獅子奮迅。5ヵ月に渡って死闘を演じた。また、その後の移住先であるマルタ島でもオスマン帝国と再戦。これまた執念のような凄まじい抵抗で、今度は雪辱を果たした。

もうとっくに十字軍も宗教騎士団も旬は過ぎていたが、戦闘集団としての意地を見せた一幕。

神殿騎士あれこれ

サーコート＆マント
鎧の上から着る衣服。砂漠で金属鎧がむき出しだと太陽光線で目玉焼き状態になるため、神殿騎士には必須の一品。

チェインメイル

融通の利かなさそうな顔

グレートヘルム
いわゆるバケツヘルム。羽のような兜飾りが取り付けられることもあった。

メイス
男の鈍器。「血を流さない武器」として聖職者に人気。

カイトシールド
「凧」のような形の盾。騎乗に適している。

マムルーク

時代：中世〜近世
観測地：イスラム世界

スルタンの守護者、イスラムの剣
アラブの奴隷は一味違う

属性

| 戦闘 | 商売 | 職人 | 放浪 |
| 宗教 | 賤業 | 権威 | 民族 |

能力

武力：8
技術：7
知力：5
魅力：4
財力：7
忍耐：6

武力8：エリート軍人。特に馬術に秀でていた
知力5：イスラーム教徒としての教育は一通り受けていた
魅力4：資料を読む限りは、あまりよくない

技能

ジハード
一定時間、敵キリスト教徒に対する全ての味方の攻撃力+4（コスト100）

フルシーヤ
騎乗時、攻撃力+2（火器攻撃を除く）

解説

　昔やった中世ファンタジーなゲームで、主人公サイドの人間が現代的人道的視点から奴隷制度を非難するシーンがあってげんなりした記憶がある。ゲームとは言えその世界にゃその世界なりの価値観ってモンがあるわけで、それを踏まえずに現代人の道徳を直結させられても興ざめである（まぁ、奴隷制に反対する声は当時もあるにはあったのだが）。

　さて、はき出してすっきりしたところで奴隷である。アメリカのプランテーションで農場主に鞭で叩かれる心優しい黒人奴隷という図式がステレオタイプだが、イスラーム世界の奴隷は、ちょっと違う。農場で酷使される黒人奴隷はイスラム世界にもいたが、平均すれば概ね正当な一身分として扱われる傾向にあった。これは、イスラム教が奴隷に対して優しくし、奴隷を解放することを善行と定めていた点などからも窺える。

　またイスラム世界の奴隷の特徴として、実力主義な傾向もあった。高度な教育を受けたエリート奴隷とでも言うべき存在も多く、軍人として台頭する非黒人奴隷……つまり本項で扱うマムルークのような例もあった。

　20世紀になって西側からの圧力により、多くのイスラム圏では奴隷は廃止された。さて解放された奴隷のその後はというと、多くは給料を受け取った上で、これまで通りの主人に仕え、これまで通りの仕事をしていたという。

フルシーヤ (スキル・武力・技術)

馬術、と言えば真っ先に思い浮かぶのは騎馬遊牧民だろう (だよね?)。特に高い馬術と弓術の双方を必要とする騎射、馬上射撃は遊牧民の枕詞とすら言えよう。

しかし一方でイスラム勢力も負けてはいない。十字軍の戦闘を紐解くと、ムスリム兵の騎射攻撃に悩まされる十字軍の記述に何度か出くわす。そう、イスラム勢の主力へと台頭したマムルークら奴隷兵たちも、元々はトルコ族・クルド族といった周辺の遊牧民出身だったりするのだ。彼らはアラブ騎士道、もしくはアラブ馬術とも訳される「フルシーヤ」に基づき常に訓練を続け、練度を上げていった。その馬術たるや、かのモンゴル軍にもそうそう引けを取るものではないだろう。

回教奴隷兵千手観音
イスラムの騎士は、あらゆる武器を馬上で使いこなす点を特徴とした。

メイス
西洋の騎士たちだけではなくイスラム側もこれを使用した。いざ敵に接近されると、鉄兜や鉄の鎧にはこれが有効なのだ。

刀剣
湾曲しているものが多い。西洋の「叩き潰す」剣に比べて「斬る」ことを重視しているため、アラブでは手足の保護が発達した、と文献には書いてあったよ。でも、「篭手」を装備したイスラム戦士の絵はほとんど見ねえんだけどなあ。

手綱
両手が武具でふさがっている場合は、手綱は腕に固定させた。卓越した馬術があるからの芸当だろう。

弓矢
騎射こそ卓越した馬術の象徴。一説には2.5秒で5本の弓を放てたとも言われる (さすがにちょっと速すぎじゃなかろうか)。強度を増した複合弓は、十分な射程内では敵の甲冑をも貫いた。

槍
馬の上でのメインウェポンの一つ。馬上二槍流なんてものすら存在する。ゲームでしか見たことないよそんなの。

盾
馬+剣 (or 槍) +盾の組み合わせはイスラム世界では非常にオーソドックスなものだった。盾は円形のものが主に使われた。腕や肩に固定しやすいためだろうか。

無論一人の兵士がこれら全てを使いこなしたわけではないが、「盾を担いで剣を肘に載せたまま馬上で矢を射る」という器用なマムルークの図も残されている。

このように様々な得物を馬上で使いこなしたが、火器だけは積極的に使うことはなかった。前述の騎士道「フルシーヤ」に反するとされていたからだ。

THE・聖戦 (スキル)

「ジハード」として有名な、イスラム勢力拡張のための戦争行為。前項の神殿騎士のスキル「十字軍」と対になるスキルということで引っ張り出してきた次第である。

さてその聖戦であるが、第一回十字軍が襲来した頃はイスラム世界は内紛状態にあり、聖戦の概念もすっかり寂れて忘れ去られていた。

しかし、キリスト教勢力という「外敵」出現により、イスラム世界は再び団結することになる。皮肉にも、「聖戦」を復活させたのは十字軍の存在だった。

支配する奴隷 (魅力・財力)

アイヤール
イスラム世界の無頼の徒。イスラムヤクザ。体制に不満を持つ民衆らと同様、支配階級へと台頭するマムルークらと対立した。

十字軍に比べると戦いぶりも幾分「紳士的」なマムルークたちだが、民衆の評判は必ずしも高くないようだ。

元々マムルークは支配者の個人的な従者を出自の一つとする。見方によっては「権力者の腰巾着」と言えなくもない。

またローマの親衛隊よろしく、こういう私兵が権力を握るとろくなことにならないのはよくある話。宮廷の権力争いに加わったり調子に乗って町で狼藉をはたらく者もいた。また、台頭する過程では「余所者」として警戒されたこともあったようだ。

数と武勇と戦術と (武力)

マムルークと一口に言ってもその歴史は長いが、その戦績は中々なものである。特にマムルーク朝に至ってはあのモンゴル勢すら退けたほどで、軍としての戦力はトップクラスだろう。

…と言いつつも、「武力」の数値が神殿騎士よりも低い「8」なのは何故か。や、筆者も悩んだのだが、マムルークという言葉の適用範囲は比較的広いため、「精鋭・選りすぐり」度合いが神殿騎士とかに比べるとちょっと低いと思うのよね。どうざんしょこの辺。

ちょう大雑把な中世ユーラシア西方頂上決戦の図。イスラム強し。

勿論、実際の戦場では武力と同等以上に戦術と戦略がモノを言うので、これだけで強弱を語れるものではない。

ハセキ (Khassaki)
スルタン直属の精鋭マムルーク。資料は少ないが、こいつなら「武力9」に値するだろうか。

墨家

時代：春秋戦国
観測地：中国

理想に殉ずるはもうひとつの侠か
その生き様は蟻にも似て

解説

　墨家。中国の春秋戦国時代にあらわれた諸学派、いわゆる「諸子百家」の一つであり、戦国末期には孔子を始祖とする儒家と二分する勢力を持っていた学派である。
　その有り様はある意味において個性とロマンのかたまりと言えなくもない。また、その独特さは思想にも顕著に表れている。特に有名なのは、すべての人々を分け隔てなく愛すべきとする「兼愛」、他国への侵略を否定する「非攻」などの主張だろう。
　また、集団としての墨家集団もまた、ほかの諸学派とは一線を画している。彼らは指導者のもとで集団として活動していたが、これがまた極めて強固な連帯感で結ばれた岩の如き集団だということでよく知られている。彼らは思想・学問集団であると同時に軍事集団でもあった。実学と実践を重んずる彼らが実際に城郭の防衛に従事したことは、創作物などでもよく知られるところである。この辺は後で詳述する。
　極端な思想に先鋭的集団、そして実践。あらゆる面で「唯の思想家とは違うんです」的な個性を主張した彼らだが、秦が天下統一を果たした後に突如として姿を消す。理由は未だ論争の的だが、ともあれ彼らは己の消滅で以ってロマンを完遂したのだった。

属性

戦闘　商売　職人　放浪
宗教　賭業　権威　**民族**

能力

武力：7
技術：7
知力：7
魅力：7
財力：1
忍耐：9

武力7：防衛戦に限れば極めてエキスパート
財力1：質素倹約を主張し、そして当然実践もした
忍耐9：艱難辛苦を喜んで甘受するストイックさは有名

技能

墨弁

工学系問題に対し、知力に+1の修正を得る

墨守

防衛戦時に防御力・指揮力が1.5倍になり侵略時には防御力・指揮力が半減する

116

墨家研究とその受容

　私が本項で最初に述べねばならないことは、墨家そのものよりもまず墨家研究についてだろう。
　中の人は好奇心で、そして何より本書のネタを探すために論説を漁って墨家研究の扉をちょこっと開いて中を覗き見たわけであるが、そこからの眺めは一言で言えばカオスの世界だった。つまり、言ってることが学者によっててんでんばらばらなのである。
　例えば、そう、墨家思想で最も特徴的であろう兼愛についてはどうだ。ある者はこれを弱者救済だ平等思想だと言い、ある者は封建社会を前提にした統治論であると言う。また儒家の唱える「仁」との関係はどうだろう。本質的に仁と同じだ、いやいや仁とは全く異なる概念だ、いやいやそうじゃないよ君たちかつて一度儒学を学んだ墨子は仁の概念を独自に発展させたのでありそれこそが兼愛なのだよと諸説紛々。墨家に関してはいつもだいたいこんな感じで、あらゆる面においてある見解とそれと真反対の見解が並立しているといった具合なのだ。墨家本人は墨色なのに、周囲の論説だけは十人十色とはこれ如何に。

　というわけで本書で述べる墨家像は、素人なりに諸説を検討して「要はつまりこういうことだったんだろう」というところを述べたつもりであるが、学術的正確さを保証するものではない旨を予め言い訳しておく次第である。
　まあ、それを言ったら本書で散々取り扱った中世欧州だって、現地じゃ異説の嵐なのかもしれないが、どのみち日本人で専門の学者でもない我らには知る由もないのであった。

組織としての墨家（知力・忍耐）

　儒家などの他学派とは異なり、墨家たちが整備された独自の学団を組織していたことはよく知られている。彼らの目標は墨子の思想を学びそして世に広めることであるが、なにしろ極端な思想であるがゆえに、目的実現のためには集団として団結せねばならなかったのかもしれない。

墨家集団の組織

　この組織を見ただけでも、墨家集団は単なる私学の徒の寄せ集めではなく、確固たる目的のために団結・協業する結社的性格を持っていたことがよく分かるのではなかろうか。学者の多くもまた、この組織を極めて強固で相当厳しい統制下にあったと形容している。実際、彼らは「墨者の法」という独自の法を持ち、学団内のことに関してはある程度の治外法権さえ持っていたようである。もちろんその適用は厳格極まりないものであった。
　学者によっては、彼らの組織は孔子の学団などではなく、後の太平道・五斗米道教団などの宗教団体と比較するのが妥当とする者もいるくらいである。墨家に宗教的要素がどの程度あるのかはやはり意見が分かれるところだが、確かに墨家のリーダーたる鉅子に心服する団員たちの姿には、宗教的な何かを思わせるものがあるのだろう。

墨家・ジ・オリジン

鉅子（きょし）
墨家の上位職にして墨家集団の指導者。巨子とも書く。文字通り絶対的なる権威と権力とカリスマ性を持って墨家集団の一切を統括していたとされる。「鉅」は金尺の意味で、全ての基準となるものという意味に転用されたとか。

　そんな厳格で苛烈この上ない墨家組織であるが、設立当初からそうだったというわけではないらしい。始祖である墨子の時代はというと、弟子たちはろくに学びもせず背信行為を繰り返して恥じ入る様子もない。そもそも入団する目的からして出世やら何やらとひどく俗物臭のただようものであった。墨子はそんなだらしない弟子たちを教化しようと四苦八苦であったが、中々効果はあがらなかったらしい。
　後にうたわれるような、厳格な組織と鉅子の絶対的権威が成立するのは、二代目鉅子の禽滑釐の時代になってのことだったとか。

墨守～闘う学者たち～（武力・技術・スキル）

　実践を重視する点も墨家の特徴だ。彼らは唯の学問の徒ではなく、あくまで理想の実現を目指す現実的集団でもある。始祖墨子が「非攻」を唱えるのであれば、力づくでもこれを実現させるのが彼らのスタイルだ。

　では、侵略戦争をなくすにはどうすればいいか。他国を侵略しようとする者がいなくなれば侵略戦争もなくなるだろう。もし、戦争において守備側が絶対に勝つと保証されていれば、誰もわざわざ勝てもしない侵略戦争を起こそうとはしないはず。では、守り手の絶対優位を確立するにはどうすればいいか。そりゃ俺たちが頑張って守ればいい。

　というわけで墨家たちはあちこちの弱小国に赴いて、せっせと城郭防衛の手伝いをするのであった。遠回りにも程がある気もするが、極論と屁理屈と実践を旨とする彼らにとっては寧ろ望むところなのだろう。彼らは己の理念をあくまで戦い守りぬくのだ。文字通りの墨守である。

　もちろんやるからには本気だ。思想面はともかくとして、組織と事業から見た場合、墨家は紛れもなく防御集団であったとも言われている。墨家のテキスト「墨子」には防衛戦のノウハウが、陣立てから攻城・防衛兵器、戦時の法や人心掌握まで実に事細かく記されており、それはもはや一種の兵法書とすら言えた。

布幔
「墨子」は、攻城兵器のみならず幾多の防衛兵器にも言及している。これもその一つで、分厚い麻縄で編んだ布を垂らして弓から身を守った。

当時の攻城戦では、攻城兵器の有無が勝敗の鍵を握るようになっていた。

本書の墨家が持ってる得物は「連挺」という、防衛に適したフレイルの一種。死角から攻撃できるぞ。

　さて、ではその墨家たちの実力はいかほどのものだったのだろうか。説話類を見る限り墨家集団が動員できる兵力は精々数百程度であったが、にも拘らずかなりの防衛戦力を有するものと目されていたようでもある。

　彼らが一騎当千の強者揃いだったのかもしれないが、彼らのテキストに記されたノウハウの内容から察するに、単純な戦力というよりは指揮官クラスとして防衛戦を指導したのだろうと思われる。また、彼らは土木や防衛兵器などの技術に精通していた点も大きい。墨子自身工人出身だとする説もあるくらいである（この説は多くの学者に批判されてるが）。

賢者の方便（知力）

　墨家を見ていると、この人たちは現実的なのか非現実的なのか時々わからなくなることがある。理念に燃える理想主義的な集団であるのは確かだが、それを達成するためには手段を問わない老獪な側面も見え隠れする。

　例えば何度も取り上げている「兼愛」の思想。これにしても、愛を天下万民にまで広めようとするのは、そうすることで争いが絶え世が平和に治まるからだという。解釈によっては、安定した社会を実現させるための手段と言えなくもない。実際、兼愛非攻を始めとする十の思想を墨家は主張したが、一方で墨子はこれらの論を相手の国の事情により適切に使い分けろとも言っている。

　そんな感じの話は他にもある。彼らは先祖神であるところの「鬼神」を強く崇拝したが、信仰の堅さの割にはその動機はというと、「信仰したほうがお得だから」と言って弟子たちを教化するための方便に使ったりと、案外と実用主義なのである。あと、他人を教団に勧誘する際にもやっぱり実利を餌に宣伝していたそうである。

　ここで再び「兼愛」の話に戻るが、墨家たちはこの実現困難な主張を実現させるために何をしたかというと、賞罰を導入したのだそうである。ここに、「賞罰でもって愛を強制する」というなんだかよくわからない事態が発生するのであった。そう、彼らにとっては結果こそが重要であって動機や手段の整合性はあまり重要ではなかったのだ。

　非現実的な理想の実現のために、現実を鑑みてあらゆる手段を尽くす……。なんとも形容に困る人たちだが、敢えて言えば「非常識」ということか。

※慈愛の力を使って繰り出す物理攻撃。

殉教的精神に見る墨家と侠（魅力・財力・忍耐）

墨家の個性を示すエピソードとして有名なのは、やはり集団自決の件だろう。平たく説明すると、紀元前の381年、楚王に攻められた、とある領土を守るために墨家たちは楚王の軍勢と戦ったが、衆寡敵せず結局敗退してしまう。で、
- 鉅子「負けた。責任を取って自決しよう」
- 弟子「いやいや大将、僕らが死んだら布教はどうすんですYO？」
- 鉅子「宋にも墨家の一派があるから大丈夫。それにここで死なんと僕らの信用がなくなるじゃないか」
- 弟子「OK。じゃあ僕から死ぬね」

というわけで鉅子以下180余名の墨家たちが皆ことごとく自刎して死んだというエピソードである。

文字通りに己を殺して理想に殉ずる墨家集団のストイックさを簡潔に示すエピソードとしてよく引き合いに出される（というか、むしろこればかり取り上げられる傾向もあるが）。墨家の滅私奉公的態度を示す証言は他にも数多くある。「荘子」でも、ボロをまとって足の毛が擦り切れるほどの重労働に従事しながらもそれこそを墨者の証として誇りにする墨家の姿が描かれているし、そもそも「節用」「非楽」など彼らの教義の中に既にストイックさは刻まれていたのだ。

マゾ最強説

似て非なる人たち

ところで当時の中国には、墨家のようにあっさりと自らの命を投げ出す人たちが他にもいた。遊侠である。自らの命を惜しまぬことを信条とする遊侠にもまた、美学を貫くために自刎したり、親分の死に際して集団で殉死するエピソードが幾つか伝えられている。

そこから想像をたくましくすれば、墨家が身を張って城郭を防御する様は一種の「侠」と言えるのではないか。そんなわけで墨家と任侠を本質的に同じとみなす「墨侠」という概念も世の中には存在したりする。

墨家と任侠の関係についてはこれまた説がわかれているところであるが、「似ているけど同じじゃないよね」というのが実際のところのようだ。中国版任侠であるところの「遊侠」は226pで紹介しているが、「忍耐」の能力値はあえて両極端に設定してみた次第である。

墨家の実学（スキル・知力）

軍事集団であり情熱家であり実践も重視する。そんな様々な顔を持つ墨家の生き様は、その学者としての側面にも影響を与えたようである。

城郭防衛のために兵器製造や土木や冶金などの技術方面に手を出したことは既に述べたが、それとの関係か、彼らは他の学派が興味を示さなかった幾何学などにも手を出していたようだ。また、墨弁と呼ばれる論理学を記したテキストもあり、解読は未だ進んでいないが力学や光学にも触れているらしい。要するに実学が大好きなのだろう。

ところで墨家の幾何学では、「円」とは「その線の任意の点から中心まで引いた直線の距離が等しい線」と定義されている。これは、同時代のアレクサンドリアの大数学者エウクレイデスによる定義（いわゆるユークリッド幾何学だ）にも通ずるものである。

建築や攻城兵器作成に幾何学は必須の知識である

この辺は流石といったところであるが、一方で西洋の偉人に及ばない箇所もある。例えばエウクレイデスは「直角」を2つの円の交点から求めるという、純粋に数学的手法を用いて導き出したが、一方で墨家にとっては直角とは「水面に糸を垂らして作る角度」であった。何というか、土木屋としての経験が見え隠れする発想である。研究者によれば、墨家の不幸は、アレクサンドリアの賢人たちと違って議論を戦わせる相手がいなかったこと、だそうな。

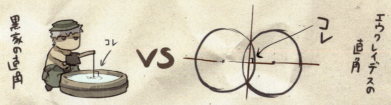

余談だが、後期の墨家は実践を重視しすぎて弁説弁辞が疎かになる傾向があったらしい。その結果、他学派の論難に有効な反論をする力がなくなり、それが衰退の一因となったとする学者もいる。衰退の原因かどうかはともかく、弁説を放ったらかすのは学問集団としてどうなんだという気がしないでもない。

文献紹介コーナー ①

　丁度スペースが余ったので、ここでは本書執筆にあたって参考になった文献を紹介したいと思います。参考文献一覧は巻末につけてありますが、中でも特にお世話になったものを皆々様にも紹介したく思った次第です。
　まァ何と言いますか、悪く言えば他人の仕事の切り貼りで成り立っているような本ですンで、切り貼り元の紹介の一つでもせんと、どうにも後ろめたくて敵わんのですよ。

パリ職業づくし
中世から近代までの庶民生活誌
ポール・ロレンツ（監修）F. クライン＝ルブール（著）北澤真木（訳）/ 論創社 /1998

　まず初めに紹介すべきはこの本でしょう。そもそも本書の大本となった DOUJIN 誌を企画したのはこの本に触発されたのがきっかけなので、そういう意味では諸悪の根源とも言えましょう。実際、本書の同人版の一冊目では、この本を大いに参考にしています。もし一冊目をお持ちの方がいらっしゃれば、この本と比べてみると、いかに私がいい加減な仕事をしていたかがわかろうかと思われます。
　中身について説明すると、近世パリにかつて存在した変わった職業の数々を軽快な語り口で紹介した本です。本書で紹介した傘貸し屋など、多数の職の元ネタです。
　大して歴史に興味のない人間でも、当時の人間の息遣いが聞こえてきそうな描写の数々を前にして、きっと退屈することはないでしょう。歴史が苦手な人間にこそ読んで欲しい一冊です。

中世を旅する人びと
ヨーロッパ庶民生活点描
阿部謹也 / 筑摩書房 /2008

　一発目が近代パリだったので、次は中世ドイツです。日本最強の中世ドイツ研究者として名高い阿部謹也による中世生活史の本。
　阿部謹也の本はどれもおすすめなのですが、本書は特に名なき庶民の暮らしぶりを丹念に伝えており、生活史というものに初めて触れる人には最適かと思われます。
　渡し守や羊飼いなど、職業に的を絞って紹介している箇所もあり、本シリーズでも参考にさせて貰っています。ただ、職業紹介と言っても、上の「パリ職業づくし」やその他の職業紹介本とは異なり、単に職業を紹介するのではなく、職を通じてその背景にある中世という時代を描き出そうとしている点が本書ならではと言えましょう。
　この本を読んだ後で、他の中世生活史関連の本を読めば、個々の情報が互いに結びつき、立体的な理解が得られることでしょう。そしてその暁には新たな中世生活史戦士が誕生するというわけです。すばらしか。

輪切り図鑑 ヨーロッパの城
中世の人々はどのように暮し、どのように敵と戦ったか
スティーヴン・ビースティー（画）リチャード・プラット（文）桐敷真次郎（訳）/ 岩波書店 /1994

　三冊目は打って変わって図鑑……というよりは絵本です。
　ネットで調べるなりして中身をひと目でも見ればわかると思うのですが、中世の城の様子を大判のイラストで解説する本です。しかしただのイラストではなく、「ウォーリーをさがせ！」のように細々とした部分まで緻密でしかも中世要素満載という素敵イラストが延々と続く桃源郷。本書に何度か登場するヴィネットイラストと方向性は似てますが、この本は遥かに緻密で考証に忠実なため、資料性も非常に高いです。
　もうマジ萌える。ちょっと薄いけど世界史の教科書にしたい。いっそのこと教育勅語でもいい。全国の学校と図書館に設置を義務付ける法律をつくろう。
　ただし、薄い割には縦横がでかい大型本（36cm×27cm）なので置き場には注意が必要かも。

５：聖堂とかの風景

　中世を象徴する建物といえば、城でなければ教会でしょう。

　特に中世中期頃までは、教会と修道院は先進文化が生まれる地であり、知識と教養が集う場所でした。そもそも当時の文字文化の大部分は聖職者のものであり、「文字を知っている」とは教会のラテン語に通じていることを指したほどです。ファンタジーものでは、キリスト教的な聖職者は保守的な石頭として描かれることもままありますが、現実のキリスト教会は社会の中枢であり、とても軽んぜられるようなものではありませんでした。

　本書ではそんな豊かな教会文化……というよりは、その端っこの方で活動していた人々を紹介したいと思います。あと、ついでに聖職者じゃないけど聖堂に関わった人とかキリスト教じゃないけど宗教関連の人とかもまとめて紹介しちゃいましょう。

聴罪師

別名：聴罪司祭
時代：中世～近世
観測地：キリスト教圏

貴方の秘密が赦免の対価
罪と赦しの理想と現実

解説

　私は激怒した。
　キリスト教の七つの秘蹟の中の一つであるところの「告解」に関する日本語の資料がちっとも見つからないのである。翻訳ものが1冊見つかったかと思えば、「いろは」をすっ飛ばして神学上の議論を延々述べるような上級者向けの本だったりする具合である。
　ともあれ告解だ。詳しい人でなくとも、懺悔室で司祭もしくは牧師に罪を告白する罪人という構図くらいは映画や漫画なんかで見たことあるのではなかろうか。とはいえ逆に見れば、日本一般において告解はその程度、つまりフィクションの添え物くらいの意味しかないとも言える。
　しかしである。実は中世以降のキリスト教会が人心掌握するうえで、告解という制度は多大な役割を演じており、キリスト教の秘密兵器とすら呼べる存在だったのだ。考えてもみて欲しい。心に秘めて誰にも漏らさないような秘密と罪を、信徒の方から勝手に打ち明けに来てくれるのだ。信徒の内面の掌握と教化において、これ以上強力な武器が他にあるだろうか？
　かくして教会は信徒の心の鍵を手に入れた。そしてその結果、信徒の内面を巡る新たな、そして膨大な諸問題が教会に降り掛かってくるのであった。

属性

戦闘 商売 職人 放浪
宗教 賤業 **権威** 民族

能力

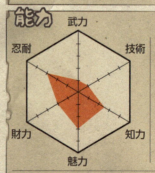

武力：2
技術：2
知力：5
魅力：6
財力：4
忍耐：6

知力5：判断力が求められたが、現実には伴わぬことも
魅力6：畏敬の念は抱かれていたようだ
忍耐6：告解とは、坊主・信徒ともに厄介な問題だった

技能

聴罪規定書
他のユニットを殺害したことのあるユニット1体を3ターン「断食」状態にする（コスト40）

弛緩説
民衆に属すユニットの、精神的な状態異常を治癒する（コスト20）

西欧における告解とその専門家（スキル）

　告解の概念自体は3世紀まで遡るというが、実際に中世の告解の下敷きとなったのは、修道院を中心に行われていた贖罪規定書の文化だ。
　これは、罪を犯した修道士が同僚の修道士にその罪を告白し、規定書の定めに従って罪に応じた罰を課せられる、というものである。非公式な存在ながら、やがては周辺の農民などにも適用され、改宗に大きな効果を持ったという。
　ちなみにその規定書が定める罪と罰のリストであるが、時代とともにやたらと細かく厳しく、かつマニアックになっていった。例えば自慰に対しては10日間の断食の罰、獣姦は1年のうち定められた期間に断食する罰を7年間、男色はそれを10年間、だそうな。
　で、外面的な贖罪規定の文化は、やがて内面的な告解＝告白の文化へと変わっていく。特に1215年の第四次ラテラノ公会議において、信徒は1年に一度告解すべしと義務付けられて以来、告解は全てのカトリック信徒に関わる問題となった。
　かくして広く普及した告解を実践するのが本項の主人公、聴罪師である。実際には教区の主任司祭が聴罪司祭を兼ねることが多かったというので、厳密には独立した職種というよりは、司祭の役割の一つと言ったほうがいいかもしれない。とはいえ告解文化の広がりとともに聴罪の専門家とも言える人びとも登場した。近代になると王や富裕層が個人用の聴罪司祭を置くこともあったようだ。王の相談役となった彼らは宮廷で多大な影響力を持つに至ったとか。

告解の理想と現実（知力・財力・忍耐）

　告解は、形式的には次のような手順で進行する。①まず信徒は己の罪を悔い、②そのことを司祭に告白する。③次に司祭は罪に応じた贖罪を信徒に課し、④最後に司祭は信徒を赦免し、晴れて彼の罪は赦される。

　が、告解の実践を始めた途端、教会は一つの壁にぶちあたる。そう、誰もまじめに告白してくれないのだ。さもあろう。だいたい、何が悲しくて、心の奥深くに秘めたる罪をわざわざ坊主に打ち明けにゃならんのだ。多大な恥辱と苦痛に耐えて告白したとしても、赦しの前には贖罪という名の罰が待っている。
　一方、坊主の側にとっても、上述のような態度の信徒から告白を引き出す作業は重荷であり、報われない退屈な苦行とされていた。
　勿論、教会側も相応の努力は払った。信徒から告白を引き出すための助言を記した手引書も多数上梓されたが、それらの手引書が示す理想の聴罪師像はだいたいどれも一致していた。つまり、聖職者にありがちな高圧的で厳しい態度を棄てて、信徒に対して寛容で、慈愛に満ちており、忍耐深いことが求められた（現実は推して知るべしである）。
　これらの努力の点で最も開明的だった、とある聴罪師の場合、告白に来た信徒を安心させて信頼関係を築くために、逆に「自分の方から信徒に対して己の罪を打ち明ける」ことすらあったという。もっとも、これは当時においては相当にセンセーショナルな、最後の手段とでも言うべきやり方であり、流石にこの手段は彼しか使わなかったようだ。
　尚、その開明的なる聴罪師の名はイエズス会士フランシスコ・ザビエル。実はあいつ、結構すごい奴だったのだ。

弛緩説と厳格主義（スキル・魅力）

　上で述べたような柔和な態度にかぎらず、聴罪師たちは信徒を告解へと向けるために多大な努力と妥協を余儀なくされた。しかしその妥協は知識人たちの間で広範な議論を巻き起こした。

　例えば再犯の可能性がある場合、或いは己の罪に対する悔いが「キリスト教的」ではない場合などに、果たして罪の赦免を与えてよいのか、という問題がある。これらを容認する寛容派は弛緩説と呼ばれ、厳しい態度で望むべきだとする厳格主義と、19世紀に至るまで延々と議論を繰り広げるのであった。
　ちなみに、告解の現場の困難を知る聴罪師は寛容主義になり、現場を知らない頭でっかちほど厳格主義になったそうな。

告解と社会（魅力）

　近代になっても告解制度は存続した。例えば18世紀のパリでは、結婚するには告解の証書が必要だったらしい。そのため、十数年にわたって告解を放ったらかしにしてきた男が結婚間近になって、バツが悪そうに告解室に足を踏み入れる……といったのどかな光景も見られたそうである。

　何だかんだ言って告解はインフラとして機能していたという話。それを支える聴罪師もまた、強制されたものとはいえ、それなりの権威と敬意を持たれていたようだ。

祓魔師（ふつまし）

別名：エクソシスト
時代：古代～現代
観測地：伊など世界中

地域を問わず、時代を問わず。
世に悪霊の種は尽きまじか

解説

　目に見えない悪霊的な存在が人間に悪さをする、という発想は世界中のどこででも見られる。この悪しき存在を退け災厄を回避する行為がいわゆる悪魔祓いであり、それを行うのが祓魔師（ふつまし）だ。日本の狐憑き等を例に上げるまでもなく、信仰というものには多かれ少なかれこういう要素が存在する。

　キリスト教とて例外ではなく、あの宗教にも祓魔師は古代から存在した……というか祓魔師の第一人者はイエスその人だ。キリスト教の祓魔師を特にエクソシストと呼んだりもする。そんな調子なので悪魔祓いも秘蹟に準ずる儀式として教会の正式な儀式に組み込まれた。

　時は飛んで近現代。時代の流れと言おうか、歴史ある悪魔祓いも20世紀になると「時代遅れな中世の遺物」としてほとんど忘れ去られていた。しかし、1973年のアメリカ映画「エクソシスト」のヒットと、祓魔師たち自身の努力の甲斐あって、最近はその数と存在感は回復に向かいつつあるようだ。おかげで中世の遺物と思われていた信仰はにわかに注目を集め、日本語の資料も何冊か手に入るようになった。

　が、そうやって出版された本はどれも現代の祓魔の記述ばかりで、中世の祓魔事情は華麗にスルーされるのが常なのであった。中世の遺物とは何だったのか。

属性

戦闘 商売 職人 放浪
宗教 賭業 権威 民族

能力

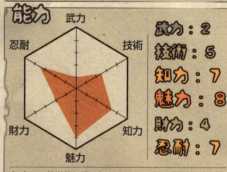

武力：2
技術：5
知力：7
魅力：8
財力：4
忍耐：7

知力7：神学的知識に加えカウンセリング能力も必要
魅力8：高い素質が求められたし、人望厚い者も多い
忍耐7：坊主の苦難と精神科医の苦難を併せ持つ

技能

按手（あんしゅ）
隣接する味方ユニット1体の精神異常を回復する
（コスト15）

悪魔のくびき
邪悪属性ユニットに対して攻撃力+1

キリスト教の悪魔祓い（スキル・知力・技術・忍耐）

例によって本項では欧州の祓魔師を語るわけであるが、悪魔祓いの歴史も平坦ではなく、時代によって流行り廃りがあった。古代末から中世初期にかけての恐怖の時代や、17世紀あたりの魔女狩りの時代には大いに栄えたと言われている。要するに、悪いものが悪魔のせいにされがちな時代にはこの手のものが流行るということだろう。

で、肝心の悪魔祓いだが、その儀式の中心となるのは按手（額に手を当てて行う祈り）と一定のリズムに則った祈祷だ。症状が軽い場合はこれだけで済むこともあるが、重症の場合は患者がトランス状態に陥り、取り憑いた（とされる）悪魔が頭をもたげてくることもある。こうなると尋問をも交えた本格的な悪魔祓いとなる。

悪魔と一問一答を繰り返すうちに悪魔の言動が激しくなり、やがて患者は頂点に至る。その後は患者も平静を取り戻し、後始末を経て典型的な悪魔払いの儀式は終了となる。症状が改善しない場合は長期間に渡って何度も儀式を受けることもある。

……と、これが現代における典型的な悪魔祓いをちょう大雑把に述べたものとなる。ではそれ以前はどうか？ 上で述べたような、現代に至る儀式の次第が整理されたのは17世紀のことであり、それ以前も祈祷と尋問が中心だったものの、その内容は比較的フリーダムだったようだ。キリスト教の聖人譚では聖人による悪魔祓いがよくあるが、敵対する悪魔の方も聖書の文句を引用して反論したりおちょくったりと、妙にコミカルな風景が展開されたりもしている。

中世版の儀式では、聖水のほかに患者を鞭で打ったり牢獄にぶち込んだり塩を口に突っ込んだりと、荒っぽい処置も行われたようだ。祓魔師が断食や苦行をすることもあったが、これは祈祷の一種と考えるといいだろう。

また中世の場合、人ではなく「もの」に対して悪魔祓いをすることもあった。こっちは、日本人的には「お祓い」と表現した方がしっくりくるかもしれない。

ローマ典礼儀式書
悪魔祓いの儀式の次第などが書かれた、祓魔師の教科書のようなもの。17世紀にまとめられ、改定が加えられながらも現代に至るまでほとんど原型を保ったまま使われ続けている。

悪魔祓いの道具（スキル）

前述のとおり、悪魔祓いは時代を経て儀式として洗練されていったので、そこで用いられる道具もお馴染みのものとなっていったようだ。十字架や聖遺物など、聖属性を持ってそうなアイテムはたいてい投入された模様。

聖水
多分もっとも頻繁に用いられたものの一つ。聖職者によって祝福された水で、教会の様々な儀式に用いられる。悪魔祓いの場合、だいたい6世紀頃から聖水が用いられるようになったらしい。

塩
塩もまた聖水と並んで多用された。塩は腐敗から万物を護る効果があり、日本も含むあらゆる場所で魔除けとして用いられた。そもそも塩と水を儀式に用いたのがキリスト教における聖水のはじまりだとも言われている。

灌水棒と灌水器
聖水を散布するさいに用いる棒と、聖水を入れる容器。聖水と聖杯はともかく、灌水棒はあまりファンタジーでも見ない。現代であれば聖水は振りかけたり患者の飲み物に混ぜる程度だが、中世では聖水に患者を浸けるといったことも行われたらしい。洗礼の再現か何かだろう。

キャソック
カトリックの司祭などに平服として用いられている黒い長衣。エクソシスト専用というわけではないが、ローマ典礼儀式書で定められておりエクソシストのおなじみの格好となっている。

頸垂帯（けいすいたい）
ストラ、或いはストール。聖職者が首によくかけているアレ。本書でもキリスト坊主の記号として多用されている。中世には「悪魔のくびき」と呼ばれ、悪魔を拘束する力があるとされていたらしい。現代の悪魔祓いでも儀式の最初に紫色のストラの端を患者の首に掛けることになっている。

エクソシストとその周辺（魅力・忍耐）

　悪魔祓いを廻る歴史を評せば、「微妙」の一言に尽きる。なるほど、初期の教会においては悪魔は非常に存在感を持っており、それを撃退する悪魔祓いはキリスト教の効能の一つとして絶大な威力を持っていたようだ。専門の祓魔師も数は多く、また非常に権威ある存在だったらしい。

　中世になると多少事情が変わってくる。祓魔師の役職は司祭に吸収され、司祭であれば誰でも悪魔祓いができるようになった。また14世紀のとある記述では、「悪魔祓い」という名称ではなく「古代の降霊術ときわめて類似していながら、唯一正当なものと認められていた教会の儀式」という妙に婉曲な表現が使用されている。

　どうやらこの頃には悪魔祓いは公式な権威を失い、存在感も低下していたようだ。祓魔師個人の名声も、人によって様々だ。

　そして現代はどうか。前述のとおりエクソシストは数を増やしつつあるが、その立場は曖昧なままだ。悪魔祓いには医学方面を始めとする批判も常に寄せられており、時代錯誤的であるとして教会内にも反対者は多い。教皇庁の態度としては、「秘蹟として認めるが、あまり脚光を浴びて濫用されても困る」という具合らしい。別の文書では、祓魔師の職階は廃止されたが「そういう名前の聖職者を置くことはさしつかえない」という、やっぱり微妙な距離感だ。

　そもそも、悪魔祓いを正面から論じようとすると、まず「悪魔とは何ぞや」という厄介な問題に行き当たる。バチカンとしては悪魔をあまり過大評価したくないし、かといって無視するわけにもいかない。そもそも識者によればこの2千年間、「もののわかった人々の間で、悪魔とは何であるかについての意見がおよそ一致したことはない」んだという。ので、悪魔祓いについての態度も曖昧になりがちである。

　さよう、悪魔祓いと祓魔師は、その時々において必要とされながらも、公式と非公式の間をふらふらしているという、実にすっきりしない人たちなのだった。

　……と思っていたのだが、本項執筆のために調べ物をしていたら、原稿執筆時の前月（2014年8月）に教皇庁がエクソシストの協会を正式なカトリック団体として認可したというニュースが目に入ったよ。うむ、非公式から公式へと一歩前進したわけであるが、相変わらず彼らの立場は流動的だとも言えそうだ。

批判とそれへの答え（スキル・技術）

　さて、これまで当然のように悪魔祓い悪魔祓いと述べてきたが、この21世紀の世の中でそんな胡散臭い儀式が大手を振ってまかり通っていいのかというツッコミも当然あるだろう。そこで、悪魔祓いの実際のところを少し確認してみよう。

　悪魔祓いに寄せられるツッコミの多くは、悪魔憑きとは精神疾患の一種なのではないかという一点に集約する。

　実のところ、この点は教会の方でも認識しているらしく、悪魔祓いをする前には本当に患者が病気ではないか確認しろと口を酸っぱくして釘を刺している。著名なエクソシストたちも口をそろえて患者のうち95〜98%は肉体か精神の疾患によるものだと言っている。

　逆に悪魔憑きの証拠とされる病状もあり、キリスト教的シンボルへの嫌悪反応とか、本人が知らないはずの言語での発話だとかが該当する。これらの症状が認められると確かな悪魔憑きだとされるわけである。

　とはいえ、批判的な医者に言わせれば、これらの症状もまた現代医学によって説明できるという。それによれば、悪魔憑きとされる患者の病状に一番近いのは解離性障害であり、また患者をトランス状態にする悪魔祓いの儀式は催眠術の一種に相当するという。

　なるほど、前ページで述べた按手の施術は最小限ながら効果的なスキンシップと言えるし、リズムに乗ったラテン語の祈りは患者を陶酔状態へ導く効果があるだろう。何より、悪魔憑きという共有された概念自体が患者に悪魔憑きとしての言動を促す……というのは十分に有り得そうな説明だ。

　というわけで、個人的には「まァ多分、実際はそんなところなんだろうな」という感じである。勿論、仮に悪魔憑きの病状を全て科学的に説明できたとしても、悪魔祓いを坊主によるインチキとみなすか、或いは伝統的な医療の一つの形とみなすかはそれほど自明な問題ではない。読者諸賢的にはどうだろう？

蚊にさされた所がかゆくて我慢できんと祓魔師に訴えに来る患者もいたそうである。尚、軟膏を塗ったら解決した模様。

祓魔師（スリランカ）
スリランカにおいても、伝統的な悪魔祓いが治療として用いられている。これもまた医学的な理屈で説明できるものであるが、よくよく仔細を見てみれば、周辺住民の信仰をも巻き込んだ結構合理的なシステムだったりするのだ。

トランスの使い手達（魅力・技術）

さて、祓魔師たちは患者を恍惚状態に導く催眠療法の使い手であると仮定しよう。そうすると、以前のページで紹介した、イタリアの魔術師の一種である「ベナンダンティ」との接点が生まれてくる。共通項は「トランス」だ。祓魔師は患者をトランス状態にして治療を施すし、ベナンダンティは自らトランス状態になり人々の依頼を解決したりする。

実は、実際、ベナンダンティが活動したフリウーリ地方では、教会の祓魔師とベナンダンティたちは競合関係にあったのだという。ベナンダンティも祓魔師も共に病を治癒する仕事を行ったわけであるが、「ベナンダンティに治療を依頼したが、要求された金が払えなかったので祓魔師に頼んだ」といった例もある。

さて、ここからトランスという共通項を頼りに、更に話を広げてみよう。キリスト教社会であるところの中世ヨーロッパであるが、調べてみるとこの手の恍惚状態を伴う信仰を持つ人々が、ちらほら見当たるのだ。

祓魔師
本項の職。基本的に相手をトランス状態にさせるが、中には自らトランスに近い状態になる者もいるとか。

幻視者
幻視は神による啓示とされており、幻視者の語る言葉は人々の精神世界にも多少の影響を及ぼした。幻視者の多くは修道女だった。

シャーマン
トランスの能力を使って超自然的なものと交流する力を持つ北アジアの巫覡。ここに挙げたトランスの使い手たちの繋がりは明白ではないが、彼女らを包括するシャーマニズムという概念の大元となった。

霊媒（アルミエ）
ピレネー山脈で確認される幻視者の一種。死者を見、死者と意思疎通をはかることができると地元の住民らに認められていた。

ベナンダンティ
28pで紹介。霊魂と化して悪しき魂と戦ったり、やはり死者と交流をしたりして地元住民の願いを叶えていた。

クレスニキ
スラブ世界におけるシャーマンの一種だが、ヴァンパイアハンターとしての側面も持つ。とはいえ、ここで言うヴァンパイアはベナンダンティの場合の「悪しき魔術師」に比定される。

タルトス
ハンガリーのトランス使い。通常のシャーマンとは異なり、歌や踊り、或いは薬物などの力を一切用いずに深い瞑想状態に入って病の治癒とかができるらしい。

狼憑き
狼憑き自体は広く見られる現象だが、リヴォニアではベナンダンティ同様、収穫を巡って悪魔や魔術師たちと戦ったとされる。

いずれも、公式なキリスト教教義の世界から多かれ少なかれ距離をおいた人たちだ。幻視者はキリスト教徒の範疇だが、彼女らの信仰は異端とみなされる危険が常にあった。また祓魔師も公認と非公認の間をうろうろしていたのは前述のとおりである。一般的にシャーマンは自らがトランス状態に陥るものだが、中には相手をトランス状態にすることで治癒させる形式もあるらしい。また、シャーマンの引き起こすトランス状態とエクソシストが引き起こすトランス状態を同類とみなす識者もいる。だとすると、キリスト教側の存在であるエクソシストもまた、シャーマンの遠い親戚……とは言わないまでも、シャーマンと本質的に同じ信仰の持ち主なのかもしれない。清く正しく美しいキリスト教世界の裏側では、恍惚を旨とするもう一つの信仰が確かに脈打っていたのであった。

もっとも、キリスト教の側の見解としては、神に認められしエクソシズムを異教の迷信的悪魔祓いなんぞと一緒にするなということになるらしいのだが。

著名ふつまし

スペースが微妙に余ったのでキリスト教関連の人物の中で祓魔師としてよく知られる人物を3人ほど挙げてみたよ。それぞれ古代、中世、現代の代表的な祓魔師だ。

もしファンタジー枠があったなら、やはり挙げられるのはプレザンス神父だろうか。

ナザレのイエス
聖書において幾度となくイエスが悪魔を祓っている記述があるため、イエス自身がキリスト教の悪魔祓いの祖とされている。彼のレベルになると、去れと命じただけで悪魔は退散している。

聖ノルベルトゥス
11～12世紀の人物で、プレモントレ修道会の創立者。悪魔祓いの伝説も多数生んだ。前ページで述べた、患者の口に塩を突っ込む療法をやったのもこの人。

カンディド神父
20世紀の最も高名な祓魔師。死後なお高潔な人柄を称える声は多く、聖人認定待ったなしの状態だとか。五十嵐大介の「SARU」にも登場した。あんま似てないけど。

異端審問官

時代：中世〜近代
観測地：南仏〜イタリア。イベリア半島等

黒い伝説、不寛容の伝道師。
気になるあの子も焚刑にしちゃえ

解説

中世ファンタジー世界を舞台にしたシミュレーションRPGであれば、やはり異端審問官の存在は外せないだろう。例を挙げればきりがない。FFTの誇り高き審問官ザルモウをはじめ、レブス（昔そんなゲームがあったのですよ）の審問官カリスたち。あとは……あれ、改めて考えてみると、あんまり、いない？

まあいいや。それはともかく異端審問官である。ゲームに限らずフィクションの世界では、石頭の迫害者として描かれることが多い。ではその実態はというと確かにそういう側面はある。彼らはキリスト教の非主流派を取り締まることなどを仕事としていたが、職務上、時の権力からほぼ不可侵とも言える特権を与えられていた。結果、彼らは暴走し、大いに恐怖されることになる。

とはいえ、異端審問とて無から突如として生まれてきたわけではない。フランスにしろスペインにしろ、元々異端を排斥する動きは民衆の中にこそあり、異端審問はその意志に乗っかる形で形作られてきたという経緯がある。民衆が生み出した不寛容の精神は、やがて彼ら自身に襲いかかってきたというお話でもあるのだ。

〔コメント〕みんな大好き異端審問官。創作物ではキリスト教保守層は大抵否定的に描かれますが、こういう「叩きやすい」存在こそ、慎重に評価せねばならないと考えます。歴史物に限らず、万事において。

属性

戦闘　商売　職人　放浪
宗教　賭業　権威　民族

能力

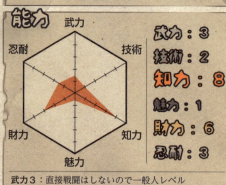

武力：3
技術：2
知力：8
魅力：1
財力：6
忍耐：3

武力3：直接戦闘はしないので一般人レベル
知力8：坊主の中でも特にエリート
魅力1：その暴虐さで後世に名を残した

技能

総説教
周囲24マスにいるキリスト教味方ユニットのHPを回復させる（コスト50）

主の番犬
「権威」属性を持たない相手から攻撃を受ける際、防御力が+3される

総説教（スキル）

異端審問と言えば、焚刑の様子が思い浮かぶかもしれない。
しかし、実は異端者を処刑するのはあくまでも最後の手段。「異端の教えを放棄させ、正統なカトリックに悔悛させる」ことこそが彼らの本来の目的であり、実際、審問官らはそのことに心血を注いでいる。

さて異端審問の手続きは、対象の地域に赴き、正統な教えに回帰するように「説教」を行うことで始まる。この一連の手続きが総説教（セルモン・ジェネラール）だ。その後 告発、尋問、拷問、判決と進み、重度の異端と判断された場合には断罪される。しかし執行の直前まで改宗への説得は続けられ、異端者が改宗すると宣言した場合は（たとえ刑の執行中であっても）処刑は中止される。

このようにあくまで異端者の改宗にこだわり続けた点は、審問官らの名誉のためにも強調していいだろう。彼らも、異端者を処刑することに対して結構悩んでたりするのだ。少なくとも、資料を信じれば。

総説教においては「慈悲の期間」が設けられた。
この期間内に自発的に出頭した者には大幅な減刑が図られた。

主の番犬（スキル・魅力）

異端審問官は、当時の社会の中でも特殊な地位にいた。異端審問所は教皇直属の機関であり、言ってみれば既存の権力の外に存在した。その上、その土地の領主はおろか、地域の教会組織の長である司教ですら彼らの活動を妨げることはできなかった。彼らの背後には常に教皇の権威があったのだ。

異端審問官パーティ
公証人（202p）、死刑執行人（158p）に警護兵などが加わる。これらの一味は「お身内の衆」などと呼ばれた。

つまり彼らは一種の特権身分であるわけだが、そうなると当然、特権を濫用する連中が出てくる。法を無視した審問活動や、財産没収を目当てにした断罪。住民に畏怖を与えるために死者の墓を暴くこともよくあった。

かくしてただでさえ微妙だった周囲との関係はますます悪化。とうとう怒り狂った民衆や貴族が僧院に押し寄せてきて包囲されたり、または町から追放されたり殺害されるといった事件も何度か発生した。このように彼らの力の泉源は教皇の権威を盾にした特権であり、その特権故に嫌われた。そんな彼らは自らを「主の番犬」と自称し、敵対者からは「主の犬」と嘲られたそうな。

ちなみに、世俗勢力に攻撃された後は毎回きっちり報復していたらしい。

審問官気質（知力）

そも、人間としての異端審問官とはどのような性格の持ち主なのか。
恣意的な断罪を行うような横暴さがある一方で、徹底的な手続き主義という側面も窺える。例えば当時、「異端者らは夜な夜な集会を開いて乱交にふけっている」といった噂がまことしやかに語られていたが、審問官らの報告にはそのような話は殆ど出てこない。魔女や噂や誹謗には殆ど興味を示さず、客観的な事実を積み重ねることで罪を暴くというのが彼らのスタンスだったらしい。これは当時としては極めて先進的な考え方とも言える。

総合すれば、情熱と冷徹さがせめぎ合う複雑なパーソナリティの持ち主だったのかもしれない。
で、情熱が勝っちゃった場合は、暴走して断罪しまくるワケだ。

審問官らは膨大な記録を文書に残した。案外、官吏としては理想的な性格なのかも。

黒い伝説 〜スペインの異端審問〜（魅力）

中世末期になると、ヨーロッパの左端、スペインにも異端審問制度が輸入された。が、ここでは他の地域とは違い、教皇ではなく国王に属する機関だった。つまり、根本的に宗教組織ではなく政治的な組織だった。

彼の地の異端審問の横暴さはこれまで述べた話とは比較にならない。被告に不利になるような証言をさせるため、無関係の囚人を拷問して無理矢理証言させる。異端として告発するぞと脅して店の商品をせしめたり、若い娘と○○する。etc. etc. 実際の所、異端審問制度は異端を減らすよりも、むしろ異端者を作り出しているという表現の方がより正確と言えた。迫害のために迫害をする機関。そのためにも、つねにどこかで「敵」が仕立て上げられた。イベリア半島に関して言えば、創作にありがちなテンプレ異端審問官以上と言えるかもしれない。

「異端審問官の手に掛かれば、ペテロもパウロも異端者になっちゃう」などと言われていたが、スペインではそれを地でいく有様だった。

敵対者を貶めるために異端審問所に偽りの密告をする者も後を絶たなかった。かくしてスペインの地は疑心暗鬼と人種差別と偏見と陰謀と弾圧が支配する地となった。このように、異端審問の暗黒面を極限まで拡大したかのようなスペインの異端審問は、新大陸征服などとも併せて「黒い伝説」との渾名を頂戴することになったのだった。

免罪符売り

別名：免償家など
時代：中世後期
観測地：欧州

罪も罰も鎖の音と共に去りぬ。
煉獄の沙汰も金次第

解説

前出「聴罪師」の箇所で、告解について簡単に解説した。罪人が己の罪を悔い、告白し、贖罪することで赦しを得るという4段階からなる秘蹟だ。

これらのステップの3番目の贖罪であるが、その内容も実にキリスト教的で、「断食」や「聖地への巡礼」あるいは「貧者への喜捨」などが代表的なものだった。ただ、最後の喜捨は見方によっては罪と罰の問題を「カネで解決」したと見られなくもない。そして、エジプトのピラミッド用賦役から騎士の軍事奉仕まで、金銭による個人的苦役の代納化は、歴史上あちこちで見られる人類の普遍的傾向でもある。

かくして罪は金で贖われるようになった。教会側も十分にこれを心得ていたようで、十字軍や宗教建築物など、キリスト教的な行いのための寄進もまた貧者への喜捨と同様に贖罪の効果があると謳われた。大聖堂の建設計画が立ち上がると、資金を募るために寄進を呼びかける聖職者が方々に派遣されたという。

やがて贖罪の寄進も制度化され、証書の発行でもって贖罪の完成とされるようになった。それが贖宥状、いわゆる免罪符だ。ここに、教会が生み出した贖罪ビジネスは完成の運びとなるのであった。

属性

戦闘 商売 職人 放浪
宗教 賭業 権威 民族

能力

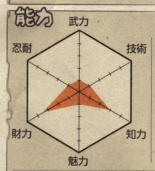

武力：2
技術：2
知力：6
魅力：2
財力：7
忍耐：2

知力6：前期は教養、後期は詐術に優れる
魅力2：末期には詐欺師の代名詞的存在にまで昇格
財力7：結構な大金を動かせたようだ

技能

鍵の権能
距離3マス以内のユニットの「罪」状態を解除し、自身は解除した人数×5の金を得る（コスト70）

二重契約
このスキルを持つユニットを雇用するコストは本来の値の2倍となる

神の恩寵とその堕落（スキル・知力・魅力・財力）

免罪符という言葉に、教会によるインチキというイメージを抱く人も多いだろう。しかし一方で、左のページで述べたように免罪符の大本である贖宥の制度自体はキリスト教会の真っ当な機能の一つである。免罪符即腐敗であると一方的に決め付けるわけにはいかない。

贖宥制度には神学的な根拠も存在する。これは「鍵の権能」と呼ばれるもので、使徒ペテロがイエスから天国への鍵を託されたという聖書の記述に基づいている。天国の門が開かれる（＝神の国に招かれる）ということは、キリスト教的には信徒の罪が赦されることを意味する。そんなわけで鍵を託されたペテロとその後継者たる歴代教皇、そして教皇から許可を得た免罪符売りには、信徒の罪を赦す能力があるとされたのだ。

つまり免罪符売りには単に御札を売りつける売人ではなく、人びとの魂を天国に導く神の使いという側面もあるということになる。実際、初期にこの仕事をこなしていたのはそれなりの地位の聖職者だったようで、下っ端に務まる仕事ではなかったのだ。

天国の鍵のバケツリレー

そんな免罪符売りだが、問題はその後である。真っ当な司牧活動としてスタートした免罪符売りは、すぐに堕落した。免罪符売りはただの集金活動になり、恐喝、偽造、押し売り、越権は当たり前のこととなった。

その流れは中世末になっても止まらず、乱発に次ぐ乱発の結果、免罪符売りは詐欺師の代名詞と化したのであった。護教者マルティン・ルターが糾弾した免罪符、あるいは現代人がイメージする免罪符は、この末期の堕落した免罪符売りに基づくものだ。その腐敗しきった免罪符はルターの攻撃に耐え切れず、宗教改革という大きな歴史のうねりを生み出し、そのうねりの中で免罪符制度自体が消滅した。さよう、免罪符売りとは、一つの救済制度が登場し、堕落し、消滅する歴史でもあったのだ。

偽免罪符売り
本項の免罪符売りとは異なり、こちらは正真正銘の詐欺師。時代が下るとこういう例も増えたらしい。「カンタベリー物語」で有名。

ちなみに免罪符を攻撃したルターであるが、彼が攻撃したのはあくまで腐敗であり、免罪符制度そのものを否定する意図はなかったようだ。彼が気にしたのは免罪符が本人以外の罪を赦すことができるのか、或いは死者の罪を赦すことができるのか、といった事柄である。現代人から見れば些細な点に映るが、しかし上述したように、これは贖宥という、割とキリスト教の根っこにあるトピックに直結する問題であるだけに、当時の人間には見過せる問題ではなかったようである。

神の国の集金人（知力・財力）

専門家なだけあって、免罪符売りたちの集金能力は結構なものだったらしい。地元の司祭が数カ月掛けて集める以上の金額を、本職の免罪符売りがたった1日で集めたという証言もある。具体的な金額となると難しいが、日本円に換算してだいたい数千万〜億程度の金を彼らは年間に動かしていたようだ。

・そもそも私有財産を否定していたはずの修道院があんな豪華な聖堂を建てられたのも、彼ら免罪符売りたちの集金があればこそである。修道院の権力者化や宗教改革など、歴史の要所要所で彼らの集金パワーは影響力を発揮していたのであった。

大聖堂も修道院も、腐敗も改革も

免罪符売りの立場（スキル）

免罪符売りは、司教のもとで活動することもあれば教皇直属のものもあったようだ。教皇の徴税人と(聖堂?)参事会の両者と二重に契約を結ぶこともよくあったらしい。

教皇にしろ司教にしろ、お上のお墨付きを持っているわけで、彼らはそれなりの立場にあったようだ。官服をまとい従者を従え、地元の司祭に説教の聴衆を集めさせたり寝食を用意させたりしていたとか。

他にも、異端審問官にくっついて活動の一環としての贖宥（＆免罪符売り）をやったり、聴罪師を雇ったりと、なんだか聖職系ジョブ揃い踏みといった絵面である。

写本師

別名：写字生など
時代：古代〜近世
観測地：欧州

インテリジェンスの伝道師
偉大なる単純作業に没頭す

解説

　唐突であるが、印刷技術がなかったらこの世界はどうなっていただろうか。世界のことはとんとわからぬが、少なくとも私はこの本を一部一部手描きで描かねばならなかったのは確かだろう。想像するだけで恐ろしい。殺す気か。しかし、それを実際にやらねばならぬ時代も存在した。その気の遠くなりそうな作業を請け負ったのが写本師である。

　西洋では修道会の修道士が写本作業の主な担い手だった。この手の作業と宗教とは相性がいいのか、日本でも寺を中心に写経という形で写本が行われていた。また、時代が下れば俗世にも、商売として写本を営む者もいた。特に大学の付近では写筆業が発達し、一冊を分割して効率的に写筆・貸与販売するペキアシステムなどの技術が開発された。

　そんなわけで知の結晶たる書物の普及に尽力し、欧州の知的水準の向上に貢献した写本師たちであったが、彼らの時代はあるとき終わりを告げる。原因は、言うまでもないだろう。印刷技術だ。

　もちろん、本書も印刷技術で刷られている。同人版の頃はグラフィック社、商業版たる本書は大日本印刷株式会社に世話になった。足を向けては寝られない。

属性

戦闘　商売　職人　放浪
宗教　賤業　権威　民族

能力

武力：1
技術：6
知力：5
魅力：5
財力：2
忍耐：6

技術6：装飾写本は一種の芸術作品でもあった
魅力5：写本は、修道士の神聖なる責務とされていた
忍耐6：延々転記する作業は大いなる苦痛だった

技能

活字
無職になっても知力が低下しない

ドロルリー
隣接ユニットの士気を下げる

132

装飾写本（スキル・技術）

近世以前、1冊1冊写本せねばならない書物とは、大変貴重な存在だった。ものにもよるが、1冊写本するのに大体1年程度掛かったとされる。貴族であっても大抵は聖書1冊しか持っていなかったほどである。

本は財宝であると同時に芸術作品でもあった。そんなわけで書物には内外に豪華な装飾が施されていった。これがいわゆる装飾写本である（豪華な装飾なんかより益々貴重品になっちまうんじゃねえかとも思うが）。

さて、本をデコレートするこの作業。専門の「写本装飾師」が担当することもあったが、写本師が装飾作業を兼ねることもあった。「技術6」の評価はその辺の事情を汲んでのことである。

ちなみに他に訂正係とか製本師、朱筆師なんて役回りもあったようだよ。

装飾文字／留め金／周囲の余白に描かれた装飾と枠／謎の挿絵（ドロルリー）

さて装飾装飾と言うが、実際にはどのような作業なのか。具体的には周囲の余白を宗教的な模様で埋めたり、文字自体を装飾したり、或いはイラストを描き加えるといったものが殆どだ。

しかしイラストの中には、本来の「挿絵」とは一線を画すたぐいのものも存在した。「ドロルリー」と呼ばれるこの種のイラストには、本文とは全く関係のないものが描かれることが往々にしてあった。のだが、その内容は極めて空想に満ちている。互いに浣腸し合う二人の人物、騎士の首をはねるウサギ、脈絡なく挟まれる人面鶏……etc. etc.。装飾的落書きとでも言おうか、実に卑猥でグロテスクな挿絵が多くの写本の紙面に遺されている。どうやら、装飾師は好き勝手に挿絵を挟む権利を持っていたようだ。

さすがに本書で「それ」を再現する度胸はなかった

写本と修道院（魅力・忍耐）

左のページで述べたように、古来、写本作業の主力となったのは修道士たちだった。

この写本という面倒くさい作業に彼らを駆り立てたのは一体なんだったのか。一つは、写本は修道士が為すべき使命とされていたこと。そしてもう一つは、写本によって罪が償われるとされていたことである。ある修道院によれば、「写した文字の数だけあの世で罪が許される」とのことである。大方、修道士たちに写本をさせるために適当にでっち上げた方便だろう。逆に言うと、写筆という作業は罪の贖いに相当すると見なされるほど、苦痛な作業だったということにもなる。

もうちょっと歴史を辿れば、5世紀前後の西ローマ帝国の崩壊まで話は遡る。

当時、異民族の侵入やら何やらで、ローマ帝国の社会基盤はズタボロになりつつあった。

そこで崩壊し掛かった帝国の代わりに、文明の受け皿の役割を担ったのがキリスト教教会である。社会基盤の維持を引き継ぐと同時に、ローマに蓄えられた知を保存すべく、彼らは必死に本を書き写していった。

修道院が写本を担うのも、この辺が根っこにありそうだ。

なんちゃって聖人風

活版印刷と活字（スキル）

活字を並べた組み版を使って印刷をする技術。技術そのものは中国から伝来し、ドイツのグーテンベルクによって完成された。世界史の教科書にも載っているこの画期的技術が、写本の世界を崩壊させたことは言うまでもない。

職を失った後は、習字や算術の手ほどきをして糊口を凌いだという。

また、活字製作という形で印刷業に再就職するケースもあった。活字の型のデザインには何だかんだと言って文字の専門家たる写字生たちの力が必要だったのだ。

デザインコンセプトは「カトリック苦学生」

ダボダボのシャツ／カトリック風どてら／ジャージにサンダル

石工

時代：古代〜近代
観測地：石のある地域

大聖堂の作り手は
職人、芸術家、そして指揮者

属性
戦闘　商売　**職人**　放浪
宗教　賭業　権威　民族

能力

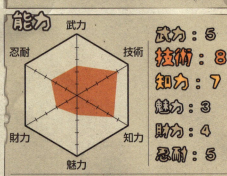

武力：5
技術：8
知力：7
魅力：3
財力：4
忍耐：5

技術8：職人であり、総合芸術家でもあった
知力7：意外とかしこい
魅力3：仕事先では、余所者として警戒されることも

技能

現場の王
一定ターン、「職人」属性を持つ全ての味方の
攻撃力・防御力＋2（コスト65）

幾何学
隣接する建築物の耐久力が毎ターン3回復する

解説

　中世ヨーロッパの建築といえば石だ……と言うと嘘になる。中世も後半になるまでは、都市部でも主流は木造建築だった。14世紀イングランドの国王の事務所では、石を扱う石工24人に対して木を扱う大工は138人もいた。しかし大規模な建物や城壁、城、そして教会関連の建築物は早くから石造りの物が多かった。

　石造建築となると石材加工職人、つまり本項で取り扱う石工の出番になるわけだが、彼らは単に石のブロックを作っていただけではない。当時の建築にありがちな、描くのも嫌になるような細部の装飾を施したのも彼らだった。そう、この手の石造建築は依頼者も金持ちや教会が多いためか、色々と装飾も凝る傾向があったのだ。彼らは彫刻家でもあったのだ。

　数々の世界遺産を始め、今も残る欧州の石造建築の芸術作品。それはまさしく石工らの汗の結晶だった。
　一方、大工らの汗の結晶である木造建築は、あんまり残ってない。焼けちゃったし、そもそも寿命がねぇ。

〔コメント〕石工親方と雑魚石工とでずいぶん能力が異なるので能力値設定には苦労しました。今回は親方側にウェイトを置いたので高めの評価になっています。

現場の王（スキル・知力・魅力）

　中世における殆どの手工業は、親方一人か、多くても数人の徒弟がいれば成立するようなものである。が、何事にも例外はある。その一つが建築だ。大規模な建物となると、多種多様……それも十何種類・数百数千人といった数の職人が必要になってくるわけで、こうなると最早ちょっとした事業だ。とても個々人が勝手に作業を進めるわけにはいかず、事業現場全体を指揮統括する管理者が必要になる。この監督役を担ったのが、ご想像の通り石工と大工の親方だ。

　監督者としての仕事も楽ではない。例えば石材の手配一つ取っても、街、石切場、海外と選択肢は一つではないしそれぞれコストが違ってくる。運搬の際にも川や道の有無などを併せて運搬人の確保も考えねばならない。

　そして当然他にも木材、粘土、煉瓦、鉄材、タイル、etc. etc.。それぞれ材料の確保に輸送、加工、配置のそれぞれの業者をあてがう必要がある。というわけで石工親方には単なる職人であるのみならず、全ての素材に関する知識、先を見通す計画を立案し運用する企画力等々、マネジメントに関するあらゆる能力が求められた。完璧な統制者たることを求めるような規定も残されている。

　見ての通り、通常の職人に求められる能力とは全く異なる能力である。容易に身につくものではないが、これらを備えた親方は最高の職人として称えられた。

「あ、そいつどけちゃって。」
「親方、そいつぁ山ですぜ。」

※地域によっては、建築計画管理のための団体が設立されることもあったらしい

石工の階段上る〜

　石工は熟練度に応じて幾つかの階層に分かれ、それぞれ異なる内容の作業をしていた。資料によって3階層だったり4階層だったりするが、いずれにせよ階層化の必要があったという事実は、建築という仕事の規模の大きさを物語っている。

粗石石工
石を大まかな形に仕上げるお仕事。最下層。

普通の石工
粗石石工の作ったブロックを、より正確な四角に仕上げる。

熟練石工／自由石工
複雑な曲線など、石を自在にあらゆる形状に加工する腕を持つ石工。

石工親方
文字通り親方の石工。職人であるばかりでなく指揮者の能力も持つ。

彫り師／彫刻師
彫刻に特化した石工。熟練石工からの派生ジョブ。

親方は一級建築士（知力・技術）

　石工の親方は監督者であるだけでなく、芸術家であり設計者・建築家でもあった。窓枠の飾りといった細部の装飾も担当の職人の創意に任せるのではなく、親方自身が設計し、指図したらしい。勿論、石だけではなく金属細工や塗装など、他の材料を扱う職人に対しても同様だった。建物全体が、親方の芸術センスに掛かっていたのである。

製図もまた親方に必須の能力だった

幾何学（知力・スキル）

　石工の徒弟は学校に通わされていた。これまで散々述べたように、馬鹿に石工は（意外と）務まらぬ。読み書きを始めとする教養が石工には求められており、幾何学もその一つだった。

　12世紀に「再発見」されたユークリッド幾何学や、十字軍帰りの石工が東方で身につけた知識は、より正確な建築の一助となった。

　直角や水平の実現、そして製図等にこれらの新兵器は活かされた。

建物の基礎を正確に作れることが、親方昇進の条件だった地域もある

犬神人

別名：つるめそ
時代：平安末～江戸期
観測地：京都周辺

祇園の社をキヨメませう
世に言う神賤とは我の事

属性

戦闘 商売 職人 放浪
宗教 賤業 権威 民族

能力

武力：5
技術：5
知力：2
魅力：2
財力：5
忍耐：4

武力5：神社領の警察業務も行った
技術5：後世になると弓や皮革業に携わった
知力2：辛うじて最下層神職だが、仕事は専ら警備など

技能

破却
鎌倉新仏教系の施設に対して+5の攻撃を行う
（コスト35）

六人の棒の衆
「賤業」属性持ちのユニットがこのスキルを保持する時、魅力が+2される

解説

　本書では期せずして中世欧州の賤民を何度か取り上げたが、日本は日本でまた独自の被差別民の歴史がある。
　喜田貞吉によればその大本は社会の落伍者たちであったというが、彼らは後に様々なパターンに分化していく。寺社の庇護下に入って宗教行事の補佐を務める者、掃除などの仕事にあたる者、様々な芸能の道を進む者、屠殺ついでに皮革の加工を営む者、死体処理を行う者、警吏の末端として警察業務に当たる者。
　というふうに、我が国の賤民史は幾多もの流れを生み出し実にややこしいわけであるが、上記の仕事のほぼすべてをカバーするのが本項で扱う犬神人である。
　犬神人とはその名が示す通り、神人（じにん：寺社に仕えた隷属民）の一種であるが、同時に穢れを扱う汚れ仕事をあてがわれた賤民でもあった。また後には芸能や工芸にも従事するようになったりと、実に多くの被差別民的要素を併せ持つ存在である。それゆえ、日本の中世賤業として一職だけ取り上げるならばこいつが最も妥当だろうというのが今さっき考えた採用理由である。本音は名前がかっこよかったからだ。

犬神人はどこからきたの（スキル・魅力）

　犬神人はあちこちの寺社にいたようであるが、今日に伝わる資料のほとんどは祇園社（今の八坂神社）に属す犬神人についてのものである。ので、本項も祇園社の犬神人を中心に述べる。知らないことは語れない。
　彼らの来歴と立場を語る上では2つの前提となるジョブがある。坂非人と神人である。

坂非人
坂の者など、呼称は多数。もともとは貧窮民や流浪の民が街道の坂に集まったもの。乞食や死体処理などの雑多な仕事を請け負った。賤民。

神人
神社に隷属し、行事の補佐をした下級の神職。寺に仕えた場合は寄人とも言った。隷属する反面商売上の特権を持ってたりして、裕福になることも多かった。おおむね非賤民。

　この2つが合わさったもの……つまり、坂非人をその出自としつつ、最下級の神人として祇園社に取り込まれたものが犬神人である。彼らは坂非人由来の死体処理等を請け負うと同時に、祇園社の各種神事の警護なども行った。その社会的立場はというと、そのまま坂非人と神人を足して割った「賤民ではあるけど、その中ではましな方」という具合であったようだ。

祇園祭と棒の衆
祇園祭の際には、彼らは「六人の棒の衆」として神輿を先導する役目を持っていた。こんな風に祇園社の権威のおこぼれを預っていたためか、あまり賤民視はされなかったようでもある。江戸時代になり祇園社が廃れ、社の庇護が期待できなくなった後でも、彼らは別名のつるめそに由来する「つるめさん」の愛称で呼ばれていたという。

支配　支配　支配
坂非人　犬神人　祇園執行　天台座主

犬神人の政治学（魅力）

　犬神人には様々な顔がある。まず第一に彼らは祇園社の手下だが、祇園社は当時は延暦寺の支配下にあったので、犬神人は間接的に延暦寺にも仕えることになる。また、彼らは神人であると同時に坂非人としての側面も相変わらず捨てておらず、「坂」の上級層として坂非人らを統括する立場にもあった。

中世京都学園ドラマ
昔からの顔なじみ、近所の祇園兄貴。彼女は俺のものだと主張する。
やめて私のために争わないで。
妹の坂非人
全てを支配したがる金持ちの天台番長―最近祇園兄貴と疎遠。
延暦番長にちょっかい出したりと暗躍する幕府先生。

　ところが時代が流れると、勤務先の祇園社と親会社の延暦寺の仲が悪化してくる。そうなると親会社延暦寺は祇園社を介さずに直接犬神人を支配下におこうと機関を作ったり色々画策し始める。一方で幕府もまた犬神人を統括しようと企んだ節があるらしい。犬神人、大人気である。
　彼らは坂非人らの上位層であったというし、恐らく各機関とも、犬神人を介して一帯の賤民たちを支配したかったのだろう。

聖と賤のはざまのお仕事（スキル・武力・技術・財力）

　というわけで色んな顔を持つ犬神人であるがゆえに、仕事も色々あった。

葬送
死体処理。坂非人からそのまま継承した仕事。当時は触穢思想のため、偉い人は死骸に触れたがらず、結果的に賤民たちの仕事となった。金になった。

破却
祇園社や親会社である延暦寺が敵対宗派を攻撃する際は、常に犬神人が走狗として駆り出された。僧兵や初期の武士と同様、荘園の実働部隊であった。

手工業
彼らは弓弦づくりや皮革の加工業なども営んだ。弓弦を売る「弦召せ」の呼び声がなまって「つるめそ」のあだ名が生まれたという。

他
所領の清掃、神事の警護、簡単な警察業務、更に後世になって食えなくなると、懸想文を売りまわったり。

西の関連ジョブ

　犬神人に限らず、この手の生活史レベルの事象を東西見比べてみると色々と似たようなものがあって面白いもんです。そりゃ網野善彦と阿部謹也も意気投合するわなってなもんだ。

教会庇護民（ケンスアーレス）
教会の庇護下にある隷属民。立場的には自由を持たない不自由民だったが、教会の傘の下で免税特権などを享受し、土地所有や商業活動で実質的な財を得た。結果的にそこらの自由民より勢力を得ることもあった。

塔守

時代：中世
観測地：ドイツ等

おはようからおやすみまで
塔の頂きより町を見守る守護者

解説

　洋の東西を問わず、中世の世界には危険がいっぱい。それは町中でも同様だった。賊やら戦争やらがいつ襲撃してくるかわかったものではないし、いざこざに巻き込まれて火事になることもある。中世、教会などを除けば多くの建物は木造なので、ひとたび火事が起これば大惨事に繋がった。

　塔守と呼ばれる者の仕事は、そんな危険から町を守ることだった。城の尖塔や教会、あるいは城壁付属の塔に住み着き、眼下の町に危険がないか見張っていた。もちろん、塔自身の警備も行った。

　歴史RTSゲームの名作「エイジ オブ エンパイアⅡ」では、敵から町が襲撃された時、街の鐘を鳴らすことで町人を防衛施設に避難させ臨戦態勢を整えることができる。防戦時には必須の機能だが、あの鐘を鳴らす役割がこの塔守だと言えば、彼の有り難みもわかるのではなかろうか。

　塔守は現在もドイツの一部の塔に存在する。といっても大半は観光用の飾りなのだが。

【コメント】色々悩んだ割にはデザインがうまくいかなかったという、敗北感漂うジョブがこの塔守さんです。この敗北も将来の糧とすることに致しましょう。

属性

| 戦闘 | 商売 | 職人 | 放浪 |
| 宗教 | 賭業 | 権威 | 民族 |

能力

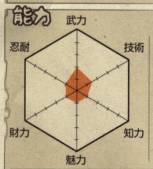

武力：4
技術：3
知力：2
魅力：2
財力：2
忍耐：2

武力4：標準的な警備員程度、或いはそれ以下
技術3：専門的な技能と呼べるものはない
財力2：証言から察するに、お世辞にもリッチではない

技能

警戒の角笛
3ターンの間、味方全体の状態異常・火炎攻撃に対する防御力を+2する（コスト・25）

螺旋階段
防戦時、地形効果が2倍になる

警戒の角笛（スキル）

　左ページでも書いたが、塔守の仕事の一つは町の警備である。危険が迫れば、角笛やトランペット、ベルやランプなどを用いて下界の人々に危機を知らせていた。

　また平和なときには、朝晩に時報代わりのトランペットを吹いたり教会の鐘の時間調整なども行っていたようだ。そんなわけで、ラッパや角笛は彼らの仕事道具、メインウェポンというわけである。

　また周辺の民にとって、塔の灯火は灯台代わりにもなったとされるが、その火を灯すのも彼らの仕事だった。そんな感じで、「塔」というものが持つ社会的役割をまるごと体現するのが彼ら塔守だったのだ。

ドイツのハンブルクでは、平日は朝10時と夜21時、日曜は正午になると四方にトランペットを吹いた。空から少女は降ってこない。

賤業を見たか（魅う）

　仕事内容を見ても忌み嫌われる要素は見あたらないが、どうも賤業の一種と考えられていたらしい。場合によっては捕吏や死刑執行人、夜警、墓掘り人たちと同じカテゴリーに入れられていたりもする。

　放浪楽師が塔守にジョブチェンジしたという事例も存在するので、彼らの出自のために賤民扱いされた、と考えるのが妥当だろうか。

　塔内で寝泊まりしていた例も多く、妻帯もできなかったという側面を考えると、人というよりは塔の機能の一部的な扱いをされていたのかもしれない。

螺旋階段（スキル）

　中世の塔の多くは、時計回りに上る回転になっている。これは、お互い右利きの場合、防御側（＝上にいる側）が有利になるからだ。上る側は利き腕が塔の中央側を向くことになり、武器が中央の柱に引っかかるのだ。

　……と大抵の本には書いてあるが、上る側は外壁に沿って上りゃいいじゃなかろうかと思わないでもない。機会があれば試してみたいね。

塔内には、「塔守のアパート」なるものもあったという。

進め！ 我ら中世警護中年

夜警
角笛とカンテラ、そしてハルベルトがイカす。塔守と近しい存在であり、また塔守同様、現在は観光用の職と化しているとか。

ビーフィーター
イギリスはロンドン塔の警護。赤と黒のユニフォームは格好いいが、多分コレ、近世のデザイン。退役軍人用の名誉職として現存する。

リクトル
ローマの要人護衛兵。先導リクトルとともなるとローマ市民の処刑を執行する権利を有した。楽な割には稼ぎのいい仕事だったらしい。

　本書のなかで何度言ったかもう忘れたが、中世の世界は危険がいっぱい。警護役を担う職業も様々な種類が存在する。

　というわけで、塔守同様警護役ではあるが、2ページにわたって長々と解説するほど資料のない警護の方々を紹介する。うむ、やはり警護はオッサンがよく似合う。

塔守さんあれこれ

塔守セット
これがあれば今日から君も塔守だ！
・角笛：
　「警戒の角笛」の効果が1ターン伸びる
・ランタン：
　夜間に命中率が低下しない
・トランペット：
　使用すると味方の「睡眠」状態を解除
・ハルベルト（オプション）：
　攻撃力+1

　帽子とランタンとヒゲだけは決まってたんですが、それ以外の要素は描き直す度に変わる有様。三度目の描き直しでようやく現在の姿に落ち着きました。

初期塔守さん。　現行の塔守さん。服の三角形は、ドイツやスイスの傭兵が好んだ服の切れ込みを意識。ドイツ繋がりということで。

ドイツ傭兵のランツクネヒトさん。彼らの派手な出で立ちは、死と直面する戦士たちのささやかな娯楽のない偉い人たちからも容認されていた。でも個人的にはこの服ダサいと思う。

クラウスナー
〜 庵を結びて独房に有り 〜

力：■□□□□□□□
技：■■■□□□□□
知：■■■■□□□□
魅：■■■□□□□□
財：■□□□□□□□
耐：■■■■■■□□

クラウスナーとは世捨て人などを意味する言葉で、具体的には禁欲行として庵に篭った修道士を指した。

しかし庵と言っても中国風の牧歌的な庵ではない。その実態は独房への終生監禁と言っても過言ではないくらいで、以後は半分死んだような生活を送るという苛烈なものだった。

そんな過酷な環境に身を投ずるだけに、周囲から敬意を抱かれており、人々の相談役を務めることもあった。また、身内からクラウスナーを出すことは家門の誉れであったとも言う。

そんなクラウスナーだが、教父時代の隠修士に比べれば「まだマシ」だったらしい。恐るべし、隠修士。

ポンティフェクス
〜 大いなる橋渡し 〜

力：■■□□□□□□
技：■■□□□□□□
知：■■■■■□□□
魅：■■■■□□□□
財：■■■□□□□□
耐：■■□□□□□□

直訳すれば、ラテン語で「橋を架ける者」の意。中世もそうだが、古代にとっても川に橋を架けるということは容易ではなく、それができる者は相当な名士に限られていた。ポンティフェクスは、職業というよりはそんな者に捧げられる称号と言った方がいいかもしれない。

やがてこの称号はどんどん意味が大きくなり、ローマの最高神祇官の名前となり、後には教皇や皇帝もこの称号を用いることになった。

先代のローマ教皇ベネディクトゥス16世が取得したツイッターアカウント名もこのPontifexであり、これは現教皇にも引き継がれている。

橋を架けるということは偉大なことなのだという話。物理的にも象徴的にも。

信仰擁護人
〜 聖人工房の事務機関 〜

力：■■□□□□□□
技：■■■□□□□□
知：■■■■■□□□
魅：■■■■□□□□
財：■■■□□□□□
耐：■■■■□□□□

二代前の教皇ヨハネ・パウロ二世が異例の早さで聖人認定されたことが話題になったことがあったが、「聖人」と認定されるには奇跡を二度以上起こしているといった条件が必要になる。これらの条件を満たし、聖人たるに相応しいかを認定するのが信仰擁護人だ。

調査のために彼は神学者たちを招集して議論するわけであるが、その席で奇跡の報告等をあえて懐疑的に検証せねばならない。勿論対象が真に聖人に値するかを見極めるためなのであるが、必然的に聖人候補者を一々あげつらうことになる。そのため彼らは「悪魔の弁護人」と皮肉めいた仇名を頂戴するに至るのだった。

ウェスタの処女
〜 汝の名はローマの炎 〜

力：■□□□□□□□
技：■■■□□□□□
知：■■■■□□□□
魅：■■■■■■■□
財：■■■■□□□□
耐：■■■■□□□□

タレスが「万物は神々に満ちている」と述べたように、古代のローマでは割といろんなものが神として崇拝された。そんなノリだから、ローマには巫女や神官もまた無数にいたが、無数の巫女の中でも特殊な存在だったのがウェスタ神の巫女たちだ。

処女神ウェスタ自身、乱造されたローマの神々と異なり、古の信仰の名残を見せる原初的なかまどの女神だった。やがて彼女は火そのものとしてローマを象徴する存在となったが、中でもウェスタ神殿の祭壇の炎はウェスタの本尊であり、ローマの繁栄を支える根本と考えられた。で、この聖なる炎を絶やさぬために遣わされた6人の巫女が所謂ウェスタの処女。

この貴務に就いた少女は家からは切り離され、神殿で30年間の共同生活を送るようになる。最初の10年で秘技を学び、次の10年で秘技を実践し、最後の10年で秘技を後進に教えるというわけだ。

職業名が示すように、彼女らは務めの30年間は純潔を守らねばならなかった。これを犯すとえげつない方法で処刑された。しかし一方で、聖なる務めに従事する彼女らは多くの特権を得ていた。当時ローマの女性に認められなかった参政権や財産権を持ち、例え政府の高官でも道で彼女らに出会ったら道を譲らねばならなかった。その他、様々な行事でもVIP待遇であり、死刑判決を受けたものを助命する権限すら持ち合わせていた。

この権限に助けられた男の一人にユリウス・カエサルがいる。彼はウェスタの助命によってスッラの粛清を逃れられたのだ。また、彼は遺言状の保管をウェスタ神殿に委託してもいる。カエサル暗殺後もウェスタ神殿は己の権限を駆使してこれを死守。かくしてオクタヴィアヌスはカエサルの後継者と認められ、ローマ帝国初代皇帝となった。

ローマの巫女たちの中にあっても例外的に高い聖性と不可侵性を持つ彼女たち。彼女らがいなければ、その後2千年にわたる全世界の歴史は全く別物になっていたかもしれない。

針刺し師
〜 魔女狩りの風景とろくでなし 〜

力：■□□□□□□
技：■■■□□□□
知：■■□□□□□
魅：■■□□□□□
財：■■□□□□□
耐：■■□□□□□

みんな大好き魔女狩りが全盛期だった頃、サバトに参加した魔女には身体のどこかにアザのような魔女マークが付けられると言われていた。このマークは針で刺しても痛みを感じないものとされ、魔女の動かぬ証拠とされた。で、魔女裁判にあって、被疑者の体を調べてこのマークを探す専門家が生まれた。コイツだ。

彼らは魔女探索の専門家として、スコットランドあたりでは組合も設立された。彼らは稼ぎを得るために、痛みを感じないように細工した針を用いて次々と魔女をでっち上げていったとされている。

麗しの魔女狩り史の裏には、こういう奴もいたという話。

酌取り
〜 宴会でお決まりの役回り、たまには専業と化す 〜

力：■■□□□□□
技：■■□□□□□
知：■■□□□□□
魅：■■■□□□□
財：■■□□□□□
耐：■■□□□□□

歴史関連の資料を開いていると、たまにお酌をする人に関する記述に遭遇することがある。とはいえ突っ込んだ描写はほとんどなく、ほぼすべて、名前だけがさらりと触れられる……といった程度である。そんなつれない態度を取られるとかえって気になるのが人の性である。中世と呼ばれる時代、お酌をする専門家はいたのか、いなかったのか。というわけで調べてみた。ざっと見たところ、多少なりとも職業としての酌取りと呼べそうな人が生息したのは、宮廷世界と飲み屋の世界である。

酌嬢
大正時代の花街には、太鼓持ちや芸者に並んで「お酌」という職種が挙げられている。人数的には太鼓持ち以上芸者以下。

酌童
イスラム圏の宮廷ではサーキーと呼ばれる美少年の酌童を侍らせることがあった。これは同性愛的嗜好に基づくものとされる。

酌取り（宮廷）
陰謀暗殺が渦巻く宮廷にあって、酌を任せるというのは王の信頼の証であり、選ばれし者のみが就ける高い位だったとか。

全体として、職業というよりは立場や役回りと言った方がよさそうな感じである。通常は小姓等が酌取りを務めたというから、その辺は現代と同じだろう。

ウィッピングボーイ
〜 最もノーブルでしょうもない生贄 〜

力：■■■□□□□
技：■■□□□□□
知：■■□□□□□
魅：■■□□□□□
財：■■□□□□□
耐：■■■□□□□

かつてのイギリス王室でも、王子が他の者と共に教育を受けることがあった。王子とて子供なので悪さをすることもある。が、王権神授説が流行っていた当時にあって、神の代理人たる王の子を罰することができるのは、王本人のみとされていた。それ故、王子が粗相をした際には、王子本人の代わりに別人が鞭で打たれることになっていた。それが本項の whipping boy である。

……と、こう書くと非人道的な王子が奴隷に罰を身代わりさせたようにも見えるが、実情は少し違っていた。このウィッピングボーイを務めたのは王子と共に育った上流階級の少年であり、王子にとってはまさしく親友とも呼べる存在だった。そんな友人が理不尽に罰せられるのは王子本人にとっても耐え難いことであり、だからこそ王子の悪行を戒める教育的効果が見込めたわけである。

彼らが受けた受難は時として王子本人によって報われた。例えばジェームズ六世の王子のウィッピングボーイを務めたウィリアム・マレーは後に、長じてチャールズ一世となった元王子から爵位を授けられている。こうして中近世の理不尽な風習は、いつの間にか美談にすり替わるのであった。

ハーブ散布官
〜 麗しき閑職、宮廷に華を添えて 〜

力：■□□□□□□
技：■■□□□□□
知：■■□□□□□
魅：■■■■□□□
財：■■■□□□□
耐：■□□□□□□

中世の屋敷やお城の床には、絨毯の代わりに藁や草花が撒かれていた。この習慣は近世に入っても生き残っており、英国では王室の床の隅々を花で埋め尽くすためのポストが存在した。王宮を飾る意味もあっただろうが、テムズ川の汚染が進み、匂いが深刻になったという事情もあった。

この役職はそれなりに人気があり、給与も人並みに払われていた。戴冠式の日なんかには従者を従えて行列の先陣を切ってハーブを撒いて歩いた。

王の世話をしていた侍女が死んだ際、彼女の献身に謝意を示すため、その娘に王がこのポストを与えたという逸話などが残っている。要するにそういうポストだったのだろう。

道路管理官
～ 全ての利権は我に通ず ～

力：■■■□□□□
技：■□□□□□□
知：■■■□□□□
魅：■■□□□□□
財：■■■□□□□
耐：■■□□□□□

　欧州における道、というとローマが敷設した偉大なる街道がイメージされるかもしれない。が、中世でも道は大きな関心の対象だった。道路の保守は誰の義務なのかとか、道路の利権は誰に服するのかとか、そういった側面で、だが。

　呼び名は資料によって微妙に違うが、ともあれ中世でも古代でも、都市には道路を管理する役人が存在した。

　が、公共事業の概念があまり浸透していなかった時代において、道路の整備というのは一般的に現地の住民に課せられた義務だった。もちろん手当なんか出なかったので、住民にとっては道路やその管理官は有り難い存在ではなかった。そりゃローマの道も廃れるってなもんだ。

　また、パリの例では管理官は己の権限を使って懐を温めていたようだ。例えば道で店を開いたり物売り台を設けたりするには全て彼の許可が必要だったので、物売りたちからの「貢物」が期待できたのだ。そんな役得の延長上なのか、それとも単純に管理の対価なのかはわからないが、彼は税として店々から様々な物品を徴収する特権を持っていた。

　この特権リストは年々長くなり続けた。そして徴収人としての活動に精を出した結果だろうか、16世紀の資料に登場した際、彼は「収税吏兼道路管理官」という肩書になっていたのだった。

ノッカー・アップ
～ 叩けよ、されば目が覚めん ～

力：■■■□□□□
技：■■□□□□□
知：■■■□□□□
魅：■■□□□□□
財：■■□□□□□
耐：■■□□□□□

　かつて人々の時間意識は実におおらかなものだったが、産業革命によって工業化が浸透してくると、労働者たちは時間通りに行動することが要求されるようになった。

　当然朝もしかるべき時間に起きねばならなくなったが、ここで一つの問題が生じた。現代のような目覚まし時計はまだ存在しなかったのだ。

　というわけで人間目覚まし時計の役目を果たしたのがノッカーアップ。彼らは依頼者が起きるまで家のドアや窓を叩き続けたと言われる。気になる料金は週あたり数百円といった具合だったようだ。

2階のお客も起こしたよ。

足力
～ 人を踏む簡単なお仕事 ～

力：■□□□□□□
技：■■■□□□□
知：■■□□□□□
魅：■■■□□□□
財：■□□□□□□
耐：■■■■□□□

　足力(そくりき)とは江戸時代に存在した按摩の一種で、その特徴は、文字通り足を使って揉みほぐすこと。全体重を掛けて踏みつけてしまうと流石に痛いだろうから、松葉杖を脇に抱えて負荷は適度に調整しつつ踏んだようだ。

　「人を踏んだり蹴ったりしておいて金を取るとはええ商売じゃないか」というツッコミは当時からあったらしく、川柳にも何句か詠まれている。まあ、当人同士が幸せならいいんじゃないだろうか。

遊撃騎兵隊
～ 女間諜、パンツと共に来たる ～

力：■■□□□□□
技：■■■■□□□
知：■■■■□□□
魅：■■■■■□□
財：■■■■□□□
耐：■■■□□□□

　メディチ家からフランス王室に嫁いだカトリーヌ・ド・メディシスはやたらと濃い人物である。文化史的には、パンツなど多くの文物をこの人がフランスに持ち込んだという設定になっている。

　一方で政敵を毒殺したりと、彼女は宮廷での権謀も著しかった。遊撃騎兵隊と呼ばれる80人程の美人侍女軍団を従えており、政敵の籠絡にこれらを遠慮なく用いたという。政敵の息子にけしかけて誘惑したり、主催する宴会では上半身裸の侍女に給仕させたりとか。

　一説には、彼女こそ、創作者にありがちな女スパイを生み出したのだという。こうして新たに文化が一つ、彼女に帰せられた。

貞操委員会
～ 女帝 VS. 乙女 ～

力：■■■■□□□
技：■■■□□□□
知：■■■■□□□
魅：■■□□□□□
財：■■■■■□□
耐：■■■■□□□

　カトリーヌの次はオーストリーの女帝マリア・テレジアである。

　有能な政治家である一方で信心深く、また家庭を愛した彼女であったが、それゆえに不道徳を少々憎みすぎるきらいがあった。

　というわけで彼女が置いたのが貞操委員会(風紀委員会とも)。スカートの長さから駆落ち禁止まで諸々の風紀を規定し、市民には密告を推奨し、若い娘が一人で夜に出歩いてればこれをひっとらえた。浮気など論外だ。

　こうして行われた極端な取り締まりの手先として恐れられた貞操委員だが、肝心の風紀改善の効果はまるでなかったとされている。

ポチテカ
～ 商売とは、闘うことと見つけたり ～

私事になるが、SFCのゲーム「ロマンシングサガ2」に出てくる武装商船団が好きだった。や、確かに高速ナブラには世話になったが、それ以上に武装商船団という言葉そのものが好きだったのだ。響きといい、単語同士が中二的でありながら自然に組み合わさっている様といい、である。

歴史的に見れば、商人と戦士を兼ねるような人はぽちぽち見受けられる。ヴァイキングは襲撃と交易を使いこなしたし、海賊と称される人たちの中にも商人を兼ねる者もいる。そしてもう一つ、アステカの地にも武装商船団に匹敵する容貌を持つ者たちがいた。「武装交易商人集団」、ポチテカである。

ポチテカたちは貴族でこそないものの、帝国内で特権的な地位を持っており高度な専門職業人として尊敬されていた。そんな彼らは武装した隊商を組んで、一年以上の長きにわたって遠隔地へと旅をして高価な奢侈品の交易に従事した。

なるほど、中近世の欧州だって長時間の交易には危険が伴う。場所によっては護衛によって武装せねばならないことも当然あった。

しかしポチテカの武装具合はそれらとは一味ちがう。

彼らの活動範囲は国内のみならず、アステカ帝国の未征服地にも及んでいた。更にこれらの地域でスパイとして情報収集を行うのみならず、戦争を仕掛けることすらあり、彼らは帝国侵略の先駆けという役割も果たしていた。自己の判断で戦いを仕掛けられたというから、相当の権限を託されていたことが窺える。

かように彼らは武装商人の名に恥じぬ闘う商人たちであったのだった。万歳、アステカばんざーい。

戦士+商人=?

植民請負人
～ 東方シムシティ物語 ～

植民請負人 (Lokator) は字義通り植民を請負う者だが、この場合の植民とは、特に東方植民を指す。

色々な事情があって、中世盛期のドイツではポーランド等東方への移住が相次いだ。そしてそれを現場で主導したのがこの植民請負人である。彼らは現地の君主の要請を受けて、植民活動を成功させることを請け負った。

具体的には人を募って入植させるのが仕事だが、そのための手段を用意するのも彼の仕事だった。開拓初期はまだ自給自足もできないから食料も必要だし、種やら家畜やら農具やら多くの機材・物資を用意せねばならない。多くの資材に加え、指導力や各方面に対するコネが要求される。例えば村を経営していく上ではそのうち貨幣鋳造人といった専門家も必要になるわけで、そういう人たちにも顔が利かねばならない。それ故、この仕事は貴族や騎士、あるいは上層市民など、上流階級でないと果たせなかった。

ではそうやって頑張って植民を成功させた見返りは何なのかというと、彼らは新たに開拓した村における特権を獲得することができた。裁判権や諸々の営業権を得た彼らは、新たな村で村長的な立場に落ち着くことが多かったという。

名前からはあまり凄さを感じないが、しかし彼らは能力に溢れる真の名士であり、東方植民を成功に導いた影の立役者なのだった。

ちなみにこの請負人、有名な「ハーメルンの笛吹き男」の犯人候補の一人だったりもする。子供たちが連れ去られた逸話の実態は、植民請負人による集団移住だというわけだ。真偽はここでは云々しないが、少なくともそういう世界が背景には存在したという話である。

白河印地
〜 人類最古の遠距離攻撃、そして浪漫 〜

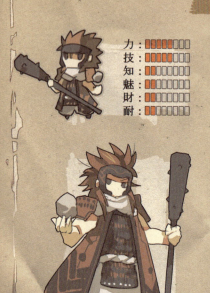

石投げの歴史は結構深い。弥生時代の遺跡にも投石用とみられる石の山がぽつぽつ見つかっているらしい。武田信玄の軍団にも投石部隊があったことは戦国属性持ちの間では有名だろう。

が、この投石文化が一番熱いのは中世京の都。この時代、石つぶて（飛礫）には様々な意味があった。飛礫には呪術的意味もあり寺社とも関係が深い。だがそれ以上に興味深いのが、祭りなどの「ハレ」の場において民衆たちの間に自然発生的に沸き起こる石合戦だろう。西欧中世におけるカーニバルのように、お上の秩序をぶちやぶり、日頃の鬱屈したエネルギーを爆発させる場が石合戦だったのだ。たかが石投げと侮るなかれ。大規模なものだと死者45人とか負傷者数百名とかあるから、中世人の溜め込んだエネルギーは恐ろしい。

で、この投石……いわゆる印地にも専門の「職人」が登場した。白河薬院田辺あたりの印地打ちと呼ばれる人々がそれだ。

彼らの戦法や装備には「悪党」との関連が深く見受けられる。また、中国の兵法書「三略」の印地の巻を継承した一種の兵法者でもあったという。一方で上述の通り、印地は兵法であると同時に呪術でもある。実際、彼らの社会的階層は、呪術と密接な結びつきを持つ賤民でもあったようだ。無理やりこれらの側面を総合すると白河印地とは「武芸を修めた呪術的なゴロツキ」ということになる。何を言っているのか私もよくわからない。

ともあれ彼らの飛礫は民衆の狂乱を招きかねないものなので、当局的には油断できない存在だった。特に、呪術や神事とも結びついて考えられており、「印地を禁ずれば飢饉が起こるぞ」などという言が飛び交うこともあったので、当局にとっては実に面倒くさい。

方士
〜 ちゅうごくのまほうつかい 〜

古来から中国では、士大夫層が支持する儒教的世界観とは別に、「気」を万物の根本とする道教的世界観が存在した。それによれば、天地のみならず人もまた気が凝縮してできた存在であるという。大雑把に言えば、この気を操る術が方術であり、その使い手が方士ということになる。が、方術のカバーする範囲はめっぽう広い。

体内の気を操れれば理屈上は不老不死にもなれ、その実現者は神仙と呼ばれた。また体内の気を調整する薬を作る技は「錬丹術」となり、運動によって気を整えようとするとすなわち「気功」だ。

気は身体の外にも溢れており、その作用を把握すれば種々の占いに繋がる。星星の運行から吉凶を占えば占星術であり、地理的な配置から占えば風水だ。御札を媒介として神にアクセスして外気を操る技もあり、これをなすのが符法師である。外の気を自在に操れるようになれば、気候を意のままに変えることもできるようになる。この辺は仙人の領域だ。

多少大雑把ではあるが、つまりは古代中国風のファンタジックな業の使い手を包括すると方士ということになるというわけだ。

そんな彼らの社会的な位置づけはというと、宮廷の食客という立場に収まることが多かったようだ。漢の武帝の時代には数万人の方士が存在し、また前漢時代の淮南王である劉安は、数千人の方士を食客として抱えていたとされる。うーん、方士、やたらと多い。

盗賊詩人
～アラブる詩作～

力：
技：
知：
魅：
財：
耐：

アラブ文学における代表的存在というのは、昔から今日に至るまで「詩」がそれにあたるらしい。そんなアラブ世界では詩というのは単なる余技ではなかった。イスラム以前、詩作を担ったのはベドウィン等いわゆる部族の支配層であり、彼らの詩は己の部族社会の理念や理想を唱導し、また味方を称揚し敵を誹謗するという重要な社会的機能を果たしていた。武勇の代わりに詩作で出世した者もおり、この辺は西洋のトルバドゥールに近い。

だが、そんな豊かな詩作文化の中には、真っ当な社会と詩作世界に背を向ける反逆児もいた。盗賊詩人ことサアーリークたちである。

彼らは社会的には盗賊であったり、ならず者、あるいは部族から追い出されたアウトローなどであり、そんな己を詩に歌った。いわゆる「悪漢文学」の一種だが、盗賊詩人の場合は語り手自体が悪漢というわけだ。彼らは客観的には社会の底辺に近い存在だったが、詩作の世界では独自の地位を築いていた。盗んだラクダで走りだしたかは不明だが、ロックなものに惹かれるというのは現代に限らないことなのだろう。

古の盗賊詩人の伝記はほとんど伝説に彩られており、そこから史実を抽出するのは難しい。とりあえずそんな伝説を信じる限りでは、彼らは呪われた生まれであったり異様な能力を身につけていたりと、その存在自体が社会規範を逸脱したものであった。そしてその存在に違わず、彼らの詩もまた社会の理想像に反逆し、理想像を嘲笑うものだった。

詩人や盗賊はファンタジーでおなじみだが、二つをそのまま混ぜた例は珍しいのではないだろうか。もっとも、この手の複合職はえてして器用貧乏になりがちだ。

馬賊
～もうひとつの「侠」の道。嗚呼満州は我らが庭～

力：
技：
知：
魅：
財：
耐：

馬賊とは、平たく言えば満州におけるアウトローたちの総称である。

歴史的に見れば元来、満州など中国の北方は遊牧民らのテリトリーだった。そこに移住してきた近代の中国人にしてみれば、周囲は敵だらけでお上は役に立たない。それ故彼の地では、歴史的に保衛団といった民間自衛組織が発達していった。それらの組織がやがて任侠的性格を獲得しつつ独立して成立したのが彼ら馬賊である。本書で紹介した匪賊に近いカテゴリーではあるが、社会秩序の崩壊の隙間から生まれた匪賊とは成り立ちからして別物なのだ。どちらかというとコサックとかその辺に近い。

精悍な顔つきで拳銃を引っさげ、駿馬に跨がり群れをなし草原を駆け抜ける無頼の徒……。この典型的なイメージは日本人の想像力も刺激したようで、(脚色されつつ)当時の小説などにもよく取り上げられた。

彼らが活動した時代は主に清末の混乱期から国共内戦前後。上述のような古典的馬賊として支配者や外敵(日本を含む)に抗した者もいたが、外国勢の傘下に入ったり、逆に張作霖のように自らが軍閥と化したりと、馬賊の身の処し方は色々だった。日本から中国に渡った大陸浪人の中には匪賊に合流した者もいる。歴史の表に出ることは少なかれど、激動の近代中国史にあって一定の役割を演じていたのも確かであった。

とはいえ、馬賊とそれを生み出した母体は前近代的な中国社会そのものだ。国民党だ共産党だと色々言いつつも乱世が収束し、中国社会全体が変革していくなかで、彼らの居場所はなくなっていった。

馬の上の銃士

手を振り下ろしながら拳銃を撃つことで反動を相殺する「投げ撃ち」を得意とした。

片手で拳銃を撃ちつつ、もう片方の手で別の拳銃を装填する二丁拳銃スタイルも駆使した。

アルモガバレス
～ ピレネー山脈の僻地が生んだ戦闘マシーン ～

力：■■■■■■■□
技：■■■■□□□□
知：■■□□□□□□
魅：■■■□□□□□
財：■■■□□□□□
耐：■■■■■■■■

アルモガバレス。この名前はアラビア語で「侵略者」を意味する言葉で、そこから窺えるように元々彼らはイベリア半島でアラビア人と戦ったカタルーニャ人やアラゴン人の義勇兵だった。が、何というかその戦歴が恐ろしい。

彼らは最前線たるイスラム勢との国境付近で警備・遊撃をして恐れられたが、やがてカタルーニャ・アラゴン連合王国の主力部隊としてイスラム勢に遠征して連戦連勝。欧州中にその名声を広めた。

レコンキスタが完了してイベリアが平和になると、彼らは今度はアラゴンとアンジュー朝が対立しているシチリアに渡って、アンジュー軍を散々に打ち負かした。

シチリアでの仕事が終わると今度はビザンツに雇われてオスマン軍と戦闘。ここでもやはりトルコ人相手に連勝だったとされている。あと、ついでにブルガリアとも戦ったりした。その後は報酬未払いの件で暴れ回り、あまりの強さに勢力を拡大されることを恐れたビザンツ側が裏切ると、やっぱり復讐として帝国を蹂躙して回った。

その後、傭兵として諸侯に次々と雇われつつ略奪を繰り返しながら今度はビザンツに敵対するアテネ公国に雇われる。が、また雇用主が裏切ろうとしたのでこれを撃滅。そのままアテネ公国を乗っ取ってしまった。以下略。

まあ何というかやりたい放題である。旅をする戦闘マシーンのような彼らだが、何だかんだ言ってイスラム勢からヨーロッパを防衛する役目を果たしたわけで、その貢献は決して小さくないのであった。

手には肉切り包丁で防具はほぼなしといった有様だったが、軽装故の機動力と死をも恐れぬ勇猛さ、厳しい規律を守りぬく組織力と練度の高さ、どんな劣悪な環境でも耐えぬく忍耐力と生命力、そして相次ぐ連戦によって培われた武力と判断力で向かう所敵なしだった。

うむ、この上なく頼りがいがあるが、絶対に近寄りたくない類の生物である。

クリークス・グルゲルン
～ 戦闘民族の男伊達 ～

力：■■■■■■□□
技：■■■■□□□□
知：■■□□□□□□
魅：■■□□□□□□
財：■■□□□□□□
耐：■■■□□□□□

中世末、スイス傭兵が欧州最高の傭兵として知られていたことは御存じの通りだが、彼らを生み出したのは山岳地帯の厳しい環境だった。生産性の低い土地故に傭兵として出稼ぎに出る者も多く、「戦闘的な農民層」が形成されていた。

が、近所のグラウビュンデン州ではそれがスイス以上に著しかったらしい。若者たちは皆訓練された兵士であり、いざ戦闘が起こると恐ろしく迅速に動員されて瞬く間に州全体が戦闘状態になったとされている。

そんな土地にあって異色の存在がクリークス・グルゲルンと呼ばれる愚連隊たちだ。彼らは現地のアウトローたちで、普段は酒場でとぐろを巻いているような飲んだくれだったが、武器の手入れだけは怠らず、恐れを知らない戦いぶりは州兵をも凌いだとされている。スイス傭兵の伝説を築いたのは、彼らのような戦闘的な山の民たちだった。

スイスといいアルモガバレスを生んだピレネーといい、イタリアといいハイランダーといい。どうもヨーロッパでは山岳地帯に行けば行くほど住民が戦闘民族と化していく傾向にあるらしい。

闘獣士
～ ぱっとしないビーストハンター ～

力：■■■■□□□□
技：■■■□□□□□
知：■■□□□□□□
魅：■■□□□□□□
財：■□□□□□□□
耐：■■■■□□□□

剣闘士の派生ジョブ。ローマの闘技場では、剣闘士同士の戦いのみならず、人対獣、あるいは獣同士の戦いも見せ物として行われた（他にもダチョウレースとか色々あり）。その中でも、対獣の専門家として戦ったのが闘獣士だ。

ゲームであれば獣系モンスターに対して何らかのボーナスを期待できそうな職業だが、野獣狩りは剣闘士試合の前座という位置づけであり、闘獣士もまた、二流の剣闘士を再利用するポストという位置づけだったらしい。

それとは別に、猛獣と戦って食い殺される刑罰を受けた者も闘獣士と呼ばれたが、これはまた別の話。

146

6：祭りの風景

　人間の本質をホモ・ルーデンス（遊ぶ人）と喝破したのはオランダの歴史学者ホイジンガでした。

　ホイジンガの主張の是非はともかくとして、人々が今も昔も娯楽を求めてやまなかったのはきっと事実でしょう。大人たちは村の居酒屋で賭け事に興じ、子供たちは友達と一緒に村中を駆け回りました。

　しかし、職業人としてのエンターテイナーが最も注目を浴びるのはハレの日に提供される娯楽の数々に相違ありません。昔は今ほどは娯楽に溢れてはいませんでしたが、逆にだからこそ、ハレの日に対する彼らの熱意は並ならぬものがありました。
　ここでは、様々な出し物が催された街の広場や、大きな劇場などを舞台に、人々の熱狂をさらっていった仕事人たちを紹介します。

紋章官

別名：式部官
時代：主に中世
観測地：西ヨーロッパ

戦争に、式典に、騎馬試合に。
あなたの騎士生活の裏方役

解説

中世を語るならば、紋章を欠かすわけにはいかないだろう（似たような表現を一体何度使ったことか）。
　紋章学者が古より議論してきたにも拘わらず、紋章の直接の起源は明確ではない。12世紀前半に西洋各地、特に戦場での個人の識別を目的として自然発生的に普及してきたというのが現在の見解のようだ。
　さてその紋章。一旦定着したらその後の普及は早く、瞬く間に様々な紋章が生み出された。中世だけで最低でも100万の紋章の存在が確認されているという。
　そんな調子で紋章の時代がやってきたはいいが、せっかくの紋章も覚えてもらわないと個人の同定という役目を果たせない。しかも、先述の通り紋章の種類はどんどん増えていく。とても覚えきれない。紋章、存在意義の危機である。
　かくして社会の需要は紋章の専門家、つまり紋章官を生み出した。そんな彼らであるが、紋章に関する専門知識は意外とつぶしがきいたらしい。その後彼らは軍使やら触れ役やらと様々な方向に進出してゆく。芸は身を助くということか。なんかこう、中世って感じでいいと思います。

属性

戦闘　商売　職人　放浪
宗教　賤業　**権威**　民族

能力

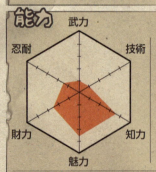

武力：2
技術：2
知力：7
魅力：7
財力：5
忍耐：3

武力2：戦場にはいたけど、戦闘はしない
知力7：紋章に関する知識を中心に幅広い教養が
魅力7：使者を任されるのは君主の信頼の証とも言える

技能

宣戦布告
敵味方含め全てのユニットの攻撃力＋1
（コスト20）

紋章学
公証人、聖職者等のラテン語習得者に対して
知力＋3、防御力＋2

紋章官とその仕事

中世も半ばを過ぎると紋章制度も整っていき、紋章官の仕事は文字通り紋章の管理が主体になる。が、そこに至るには紆余曲折があり、彼らは様々な仕事に手を染めた。軍使、触れ役、騎馬試合（トーナメント）の通知、運営、及び式典の運営、etc.。彼らの仕事の変遷に関しては資料によって順番がまちまちだが、それらを総合して一通りの筋道を付けてみた。

1：はじまりは吟遊詩人

紋章官の前身は、騎士付きの吟遊詩人だったと言われる。騎士らの軍事行動に従軍し、歌や詩で士気高揚に努めたり、主人の武勲詩を唄ってヨイショしたりもしたのだった。

2：騎馬試合場の吟遊詩人

さて12世紀にもなると騎士による騎馬試合が西洋で流行してくる。

このとき、試合に際して出場する騎士の血統や功績を触れ回る役がいればより試合が盛り上がる、と考えた人がいたらしい。そしてこの仕事、どうみても吟遊詩人が適役だ。かくしてここに、騎馬試合の解説役としての吟遊詩人が生まれたのである。

騎馬試合の解説には紋章の知識が必須だ。騎馬試合に出る騎士は鎧兜を身に纏っているため、紋章を見分けることができねば誰が誰だかわからないのだ。かくして吟遊詩人たちは、騎馬試合の解説を通じて紋章の専門家たる紋章官へと脱皮していく。

3：軍事行動のおともに

紋章に関する専門知識は戦場でも役に立った。例えば、遠方にある敵の旗からその持ち主を特定できれば、敵の戦力分析を行うことも可能になるのだ。

そんな流れで、彼らは戦場のことも勉強するようになり、軍法も修めていった。

4：軍使にして外交官（スキル）

軍事に関する様々なことに精通してきた紋章官は、偉い人からも認められたらしい。やがて彼らは宣戦布告や降伏等の使者となり、また外交官や大使等として活躍することになる。

5：よろずサポート引き受けます

騎馬試合を運営していた流れか、彼らは軍やその他の式典の管理も行ったようだ。騎馬試合ではなく、外交官をやっていた流れで手を付けた仕事なのかもしれない。まあともあれ色々やったということだ。

紋章学（知力、スキル）

中世初期、学問と言えばすなわちラテン語の世界であり、そのラテン語の世界を支配するのは聖職者だった。が、紋章学は教会とは無縁の世界で発達した学問であるため、紋章用語はラテン語ではなく俗語によって描写された。

ここで困ったのは学僧や公証人たちである。というのも、紋章の描写を格調高いラテン語の文書に訳そうにも、そもそもラテン語は紋章の描写に向いていないのだ。

例えば古仏語の場合は文章内の語順と紋章の構造を対応付けできるが、ラテン語の場合は文中の語句の位置が自由に選べてしまう。そのため、複雑な紋章の構造をラテン語で記そうとすれば、関係節を濫用せざるをえなる、らしい。

筆者は古仏語もラテン語もさっぱりなので何とも言えないが。

紋章官さんとラテン語専門家の公証人さん（202p）
俗語では2、3行で描写できる紋章でもラテン語で説明しようとすれば8行を要する、というケースもあったらしい。

紋章官と公示人

戦場や騎馬試合での伝令役という面に着目すると、12pに登場した公示人と紋章官の仕事は割と似通っています。それもそのはず、両者はある程度までは同一の存在であり、それが証拠に双方とも"herald"という共通の訳語を持ってたりします。

時を経るにつれ伝令役に特化したのが公示人で、紋章学に特化したのが紋章官ということなんでしょう。たぶん。

というわけで二人は双子です。どっちが上の子なのかはよくわかりません。

闘牛士

別名：マタドール
時代：中世～一応現代
観測地：主にスペイン
あと葡、仏南部、米中南部

情熱のアンダルス、鮮血の芸術家
賞賛と非難の中で今日も踊る

解説

　闘牛。人と牛とが戦うこの競技には様々なルーツが囁かれている。古代ローマの剣闘、クレタ島のミノタウロスに代表される牡牛信仰。はたまた牛を原初の生命とするミトラ教に、果てはアルタミラ等の幾多の洞窟壁画の牛にルーツを求める声もある。かくして闘牛は遥か古代の記憶と結び付けられ、闘牛のロマンは益々深められると言いたいところだが、これらは全部嘘だ。

　E・バラテら曰く、ルーツを古代に求めようとする一連の幻想は言わば闘牛に箔をつけようとする願望に過ぎないという。清々しいまでの一刀両断っぷりだ。

　実際の闘牛の起源は11世紀頃の騎士たちの訓練や馬上試合に遡るという。その後民衆闘牛などと合わさりつつ発展していくわけであるが、何しろ競技が競技なので一部王侯や知識人、教会からは残酷だとの批判を浴びせられるのが常であった。

　しかし皮肉にもお偉方の非難は、スペイン人の反骨精神を招き、批判対策として闘牛を逆に洗練させて一種の芸術にまで高めさせる結果になった。さよう、闘牛の歩みとはスペイン人の反逆と情熱の歴史でもあるのだ。だとすれば、古代云々の箔付けなど必要あるまい。民衆の魂こそがその本質なのだ。

　その「魂」も、最近は衰退する一方だとは聞くが。

属性

| 戦闘 | 商売 | 職人 | 放浪 |
| 宗教 | 賭業 | 権威 | 民族 |

能力

武力：5
技術：6
知力：2
魅力：9
財力：4
忍耐：6

武力5：戦闘力というよりは、その技が本質だろう
財力4：トップを除けば、闘牛だけでは食えない者も多い
忍耐6：死の可能性もあるし、精神的にも結構大変

技能

バンデリーリャ
正面の敵の行動力と攻撃力をそれぞれ20%ずつ低下させる(コスト20)

キエブロ
正面からの攻撃に対し、回避率50%上昇

闘牛のうつりかわり（武力）

古代ではなく11世紀が起源であるとしても、闘牛には今日までざっと1000年近い伝統があるという計算になる。その比較的長い歴史の中で、闘牛は色々と姿形を変えていったようである。

①中世初期：騎士の時代
初期の闘牛はトーナメント等と同様、祝祭の際のイベントの一つとして行われた。主役は乗馬した騎士であり、まだ専門職としての闘牛士はいなかった。

②中世後期：民衆闘牛
まだ主流には至らないものの、14世紀ごろから民衆出身の闘牛専門家が誕生し始める。母体は屠殺業者や騎馬闘牛の助手などで、民衆らしく徒歩で牛と戦った。

③近世：洗練の階段
17世紀になっても騎馬闘牛が主流だったが、攻撃ではなく、如何に華麗に回避するかが重視されるようになる。こうして闘牛の芸術度は飛躍的に高められていった。

④現代：民衆の勝利
色々あった結果、最終的に騎馬闘牛と融合した民衆の徒歩闘牛が人気を博し、現代に至る。20世紀初頭には現代に通じるスタイルも確立してゆく。

初期の闘牛はトーナメントと同様、正面からぶつかるタイプのものだったらしい。

当時は上から矢がふってきたり闘士も武装してたりと、スタイルも今日とはだいぶ違う。

現代では、ピカドール、バンデリリェーロらがまず牛の相手をし、最後に正闘牛士たる本項の主役、マタドールが止めを刺すスタイルになっている。

バンデリーリャ

マタトロス
屠殺場で（戯れに？）行われていた闘牛から発達した職業闘牛士。当時はまだ賤民扱いだった。

レホネアドール
近世の騎馬闘牛士。レホンと呼ばれる短い槍を投げて攻撃する。ポルトガルでは彼らによる闘牛が今も盛ん。

ピカドール
いわゆる騎馬槍方。現在の闘牛の前座的存在。乗馬して牛を突き、消耗させたりするのが仕事。

バンデリリェーロ
いわゆる銛打ち士。現代の闘牛の中堅。バンデリーリャと呼ばれる銛を打って牛の癖を直したりする。割と人気。

情熱の国のトップスター（魅力）

闘牛といえばスペインの国技である。当然、闘牛士の人気も極めて高かった。その時代のトップの闘牛士たちのライバル関係は、お偉いまで巻き込んで世論を二分するにまで至った。まさに国一番の有名人、生ける伝説、文字通り圧倒的存在だった。フランシスコ・デ・ゴヤやパブロ・（中略）・ピカソなど、闘牛に魅せられた芸術家は数知れずである。

人気の高さでいえば戦車競走手すら上回りそうであるが、闘牛には熱心なファンと同様に熱心なアンチが存在するのもまた事実である。この点を考慮して、泣く泣く満点からは1点減点の「魅力9」とした。あまり安易な減点法は取りたくないんだけどね。

闘牛士が出てくる文学といえば、やはりオペラの名作「カルメン」だろう。実は原作の初版では、登場する闘牛士は前座のピカドールであり、あまり重要な役目も与えられていなかった。しかし四半世紀後にオペラ化される頃には、圧倒的な魅力を持つマタドール「エスカミーリョ」が登場しているのであった。
マタドールの魅力は作品の中にすら割り込むということか。

キエブロ（スキル・技術・魅力）

闘牛において、上半身を捨てて牛の突進をかわす技術。キエブロに限らず闘牛はその歴史において様々な「技」を発展させていったわけで、これらこそが闘牛をただの殺戮から芸術へと高めていったわけである。

SRPGにおいて、命中率／回避率の数字はあてにしてはならない。

別の見方をすれば彼らの技術は闘牛に特化した技なので、ゲームの世界の殺し合いに使えるかはちと疑問である。というわけで武力は少なめにしてみたよ。

中世の闘牛士はそのまま貴族の服だったりと、専用の衣装はあまりなかったようです。しかしそれだとつまらんので、近現代の闘牛士の服と中世タイツを混ぜました。イヤッホウ。
ちなみに上衣の丈は、牛の角に引っ掛けられた苦い記憶から、短くなっているそうです。

剣闘士

別名：剣奴
　　　グラディエーター
時代：古代
観測地：ローマ付近

栄光と侮蔑に祝福された
監獄の中の戦士

解説

古代ローマには、ささやかな布きれと防具のみを身につけたほぼ裸のオッサンたちが武器を手に殺し合う麗しい娯楽が存在した。剣闘である。その起源については色々言われており、現在の所定説はない。ただ少なくとも紀元前3世紀には、死者の葬儀の際に、盛大な追悼の闘技会を開く習慣が珍しいものではなくなっていたようだ。

剣闘で戦う戦士のことを剣闘士というわけだが、基本的に死と隣り合わせの世界である。普通は誰もやりたがらない。そんなわけで彼らの多くは奴隷や捕虜、犯罪者などで構成され、高い戦績を収めて解放されるまでは戦い続けねばならなかった。最近は「剣闘士」という呼び名が定着しているが、ちょっと昔は剣奴ともよく言われたものである。

しかしそんな彼らのむさ苦しい生き様は、2千年が経過した今でも現代人（主に私だ）の心を魅了してやまないのである。具体的に言うと、娯匠製作の剣闘士アクションゲーム「GLADIATOR -ROAD TO FREEDOM-」は名作だと思うのだ。その後に出された似たような剣闘士ゲーム群は評判も含めてさっぱりだが。

属性

| 戦闘 | 商売 | 職人 | 放浪 |
| 宗教 | 賤業 | 権威 | 民族 |

能力

武力：7
技術：2
知力：2
魅力：4
財力：1
忍耐：8

武力7：一対一の専門家だが、質はピンキリだった模様
魅力4：社会の最底辺だが、勝てばスター
忍耐8：死亡率の高い職場です

技能

シールドバッシュ
通常攻撃を行い、かつ1ターンのあいだ防御状態になりダメージを半減させる

パンとサーカス
「戦闘」属性持ちのユニットに対して魅力が上昇し「魅力8」となる

パンとサーカス（魅力・スキル）

　剣闘士たちの魅力はいかほどか。
　ちょっと評価に難しい箇所もあるのだが、基本的に「社会の最底辺」。罪人よりはマシという程度だ。
　子を幼くして亡くした未亡人を慰める言い回しとして、「このまま成長したとしても、運を使い果たして剣闘士に身を落としていたかもしれない」というものが存在するくらいである。さらに剣闘士スパルタクスの大反乱の記憶が彼らに「反逆者候補」のレッテルを貼りつけ、社会的立場を一層低いものにした。

　……というのが建前だ。建前であるが、全てではない。ローマにおいては連日繰り広げられた娯楽の中でも、剣闘は最大のものであった。剣闘士は最も軽蔑すべき存在だが、彼らが織りなす剣闘は市民の心を魅了するという矛盾がそこには存在した。この辺は、本書でも紹介した吟遊詩人(88p)の置かれた立場とも微妙に重なる。
　実際、この剣闘士に対する市民の矛盾した態度は、同時代の人間からも非難されている。
　ともあれ、そんなわけで建前とは裏腹に高名な剣闘士は市民の憧れであるし、スリルを求めて自ら剣闘士に志願する自由人もいた。中には、皇帝でありながら剣闘士になっちゃった物好きまで存在する。誰とは言わないが↓のコイツだ。

ローマ各地に存在した闘技場では、様々な趣向を凝らした剣闘が繰り広げられた。対人戦、対獣戦、更には模擬戦争や海戦までも行われた。あー、現代日本にも模擬戦争とか開催してくれるお金持ちはいないかなあ。

コンモドゥスさん
職業：剣闘士
副業：皇帝
専用スキル：ヘラクレスの栄光

シールドバッシュ（スキル）

　剣闘士たちはまともな胴鎧を装備することはできなかった。剣闘士の武具とはそういうものだったからだ。それ故、左手に握る盾の扱いが生死を分けることになる。ゲーム「グラディエーターRTM」をやってると、嫌でも盾のありがたさが実感できるのでオススメだ。ちなみにリアルで甲冑バトルをやってても やはり盾の有り難さは実感できるのでこちらもオススメだ。
　盾はだいたいローマ軍団兵風の縦長盾「スクトゥム」や円形の盾「パムルラ」、正方形の盾あたりが用いられた。素材は、デカいスクトゥムは木製が多かったが、青銅製のものや、縁を鉄で強化したものなど、素材も色々であった。
　そんな盾で敵をぶん殴る技がシールドバッシュである。ゲームなどでは「敵を怯ませる効果」が主で、ダメージは微々たるものという扱いが多いが、それなりの重量を持った金属の塊で人体をぶん殴りゃ、致命傷だって普通に与えることができた。先述のゲーム「グラディエーター」でも、OPムービーでのとどめの技は盾でのアッパーだった。

武装のはなし

　剣闘士には何種類かのスタイルがあり、彼らはそれに応じた武具に身を包んだ。
　ただ、スタイルを問わず、総じて胴鎧は装備せず、右腕と両足に帆布や麻布を巻き付け簡素な防具とした。更にその上に腕防具か肩防具、すね当て、盾、そして派手な兜を装着するのが一般的だった。
　さて上述の通り、剣闘士は「トラキア剣闘士」「追撃剣闘士」「投網剣闘士」「魚人剣闘士」「重装剣闘士」「挑戦剣闘士」といった各種スタイルに分かれており、武装の面でも個性付けがなされていた。しかしその武装は、恐らく興行的な意図もあっただろう、あえて欠点を持たされることもあった。
　例えば追撃剣闘士は投網剣闘士の投網対策として飾り気のない兜を被った。しかし一方でその兜は目出し穴が小さく、視界は著しく制限されていた……といった具合である。

資料の中では「典型的」な装束が紹介されているが、典型を外れた例がどの程度あるかが知りたいところである。

女性の剣闘士も存在を確認されているが、肝心の衣装については謎が多い。

トラキア剣闘士（左）と投網剣闘士（右）の典型的な武装。

戦車競走手

時代：古代～中世
観測地：地中海世界

50万の瞳を背負う太古の花形 競技場を駆け回り、そしてこける

解説

一個手前の「剣闘士」の解説で、剣闘はローマ最大の娯楽と述べた。アレ、ひょっとしたら間違ってたかもしれない。

というのも、ローマで盛況を博していたもう一つの娯楽、「戦車競走」について調べているうちに、こっちの方が盛り上がってたんじゃないかという疑惑が湧いてきたのである。

その前に、そもそも戦車競走とはなんぞや。平たく言えば、競馬や競艇の戦車（chariot）バージョンだ。馬に乗るのではなく、馬に戦車を曳かせて巨大な楕円形の競技場を走り、速さを競う。この説明だけだと、オッサンたちが殺し合う剣闘ほどにはセンセーショナルな存在には見えないかもしれない。が、ローマ人の心を鷲掴みにして放さなかったようで、どの資料もローマ中が如何にこの競技に熱中したかを興奮気味に私に語りかけてくるのだ。

存外、賭け事が黙認されていたあたりが鍵だったりするのかもしれない。

[コメント]「魅力」のトップは思わぬ所からやってきました。似たカテゴリに入れられる剣闘士とはえらい違いです。これに対抗できるのは力士くらいでしょうか。

属性

戦闘	商売	職人	放浪
宗教	賤業	権威	民族

能力

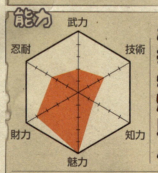

武力：4
技術：5
知力：3
魅力：10
財力：8
忍耐：5

武力4：肉体労働者であった。5か4かは悩み所
魅力10：まさしくスタア。下手すれば皇帝以上の人気も
財力8：凄まじく稼げたが、使う前に事故死する例も

技能

ナウフラジア
前方の敵ユニットに+3の通常攻撃を行う
（コスト20、騎乗時限定）

転向
ユニットが敵勢力に転向する代わりに、雇用コスト分の金を敵勢力から得る（コスト30）

ＴＨＥ・戦車競走

戦車競走は、今の競馬場や陸上競技場を思わせる楕円の競技場で行われた。1レースあたり、最大で12台の戦車が出場し、フィールドを7周して速さを競う。競技は丸1日かけて最大で24(25?)レースが実施され、合間には猛獣狩りや象の綱渡りといった出し物も出た。ここにさえ来れば、ローマ人は貴族だろうと平民だろうと無料で1日中娯楽漬けになることができた。

- **出走ゲート** 本当は12ゲートある
- **コーナー** 折り返し地点には3本の柱が立っている
- **戦車（チャリオット）** 元々は古代の戦争で用いられた馬車の一種。戦車競走では、馬2頭か4頭立てのものが主流だった。騎馬の発達により戦場からは消えていった。
- **プルウィナル** お馴染み、皇帝陛下専用席
- **中央分離帯（スピナ）** よくわからんモニュメントが沢山ある。選手にぶっかけるための水を張ったプールまで完備されている。
- **声援係** 戦車にぶつからぬようにしながら味方の御者を励ましたり、戦況を教えたりする係。
- **オベリスク** エジプトからかっぱらってきた、神殿用モニュメント。

大競技場キルクス・マクシムス概観

ナウフラジア（スキル・武力・忍耐）

ただのお上品なレースなら、血の気の多いローマ人もこれほど熱中はしなかっただろう。戦車が猛スピードで駆けるこの競走では、結構な割合で衝突事故が起こったのだ（映画「ベン・ハー」は流石にやり過ぎだが）。追い越し時にわざと戦車を衝突させる技術や、協力して敵を中央分離帯にぶつける、といった「技」も存在した。走行不可になるような事故はナウフラジアと呼ばれ、発生する度に観客は大興奮に包まれた。

事故で御者が死亡することも多かったらしく、稼いだ大金を使う間もなくこの世を去った例も散見される。

御者らは手綱を体に巻き付けていたため、事故にあったときはナイフで素早く綱を体から切り離さねば、戦車と運命を共にする羽目になった。

転向（スキル）

戦車競走はチーム制になっており、戦車と御者は赤・白・緑・青の4つの「組」に属していた。今で言う野球やサッカーのチームのようなものだ。

ファンは皆それぞれ自分が贔屓にしている組を応援したが、熱中するあまり、ファン同士が乱闘になったり殺し合いに発展することもあった。現代で言えばフーリガンといったところか。

1-UP！（報酬的な意味で）

また、選手が別のチームに移籍することも珍しくはなかったようだ。生涯のうちに白、緑、赤と組を転々とした例もあり、選手の去就もまたファンの関心事だったことだろう。

花形中の花形（魅力・財力）

レースや馬そのものの魅力のみならず、上記のような様々な要素が相まって、戦車競走を剣闘を凌ぐ（かもしれない）ローマ最大の娯楽に押し上げていた。そしてその中心にいる戦車競走手は、否が応でもローマ中の注目を集めることになる。ファンや詩人らはよってたかって賛美の言葉をローマ中に刻みつけたが、敵対する観客からは憎悪の罵声を浴びせかけられた。敵対チームの不幸を願う呪いを刻んだ銘板が、当時人気だったらしい。

そんなわけで良くも悪くも関心を多く買った戦車競走手だが、勝てば得られる賞金も多かった。ちと例外的だが、2世紀の伝説的な競走手ディオクレスは、4237レースに出場し1462回優勝。築いた財産は、ローマのどの議員より多かった。

娯楽の第一人者

動員観客数は25万人でコロッセウムの5倍。この数字は、中世のどの大都市の総人口をも凌ぐ。ローマと中世との比較はやや卑怯だが。

泣き女

時代：古代〜近代
観測地：世界各地

葬儀のハイライトを演ずるは、
知らないおばさんの泣き叫ぶ声

解説

　韓国には泣き女と呼ばれる女性がいる……ということを御存じの方は多いのではないだろうか。葬儀において泣き叫び、式を盛り上げることを仕事とする一風変わった葬式専門家だ。テレビ番組で特集されたこともあるらしい。
　中にはこの文化を以て、かの国を奇異とする向きもあるかもしれない。偽りと見栄の文化だ、と。
　ところがどっこい、他にもいるんだなこれが。古代エジプト、ローマ、ギリシャ、中世ヨーロッパ、そして我らがニッポン、etc. etc.。探してみりゃあ出るわ出るわ、それこそ世界中に。
　世界の泣き女たちをざっと概観すると、エジプトあたりから発したと思われる西方系泣き女と、東アジア系泣き女の2系統があるようだ。その一方で、彼女らの役割に関しては地域によって多様な模様。果たして泣き女はどこまで「普遍」と呼べるのか。研究が待たれる。

〔コメント〕泣き女なら、デザインはそりゃ喪服だろうという点からスタートしたのは覚えているのですが、こねくり回しているうちに何だかよくわからないデザインに。ところで網タイツってどうなんでしょう。10年ぐらいすれば良さも分かるんでしょうかね。

属性

戦闘　商売　職人　放浪
宗教　賭業　権威　民族

能力

武力：2
技術：3
知力：2
魅力：2
財力：3
忍耐：2

武力2：爪攻撃は得意だが、肉体労働ではない
技術3：どの程度演技力を有していたかは謎である
魅力2：時代が下るとお荷物に

技能

八つ裂き
隣接する露出度の高い敵1体に対し、+3の攻撃を行う（コスト15）

哀歌
味方ユニットの死亡時、そのユニットの魅力の高さに応じて攻撃力が上昇する

せかいの泣き女たち

資料の都合上ヨーロッパ・西アジアや東アジアに集中しているが、大雑把に言えば泣き女は世界中にいると言っても過言ではないだろう。アフリカと新大陸にも似たような者がいるらしいが、あまり詳しい情報はない。誰かくれ。

スペイン
中世ヨーロッパ各地にも泣き女はいるが、教会からは嫌われていた。おなじみのパターンである。

ギリシャ
当時の壺などによく泣き女の姿が描かれている。叙事詩「イリアス」などにもその記述がある。

ローマ
古代ローマでは葬式ビジネスが発達しており、その中に泣き女も存在した。中世イタリアでも、公共の泣き女・泣き男がいたようである。

中国
中国の場合、人の死に際して慟哭する「哀号」という習俗があり、それが慣例化したものと見られる。泣き女は哭婢と呼ばれるが、哭人と呼ばれる泣き男も存在する。

エジプト
古代から壁画に王の死を嘆く泣き女が描かれていた。19世紀にもナッバータと呼ばれる泣き女が活動しており、同様の習慣は20世紀前半になっても報告されていたようだ。現在は不明。

韓国
中国や日本の泣き女との関連性は不明だが、文化的に同系統と思われる。ただし中国や日本とは異なり、こちらは現役。

日本
我が国においては、記紀の中に既に「哭女」の記述がある。また民俗学的調査でも、近畿地方から沖縄にかけて多く確認されている。らしい。

哀歌（スキル・武み）

アイルランドやスコットランドにも泣き女は存在する。葬儀における彼女らの叫びは特に哀歌(keening)と呼ばれ、泣き叫ぶにとどまらず、文字通り全身を使って叩いたり体を揺すったり哀悼の意を表明する。
彼の地には、古来より「偉大な氏族の家には守り神として妖精がいる」という伝承があり、ここの泣き女もそのような伝承に基づくと見られる。また、これは妖精「バンシー」の起源でもある。

バンシー
アイルランド・スコットランドに伝わる妖精。

泣き女三段活用

石川県輪島や伊豆大島などでは、「五合泣き」「一升泣き」「二升泣き」といったように、報酬の量によって泣き方を変える専門家がいたらしい。
もっとも、報酬に応じて泣き方を変えるのは泣き女の世界ではよくあることでもあった。

参考：三段笑い

聖書にも記述のある古代イスラエルを始めバビロニア、イスラム圏、アメリカ・インディアン、アフリカ、東南アジアなど……。さよう、泣き女はそれこそどこにでもいたのだ。
アフリカ、中東、一部の東南アジアでは現在もこの風習は存続しているとか。

イスラエル　バビロニア　イスラーム

インディア　アフリカ　タイ

八つ裂き（スキル）

西方の系統に属する泣き女の行動はある程度パターン化されているようで、泣き叫ぶことを除けば、「灰を頭からかぶる」「頭、頬、胸をかきむしる」の二つに収束する。後者は、神々が血を好んだ故とする説もある。ともあれ、そんなわけで泣き女は爪攻撃が得意なのだ。

泣き女に関する雑多なこと

関連ジョブ：唖者
近代欧州では、泣き女の代わりに唖者を雇い、沈痛な表情をさせることで葬儀を演出する例が出現する。小説「オリバーツイスト」にも記述があるらしい。私は未読だけど。

中世以降になると、「金が掛かる」として泣き女の導入を嫌う声があちこちで見られるように。欧州では泣き女の代わりに貧民を雇って代役をさせるようになった。

フランスでは、引き出物目当てに赤の他人が葬儀に参加することもあったとか。似て非なる泣き女のお話。

死刑執行人

別名：刑吏、首切り役人
時代：中世～近世
観測地：欧州各地

命を刈り取る公務員
千年の侮蔑、二千年の畏怖

解説

　19世紀、ドイツはリッツェビュッテルでちょっとした事件が起こった。この農村の居酒屋で、地元の青年と都会からやってきたと思われる男が酒を呑んでいた。青年は相手のことを知らなかったが、二人は気が合ったらしく一緒に杯を交わすことになった……。
　一見するとのどかな農村の一風景といったところだが、どこに「事件」と呼ぶような要素があるのか。何を隠そう、この都会から来た男は、刑吏……つまり死刑執行人だったのだ。
　「刑吏と酒を呑んだ」。この報せは瞬く間に村中に広がり、この不運な青年は「家族からも村落共同体からも閉め出され、半狂乱になって山に隠れ」てしまった。これは全く稀有な話というわけではないようで、ドイツはバーゼルでも全く同様の話があるようだ。ただし、こちらでは共同体から爪弾きにされた青年は自殺している。
　現代人にはいささかピンと来ない話ではあるが、中世の賤業を極めると、触れるだけで相手は賤業身分に陥った。賤業の王、エンガチョの極み。それほど忌避される一方で、彼らの仕事は都市には必要不可欠。彼らもまた、中世が抱える幾つかの矛盾の体現者だった。

属性

| 戦闘 | 商売 | 職人 | 放浪 |
| 宗教 | 賤業 | 権威 | 民族 |

能力

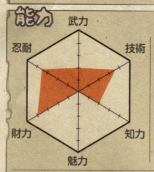

武力：4
技術：7
知力：4
魅力：0
財力：8
忍耐：7

技術7：斬首拷問医術と、どれも技術を必要とした
知力4：学問よりは実践寄りってことで、医術は技術に換算
魅力0：賤業オブ賤業。キングオブ賤業

技能

証拠の女王
通常攻撃を行うが、この攻撃では敵のHPは1未満にはならず殺害することはない（コスト20）

ドロア・ド・アヴァージュ
敵を殺害したとき、その敵の雇用コストの3分の1の金を得る。

刑吏のお仕事（スキル・技術）

　刑吏の主たる仕事は死刑の執行だ。死刑執行人と呼ばれてるんだから、そりゃそうだ。しかし、一口に死刑とは言ってもその種類は多種多様で、罪状や死刑囚の身分などに応じて使い分けられた。どの刑罰にしろ、その様子は公開で行われ、時を下るに従って見せ物・見せしめとしての側面を強めていった。

元々は絞首台の側で行われたが、専用の処刑台ができることもあった。

中近世の公開処刑はちょっとしたお祭り騒ぎ。ラッパ吹きなども動員された。

　斬首は古代ローマの時代から、特に貴人に対する「名誉ある」処刑方法とされていた。恐らく、苦痛が一瞬しかない慈悲深い刑罰だったからだろう。
　使われるのは主に剣と斧。正確に一撃で相手を絶命させるには、相応の力と技術、そして何より高い精神力が必要だった。クラウス・フリュッゲのような怪力や、ジャック・ケッチのように無様を晒した刑吏など、良くも悪くも逸話は多い。結局20回以上も剣を振らねばならないことすらあった。される側はたまったもんじゃない。

刑の執行の際、罪人は目隠しをされ、手を合わせてひざまずいた。

これまたポピュラーな処刑法。かつては盗人や反逆者などに適用された。絞首台はどの町にも存在し、場合によっては3本足のものや石造りの立派な物もあった。

ゲルマン民族の間では、放火に対する罰としても用いられたが、中世では異端者や宗教的な罪に対する罰として適用された。聖書の一節が影響しているとか何とか。

車輪に四肢を結びつけたのち、手足の骨を砕く処刑法。元々は、横たえた罪人に対して、車輪を打ち付けて四肢を砕く罰だった。グリム兄弟もお気に入りの処刑法。

証拠の女王（スキル・知力・技術）

　刑吏のもう一つの仕事として忘れてはならないのが拷問だ。中世初期には拷問はなかったが、自白が「証拠の女王」としての地位を確立すると共に拷問も導入された。
　そんなわけで中世の裁判システムの一部となった拷問だが、ただ単に痛めつければよいというものではない。痛みに慣れぬように痛覚を生々しい状態に保ちつつ、なおかつ相手の体が壊れないようにうまく調整せねばならない。そして粘り強く相手の白状を引き出す根気と精神力も必要だったようだ。拷問という複雑な手続きこそが、刑罰の専門家……つまり刑吏を生み出したとする言説もある。パリやドイツでも、この職に就くには非常に長い修行を必要とした。
　また、痛めた体は一旦治してやらねば再度の拷問はできない。そんなわけで、拷問をした囚人に治療を施すのも刑吏の役割だった。
　彼らはかくして拷問・治癒を通じ、人体に対する深い知識を身に付けていった。フランスの有名な刑吏一族であるサンソン一家を始め、刑吏が副業として医者をやることが多いのもこのためであろう。
　ちなみに、時代や地域によっては拷問中の自白は裁判で信用されないこともあった。そんな場合は「自主的に白状」させるために拷問を行うのであった。

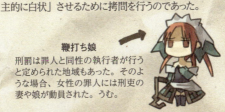

鞭打ち娘
刑罰は罪人と同性の執行者が行うと定められた地域もあった。そのような場合、女性の罪人には刑吏の妻や娘が動員された。うむ。

鞭は皮膚を傷付け痛みを与えるが、相手を死に至らしめることは稀だったため拷問などに好んで利用された。

賤民としての執行人の歴史（魅力）

～中世以前～

　死刑執行人は、いかにして賤業になったのか。それを語るには、まずは中世のちょっと手前、いわゆるゲルマン民族の世界での話から始めねばならない。

　そこでは「刑罰」の概念そのものが、ローマ法を基礎としている現代とは少し違っていた。誤解を承知で結論から言うと、ゲルマン法にとって刑罰とは一種の「儀式」だったのだ。

　彼らにとって違法行為は、神や精霊、そして法に基づく秩序をないがしろにすることに他ならない。となると、違法行為が為された場合には破られた秩序の「埋め合わせ」が必要になる。それが刑罰というわけだ。

ゲルマン法の刑罰の大きな特徴として、「偶然刑」であることが挙げられる。つまり、刑の執行の結果、運良く罪人が生き延びた場合、それ以上の追求はしなかった。儀式の執行そのものが目的だったため、犯人の生き死には重要ではなかった。

フロンボーテ
ゲルマン民族の死刑執行人。外見適当。

　刑罰の意味が現代や中世とはまるで違っていたから、その執行者の意味もまた違う。当時の死刑執行人は共同体の代表として、処刑という神聖な儀式を執り行う貴人だった。畏敬の念を抱かれており、当然賤業ではなかった。

～中世都市成立以降～

　ところが、中世に入り都市が成立してくると事情は変わってくる。

　まず、都市の市民階級の成立によって、ゲルマン風の共同体が霧散してゆく。更にローマ法の「再発見」とキリスト教の台頭により、ゲルマン古来の刑罰のあり方が忘れ去られ、刑罰の持つ神聖さが失われた。

　聖なるヴェールを剥ぎ取られた処刑は、もはや単に血生臭い汚れ仕事でしかなかった。そして、かつての執行人が抱かれていた畏敬の念からも神聖さは取り除かれ、後に残るのは畏怖のみだった。

　それだけではない。時代が下るにつれて国家権力と市民は対立し始め、結果として都市の市民が断頭台に上がることが増えてきた。市民から見れば、刑吏は単に都市の汚れ仕事を行うばっちい奴であるのみならず、同胞たる市民たちに理不尽な刃を振るう、国家権力の手先に成り下がった。しかし、国家権力は強大であり法体系は正当なもので、表だって否定するわけにはいかない。かくして、彼らの憎悪は刑吏という社会的弱者に集中することになった。ここに、賤業・刑吏は完成した。

「エンガチョー」「バーリアー」「エンガチョー」

刑吏のおはようからおやすみまで（魅力）

　賤業賤業と言うが、刑吏の実際の所はどんなもんだったのか。彼らの扱いは以下のような感じだ。

- 一目で刑吏とわかるよう、決められた服や鈴を着用する
- 一般市民との接触禁止。刑吏に触った奴も賤民とみなす
- 結婚相手も賤民限定。というより結婚なんかするな
- 基本、物を売って貰えない。売ってほしけりゃ金を上乗せ
- 町中での居住は禁止
- 勿論公共のサービスは一切なし
- 死んでもお墓はないし棺も担がない
- 刑吏の子も刑吏
- 一般市民に会ったら道を譲る

　……とまあ、実に壮観。一言で言えば村八分を超えた村十分というわけだ。

　中世の賤業には幾つかの要素があるが、改めて刑吏をこれらと照らし合わせてみると、
　○生命や血に関わる仕事
　○不快な仕事
　○キリスト教的に宜しくない仕事
　○国家権力の手先
　×余所者
という具合になり、なんとまあ5項目のうち4項目にも該当してしまうのである。そりゃ嫌われもするってもんだ。

前述の通り、刑吏は一般の酒場でくつろぐことすら厳しく制限されていた。その代わり、刑吏らは監獄の地下に賤民たちのための居酒屋を開業する権利を持っていたという。うーむ実に中二。闇ギルドとか登場させるにはもってこいだ。

ドロア・ド・アヴァージュ（スキル・魅力・財力）

　というわけで散々な蔑視に晒された死刑執行人であるが、意外なことに、この仕事には志願者がけっこういた。理由は単純明快。儲かったからだ。ただでさえ結構な額の給料が支払われていたし、死刑を執行する度に様々な手当が払われた。それだけではなく膨大なる「役得」も彼らは持っていた。

■刑吏に支払われた手当の例（18世紀パリ）
- 火あぶり　　　　　：90リーブル
- 火あぶり後の灰撒き：6リーブル
- 拷問　　　　　　　：15リーブル
- 絞首　　　　　　　：30リーブル
- 絞首台への張り付け：3リーブル

■刑吏が受け取っていた物（一例）
- 固定給　・麦数樽〜十数樽
- 住居　　・乾草
- 布地　　・燃料　　・衣服

■刑吏の主な副業
- 外科医　・皮剥ぎ　・娼館経営
- 道路＆下水掃除人

役得の数々　あやかりたい！！

死体
処刑によって生産された死体は、理髪師や外科医が喉から手が出るほど欲しかった。当時は法律上の問題などがあり、解剖用の死体の確保が困難だったのだ。

死体の一部
刑死者の血や頭蓋骨、皮膚などは薬になるほど需要があった。その他の箇所も、様々な理屈を付けて、お守りや薬として重宝された。例えば泥棒の指は盗みのまじないに使われた。

マンドラゴラ
絞首台の下に落ちた、刑死者の最後の涙からはマンドラゴラが生えると言われていた。これもまた霊薬として珍重された。

司法杖
死刑の宣告の際に、裁判官は罪人の頭の上でこれを折った。その際の欠片もまた高値で売れた。

遺物
刑死者や自殺者が身につけていたものは、刑吏の所有物となった。これは、ゲルマン法の時代、決闘の勝者が敗者の持ち物を得ていたという習慣に由来するという（刑吏は元々原告の代理人だったのだ）。

Money for old rope

　イギリスでは処刑に使ったロープは使い回すよう義務付けられていたが、これを無視して刑吏が野次馬にお守りとして高値で切り売りすることもあった。
　ここから転じて、あぶく銭のことを money for old rope と呼ぶようになったとか。

　このように数々の権益があったが、特にフランスの刑吏はドロア・ド・アヴァージュなる特権を持っていた。これは、周辺の市場から売り上げの何割かを勝手に搾取したり、商品を天引きする権利であった。そんなことするからますます魅力が下がるんだろうとは思うが、ともあれ死刑執行稼業は金になった。
　ドイツやイギリスでもそこらの職を遥かに凌ぐ収入を得ていたが、特にフランスではそれが凄まじく、年収6万リーブルにも達したという。ちなみに当時の一般人の日給が大体1リーブル。1リーブル1万円として換算すると、年収6億ということに。すげえ。1年だけでいいから俺と替われ。　　※但し、手下を雇ったりと、支出も結構あった。

忌みの意味（技術・知力）

　「忌み」という言葉には二つの側面がある。「恐れ」と、そして「畏れ」だ。確かに刑吏は中世に入り、神聖なる儀式の執行者という役割を失った。しかし、生者と死者の狭間にいる彼らは、どこか不思議な力があると思われていた。畏敬の念から畏怖の念に変わりはしたが、畏れには違いない。
　上で述べたように、処刑に纏わる物品が薬やお守りといった霊的・呪術的な力を持つと思われていたのもそのためである。
　迷信は置いておくとしても、刑吏は実際に医術に秀でていた。人体に精通するようになった理由は既に述べたが、その腕前は正規の医者をも凌いでいたとすら言われる。というのも正規の医者は人体解剖が禁じられていたが、刑吏の場合は、解剖用の死体はいくらでも用意できたからだ。

恐れと畏れはいつの世も紙一重。賤民にこそ強い呪術力が期待されるのは、どうやら洋の東西を問わないようだ。

執行人の死

　死を扱う刑吏のお仕事であるが、刑吏自身にも死の臭いは付きまとっていた。
　まず、自分自身が処刑台に送られることも多かった。一撃での斬首に失敗すると、それが理由で今度は自分が死罪になることがあったし、そうでなくても怒り興奮した群衆に自分が殺されてしまうことも多々あった。死刑執行人になって最初の処刑の相手は、前任の執行人だった。なんて話もある。
　また、引退後に自らの命を絶った刑吏も多いと言われる。
　そして死んだら死んだで、教会は埋葬を拒否したし彼の棺桶を運びたがる者などいなかった。
　死んでも尚、執行人は呪われた運命から逃れることはできなかった。

執行人あれこれ

　というわけで執行人さんでした。散々差別されてますが、彼ら自身の性格はというと、敬虔で慎み深い教養人だったり快楽殺人者だったりとピンキリのようです。
　執行人はマスクや仮面を被っていたと伝えられる。復讐を避けるためとか、斬首にあたり人間性を捨てるためとか色々言われてる。

エグゼキューショナーズソード
斬首専用の剣。「突く」用途には使わないので切っ先が平になってるという中二な剣。もちろん本物には本書のイラストのような先っちょの変な飾りは付いてこない。ちなみに一般人レベルの罪人相手には、市販の剣を使っていたらしい。というかそもそもこの剣、中世の資料にはあんま登場しないのよね。

火消し

時代：江戸時代
観測地：日本都市部

火炎の中に咲く江戸の華、
建て、壊し、また建てる

解説

　江戸時代の江戸は18世紀初頭には人口100万人を超え、世界屈指の大都市だった。それだけの人口が集中しているにも拘らずほとんどの建物が木造なので、火災率もまた世界屈指。冬から春にかけては連日、場合によっては日に複数回火事が発生することすらあったという。

　もちろんお上も黙ってみているわけではない。相次ぐ火災に対して、武士たちによる大名火消し＆旗本火消し、町人による町火消しなどの各種消防組織を整えていった。

　さてその火消したち本人はというと、好戦的で縄張り意識も強かったため、火災現場では火消し同士でよく主導権争いの喧嘩を起こしていた。その結果……ではないだろうが、19世紀には町人らの町火消しが最大勢力となり、実質火消し＝町火消しの構図ができ上がる。ので本項も町火消しを中心に記述する。無論、ネタに困れば他の火消しも取り上げるにやぶさかではない。

〔コメント〕今回は、どちらかというと一般教養レベルのネタかもしれません。たまにはこんなのも宜しいかと。ちなみに手に持っている獲物は、絵描き仲間のM師がデザインされたもので、纏とメイス（推定）を合わせた破城纏という武器です。ひゃっほう。

属性

戦闘　商売　職人　放浪
宗教　賭業　権威　民族

能力

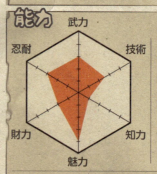

武力：6
技術：5
知力：2
魅力：8
財力：4
忍耐：6

武力6：肉体労働者だし、好戦性も考慮。武士もいたしね
技術5：鳶職としての技術を評価
魅力8：江戸の三男として高い人気を誇る

技能

破壊消防
建築物に対して防御力無視、威力＋4の攻撃を行う（コスト35）

江戸の華
攻撃を行う度に、町人に対する魅力が＋1される

火消しアイテム

鳶口（とびぐち）
鳶職人の必須アイテム。木材の移動や建物の解体に使われる。当時の鳶口がヤフオクで1万くらいで売ってたりする。

刺又
捕り物(罪人逮捕)の3道具の一つ。火消しにおいては鳶口同様、家屋の破壊に使われる。

大団扇
火消し7道具の一つ。漆を塗った防火団扇。火の粉を払うのに用いる。

火事兜
大名クラスが被る兜。熱くならないよう紙を貼り重ねた張り抜き漆器製となっている。

纏（まとい）
火消しの組のシンボル。纏は決して燃やしてはならぬため、纏を持って火事現場に立つということは、絶対防衛ラインを引くということを意味する。纏持ちは花形だったが、同時に責任重大だった。

江戸と火事と僕らの火消し

これでもかというぐらいに火災で焼き払われ続けた魔都・江戸は、最終的に「火災都市」の称号を頂戴する。挙げ句の果てには火消し共々、江戸の文化の一つにまでなってしまった。

梯子
現代でも消防士の出初め式に見られるように、梯子は火消しと縁が深い。燃えにくい青竹を用いて作られており、梯子を持つ梯子持ちは纏持ちに次ぐ階級だった。

玄蕃桶（げんばおけ）
水を運ぶための大型の桶。二人がかりで運んだ。

鳶
建物の建築と破壊に精通し、かつ高所を自在に飛び回ることのできる鳶職。彼らこそ当時の江戸で最も火消しに適した人材だった。そのため、火消し組織はやがて鳶集団の天下となってゆく。

破壊消防（スキル・武力）

当時は多量の水を用意するのは困難で、消火の技術も不十分だった。そのため、延焼を防ぐために、隣接する家や風下の建物を破壊することで、火災の広がりを防ぐという手法が取られた。個人的にフィールドに干渉できるSRPGは好きなんですよ。あまり意味がなくても。

水筵（みずむしろ）
水に浸し、延焼を防ぐために隣接する家屋の屋根などに敷き詰められた。ちなみにこれを水に浸すための箱は水箱と呼ばれるらしい。

提灯持ち
纏持ち同様、組の印の刻まれた提灯を掲げた。

江戸の華（スキル・武力・魅力）

「火事と喧嘩は江戸の華」というように、火消しの華やかな働きぶりは江戸の見物の一つだった。特に火消しの頭は男も惚れる江戸三男の一つとして名高い。
更に言えば、火消しは喧嘩好きなので火事も喧嘩も兼ね備えているということになる。

その他の火消し

火消しのような消防組織は、江戸や古代ローマのような大規模な都市じゃないと中々発達しないらしい。小中規模の都市しかなかった中世ヨーロッパでは、あまり消防の発達は見られない模様。たとえば12世紀フランスの例だと、一旦火が広まったら、延焼を防ぐべく桶を並べて後は祈るくらいしか手はなかったようだ。比較的都市文化が栄えたイタリアで、辛うじて消防団の存在が確認できる程度だ。

臥煙（がえん）
幕府直轄の火消し。冬でもハッピとフンドシに足袋のみという気合いの入った出で立ちで、総じてガラが悪い。ただし不良にとっては憧れの存在だった模様。幕府直轄だが、資料によっては、鳶集団はこの臥煙の実作業も下請けしていたとするものもある。

伍善
中国の火消しは時代・地域によって様々だが、18世紀以降は火会、水竜会といった民間組織が消防に当たった。伍善というのはその実行役、らしい。

ウィギレス
古代ローマの消防隊。元軍人や解放奴隷で組織された強面のお兄さんたち。軍隊流に整備された組織を活かして、やがて犯罪を取り締まる監視員としての仕事も兼ねるようになる。

抜歯屋

別名：大道医
時代：中世
観測地：欧州

中世の救世主（自称）
殺伐とした田舎の町に現れし

解説

中世の田舎の村に幌馬車がやってくる。金の玉房と白い羽根飾りを付けた三頭の馬に引かれたその馬車からは、銀の胴鎧を身につけた楽隊、旗手、鐘を叩く助手らがぞろぞろと下りてくる。そして最後に貴族のような出で立ちをした大男が奥から姿を現した。何事かと馬車の周囲に群がる村人たちに向かい、大男はこれまた体躯に見合う大声で語り始めた……。

何じゃいなと思うかも知れないが、これが中世〜近世の標準的な抜歯屋の営業風景だったらしい。そもそもの話をすれば、当時は「大道医」というカテゴリーが存在した。怪しい薬（テリアカ）の実演販売だとかをしてカネを稼いだ放浪の医者である。

本項の抜歯屋もその一例であるが、資料に載ってる例ではどれも「我が輩は抜歯の奥義を以て医術の世界に君臨しております。この奥義を使って皆様方のために破格の値段で奉仕する者であります」みたいな大袈裟な演説をぶっていたようだ。翻訳の都合もあるだろうが、我が輩ね。

ちなみに彼ら大道医の腕前はというと、実に中世的なものだった。何しろ彼らは放浪の身。手抜き手術で患者が死んでしまっても責任なんぞ知ったこっちゃなかったのだ。

属性

戦闘　商売　職人　放浪
宗教　賭業　権威　民族

能力

武力：6
技術：5
知力：5
魅力：5
財力：7
忍耐：2

武力6：純粋な抜歯に必要な技量は、腕力であった
知力5：大道医としての力は技術というよりは詐術か
財力7：莫大な遺産を残した例も確認されている

技能

演説
前方3マスにいる敵ユニットの行動を遅らせる
（コスト45）

ピックポケット
財力5以上の敵を攻撃した際、1の資金を敵から奪う

そも、中世の抜歯とは（武力）

中世には「虫歯は人を暴飲暴食という悪徳から守ってくれる素晴らしいものだ」という主張も存在したが、この手の屁理屈が市民権を得ることは、普通、ない。当然、人々はこの苦痛を治癒してくれる存在を切望した。
14世紀には「歯の治療は医師の管理のもと実行すべき」と主張した医学書が登場している。では実際はというと、歯の治療は床屋や大道芸人（大道医）の管轄となっていた。特に後者に至っては、抜歯は医術というよりも最早アトラクションと化していた。

具体的にはこんな感じだ。
町村で市場や祭りが開催されると、どこからともなく旅の抜歯屋の一座がやってくる。音楽や奇抜な格好、演説で注目を集め、寄ってきた客に抜歯を行う。観客は抜歯の様、患者が痛がる様を見て面白がっていた。
道化や吟遊詩人、軽業師たちが芸を披露する隣で抜歯が行われる様子を描いた絵も存在する。これらの喧騒が、患者の痛みをごまかしてくれるという作用もあったかもしれない。
で、肝心の抜歯であるが、「やっとこで挟んで思い切り持ち上げる」といったものだったようだ。それが証拠か、有名な抜歯屋だったグラン・トマも「雄牛の如きたくましさ」を持つ巨人だったそうである。そんなわけで抜歯には単純に筋力が求められたようだ。

ランセット
切開用のカッター。

やっとこ
テコの原理を使い強い力で物を挟むことができる。

やすり
文字通りやすり。歯を削るのに用いる。

歯の数珠
抜歯屋のトレードマーク。手に持って掲げたり、帽子の紐にぶら下げたり。

蒸留酒
消毒用。抜歯屋は薬の販売も行ったが、地元の商人と提携することもあった。

抜歯屋の素養

抜歯そのものに必要な能力は、上で見たように筋力だったかもしれない。が、抜歯「屋」として成功するには、むしろ観客にアピールするためのパフォーマンス能力が求められた。大道医とも言われるくらいだから、ある意味当然と言えるかもしれない。

抜歯屋パーティの出自（技術）

大道芸大道芸と何度も言ったが、抜歯屋たちはその出自からして既に演劇畑・軽業師・役者・ダンサーなどなど、そっち方面の出身者が多かった。中には外科医として修行を積んだ者もいたが、例外的だったようだ。
抜歯屋の一行には他に楽隊や旗持ちなどがいたが、彼らの母体も同様に大道芸人たちだったと思われる。
もうどっから見ても旅芸人の一座以外の何者でもない。

演説（スキル）

恐らく、抜歯屋の最も特異な能力。演劇畑出身者が多いだけあって、皆一様に歯が浮くような大袈裟な演説をぶった。
「抜歯の秘技を獲得して同胞を救済しに来た」とか「我が輩は高貴な身分だが、抜歯の術を以て人類を助けに来た」とか、そんなんばっかりである。

ピックポケット（スキル）

抜歯屋の中には患者が痛みに耐えている隙に貴重品をかすめ取るといった、変な方向に器用さを発揮する者もいた。また警察の手先となり、群衆の中から手配犯を探し出すアルバイトをする者もいた。
抜歯屋の商売は変化自在なのだ。

通常攻撃
サーベルは（何故か）抜歯屋の標準装備。

EXTRAスキル：ドリル
効果：防御無視のダメージ5攻撃。

被ダメージ。

永久におやすみ。

カストラート

時代：(中世〜) 近代
観測地：イタリア、トルコ

時代が生み出した人工の天使、
教会とオペラの壇上に舞い降りる

解説

　教会音楽というジャンルがある。聖歌自体はキリスト教の初期の頃からあったというので、ミサで典雅な聖歌が歌われるという風景は昔から見られたようだ。
　ところで、聖歌の世界には一つの問題が存在した。「女は教会では黙っていなさい」という聖パウロの言葉に文字通り従った結果、当時、建前上は女性は表舞台で聖歌を歌うことができなかったのだ。高音域の歌声が必要になったときには少年によるボーイソプラノなどが用いられたが、彼らには、技術を覚えた頃にはすぐに変声期を迎えてしまうという大きな欠点があった。
　大人になっても少年のような声を長らく保つことはできないだろうか？　この歴史的かつ社会的な需要の前に、人類は一つの答えを導き出した。それが、去勢。
　『少年の男根に去勢手術を行うことで男性ホルモンの分泌を抑え、声変わりを防ぐ』。この素敵すぎる解決方法の成果が本項の主役、去勢歌手カストラートである。彼らは天使の歌声を持つ名歌手として、古傷と引換えに、17〜18世紀の歌の世界に君臨したのだった。
　カストラートの起源は謎に包まれているが、その終わりは記録に残っている。1913年、最後のカストラートであるアレッサンドロ・モレスキが引退した。今から遡ること、ほぼ100年。そう遠い時代ではない。

属性

| 戦闘 | 商売 | 職人 | 放浪 |
| 宗教 | 賭博 | 権威 | 民族 |

能力

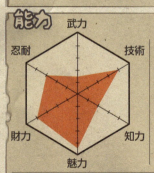

武力：3
技術：8
知力：4
魅力：9
財力：8
忍耐：6

技術8：超絶技巧の権化
魅力9：トップクラスはまさに時代の寵児
財力8：稼げる奴は大いに稼いだ

技能

カデンツァ
一定ターン、行動速度が1.5倍になる
ただし操作不能になり勝手に行動する（コスト30）

少天使
年少者死亡時、1の資金を得る

ライズ・オブ・カストラート

　歌のために去勢をするという発想がいつどこで生まれたかを見極めるのは難しい。一説にはコンスタンティノープルでは10世紀に似たような存在がいたとか、或いはスペインから伝わったとか言われている。いずれにせよイスラム圏経由でイタリアに伝わったと考えてよさそうだ。イスラム世界には宦官文化があったから、去勢と声に関する知見が蓄積されたのだろう。

　ただ、何しろ下半身に関わることだけに、記録もあまりはっきりとは語りたがらない。イタリアでカストラートが認知されたのは16世紀頃だとされているが、実は彼らはその前から割といたんじゃないかと見る向きもある。結局のところ、実態は謎の中ということだ。

スパニョレッティ：
カストラートが登場する前、聖歌隊では、高音を歌う技術を身につけたスペイン人ファルセット歌手が活躍していた。が、表向きファルセット歌手と称する彼らの中にも実は隠れカストラートがいたのではという見解もあるらしい。

去勢と身体的影響（武力）

　「去勢」というと中国の宦官のように陰茎の切断をイメージするかもしれないが、カストラートの場合はそうではなく、主に行われたのは精索と睾丸を取り出す、というものだった。

　するとどうなるのかというと、左でも述べたが、男性ホルモンの分泌が抑えられ、声変わりが起こらない。女性にも目立たないものの変声期はあり、咽頭の位置が下がって声に影響を及ぼすらしい。しかしカストラートにはそれがない一方で、成長ホルモンは分泌されるので肉体的な発達は通常の男性同様に行われる。

　その結果、女性のしなやかさと高音域、男性の華々しさと筋力を併せ持つという、いいとこ取りをした歌唱生命体が生まれるのだそうである。

　ちなみに懸念される健康への影響は基本的にないそうで、実際長寿のカストラートは多い。一方、ホルモンの分泌の影響で、肉の付き方が女性的になったり、やたら長身、あるいは逆に肥満になるケースは多かったという。

エイジ・オブ・カストラート（魅力・財力）

　こうして生まれたカストラートは、高音域を歌える男性歌手が欲しいという教会側の需要と合致して普及し始めた。しかし、彼らの活躍の舞台は、やがて教会から別の場所に移ることになる。当時の新しい娯楽たる「オペラ」である。

　当時のオペラの繁栄ぶりを伝えるには紙面が足りないが、とにかく17～18世紀にかけてこの舞台芸術はヨーロッパにおいてまさしく娯楽の王様と言える地位にあった。

　そしてそのオペラと言えばカストラートだと言われるほど、カストラートはオペラの代名詞的存在だった。

　去勢歌手と言われて、サーカスのパンダのような見世物を想像する人もいるかもしれない。が、彼らは決してそんな珍奇な存在ではなかった。何しろ、18世紀の男性オペラ歌手の7割がカストラートだという驚きの記録もあるほどである。オペラの世界では、彼らは十分に受け入れられていた、というよりは寧ろオペラの支配者だった。彼らの持つ声と超絶技巧と呼ばれる歌の技術に観客は酔いしれたし、去勢男性という性的に曖昧なところが、オペラで演じられた神々や英雄にマッチしたという分析もある。こうしてオペラからは数多くのスター歌手が生み出された。

　まさに当時はオペラの時代であり、それは同時にカストラートの時代でもあった。時代が過ぎれば瞬く間に忘れ去られる運命にあったにしても、である。

実際の所、国境を越えて活躍する「国際的スター」という存在は、このオペラから始まったとも言われる。見方によってはハリウッド・スターの元祖とも言えるわけだ。

全盛期のカストラート伝説（一応史実）

・ロンドン社交界の婦人たちは、ファリネッリ（※1）の名を聞いただけで失神した
・さるカストラートがフィレンツェに到着した時、一目見ようという群衆が市壁の手前4キロに渡って連なった
・あまりの歌声に、怒るはずのオペラ暴君役が感動して役を放り投げてカストラートに抱きついてしまった
・あまりの歌声に、指揮者も演奏者も感動して仕事を放り投げて、ただ聞き入っていた
・「ファリネッリの歌とフォスターの説教を聞かずして上流階級を名乗るべからず」という謎が真実として語られた
・鬱病に苛まれたスペイン王がファリネッリの歌声で心の平穏を取り戻した
・あまりの美声に男だと信じられず、ストーカーになる者続出

※1 ファリネッリ：
18世紀に活躍した、最も有名なカストラート。左の一覧を見たらわかるように、多くの伝説を残した。

18世紀の劇場世界（技術）

　微妙に話が前後するが、そもそもカストラートたちが活躍した当時のオペラとはどのようなものだったのか。筆者はこの辺の時代は専門外だが、どうやら近代オペラの世界もまた、本が何冊も書けるような濃い魑魅魍魎の世界だったようだ。今日一般的にイメージされるオペラとの最も大きな違いを一言で言えば、観客から興行人まで舞台を構成するあらゆる人物が「慎み」という美徳を全く持たなかった点だ。言い方を変えれば、自分の欲望に忠実であったとも言える。

劇場というカオス

　他の地域はともかく、オペラの本場であるイタリアではオペラは唯一にして最大の娯楽であり、都市には必ず劇場が建てられた。ヴェネツィアでは18世紀初頭までに16の劇場が建てられたというし、場合によっては田舎の町に劇場が建てられることもあった。
　劇場は、単にオペラを鑑賞するだけの場ではなく、社交場、賭博場、飯屋から風俗までを備えた総合エンターテイメント施設だったのだ（歴史では割と見かける常套句だ）。ここにラテンの血という要素が加わった結果、オペラ鑑賞とはマナーに縛られたお上品な趣味などではなく、喧騒溢れる熱狂的なお祭り騒ぎと化すのであった。

ロージェ
　オペラの両壁部分に設けられた金持ち用の個室型の席。桟敷席、あるいはボックス席などとも形容される。シーズンの間貸し出されており、役得でこの席の権利を得た歌手が転売して自分の収入に充てたりと、多くの利権の対象となった。
　この席はシーズン契約の別荘のような扱いになっており、金持ちはここで客と政談に明け暮れたりするのだ。無論、劇自体はクライマックスのアリアくらいしか観ない。

色事
　ボックス席で色事が行われていたことをほのめかすような記述もある。劇場関係者がカップルにボックス席を手配して金銭を稼いでいた……という可能性もあるそうな。

あやしい人びと
　客席に隙間が生じるようであれば、盛り上がりを演出するためにサクラの客が無料で入れられることがあった。また、上映中に娼婦がうろつきまわり客を取ることもあったようだ。

喧嘩
　左右のボックス席と異なり、中央の平土間席は庶民用。言うまでもなく、観客同士の騒動とかもあったよ。

賭け事
　劇場は総合レジャー施設であるので、賭博場も開かれていた。とはいえ賭博場は流石にホール内ではなく、ロビーなどで開かれていたそうである。残念ながらこの辺の図は見つからなかったのでイラストは省略だ。
　ちなみに賭博場の上がりは胴元である支配人の手に納まったわけであるが、オペラの興行よりもこっちのほうが儲かったとか、この稼ぎで歌手の賃金を払ったなんてお話も残っている。

照明
　劇場には大量の蝋燭がつけられていた。上映中の舞台と客席との明るさは大差なかったので、客は席で自由に振る舞うことができたのだ。
　大きな劇場だと一晩で数千万円の照明代が掛かったとも言われる（ほんまかいな）。その照明のお陰で劇場は暖かく、客にとっては暖房代の節約にもなった。無論、煤による汚染も凄まじかった。

密偵
　オペラは上流階級の人々の社交の場でもあった。そんな人々の情報を狙ってか、都市によっては当局から密偵が派遣されることもあった。彼らがオペラにまつわる人々の話を事細かに記録してくれたおかげで、今日の我々が当時のオペラ事情を知ることができるという側面もあったりする。

　当時のお客を侮ってはいけない。やかましい野次なんてものは序の口。オペラの上映中でも劇そっちのけで談笑に花を咲かせ、食事を楽しみ、タバコをくゆらせ、果ては賭け事にまで興じていたという。話し相手を見つけられなかった客は台本を読んで劇の時間を潰していたとも。「劇見ろよ」と突っ込みたくなるが、上述のように劇場は総合娯楽施設であったので、必ずしもオペラが客の目的ではなかったのだ。とはいえ、客がオペラに興味がなかったわけでは決してない。好まないものには断じて拍手をしないが、ひとたび感動すれば全身全霊で賞賛を表すのがイタリア人である。オペラが終わって1時間以上経っても客たちが劇場に残って拍手や歓声を上げ続けていたという記録も残っている。

気まぐれと即興（スキル・技術・魅力）

　18世紀の劇場は十分カオスだったが、そこで演じられるオペラもまたカオスの世界だった。
　当時のオペラはシーズンごとに台本が作成されるテレビドラマのようなもので、芸術作品というよりは大量生産品と呼ぶべきものだった。それゆえ観客の方も、オペラに崇高さなどは求めておらず、出演者の演技にすら興味はなかった。彼らが求めたのはもっぱら、歌手の超絶技巧と派手な舞台装置だった。
　壇上の出演者もまた、観客に輪をかけて慎みなき存在だった。女性歌手たちもそうであったが、それ以上に気まぐれだったのが本項のカストラートである。彼らは、オペラ全体の芸術性とかではなく、自分自身の虚栄心や競争心のためにアピールに励み、自分のために脚本を変更するよう台本作家や作曲家に強要するのであった。
　以下はそのほんの一例である。

○カストラートたちは自分の声量や技術を示すために、自分が得意とする、しかしオペラの筋とは全く関係のないアリア（見せ場の歌）を歌ったりしたそうである。そうでなくても、歌詞を自分好みに勝手に変更したり、歌の中の1単語を延々と引き伸ばして、オペラ全体のリズムを壊すといったことは日常茶飯事だったようだ。彼らは舞台の上では全くの自由人だった。

○著名なカストラートのマルケージは、自分が登場する際は、どんな役だろうと「羽飾りを付けた兜をかぶり、馬に乗って登場する」という登場方法に固執したそうである。
　またカストラートたちは、「犠牲の場面」や「狂気の場面」、「鎖に繋がれた場面」などを好んだ。何故なら、このような場面は観客の感情を揺さぶりお涙を頂戴できるからである。で、上述のような場面を入れるべしと脚本家に強要した結果、「戦に勝利し凱旋する」という場面なのに何故かその本人は鎖につながれているという珍妙な場面が誕生したりもした。

○カストラートの気まぐれは舞台の裏でも発揮された。たとえば興行主とトラブルになったカストラートは、興行主をとことん破滅させるためにわざと演技を台無しにした、という事例も幾つか残されている。
　ちなみにその結末はというと、役所から「真面目に演技せよ」と命じられたり、或いは偉い人に脅されてやっぱり真面目に演技するよう誓わされたり、といった具合だったらしい。

当時は時代考証という概念もまだなかったのだ。
ええ時代や。

　かようにカストラートの振る舞いを色々と語ったが、彼らの気まぐれをただの我侭と見なすのも公平ではないだろう。そもそも当時、「即興」は重要な音楽の一要素であり、逆に台本どおりにしか演じられない歌手／役者は下の下だという風潮があったのだ。彼らが得意としたカデンツァ（即興曲）はその代表である。
　また彼らの自由な振る舞いは、何度も演じられるオペラに毎回微妙な違いを与え、一種のライブのような魅力を与えたとも言われる。楽屋裏での彼らの過剰な振る舞いにしても、芸能という食うか食われるかの世界で生きていくための、彼らなりの処世術であり必然でもあったと見る識者もいる。

気まぐれの果て（魅力）

　とはいえその一方で、作家や興行人たちにとって、かれらの思惑をいとも簡単にぶち壊すカストラートらの気紛れが邪魔だったのも確かだ。
　18世紀の中ごろから末にかけて、グルックをはじめとする改革者らによってオペラは徐々に洗練されてゆく。凝った技巧の歌ではなくオペラ全体の均衡を重視し、歌手の技量ではなく重厚な演奏を軸に据える。
　このような風潮はオペラを芸術作品として高めていったが、一方でカストラートの気紛れの余地を奪うものでもあった。アカペラならともかく、伴奏楽器の数が増えると、勝手に歌詞を変えるのも難しくなってくるわけだ。
　こうして、オペラの「改革」と同時にカストラートの活躍の場は徐々に奪われていった。カストラートの衰退と消滅には、そのほか政治的社会的事情も絡んでいたのだが、作風の変化もまた大きかったのである。

オペラ改革が完成し、歌手が自分自身ではなくオペラという芸術に奉仕するようになった頃には、カストラートの
出番はなくなっていた。そしてその改革を招いたのは、何割かは、きっと彼らの過剰な気紛れだったのだろう。

倒錯する世界 (魅力)

　去勢歌手であるところのカストラート。現代人から見れば極めて奇異な存在のように思われるが、当のイタリアでは社会に溶け込んでおり、取り立てて語るようなものではないとされていた節がある。前述したように当時の男性オペラ歌手の7割を占めていたという恐ろしい数字も残っている。

　そもそも西洋では、教会ほどではないが、舞台の上でも女性が歌うことをよしとしない行為とみなす向きがあった。その辺の事情もあって、男性であるカストラートが女役として登壇することは珍しくなかった。というか、若いカストラートは女役でデビューするのが一般的だったとも言われる。更には女性役をカストラートが演じ、逆に男性役を女性が演じるといった性的に転倒した事態に至ることもあったという。挙句の果てには、正真正銘の女性がカストラートであると偽って、女性禁制たる教会の聖歌隊に紛れ込むというあべこべな事案も発生した。

　そうでなくても、カストラートが演ずる男性役の方が女性役よりも声が高くなってしまったとか、そういった話は数多ある。これは当時流行ったバロック芸術の特徴でもあるのだが、18世紀の劇場はまこと倒錯した世界だったのだ。当時の人間に言わせれば、「本来あるべき性」が転倒し、乱れ、動揺するからこそ「興奮する」んだそうである。

　現代の日本でも似たようなムーブメントは、確かにある。それに、歌舞伎だって女性役を野郎が演じるわけであるし、倒錯した世界も「そういうもの」と思えば存外すんなり受け入れられるのかもしれない。

カストラートの下半身事情 (魅力)

　では、舞台の外での性事情はどうだったのか。総じて言えば、何だかんだ言って、歌手として成功し賞賛を受け止めたカストラートたちですら、人間としては差別され不当な侮辱を受けることが多かったようだ。元々男性的であることを美徳とする社会である。イタリア本国はまだマシだが、フランスなどの外国人は「去勢鶏」「拵えもの」をはじめとする多種多様な蔑称を彼らに浴びせていた。

　色恋沙汰に関しても去勢という事実はついてくる。前述したように、カストラートの去勢手術は一般に陰茎を断つものではなかったから、生殖能力はなくても行いを致すことは可能だったし、性欲もなくなるわけではなかった。しかし、社会はカストラートの恋を認めず、いかがわしいものとみなしていた。さるカストラートが恋に落ちた時、激怒した相手側親族が雇った刺客によって殺されてしまったという事例も存在する。

　世間様に加え、教会もまたカストラートの結婚に関しては頑として認めようとしなかった。キリスト教の理屈では、結婚とは子を残すための秘蹟である。したがって子を成すことのできぬカストラートの結婚などありえないというわけだ。さるカストラートが「手術が不完全だった」として結婚の許可を願い出たとき、ときの教皇は「手術し直せ」と突っ返したとされている。

著名なカストラートであるカッファレッリが不倫したケースでも、やはり浮気相手の夫から殺し屋を差し向けられている。ちなみにこのケースでは、不倫相手自身も殺し屋を4人雇ってカッファレッリの守護にあたらせたため、事なきを得た。

去勢手術 (忍耐)

　必然的に下半身が取りざたされるカストラートであるが、そもそも彼らをそのような躰にした去勢手術とはどのようなものだったか。当時の技術による手術で、大事に至るような危険はなかったのか。残念ながら当時の外科の教科書にはカストラート用の去勢手術は存在しないのだという。というのも、この手術は公式には禁止されており、屋根裏部屋でもぐりの医者によって為されるたぐいの行為だったからだ。

　当時の、カストラート用ではない正規の睾丸除去手術に関しては書物にも記述があり、それによれば「手術は危険なものであるが、適切に処理すれば大事には至らない」とされている。

　しかし、上述の通り、カストラート用去勢手術はモグリの医者がこっそりやるようなものだったので、医学書が記したような「適切な処置」がどこまで行われたかは甚だ心もとないのであった。大雑把にまとめると、手術による死亡率は、担当した医師によって10～80%とバラバラ……というのが実情のようだ。

当時の手術の様子。一応麻酔はかけられたらしい。

去勢手術を受けたひと（財力）

　少年らは、どういうなりゆきで去勢手術を受けるに至ったのか。明確に述べた資料は少ないが、カストラートの多くが「貧乏な農民家庭出身」だったという事実からある程度察することができる。幼少の頃から歌が上手いといった評判があると、父親は子供を連れて医者を訪れる。その後は音楽学校に入り歌手候補生の道を歩む、というルートが既に確立されていたようだ。
　無論、当の本人はまだ手術が意味することを理解していなかっただろう。そんな当人をよそに大人が去勢手術を受けさせる。いかに人権という概念がまだ未完成だった時代とはいえ、言語道断の所業と言っていい。そしてそんな行為が何千あるいは何万と行われ、社会は手術の産物たるカストラートを望みながらもその犠牲者に対しては目を背け続けた。そこには、時代としか呼びようのない壁のような何かが横たわっているようにも見えるのだ。
　この手術については外国人も興味を持っていたようで、さるイギリス人が調査に赴いたことがあった。それによれば、ミラノに行けば「手術はヴェネツィアでやってる」と言われ、ヴェネツィアへ行くと「ボローニャでやってる」と言われ、ボローニャで聞けばフィレンツェに行けと言われ、フィレンツェではローマへ、ローマからはナポリへと送られる……といった具合にたらい回しにされたそうである。

　つまり、いくらカストラートの栄光だ何だと言っても、去勢手術なんてのは表立っては語られない不名誉なものであり、各都市はその不名誉を他都市に押し付けようとしていたわけである。梅毒と同じ理屈だ。だが都市の大人が目を背ける影で、確かに手術は行われたのだ。

カストラート養成学校（技術・知力）

　一世を風靡したカストラートたちであったが、いくら去勢をしたからといって自動的にスター歌手になれるわけではない。カストラートの活躍の影には、彼らを鍛えたイタリアの音楽学校の存在があった。
　イタリアの音楽学校の多くは孤児院を母体とするが、孤児らが教会で聖歌を歌うというアルバイトをやっていた関係か、やがてこれらの施設は音楽教育に特化してゆく。去勢手術を受けたカストラート候補者も多くはこの学校に預けられ、音楽エリートとして教育を受けたわけである。

　ただし、その学校内の生活はというと大変厳しいものであったようだ。狭い宿舎に押し込まれ、食べ物は十分とはいえず、生活の規則は厳しかった。例えば飯はサラダとチーズだけで、食事の間の会話は許されず、また休み時間も上級生や下級生と会話してはならなかったという具合である。修道院的、と言えるかもしれない。正直、時代を考えると「厳しくない学校」のほうが稀だと思うのだが、参考文献の著者らは口をそろえて学校生活は厳しかったと言ってるので、きっとそうなのだろう。
　そんな中でも去勢少年は、将来的な「商品価値」が他の子供よりは高かったので、待遇は優遇されていたそうである。しかし、恐らく虐めのためだろう、脱走率は一般の子供たちよりも極めて高かった。この無味乾燥な数字の裏に、彼らが生きた世界というものが垣間見えるわけである。
　「技術」に高い値を割り振ったのも、肉体的なアドバンテージに加えて厳しい修行を経た選りすぐりだからこそ、である。カストラートとなった者の中には、逆に音楽教室を開いて教える側にまわる者もいた。当時の優秀な音楽教師はほとんどがカストラートだったという証言もあるくらいなので、彼らの音楽能力は一流のものだったと言っていいだろう。

歌い手の金策（スキル・財力）

　カストラートの多くは音楽院で音楽教育を受けてきたわけであるが、その頃から様々なアルバイトに投入されることがあった。中でも代表的なものは「少天使」である。これは、子供が若くして死んでしまったとき、その葬儀に天使の格好をさせた生徒を派遣して通夜をさせるという伝統に基づくものである。特にカストラートは天使（＝両性具有者）との親和性が高いため、これに多く派遣され、音楽学校の収入源の一つの柱となったようである。当時は子供の死亡率も高かったので、結構需要があったのだ。

　他にもやはり葬儀の際の死者の棺の付添人や、ミサの聖歌、チャリティ的なコンサートなどの仕事をこなしていたようである。音楽学校のほうも、時代が下るにつれて子供たちを金策のために積極的に活用するようになっていったようだ。歌で稼げるのはなにも劇場だけではないという話。

去勢者のこころのうち (魅力)

　心ならず障がい者にされ、様々な障害の中で生き、死後もなお後世の人間の好奇の目に晒される（本書もその一例だ）。そんなカストラートであるが、当人はこのことをどう思っていたのか。残念ながら記録は多くは残っていない。そもそも彼らは過去を語りたがらなかった。貧しい農村の出であることも隠したがっていたというので、当然ではあるだろう。
　ただ、彼らは概して、過去の記憶に暗いものを抱えていた、とは言えそうである。カストラートは手術後は音楽学校で暮らすことになるので、元の家族とは疎遠になることが多かった。そのため、カストラートは自分が去勢させられた本当の理由も知らされていなかった（建前としては、「病気のため」「怪我のため」に手術したとされるケースが多かった）。いや、それどころか誰の意思で去勢させられたのか、果ては自分の親は誰なのかすら、知らされていない例が多々あったようである。
　そんなわけで、カストラートは自分の親に対して無関心か、疑心を抱いているか、そうでなければ憎悪を抱いていた。「もし自分をこんな身体にしたのが父親だとわかったら、このナイフで父を殺してやる」とは19世紀のさるカストラートの言葉である。
　実家には暗い記憶しかなく、帰るべき所も持たず、好奇の視線に晒されながら自分の喉一つで魑魅魍魎の芸能世界を生き抜いてゆく……。彼らの心の中もまた、並ならぬものがあったのだろう。あるカストラートは、人に「かわいそう」と言われたとき、「大笑いした」そうである。それがカストラートにとって一般的な態度だったかは、定かではない。

カストラートになれなかったぼくたち (魅力)

　というわけで長々とカストラートについて語ってきた。読むほうもいい加減飽きてきたのではなかろうか。しかし、最後にもう一つだけ、どうしても語らねばならないことがある。それは、去勢手術を受けはしたものの、歌手として大成できなかった大多数の去勢者たちのことだ。

　カストラートの親とて、我が子に音楽の素養が本当にあるのか容易に見抜けるわけではない。素質のない子がカストラート候補生として入学することもままある。このへんの数字には常に曖昧さがついてまわるので安易に飲み込むことはできないが、訓練された去勢者のうち、地方レベルの名声を手にすることができたのは約1割くらいだったという。
　それでは残りの9割は果たしてどうしていたのか。少なくともイタリアに関しては、カストラートの数も多いが故に、何層かの受け皿も存在したようである。
　例えば、歌手として大成できず劇場との契約も勝ち取れなかったカストラートには、教会の聖歌隊に入るという道があった。また、カストラートに期待されたソプラノの声を習得できなかった者はアルト歌手として食っていき、それも駄目なら楽器を教えて生きていく、という具合である。いずれにせよ、実家との縁は絶たれ音楽学校で教育された彼らとしては、音楽以外に寄って立つものはなかったようだ。

　だが、音楽学校とて家ではない。見込みのない少年は、次の候補者に席を譲るために音楽学校から追い出されることもあった。彼らは、自分の性を奪われながらも、何の見返りも受け取ることはできなかったわけである。実家に帰るにしろ乞食として生きていくにしろ、彼らの境遇は察するに余りある。
　身体に不釣り合いな高い声は、自分が「カストラートのなりそこない」であることを証明する刻印として一生つきまとう。名声を手にしたカストラートですら人間としては「玉無し」として侮蔑の中で生きたのだ。カストラートですらない唯一の去勢者たる彼らには一体どれほどの嘲笑が向けられたことだろう。去勢歌手になれなかった彼らの心のうちを記した資料は、今のところ、見つかってはいない。それこそが本当に記録に値するものだと思うのだが。

7：工房・事務所の風景

　都市の喧騒を形作るのは、呼び売り商人や広場の催し物だけではありません。職人たちが鉄床を叩き、労働歌を歌う……。そんな風景もまた中世都市には欠かせぬものです。

　中世の詩人フライダンクは、神は三つの身分を創りたもうたと述べました。つまり、祈る人（聖職者）、戦う人（戦士）、耕す人（農民）の三身分です。この三分割は中世初期の古典的な世界観を反映したものでした。
　しかし、都市の勃興に伴い、三つの身分に当てはまらない「職人」という新たな階層が出現します。彼らは同職組合を結び、時に団結し、時に対抗し合いながら都市の景観を形作っていきます。彼らの組合であるギルドは、中世ファンタジーもののゲーム……特にネトゲであれば必ずと言っていいほど登場する概念です。

　そんな指先の技術に生きた職人の他に、都市にはどちらかというとペン先や口先で生きた人々もおりました。金貸しや法律家など、ただの物売りとはちょっと異なるこれらの商売人の数々もまた、都市に住む仕事人です。総じて言えば、実直な職人よりも彼らの方が金持ちです。

理髪外科医

時代：古代～近代
観測地：欧州

床屋にして医者、
人体を切り刻む簡単なお仕事

解説

今でも床屋の前には赤青白の3色のサインポールが置かれていることが多い。ぐるぐる回るねじり棒みたいなアレだ。アレの由来は理髪師が医者を兼ねていた時代の名残で、「赤＝動脈」「青＝静脈」「白＝包帯」を意味していることは割と知られているのではないだろうか（異論もある）。

少なくとも古代ギリシャの時点で既に理髪と外科手術が同じカテゴリーに入れられていたようだ。共通点と言えば、人の体を切り刻むというあたりだろうか。ということで、本項では西洋における床屋と外科医を兼ねたジョブを理髪師として解説する。

床屋と医療の関係……と言うか、床屋の社会的立場は時代と共にころころ変わる。文献によっても微妙に言ってることが違ったりしていてややこしいが、国毎、時代毎の事情というものがあったのだろう。結論から言うと、外科手術を巡る主導権争いだ何だと紆余曲折あった末に、理髪師は外科手術の真似事を止めて整髪業に専念することになる。

というか、そもそも兼業すること自体に無理があったとは誰も思わなかったのだろうか。

属性

| 戦闘 | 商売 | 職人 | 放浪 |
| 宗教 | 賤業 | 権威 | 民族 |

能力

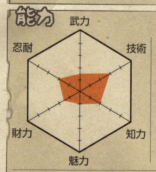

武力：3
技術：6
知力：4
魅力：2
財力：3
忍耐：4

武力3：医者が強いのは漫画の中だけだ
知力4：専門の医者に比べると、学問は著しく劣った
魅力2：地域にもよるが、賤民視されていた

技能

理髪師用外科医用語
周囲8マスの全ユニットを混乱状態にする（コスト40）

瀉血
瀕死（HP25%以下）状態の敵を攻撃時、確実に戦闘不能にする

理髪師と外科の歴史 ～誰が手術を支配する？～

中世ヨーロッパでは、外科手術の主導権を巡って様々な団体が死闘を繰り広げていた。ここでは理髪師を中心としたその闘争の歴史の一端を物語る。

①：古代の理髪外科医
時は古代ギリシャの時代。理髪師たちは刃物の扱いに長けていたといった理由で外科手術にも手を出すことになる。そもそもの間違いはここに端を発するわけだ。

②：中世の理髪外科医
ローマ帝国の崩壊により、理髪師らの文化も一旦途絶える。
その後、医術の主導権を握ったのは修道院であったが、修道院お抱えの理髪師たちも、外科手術の下請け作業を行うようになる。かくして理髪師が外科医を兼ねるという慣行は復活する。

浴場主
理髪師共々、後世には何故か賎業扱いとなる。魅力が低いのはそのため。

③：異説・浴場での産声
理髪外科医の誕生には異説もある。それによると中世の共同浴場は娯楽であると同時にサロンであり医療施設でもあった。そこで行われていた瀉血や理髪の技術は、浴場主やその下で働いていた徒弟たちが身につけていた。
一部の徒弟らはこれらの技術に加え外科手術のスキルを身につけ、理髪師として独立していった。
ちなみに、古巣の浴湯主と思いっきり仕事がかぶるので、壮絶な主導権争いを繰り広げたりもした。流血沙汰にもなった。

医学博士
専門はどちらかというと内科。衣装はペスト医師がモチーフ。

④：迫り来る専門家 ～二人の医者～
かくして親たる浴場主と喧嘩している最中に、ぐんぐん勢力を伸ばしてきた者たちがいた。学問を修めて国家に正式に承認された医者である「長衣の外科医」、そして大学の「医学博士」の二者である（ちなみに理髪師は「短衣の外科医」と呼ばれた）。
浴場主との戦いを終えた理髪師はこの二者と戦うことになるが、戦いは劣勢だった。理髪師らは高度な学問を持っていなかったことに加え、解剖研究が許可されていないなど法律面での不利も存在した。

長衣の外科医
長衣は、手作業ではなく学問を重視していることの現れ。

最終話：そして床屋へ
医学博士の傘下に下ったりと様々なイベントを経つつも、18世紀ごろまで続いたこれらの争いは、最終的に「それぞれの専門をちゃんと区別しようね」という当たり前の結論に落ち着いた。つまり外科、内科、理髪の3つである。
ということで外科手術と理髪は分離され、理髪師は髪の専門家として道を歩んでゆくことになるのであった。

瀉血（スキル）

血と一緒に悪いものを体外に放出しようという発想に基づく治療で、ヨーロッパでは大いに流行した。とりあえず患者がいればハイ瀉血というくらいあらゆる症状に適用されたが、現代医学ではしっかり否定されている。

放血を行う静脈は季節、潮の干満、月の満ち欠けなどによって選ばれたが、どれを選ぼうが大抵、患者はすぐ死んだ。

理髪師用外科医用語（スキル）

理髪師は、医学博士のグループに「弟子」として取り込まれたことがあった。これは博士らの知識を得るチャンスでもあった。
かくして弟子となった理髪師たちに博士たちは授業を行った。が、当時の教育は「ラテン語で行うべし」という規則があり、そして理髪師がラテン語など理解できるはずなどなかった。
そこで博士達は、「日常語にラテン語の語尾をくっつけた」造語をでっち上げることでこの難関を突破したという。

三助

時代：古代〜近世
観測地：日欧イスラム圏

風呂にたたずむは快楽の番人
さあさ背中を流して進ぜませう

解説

　まずそもそも、三助（さんすけ）という言葉はどの程度人口に膾炙（かいしゃ）しているのだろう。辞書的には、風呂場で客の垢擦りなどのサービスを提供する、銭湯の使用人という意味になる。現代ではほぼ消滅し、荒川区あたりに日本最後の三助がいると言われている（本書出版時には引退）。
　で、その三助であるが、中世欧州にも彼らはいたんだよというのが本項の主題である。というか、江戸期日本、古代ローマ、中世欧州・イスラム圏……。公共サービスとしての風呂あるところには、常にマッサージや垢擦り等の副次的なサービスが存在した。
　歴史的に見れば、風呂の位置付けは時と場所によって多様である。儀式であったり治療であったり衛生であったり娯楽であったり。上に挙げた文化圏では風呂に快楽・娯楽の意味も見出していた。その側面を突き詰めていけば、風呂場に三助が登場するのも普遍的な条理なのかもしれない。
　翻って我らが日本はどうだろう。日本人は設定上は無類の風呂スキーということになっているが、三助的なサービスはもはや脱衣場のマッサージ機に名残を留めるのみである。清潔さはともかくとして、風呂文化という意味では、存外、我らはかつての豊かさを失ってしまっているのかもしれない。

属性

| 戦闘 | 商売 | 職人 | 放浪 |
| 宗教 | 賤業 | 権威 | 民族 |

能力

武力：3
技術：5
知力：3
魅力：2
財力：3
忍耐：2

技術5：風呂場での雑多な技術に精通。辛うじて職人
知力3：教養はないが、噂話には強かった
魅力2：本文での言及はないが、賤業だった

技能

救霊入浴
隣接する味方ユニットの不潔系状態異常を回復させる（コスト40）

湯銭
スキル使用時に+1の収入を得る

風呂なき中世の風呂？（魅力）

「中世ヨーロッパの人々は不潔で風呂にも入らなかった」といった言説はあちこちで目にする。風呂の本を読んでいても、中世欧州の風呂は「廃れていたよ」の一言でほぼスルーされることすらある始末だ。では実際はどうなのか。そりゃ古代ローマや江戸時代～現代の日本あたりと比べると確かに廃れてはいたが、それは比べる相手が悪いというもの。雷神シドやペトロクラウド持ちハボリム先生と比較したら、誰だって無能になってしまう。

アグリアスだって悪くないように、中世も中期以降になるとそれなりに風呂・銭湯は存在していた。中でもこれらの銭湯に特徴的なのは、単純に湯に浸かって体を洗うだけではなく様々な娯楽を堪能する場として位置付けられていた点である。そこは居酒屋と同様に、人々の交流の場であり共同生活の中心地ですらあった。銭湯のことを「公共の家」と呼んでいる例もあるくらいである。

MEDIEVAL BATH

- 蒸気風呂と浴槽の両方を備えていることが多かった。
- 風呂用の服を着ることはあったりなかったり。
- 浴槽で食事をしたり酒を飲んだりする様子は多くの絵画に残されている。
- 中世の絵画には、風呂を覗き見する者の姿も多く描かれている。人類は何も学ばない。
- 都市傘下の公衆浴場では、賭博場が開かれることもあった。酒と賭博が合わさって暴力沙汰になることも。
- 風呂場には楽師たちの演奏がつくこともあった。音楽が湯治の効果を促進させるという考え方が当時はあったようだ。
- 混浴は珍しいものではなかった。もちろん場所と時代によって色々で、後世になると分けられていく傾向にあった。
- 浴槽は、二人が入れる程度の小さなもの。

ちなみに銭湯の数はというと、13世紀末のパリで30弱、14世紀中頃のブリュージュで40軒。大雑把に言えば、普通の都市で10軒前後、大都市だと数10軒で、居酒屋の数分の1程度の軒数といった具合のようだ。この数をどう見るかであるが、だいたい外国人は数10件「も」あったと評し、日本人は数10件「しか」なかったと評す傾向があるっぽいね。

三助の仕事に見る中世風呂（スキル・技術・財力）

狭義の三助ということであればマッサージ等が仕事ということになるだろうが、実際にはそう厳密な区切りがあるわけでもない。湯の汲み出し等の風呂の管理は当然として、風呂屋の下働き・見習いとして様々な仕事をこなしたようだ。その際に客が三助に払う湯銭は、いわゆるチップの原型になったそうである。

垢擦り
古代ローマから続く伝統。それぞれの文化圏で独自の垢擦り器具を開発していったようだ。

マッサージ
灰汁などを掛けてマッサージを行った。灰汁には葡萄の灰やカミツレの花を用いたとか。

美容・理容
洗髪は勿論のこと、散髪や髭剃りなどを行った。香料や化粧、髪染めや爪染めの例も。

薬草煎じ
銭湯では薬草の湯や発汗療法が行われたので、膏薬や練り薬の知識も必要だった。

瀉血
悪い血を外に出す医療行為。人々は、体調が優れぬと瀉血をしてもらいに銭湯に出かけたという。あと吸角とかもした。

外科医療
瀉血以外にも簡単な外科医療を行うこともあった。歯科や眼科を行うこともあったようだ。

かように何でもできる三助だが、「修行を要する」とする書籍もあれば、「特別な技術を要しない」とする本もある。うむ、「万能」と「器用貧乏」の問題はゲームの永遠のテーマでもある。

三助の仕事をみればわかるように、当時の銭湯は医院や理容院といった側面も持っていた。医療面については、中世風呂が栄えた一因に医学的効能が喧伝されたあたりが関係しているのかもしれない。今で言えば健康ランドが本気で健康方面に特化したようなものだろうか。

健康のための温泉詣でも行われていた

一方で理容の側面については説明が難しい。マッサージから派生したのかもしれないが、詳細は不明だ。

しかし、「医療」「健康」「美容」がそれぞれ近い概念だという点は、何となくわかって貰えるのではなかろうか。それら近い概念を全部まとめた、中世的大雑把さを体現したのが、中世の風呂というわけである。

それは、三助から始まった（技術）

理髪外科医（理髪師）が風呂屋から派生したことについては既に述べた。が、風呂から派生したジョブはそれだけではない。何しろ医療や理容まで守備範囲に含む中世の風呂なので、そこから様々な専門家が生まれていった。

浴場主
ご存じ銭湯のあるじ。三助の純粋な上級職。銭湯の経営は金にもなった。

ダッラーク
イスラム圏のマッサージに特化した三助。彼の地のマッサージはかなりきついらしい。

爪師
中国における三助の一種。文字通り爪切りの他にマッサージ等も請け負う。文化大革命で消滅したという。

外科医
正真正銘の外科医。ここまでくればもう風呂からは完全に脱皮したと言えよう。

ムカイス
イスラム圏の垢擦り特化型三助。地域によって名称は異なる。

風呂

医療

ヘルス

剃り師（Scherer）
訳は適当。元は浴場主の試験に落ちた見習いだとされるが、髭剃りや散髪の技術を磨いて独立した。また外科方面の技術を生かして軍医として活動することもあった。

取持ち女
風呂屋で娼婦の斡旋などを行った。詳細は下の方で。

理髪外科医
位置付けは剃り師とほぼ同じ。客に対する散髪や手術の権利をめぐって、かつての主である浴場主と争った。

理髪師
医術は行わない、理髪の専門家として理髪外科医から17世紀頃分化した。

鬘師
文字通りカツラを作った。ここまでくると風呂屋の名残はほとんど見えない。

湯女（Bademägde）
風呂屋の女中として給仕等を行った。直訳すれば風呂メイド。風呂で行われたいかがわしいサービスとどこまで直接関係するかはちと不明。

理容

お風呂とエロス（魅力）

　風呂といえば裸である。裸といえばエロスである（注1）。そんなわけで古代のローマ時代からすでに、風呂は売買春の場として教会の批判にさらされていた。中世になっても尚その傾向は盛んで、銭湯は娼婦の出没地帯となっていた。前のページでは中世の銭湯は居酒屋と同じ位置付けと書いたが、実際には銭湯、居酒屋、娼館の三つが同列に語られていた。そこは社交の場であると同時に放蕩の場でもあった。三助は娼婦の斡旋をしたりして、この風俗側面にも関わっていた。逆に、老いた娼婦が風呂屋を経営する事例も存在した。

　ちなみに日本の江戸時代でも風呂とエロスとの結びつきはあったようで、当時の風俗風呂たる「湯女風呂」は吉原の衰微に一役買ったそうである。

　一方でイスラムでは時間や場所を分けて、男女の混浴はキッチリ防がれていた。この辺は実にイスラムだ。

※注1：あくまで一般論であり、着エロを否定するものではない。

風呂場の奥にベッドが設置されている中世銭湯の図

番外編：「トルコ風呂」の歴史

1：近代、ロシアの風呂である「バニャ」が欧州に伝わる。
2：欧州人はバニャを蒸し風呂と間違えて普及させる。
3：箱型の蒸し風呂から個人用の箱蒸し風呂がアメリカで誕生。
4：アメリカ人はこれを売り出す際に、エキゾチックさをアピールさせるために無関係の「トルコ」の名を付与する。
5：トルコ風呂、そのままの名前で日本に伝わる。
6：日本にて個室のトルコ風呂が生まれ、サービスをする女性と一対一の関係が発生。かくして風俗産業へと進化する。
7：トルコ大使館の抗議もあり、最終的に「ソープランド」と改名。

異説もあるようだが、吉田集而によれば左のような経緯になるらしい。最後までトルコ無関係じゃねーかという話。
ちなみに、現実のトルコにはローマ風呂の末裔である「ハンマーム」と呼ばれるイスラム風呂が存在した。これが本当のトルコ風呂。

風呂は二度死ぬ（魅力）

　長々と中世の風呂を擁護(?)してきたが、確かに初期中世には一度風呂は衰退した。原因は色々あるが、何よりもローマ帝国の崩壊が大きかった。あのローマの風呂文化は、馬鹿みたいな量の水と労力と暇を注ぎ込めるローマという特殊な環境でしか存在し得ない恐竜だったのだ。

　そしてその後の展開を合わせると、ヨーロッパ文明は、風呂文化の消滅と再生を都合で二度経験したという計算になる。二度目の衰退は梅毒が原因だと言われるが、様々な要素が重なったというのが最近の説のようだ。

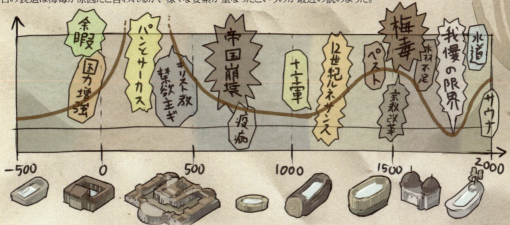

大雑把な欧州風呂の興亡史（横軸が時間で縦軸が繁栄度）

　風呂の衰退はキリスト教とからめて語られることが多い。確かにローマの国教と化した初期のキリスト教の教会は極めて禁欲的で、中世初期に限らず中世全体にわたって度々風呂を攻撃している。

　しかし、風呂にかぎらず教会の批判をあまり過大視しない方がいいだろう。暴力、同性愛、騎馬槍試合、占星術、賭博、各種遊戯、売買春、狩猟、決闘、闘牛、演劇、音楽、etc.…。教会が批判したものは数多いが、それが原因で決定的に衰退したと言えるのはほとんどない。むしろ教会による批判は、その文化が栄えた証拠とすら言えなくもない。元々中世の教会は道徳の庇護者でもあったので、必然的に口うるさくならざるを得ないのだ。

　風呂が衰退したのは、その選択が当時は合理的だったということだろう。他所の文化にあれこれ言っても詮なきことだ。

一日限りの幸福

　一日だけ幸せでいたいならば、床屋に行け。
　一週間だけ幸せでいたいなら、車を買え。
　一ヶ月だけ幸せでいたいなら、結婚しろ。
　一年だけ幸せでいたいなら、家を買え。
　一生幸せでいたいなら、正直でいることだ

　上記はイギリスのことわざとして、ネット上でもよく見かけるコピペである。しかし、1日の幸せが床屋というのはどういうことだろうか。

　これを考える上で一つヒントになるのが、16世紀フランクフルト産とされる以下のことわざである。

　一日楽しく過ごしたければ風呂へ行け
　一週間を楽しく過ごしたければ瀉血せよ。
　一月を楽しく過ごしたければ豚一頭を屠り、
　一年を楽しく過ごしたければ若い妻を娶れ

　ちなみに同様のものが17世紀イギリスのことわざとしても伝わっているが、そこでは妻の「若い」という部分が削られ、最後に「常に幸福でいたいなら牧師であれ」という一文が追加され、プロテスタント臭漂う内容に改変されている。

　さて、これまで述べた通り床屋と銭湯は極めて親しい存在であり、ドイツ語ではBader(風呂屋)とBarbier(床屋)は発音もそっくりだという。

　上記を鑑みるに、どうも、風呂文化を喪失した近代イギリス人は、風呂の楽しみが理解できず、「風呂」を発音上も似た存在である「床屋」に置き換えたのではなかろうかと考えられるのである。

　ちなみにイスラム圏にも似たようなことわざは伝わっており、そこでも風呂は1日の幸せで、若い乙女との結婚は1年の幸せとされる。

救霊風呂（スキル・魅力・財力）

　中世において、他人を風呂に招くという行為は歓待を意味した。そしてその派生として、金持ちが「入浴」を貧者に寄進することで善行を積むという「救霊入浴」なる現象が発生する。これらは中世の風呂復活の一因にもなったとされる。

　一方でイスラムでも、クワフという寄進制度が整備され、金持ちが作った浴場を無料で開放したりしていた。このように中世の風呂文化は宗教に基づく喜捨制度によって支えられていた。風呂の中にも神様はいたという話。

たまたまネットで見かけた入浴イエスのフレスコ画（16世紀）。思いのほかお風呂がぬるかったのでしょんぼりとのこと。おいたわしや。

熱湯浴と国論

　古代から、風呂と健康については様々な関連がささやかれ続けていた。正直、言ってることが人によっててんでんばらばらなので、とても一言でまとめることなどできそうにない。

　ただ、そんな言説の一つとして、「湯になんぞ浸かっていたら心身が弛緩する」という考え方は近代に至るまで根強く説かれており、19世紀に海外を視察した谷干城もまた、彼の地では熱湯浴亡国論なるものが囁かれていたと紹介している。市民権を得るのも楽ではないのだ。

鯨骨職人

時代：中世後期～近代
観測地：欧州各地

麗しき貴人の服を支えるは泥にまみれし職人たち

解説

「欧州の民族衣装」というと、大抵は腰までの長さのぴったりとした胴着（ボディス）＋長めのスカートという組み合わせになる。多少ワンパターンという気もするが、それだけ外見的にも魅力的ということでもあるのだろう。現代の絵描きにも割と好んで描かれる。

この黄金パターンが普及したのは中世末期頃だが、この釣鐘状のスカートを引き立てるには細いウェストが必要だと考えられたらしい。ボディスに張り骨を施し、締め紐で縛って無理やり細くすることが広く行われた。

ところでこの張り骨には弾性と硬さを備えた素材が求められるが、それに一番適した素材はいわゆる鯨骨、鯨の髭板だった。やがて鯨骨という最上の素材を得てこの機能に特化したボディスには、新たな名前が与えられることになる。それが、コルセット。その後様々な技術革新を経ながらも、コルセット自体は20世紀に至るまで着用され続けた。欧州式衣服の発達は、鯨骨の利用と共にあったのだ。

というわけで、ファンタジー物の作品の中でボディス＆スカートスタイルの衣服を描くとき、その裏には鯨骨を加工した名もなき職人たちがいたことを絵描きは知るべきである。そしてそのスタイルは、中世風というよりは近代風と呼ぶべきであることも。

属性

戦闘　商売　**職人**　放浪
宗教　賎業　権威　民族

能力

武力：4
技術：3
知力：2
魅力：3
財力：3
忍耐：4

武力4：肉体加工労働者という位置付けのようだ
技術3：辛うじて職人だが精妙な技術はというと？
魅力3：一般人

技能

鯨骨鞭
武力+1の攻撃を行う(コスト10)

バスク
武力が3以下の場合に、防御力に+1される

鯨骨という素材 (武力・技術・忍耐)

鯨ひげ。くじらの顎の繊維が板状になったもので、鯨が小魚を摂食する際のフィルターとして用いられる。外からは「歯」のように見えるアレだ。厳密には骨ではないが、まとめて鯨骨と呼ばれることもある。物の本によれば鯨1頭から長さ3、4mの鯨ひげが300本、総重量に換算して1.6トンほどもとれたというから流石は鯨といった感じだ。

で、これを砕いて加工してスティック状の素材にするのが本項の鯨骨職人である。一応ここでは職人と訳してはいるが、実際には工場労働者と言った方が近いかも知れない(ちなみに原語を直訳すると「鯨骨裂き」とかそんな感じ)。その仕事も誇り高き職人技というよりは、湾岸の人夫による賃金目当ての油まみれな肉体労働と言うべきものだったようだ。その辺を勘定して能力値は微妙となっているが、それでも時代を支えた仕事であることにはかわりはないのだ。

服の下の力持ち (スキル)

かように生産された鯨骨の一番の消費先こそ、左ページでも取り上げたコルセットであった。フランス革命による一時的な中断を挟んで20世紀に至るまで、近代欧州人は細いウェストに偏執的とも言えるこだわりを発揮し続けた。イタリアから嫁いだフランス王妃カトリーヌ・ド・メディシスの宮廷では、胴囲33cmがエレガントなウェストの標準だったという伝説まで残されている程だ。ほんまかいなという数字である。

布地の内側にあるポケットに入れることで、強く締めても形状が維持できるようになるのだ。
ちなみにコルセットの張り骨は、その素材の如何に拘らず「バスク」と呼ばれていたらしい。裏は取っていないが、鯨取りとして有名だったバスク人にちなむ名称と見て間違いないだろう。

またコルセット以外にも、衣服の多くの箇所でこっそり鯨骨は用いられた。ステレオタイプな欧州人スタイルを、鯨骨は支え続けていたのである。

ヘニン
中世の貴婦人がかぶりがちな尖った帽子。この形状を維持するために鯨骨が用いられたらしい。近代以降も帽子には鯨骨が使われたようであるが、具体的にどの種の帽子にどう使われたかは資料不足ではっきりしない。

飾り袖
ヨーロピア～ンなステレオタイプの装束に登場する、例の膨らんだ形状の袖にもやっぱり鯨骨は使われたらしい。訳語は適当。

クリノリン
スカートの形を整える骨組み。肖像画に出てくるような女性のスカートを支えていたのも彼らです。ちなみにこれを着用するとすごく座りづらい。

クラコー
プーレーヌとも。中世末頃から登場したやたらと爪先の長い靴。長いものになると爪先が60cmにもなり、これを支えるために鯨骨が用いられた。流行は最終的に奇形に至るという話。

近代のプラスチック (スキル)

鯨ひげの用途は衣服にとどまらない。日本ではからくり人形用のゼンマイの素材などに使われたことで有名だが、欧州でもまた多くの用途に用いられた。

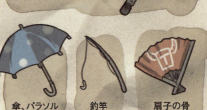

鯨骨鞭
鞭、と言ってもヒモ状ではなく棒状のもの(=笞)。強い「しなり」が求められる鞭には、必然的に最上の品質の鯨骨が用いられたという。

傘、パラソル　　釣竿　　扇子の骨

左ページで述べたように鯨骨には硬さと弾力性の両立という点で他の自然素材にない特性を持っており、現代におけるプラスチックに近い役割を果たしていたのだ。

ボディス&スカートという欧州黄金パターンはキャラデザにおいても強力な武器になり得ます。しかしそれ故に可能な限り黄金パターンには頼りたくないと無駄に抗った結果が本書という名の敗戦記録ということになります。

コルセットやクリノリンは使っていないものの、ボディス&スカートのスタイルは今やすっかり欧州各地で民族衣装の座を獲得しているのであった。

調香師

別名：香料師
時代：古代、近代
観測地：世界各地

馨しき香りの支配者、
神と金持ちに極上の調合を捧ぐ

解説

　古代の各文明を見ると、富裕層の人々が香りというものにいかに惹き付けられていたかがよくわかる。香料は古代から金銀と並んで贈り物や捧げ物として使われていたし、古代アッシリアの某王に至っては香木の山に埋もれ、香木が放つ香煙で窒息死したという。
　一方近世になると欧州では香水が大いに流行してくる。体臭を誤魔化すために使われたという話が有名だが、その裏には石鹸の高騰で身体を洗いづらくなったという背景もあったらしい。彼らとて、なにも自ら好き好んで不潔になったわけではないのだ。
　さて、では古代と近代の間、中世欧州はというと、薫香文化は下火だったりする。香辛料は高値で取引きされたが、本項の調香師の守備範囲にはぎりぎり入らない。いずれにせよ世界を香料で埋めつくさんばかりの古代人の熱狂ぶりには遠く及ばない。教会で薫香の使用が一般化してきたのは14世紀になってからだという。
　調香師、これすなわち13世紀以外のハローワーク。なんつって。

【コメント】ごちゃごちゃした衣服になっておりますが、重要なのはエプロンです。エプロンさえ忘れなければ他は大した問題ではありません。

属性

戦闘　商売　**職人**　放浪
宗教　賤業　権威　民族

能力

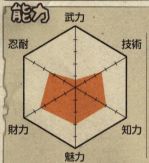

武力：1
技術：5
知力：6
魅力：6
財力：7
忍耐：5

技術5：職人ではあるが、ここは敢えて知力をプッシュ
魅力6：ギリシャ・ローマでは記録に名を残した調香師も
財力7：権力者お抱えの調香師も割といた

技能

薫蒸
数ターン、フィールド上のすべての疫病攻撃を無効化する（コスト50）

賦香手袋
権威属性持ち、もしくは財力7以上のユニットに対して防御：魅力 +2

神様と香料と煙（魅力）

防腐人
宗教儀式でいえば、遺体の防腐にも香料は重要だった。例えば古代エジプトの寺院には専門の防腐処理係がいたという。

香料を意味する perfume という言葉はラテン語の Perfumum に由来し、その原義は「煙を通じて」であった。芳香樹脂を燃やし、発生した香りを神々に捧げることに端を発したものとされている。
そんなわけで、香料は古代においてはまず第一義として宗教儀式に欠かせぬものだった。単純に香りで神々を喜ばせる以外にも、生け贄を燃やしたときの悪臭をごまかすためであるとか、煙を通じて祈りが神に届くように、との意図もあったようだ。
旧約聖書では神自ら香料を焚くよう指示している例もある。また改めて考えてみれば、今日の我が国にある、霊前に線香を捧げる風習もその一つだろう。ともあれ香料の調合は神聖な儀式だった。

馨しき香りをくらえー

薫蒸（スキル）

香料を焚く薫香のもう一つの役目としては、医療・衛生が挙げられる。古代の医師らは芳香物質を燻して出た煙が、悪霊を退けたり人体を清めたりすると考えていた。原始的な宗教の多くでも、特定の臭いで悪霊を追い払う例が見て取れる。中世以降も、香料と薬種の違いはしばしば曖昧だった。
アテネをペストが襲ったとき、ギリシャの医師ヒッポクラテスは香木を大量に燃やして町を病から守ったとされる。また中世にペストやらコレラやらが蔓延したときも、香料作り職人だけは疫病から免れたという胡散臭い証言も残っている。一応、この手の薫蒸に一種の殺菌作用があるのは現代科学でも認められてはいる。ペストを防げる程効果があったかどうかは定かではないが。

薫蒸は多くの儀式で用いられた。そこからは古代～中世の衛生感が見て取れる。

調合の技術（技術）

次のページで述べる染色と同様、調合もまた当時の最先端の化学技術を必要とした。原料から、香りの成分を抽出するにはどうするか。動物脂と混ぜたり圧搾したり埋めてみたりと、様々な工夫の跡が当時のレシピには残されている。
また一つの香料を合成するためには数10種類の草花を適切な量だけ調合する必要があったわけで、資料を見る度に調合って面倒くせえなあと思う次第である。

アラブから伝わり錬金術師（190p）らが使用した蒸留技術は芳香成分の抽出に大いに寄与した。

肛香手袋（財力・忍耐・スキル）

近世になると、「香りの付いた手袋」なる製品が登場する。これが偉い人たちに大いにウケ、製造業者は独占権やら王家御用達の名誉を得ることになる。当時は香料職人が手袋職人を兼ねることにすらなったという。今も昔も香料ビジネスは金になったという話。
ちなみに革製品に香料を付けたのは、なめす際の悪臭（尿に漬けたりするので）を誤魔化すためだった。

エリザベス一世も大満足

昔の香料の原料はというと竜涎香（クジラの腸内に発生する結石）からそこらの草花まで実に多種多様。アッシリアの植物誌には200以上もの植物が記載されてあるとか。当初は幾つか紹介しようと思っとりましたが、載せるには余りにも余白が足りないのでありました。残念無念。

染物師

別名：染色師など
時代：世界中
観測地：古代〜近代

色取り取り…と見せかけて
案外そうでもない世界

解説

　人類と色の付き合いは、それなりに長い。少なくとも35万年前には既に赤土を使って身体装飾を行っていたらしい。
　歴史が始まってからも色は常に人類の関心を引いてきたし、それは今も変わらない。筆者も、DOUJIN誌を作るときは印刷所のサイトを訪れてはカラーとモノクロの印刷費を見比べて嘆息することを習慣としている。あー、明日見たらカラー半額セールとかやってねえかな。
　閑話休題。中世以降（古代は不明）、織物は多くの地域で主力産業だった。イギリスは羊毛くらいしか輸出するものがないと言われたくらいだし、江戸期の日本でも呉服屋といえば商人の代名詞だ。その分染織産業には巨大な金が動き、良い布を求めて世界中が躍起になった。質の良い羊毛や、染色のための素材は常に関心の的であり、職人たちは様々なノウハウを開発していった。
　が、その巨大な金が最終的に流れ込む先はいつだって商人だった。何故か悪代官に賄賂を渡す悪徳商人の代名詞となってしまった越後屋だが、彼らも呉服屋である。末端の染物屋はというと、激務で、薄給で、そして臭かった。

属性

戦闘　商売　**職人**　放浪
宗教　賤業　権威　民族

能力

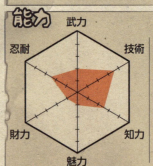

武力：4
技術：7
知力：5
魅力：2
財力：2
忍耐：5

技術7：染色とは、常に最新の化学技術だった
魅力2：臭いわ水は汚すわで、隔離されることも多かった
財力2：1日17時間働いても給料が足りないなんて話も

技能

媒染
前方の敵ユニットの防御力−2（コスト25）

皇帝紫
周囲8マスにいる「権威」属性持ちの味方ユニットの魅力＋5

184

染色 ～最古の化学～（技術）

　現代のように合成染料があるわけでもない時代である。色を染めるということはそう簡単なことではなかった。布を染めるにはまず原料である「染料」が必要になるが、その原料に成り得る物質はあまり数は多くない。「色が付いていること」と「色を伝えられること」は別物なのだ。

　原料を入手できてもまだ先は長い。より効果的に染料を抽出するには様々な手続きが必要だ。余分な脂や蝋を除きつつも、染色要素まで取り除いてはならない。

　また、染めるにしても、より耐光性・耐久性があり、より鮮やかな色をより安く実現せねばならない。使う繊維によっても色の付きは全く異なる。繊維は植物性か動物性か。媒染には何を使うか。漬け込む際の温度と時間。より効果的な染料を抽出するための手順。etc.etc.……

　考慮せねばならないことは山ほどあった。色を染めるということは、まさしく化学技術の結晶だったのだ。

中世人は色相よりも鮮やかさを重視した。色の近さ遠さの基準は、赤や緑といった色相ではなく、色の彩度だったとすら言われる。染色の質次第では値段が10倍になることもあった。

当時の化学といえば錬金術師である。色材から染料を抽出する方法や、新たな化合物など、彼らの研究は染色技術の発展に大きく寄与した。

がんじがらめの化学者（知力）

　染色技術そのものは最新の化学技術の結晶である。が、実際に染色を行う染物師は科学者なのかというと、そうとも言い切れないように思う。

　というのも、中世のギルドは大抵そうだが、染物師はとりわけ厳しく規制されて、専門化が推し進められていたのだ。色、材料、川の水の使用順序、作業場、布地の材料、高級品向けの堅牢な染め方か、廉価品向けの簡易な染め方等々。あらゆることが規定されており、認可を得ていない色や染料を用いて布を染めることは許されなかった。

　そんなわけで染色全体はともかくとして、個々の染物師は特定の色・特定の材料・特定の染め方に縛られており、創意工夫を活かす余地はあまりなかったのではないかと推測するのである。というわけで知力は「5」にしてみた。ま、基本職人だしね。

皇帝紫（スキル）

古代ローマで用いられた赤紫色のこと。紫の染料は極めて高価だったことから、ローマでも日本でも貴人の色とされていた。ローマ皇帝はこの貴重な色を独占しようと躍起になっていたともいうし、実際、皇帝ネロは、命令に反してこの色を使った者を死刑に処している。このように色というものは、権威や身分の象徴として求められ続けた。

皇帝紫の材料はアクキガイと呼ばれる貝だが、染料1グラムを得るためには1万匹近いアクキガイが必要になった。死骸はスタッフが美味しく頂きました。

媒染（スキル）

色彩を布に定着させるため、あらかじめ布を特別な物質に漬けることがあった。この技術が媒染である。ミョウバン等が有名。

①茜の媒染剤であるミョウバンで布に模様を描く。

②酢に漬け込むと、ミョウバンの赤は消失する。

③色が消えた布を今度は茜の染料に漬け込むと……

④媒染した箇所にだけ茜が定着し、結果として、最初の模様が復活する。

↑媒染を応用した疑似炙り出しの図。染物師の産業スパイがこの技を使って、染色方法を記した布を外部に持ち出した事例が残っている。

青い爪（魅力・忍耐）

　化学薬品まみれの日々である。媒染として尿が使われることも珍しくない。染料の色は爪まで染みこんでいたという。という訳で、臭いし危険だし不潔だし川は汚すしで、市井の評判はすこぶる悪い。染色という得体の知れない技術そのものに対する畏怖もあったし、ギルド同士で喧嘩ばかりしてたことも査定に響いただろう。

　西欧でもイスラムでも染物師は蔑視され、隔離された結果、同族婚が進むことも多かった。

モロッコのフェズは、今でも昔ながらの染色工場があることで有名。そしてやっぱり臭い。

綱職人

時代：中世付近
観測地：欧州、日本他

> 理屈はともかく疎まれ。
> 手足頑健なる不遇の職人

解説

　中世の都市は職人で埋め尽くされていた。言ってみれば、身の回りにある道具の種類だけ、職人が存在したと言っても過言ではない。で、綱職人もそんな星の数ほどいる職人の中の一種である。

　さて、その仕事。素材を紡ぎ、引っ張り、ねじり合わせて紐を作り、それらを寄り合わせて綱を作る。扱う素材は亜麻、麻、パイル、絹など。近世にはいると多少機械めいたものも導入するが、中世においてはもっぱら手作業で作られていた。

　13世紀末のパリの人頭税台帳には26人の綱職人の存在が確認されている。多いか少ないかはともかく、張力と耐久性を備えた綱は重宝された。具体的には海運業や絞首刑などで大いに利用されたようだ。

　さて、ここまではごく普通の職人の姿である。が、綱職人にはちょっと普通でないところがあった。それは、恐ろしいほどに周囲から軽蔑され、差別されていたという点だ。中世の人間は職人の中にもあれこれ序列を作りたがったものだが、こと綱職人に関してはなにか執念めいたものすら感じるのだ。

　綱のような変哲もない道具にも、それを作った職人がいた。そしてその背後には、彼らが受けた尊厳と、そして侮蔑とが存在した。

属性

| 戦闘 | 商売 | **職人** | 放浪 |
| 宗教 | **賤業** | 権威 | 民族 |

能力

武力：4
技術：5
知力：3
魅力：1
財力：5
忍耐：6

技術5：標準的な職人相当
魅力1：墓という墓は掘り返された
財力5：色々と特権はお上から得ていた

技能

屠畜
「賤業」属性を持つ前方の敵1体に対して+3の攻撃を行う（コスト10）

ノックバック
被攻撃時、後ろのマスに移動可能な場合、一定確率で後退し、ダメージを半減させる

迫害のなかで（魅力）

綱職人たちは、パリの職業目録上は5番目という、そこそこの位置に登録されている。が、まともなあつかいは書類の中だけだったようだ。彼らが周辺住民に如何に忌み嫌われていたかを示す例は、枚挙にいとまがない。158pの死刑執行人に匹敵するレベルである。

そこまでして彼らへの蔑視を駆り立てたものの存在が気になるが、資料の著者も「理解に苦しむ」と首を捻っている始末である。

全盛期の綱職人伝説
・ほとんど村八分状態だった。地域によっては村十分のところも
・人里離れた場所に住むよう強要された
・動物の死体処理とか押しつけられた
・教会には後ろの席に座るよう強要された
・綱職人だとわかるよう、服に赤いマークを付けるよう義務づけられた
・キリスト教徒の墓への埋葬が拒否された
・綱職人の徒弟を教育することが禁止された
・綱職人の墓が掘り返された
・綱職人の墓が掘り返された
・綱職人の墓が掘り返された
・結局綱職人専用の墓なんてものまで用意された

何故か親の仇のように墓を掘り返される綱職人

絞首台のお供（魅力・財力）

綱職人や亜麻布織工らが嫌われた理由に定説はないが、彼らが絞首刑用の綱を領主に提供していたことを指摘する文献は多い。彼らは綱の提供の見返りに税金を全面的に免除されており、このことが市民たちの反感を買ったのでは、と言われている。

またもう一つ、絞首刑繋がりで、賤業の王様であるところの処刑執行人と頻繁に接触していた可能性も見逃せない。その結果、彼らの「穢れ」に感染してしまったのだとする説もある。

彼らと同様に蔑まれた職人としては亜麻布織工なんかも挙げられる。これに関しては、中世末期の不安定な社会で、農村部から亜麻布織工が都市に流入してきたという背景があったとされる。都市の職人たちは、この手の余所者との間に一線を設け、彼らを賤業と蔑むことで己の立場を確保しようとしたのだという。

綱職人も、元々中世末までは農村部で地元のローカルな需要を賄うために仕事をしていたとされている。どうも、この辺にも差別の根はありそうだ。

屠畜（スキル・忍耐）

上で述べたように、綱職人たちは周囲から苦役を押しつけられていた。その一つが屠畜、病死した牛馬の解体作業である。皮剥ぎの仕事は本書でも紹介しているが、皮剥ぎもまた賤業のなかの賤業に数え上げられる仕事である。かくして綱職人、中世最賤業たる死刑執行人と皮剥ぎの両者と関係を持つに至るのであった。

そしてそんな仕事をやってるものだから、さらに蔑視されることになる。「塩漬け肉の樽詰め工」（カクー）と呼ばれますます疎まれていきましたとさ。

綱職人の家には、綱職人の印である「大麻の束」と並んで、解体業者の印である「馬の頭蓋骨」がぶら下がっていた。

とは言ったものの、実際の図柄は資料になかったので、図の看板は想像のもの。

ノックバック（スキル・武力）

綱職人らは「綱職人は後退りしながら食い扶持を得る」と冗談交じりに言われていた。これは、綱職人たちの仕事の仕方に由来する。

彼らは綱の一端を固定し、腰に巻き付けた素材を寄り合わせていった。すると綱ができていくにしたがい、必然的に彼らは後ろに下がることになるのである。

そんな感じで彼らは頻繁に、また素早く前進後退をせねばならなかったため、綱職人らは健脚であったと言われている。

「自ら後ろに跳んで衝撃を和らげる」という、漫画でお馴染みのアレ

初期型綱職人

というわけで、あんまりな嫌われっぷりに心惹かれて取り上げた綱職人さんでした。

本書では、どの職業も頭部に何らかの装飾を付けているのですが、綱職人さんだけは日頃の苦労を反映した「ハゲ頭」にする予定でした。さすがに可哀想な気がしてきたので鉢巻きを巻いてさしあげました。

ちなみに日本にも綱職人はいますが、資料の都合で欧州のものを取り上げさせて頂きました。

EXTRAスキル 仕事人

からくり技師

時代：近世
観測地：日本、欧州

技術の粋を尽くし自動人形に挑む当代最強の機械工学者達

解説

「生き物と同じ動きをする人工物」という概念は、古代から人々の脳内に存在したらしい。宗教的儀式、或いは金儲けなどの目的で「人造人間」（オートマタ）を作ろうとした例は古代から枚挙にいとまがない。ただしそれらがからくり人形と呼べるレベルのものになるには、中世まで待たねばならなかった。初期の傑作は、機械仕掛けの大時計に連動して動く自動人形たちとされる。

その後も技師たちは切磋琢磨して技術を発達させていったのであるが、皮肉にも更なる科学技術の発展はからくり人形の衰退の引き金となった。科学が発達しすぎてしまい、人々が超自然的なものに関心を示さなくなってしまったのであった（単純に飽きたというのもあるだろうが）。

一方の日本では、江戸時代に独自のからくり文化が発展していった。こちらは宗教的背景や人造人間に対する憧憬といったものは特になく、技術者たちの探求と趣味の結果、という側面が強い。いずれにせよ、彼ら自動人形の作り手たちは当時の機械工学の最先端を突っ走り続けたのだった。

【コメント】本項に限り、ぴったり一致する訳語がなかったので、職業名は便宜上付けたものになります。

属性

戦闘 商売 職人 放浪
宗教 賭業 権威 民族

能力

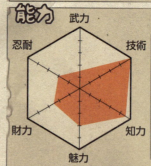

武力：3
技術：10
知力：9
魅力：6
財力：5
忍耐：4

技術10：紛れもなく最強の技術集団だった
知力 9：技術だけでなく、様々な学問が求められた
財力 5：金儲けには結びついたりつかなかったり

技能

弓曳童子
射程2の通常攻撃を行う(コスト10)

チェス士
自身より知力が低い相手に対して魅力が+1される

それは、機械時計から始まった

近代のからくりに欠かせぬ機械要素であるゼンマイバネは、15世紀初頭にドイツで発明された。これは、時計技師らがより精巧な時計を作るために切磋琢磨するなかで生まれたものと考えられている。
時計の改良の過程で生まれたからくり技術は、オルゴールなどの自動演奏楽器などに応用され、やがては西洋人の長年の夢であった自動人形「オートマタ」に用いられることになる。

ゼンマイバネ
弾性の高い素材を渦巻き状に巻くと、元に戻ろうとする力が働く。鯨骨が使われたことで有名。

自鳴鐘（機械時計）
スペイン国王が家康に送ったもの

不定時法
江戸時代では、日の出／日の入りを基準に時刻を分割する不定時法が用いられた。この図は夏の場合だが、昼の方が夜より一刻が長い。

さて、日本における（機械を用いた）からくり人形の起源もまた自鳴鐘、つまり機械時計に遡る。徳川家康に朝鮮から送られてきた機械時計が故障したとき、修理を命じられた鍛冶屋が、分解したついでに自分でも同じ物を作ってみた。というのが国産の機械時計第一号とされる。

ところが、当時の日本は昼夜の長さに応じて一刻の長さが異なる「不定時法」を用いていたため、西洋の機械時計は実生活の役には立たなかった。そこで時計師たちは西洋由来の機械時計を改造して不定時法に対応させた。そんな改造をやってるうちにからくり文化の基礎となる技術力が培われていったという流れである。

茶運び人形、弓曳童子の他には段返り人形なども有名。

弓曳童子（スキル）

江戸時代のからくり人形と言えば「茶運び人形」が有名だが、この弓曳童子も負けてはいない。台に配置された4本（7本のものもある）の矢を手に取り、次から次へと的に向かって射るという、複雑極まりない動きをするもので、からくり人形の傑作との呼び声も高い。

製造者は「からくり儀右衛門」こと田中久重。最近では学研の「大人の科学」シリーズとして作成キットが販売されている（編集部注：現在は既に販売終了）。

からくり人形に限ったことではないが、この手の最新の科学技術はペテンにも用いられるのが常であった。遥か古代ギリシャ・ローマ時代から、「人のように動く人形」を使ってボロもうけを試みた例が存在したという。

翻って近世になっても似たような例は見受けられる。ロシアから来たケンプラン男爵はチェスを指す自動人形「チェス士」を作り、ナポレオンらとチェス勝負をさせたという。この企画自体は成功裏に終わったが、このチェス士には「中の人」が存在した。

実はこれ、内部の空洞に人を入れてかくまう……つまり亡命の手助けのために作られた人形だったのだ。亡命のついでかどうかは知らないが、先述のチェスゲームで稼いだ掛け金は、立派に逃亡資金に使われましたとさ。

チェス士（スキル・財力）

「チェス士」はトルコ風の外見をしていたため「トルコ人」とも呼ばれる。ようだ。

技術10！ 知力9！

日本におけるからくり人形の系譜が時計から始まったように、欧州においてもからくり技師の母体となったのは機械技師や鍵職人たちだった。彼らは微細な細工のスペシャリストであり、また時計職人は当時の最高水準の技師であり知能集団だった。当然、こいつらの上級職たるからくり技師は言わずもがなであろう。

おまけに彫り物・蒔絵・彫金などの芸術方面の技術も惜しみなく投入された。一言で言えば技術の粋である。

いや、技術だけではない。幅広い学問・工学的知識・創意工夫も必須である。実際からくり人形に携わった者には、レオナルド・ダ・ヴィンチやデカルトなど、日本でも名の知られた者も含め、当時の最高峰の学者たちも名を連ねている。

鍵職人（左）と時計技師（右）
それぞれ技術力は8と9。いずれも高い技術力で尊敬されていた。例によってデザインはてきとう。

万年自鳴鐘
江戸時代の機械時計の集大成。暦学、天文学などの知識も必要とされた。

財力5？

一方で、名を馳せたからくり技師はお金持ちになれたかと言うと、必ずしもそうではない。本業とは別に、自身の作品をお金に換える努力は別途必要とされた。

設計技師ヴォーカンソンはそのからくりで一世を風靡した。が、金儲けには失敗したようで、後年その素晴らしき作品の数々を質に入れる羽目になった。

錬金術師

時代：古代〜近代
観測地：欧州、
　　　　アラブ、中国等

中世の化学の探究者
人呼んで「火を使う哲学者」

解説

　錬金術……。ある時は科学、またあるときは魔術と、作品によって好き勝手に定義づけることができる便利でファンタジーな技術。
　しかしその実態はという話になると、賢者の石やら生命の水やら、それっぽい用語ばかり一人歩きして中々掴めないというのが実際の所ではないだろうか。
　そんな彼らの理屈をかいつまんで説明すると、大体以下のような具合になる。曰く、
『この世界には様々なものがあるがその本質・根源は皆同じで、唯一の本質的なエネルギーが様々な形をして現れているに過ぎない。
この本質エネルギーを純粋な形で手に入れれば、物質の変成などは自由自在に行える筈』
……といった感じである。このエネルギーの純粋な結晶が「賢者の石」で、アルコールに溶かせば「生命の水」というわけである（大意）。
　実験を通じてこの世の物質を形作る仕組みを解き明かし、本質的エネルギーを獲得し、神の天地創造を実験室内で再現する……。これが彼らの究極目標であるわけだが、それが達成されたという信頼に値する証拠は、今のところ、発見されていない。

属性

| 戦闘 | 商売 | 職人 | 放浪 |
| 宗教 | 賭業 | 権威 | 民族 |

能力

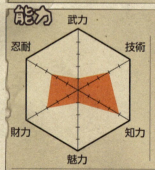

武力：2
技術：6
知力：8
魅力：2
財力：6
忍耐：5

技術6：冶金術・金属変成などに精通していた
知力8：「中世的知力」は、たぶん、たかい
魅力2：胡散臭く見られていたのは昔も変わらない

技能

生命の水
隣接するユニットを「酩酊」状態にする
（コスト5）

水銀
攻撃時、被攻撃ユニットを一定確率で「水銀中毒」状態にする。

黄金変成（技術）

　左のページでも簡単に述べたが、もうちょっと錬金術師らの理屈を解説したい。そうしないとまともに何も語れないのだ。
　錬金術師らは万物の根源は唯一であると説いた。だが、この世には様々な物質がある。このように物体を多種多様たらしめている物はなんだろうか。彼らは、大本の本質である「第一質料」に、「火」と「水」の二つの要素が加わることで具体的な物質になると考えた。この「火」の要素と「水」の要素をそれぞれどの割合で持つかによって、金になったり銀になったりメガネになったりするわけだ。原子論の延長的発想である。
　ということは、その二つの要素の割合を自由にいじることができるようになれば？　そう、鉄を黄金にすることも、この書籍を500Pの装飾写本に変化させることも、何でも自由自在、という訳だ。
　もの凄く簡略化しているが、概ねこのような理屈で彼らは黄金が変成できると考えた。勿論実際にはできなかったわけだが。

またの名を邪配合

四精霊
錬金術の世界観は、アリストテレスらが提唱した四大元素説を下敷きにしている。ファンタジー世界でおなじみの火・水・風(空気)・土のアレだ。ちなみにこれを精霊に擬人化したのは錬金術師パラケルススの功績。えらい。

俺のアトリエ（技術）

　錬金術師のアトリエと聞くと、得体の知れないオカルトめいた器具の数々を思い浮かべる方もいるかもしれない。が、実際の錬金術師の部屋にあるものの多くは、炉、ふいご、乳鉢、るつぼ、フラスコなど、ごくごくありふれた実験器具だった。端から見たときの物理的な作業自体は、そこらの冶金術師たちと大差ないという見解もある。

蒸留器と蒸留酒（スキル）

錬金術には蒸留技術は必須である。ある日錬金術師らはこの蒸留技術を使い、醸造酒を蒸留してより濃い酒を造れることに気がついた。かくして生まれたのが「生命の水」こと蒸留酒である。
勿論、賢者の石と同義とされる本来の「生命の水」とは別物である。

占星術（知力）

錬金術師らは、占星術や薬学・医学などにも精通していることが多かった。実験をする日程などは、天文学に基づいていた。
ちなみに星の巡りを見て仕事を行うのは彼らに限らず、例えば医者などもそうだった。

水銀（スキル）

　上の方では「火」と「水」の要素と書いたが、実際にはこれらの要素は「硫黄」と「水銀」という名前で象徴されていた。「硫黄」は男性・能動・熱などの性質を、「水銀」は女性・受動・冷などの性質を表している。
　また、物質としての水銀自体、金属でありながら液体という相反する性質を併せ持つため、錬金術師らは大いに注目していた。二つの相反する要素が統合されることにこそ、第一質料に迫る鍵があると考えたからだ。

実際の水銀はとっても有毒。秦の始皇帝よろしく錬金術師の平均寿命を下げることに貢献したことだろう。

ふたなり

上記のように「二つの相反する性質のものを統合させること」は錬金術の主要なテーマであった。このテーマは、男性的要素と女性的要素を併せ持つ人間……つまり両性具有者の絵としてよく描かれた。
個人的には趣味ではないが、とやかくは申すまい。

賢者の石（財力）

からくり技術、幻灯、そして錬金術……。これらのような最新技術が誕生したとき、中近世の世界で発生する現象はただ一つである。つまり、詐欺の横行だ。

15～16世紀は錬金術がブームにもなり、詐欺師たちには格好の活躍の場となった。例えばパリにある錬金術の某結社は、銀に似たホワイトメタルの製造に成功。結局すんでのところで逮捕されたが、あやうくフランス中が偽金だらけになるところであった。その他、詐欺師が錬金術師に雇われて一緒に金儲けをしていたことも多かった。

権力者や偉い人の中にも神秘学（オカルティズム）に魅せられた者は多かったため、うまくデモンストレーションできれば彼らから支援を受けることもできた。真っ当な成果をあげずとも、適当に錬金術書の一つでもでっちあげれば、これまた金になったのだ。

というわけで、彼らは黄金を錬成することはできなかったものの、「お金」を錬成することはできたのだった。

16世紀のコミティアの様子（推定）

錬金術と神秘のヴェール（魅力）

原初の時代、古代エジプトでは錬金術は聖なる術とされ、民衆はこれを知ることが許されなかった。当然、錬金術の本を出版することなど御法度もいいところだった。時が流れて中世になってもその慣習が受け継がれていたのか、彼らは錬金術を故意にわかりづらいものにして、自身の神秘性を演出した。

カバラ

カバラとは、一般的に旧約聖書を寓意的に解釈したユダヤ教の神秘主義を指す。セフィロトとか生命の木とか、詳しい方も多いんじゃないだろうか。

……が、ここで言うところのカバラは一般的なそれとは別物で、象徴や比喩を使う錬金術の言語体系を指す。元々ギリシャ語の「不可解な言葉を話す人」という単語を語源とすることからわかるように、彼らは暗号のような用語を使いこなすことで錬金術を難解なものにした。

かくして錬金術は門外漢お断り、一子相伝の秘教と化した。結果的に、密教的という点で前述のユダヤ・カバラと共通することになるのであった。

カバラの例 →
カバラを用いないと、ある本が錬金術書であると見抜くことすらできなかった。教える気ねえだろコレ。

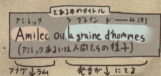

錬金術書

資料によれば、典型的な錬金術書だけでもその数は5万冊を超えるらしい。が、その膨大な数の錬金術書は、門外漢の手ほどきの役には立たなかった。やっぱりそれらの本も「知識を伝授するに値する者と値しない者を選別する」という名目の下、あえて難解に書かれていたのである。

実験手順が入れ替わっているくらいならまだ優しい方で、わざと間違った情報を書いたり、アナグラム、シンボル、比喩、謎かけ等々。初学者の心を粉砕するべく、錬金術師はあらゆる努力を惜しげもなく投入した。

無言の書（沈黙の書）
17世紀に出版された錬金術書。難解なる錬金術書の真骨頂。文字は一切なく、左のような図だけを見て読者は全てを悟らねばならない。結局、錬金術書が独学の者に役立つことはなかった。

さてそんなわけで、したり顔でとんちのようなことばかり言ってる錬金術師たち。当初こそ畏敬の念をもって迎えられたが、いつまでたっても具体的な成果を出せていないのが誰の目にも明らかになってくると、次第に疎まれ、やがて迫害されるのは当然の帰結だった。

錬金術師の態度に関する個人的考察

というわけで中世末期～近代初頭には、錬金術師はすっかり胡散臭い存在として確立したのだった。

ただ、彼らが敢えて錬金術書を難しく書いた気持ちがわからないでもない。私見だが、彼らはきっと、賢者の石なんか作れなかったことを悟られたくなかったのだろう。だから、本当の実験手順をわかりやすくなんて書けなかったんじゃなかろうか。

自慢はしたいけど、嘘はばれたくない。そんな彼らの後ろめたさを勝手に感じ、私は読んだこともない錬金術書に涙するのである。

カバラだ何だと言ったところで、結局、外部の批判に応えられない組織は、内輪に向かって先鋭化するしかなかったという、極々ありがちな話だと筆者は思うがどうだろう。

錬金術師が錬金術について語るときに特徴的なことが一つある。屁理屈、比喩、ポエム、あらゆる手段を使い、具体的な話の言及を絶対に避けるのだ。

その意味についても錬金術師は色々言い訳を言ってるが、早い話、煙に巻いているだけだろう。ちなみにこれ、中国の錬丹術の書でも似たような具合らしい。

錬金術と近代科学

「で、錬金術って結局どうなんよ」

　最後に、錬金術が為したものと為せなかったものを見てみよう。錬金術に費やされた莫大な実験は、それなりの知見を残した。錬金術が近代科学を生んだとする見解もある。いや、それどころか「実験を通じて世界の仕組みを探求する」という点では近代科学とも相通ずると言ってもよい。
　それでも、結局、彼らは、賢者の石を作れなかったし、錬金術自体も近代科学に取って代わられた。

　錬金術と近代科学は何が違ったのだろう。
　近代科学は、合理主義に基づいている。そこでは数学と論理学を土台として、証明を重ねることで世界の謎に迫っていく。
　では錬金術の方は何に基づいているかというと、ギリシャ哲学だった。錬金術師は、ギリシャ哲学で語られる世界観を土台として、直感と類推を武器に世界の謎に迫っていった。

風呂に入る錬金術師の図
類推の思考の典型例。
蒸留することで物質を純化できるのと同様に、熱い風呂に入って自分自身を純化させようとしている。物質に当てはまる性質が、人間と、その精神にも当てはまると類推されたわけである。

　もう少し根本的なことを言えば、科学とは疑う学問である。簡単には信じないから証明をする。簡単には信じないから再現性を求める。公理から始まり論理学を使って、一つずつ確実なものを積み上げていく。
　が、しかし、一方で。錬金術師たちは信じちゃったのだ。スタートでありゴールでもあるギリシャ哲学を、自分らが従事する錬金術の世界観を、偉大なる先人の言葉を、そして神を。
　もちろん彼らの類推の思考が全てにおいて間違ってるとは言わないし、彼らの有機的で想像力に満ちた世界観は魅力的ですらあるかもしれない。
　でも、この世界の謎を解き明かすには、錬金術師たちの信じた世界はちょっと人間的すぎた。これは、個々人の知力というよりは中世という時代の限界と言うべきだろう。
　それら全てを考慮した結果、結局の所「中世の化学」という、ありがちな表現に落ち着くのであった。

　近代科学も錬金術も、実験という点では共通していた。錬金術の根っこの理論はあんまり正しくなかったが、実験で得られた知見は嘘をつかなかったので、他の様々な職業に応用できた。

　デザインコンセプトは見ての通り「白衣」です。白衣が末広がりな形になってるのは、三角フラスコをモチーフにしようと試みていた遠い昔の名残です。

創作モノでは錬金術師さんは機械工学者として活躍してるので、メガネや手足にはスチームパンクっぽい装飾を施してみました。

実際には、中世で工学担当といえば大工、石工、時計職人、鍵職人、金細工師、からくり技師等。

胴の模様はこっそり「生命の樹」。ユダヤ・カバラと錬金術は直接は関係ないけどね。

錬金術師(♂)さんと錬金術師(♀)さん

中国版とアラブ版
錬金術は中国やアラブ圏でも栄えたのですが、スペースの都合で結局ヨーロッパのそれしか解説できませんでした。嗚呼、貴重なアジア・アラブ枠が……。

キプカマヨク

時代：15、16世紀前後
観測地：ペルー付近

文字無き世界の書記官
帝国を支えるもう一つの要

属性

戦闘　商売　**職人**　放浪
宗教　賤業　**権威**　民族

能力

武力：3
技術：4
知力：6
魅力：7
財力：5
忍耐：3

技術4：指先も用いたが、本質は知的労働
魅力7：公正で尊敬される人物が選ばれた
財力5：資料はないが、地位から推測

技能

戸籍調査
周囲4マスのユニットの詳細情報を取得する
「チャスキ」隣接時は範囲+2(コスト60)

歴史のキープ
5ターン経過するごとに知力が+1される

解説

　中の人の知識と資料の都合で本書は中世欧州を中心に職を取り上げているが、アメリカ大陸先住民の仕事も一個くらいは取り上げたいと常々思っていた。
　あの辺の文化と言われてまっさきに思い浮かぶのはやはり生贄。特にアステカのそれは、ケルトの生贄儀式を非難したローマ人も青ざめて死ぬほどの生贄天国だ。しかし、調べても生贄に関する専門職というのは残念ながらあまりなさそうである。
　というわけで某日、私は代わりのネタを求めに上野でやってたインカ帝国展にきていた。ミイラや服の幾何学模様を一通り堪能した後、展示会の最後に目にしたのが彼の地の縄文字「キープ」だった。
　インカではマヤ・アステカとは異なり文字は使われなかったが、代わりにこの結び目をつけた紐を使って物事を記録していた。その体系はまだ部分的にしか解明できていないほど高度であり、それを扱う専門家がキプカマヨクである。
　……というようなことが多分インカ展で紹介されていたんだと思うが、当時の私はそのことに関心を払うことなくキープコーナーを早々に切り上げ土産物屋に直行。資料探索中に偶然キープの専門家の存在を知るのは、それから半年後のことであった。

キープとその内容

　学者曰く、現在世界には751個のキープが現存を確認されているらしい。その用途を簡単に言うと、紐の結び目の数と位置で表される数を記録することだ。そこまでは簡単であるが、そこから先は未解明な領域が多く、学者によって言っていることは色々だ。目下の関心は、「数」以外の情報がどのていど、どう記録されたか、である。

キープは、1本の親紐に多数の下がり紐を結びつけた構造になっている。下がり紐の数は2、3程度のものもあれば2000本に至るものまで様々。

紐の色もまた意味を持っていた。「黄色は金で赤は戦士を表した」とか言ってる資料もあるが、他の大抵の資料では「意味するところはよくわかっていない」とされている。

郵便番号のように、3桁の数字で場所を表すこともあったのではないか、と学者は主張している。

特定の場所の結び目が、場所や時間や作成者などのメタ情報を表しているとする説もある。

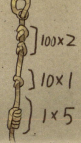

下がり紐1本で一つの数を表現した。結び目の位置と数で、それぞれの桁の値が表されるのだ。上図の場合は「215」。

インカの帝国支配とキプカマヨク（スキル・知力・魅力）

　メソポタミアや中世欧州を覗くまでもなく、古い文明において「文字」に携わる者はその多くが神官などのインテリである。キープの場合も同様で、これは一般庶民が触れられるようなものではなく、貴族・知識階級のみが携わることを許された特殊な技術に他ならなかった。

　ではその技術の専門家であるキプカマヨクはどのような存在だったかというと、彼らは一言で言えばインカ帝国の役人であり書記官であり出納係であった。彼らは皇帝や部族の首長などに仕え、税の計算や戸籍調査、あるいは暦の記録など、行政にまつわる事柄を記録し、伝えていたようだ。

キープを各地へ運搬する役目はチャスキ（飛脚）が担当した。彼らもまたキープの統治システムを支える存在だった。

　たかが記録係と侮ってはいけない。このキープはだだっ広い帝国領土における、情報伝達と行政の要だった。例えば村の広場で彼らによって広げられたキープは、皇帝インカの御意の顕現としてある種の神聖さすら持っていただろう（というようなことを研究者は言っている）。実際、キプカマヨクの職に就くのは地元の名士であり、その職名も直訳すれば「キープの権威」とかそんな感じの言葉になる。キプカマヨクは権威ある選ばれし者の職だったのだ。

　地方レベルだとキプカマヨク自身が統治に携わったりもしたし、紛争解決にキープが用いられたこともあるらしい（どう使われたかは謎だが）。

　そんな彼らの努力もあってか、キープによる統治体制は帝国中に広く行き渡っていたようである。のちにインカがスペインに征服された時も、キープによる正確な記録のお陰でスペイン人征服者も楽に統治ができたとか何とか。

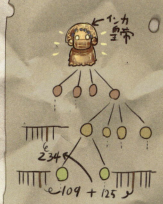

2つのキープに記された値の合計が、別のキープに記録された例も見つかっている。恐らくインカの階層的な組織において、下部の組織から報告された数値を合計して上位の組織に報告していたものと思われる。インカ行政の一幕。

歴史のキープ（スキル）

　キープの中には「歴史のキープ」としてインカ帝国の歴史を記録したものもあったようだ。後にインカの歴史家が帝国の歴史を語る際もこれが用いられた。

　ただし、キープ自身には単に重要な数値が記録されていただけなのか、それとも物語そのものの情報も記録されていたかは謎である。

キープの学校（知力・技術）

　キープの使用法は、帝国首都クスコの貴族向け大学とかで教えられた。その中でのキープの勉強期間は2年間程度だったようだし、貴族ならみんな扱えたようだし、キープを扱うための技術そのものはそこまで高くはないのかもしれない。

中世インカ学園ドラマ

ユパナ（知力・技術）

　キープは記録の道具であって計算の道具ではない。キプカマヨクらは四則演算程度なら使いこなしたらしいが、さすがに暗算だけで全てを処理するのは骨が折れたのか、ユパナと呼ばれる一種の算盤を用いることもあった。

ポデスタ

別名：司法長官
時代：中世
観測地：北イタリア

荒ぶる都市を治めるは
お雇い長官、マレビトの王

解説

中世イタリア関連の資料を読んでいると、一つ気付くことがある。ドイツやフランス等他の地域、あるいは同じイタリアでも古代ローマなどと比べると、中世イタリア、やたらと用語に横文字が多い。

例えば古代ローマの支配階層に関する用語を上げてみた場合、皇帝、元老院、執政官、独裁官、民会といったリストになるだろう。これが中世になった途端にコンソリ、ポデスタ、ポポロ、シニョーレといったふうに横文字の嵐になるのである。多分アレだ。中世イタリアは不人気ゆえに、専用の訳語も用意されなかったということなのだろう。

で、何の話だったか。えーと、そう、ポデスタだ。上で挙げた横文字リストに何気なく名前が出ているように、この職はイタリア都市の行政官の一つである。「司法長官」と訳されることもあるが、あまり正確とは言いがたいだろう。というのも司法分野に限らず行政の長として働くことが多く、専制的な権力を握ることもあったからだ。というか、ポデスタに限らずこの手の用語はどれも既存の概念とは微妙に一致しないので、一言で言い表すことが難しい。結局のところ、ポデスタはポデスタだということか。嗚呼、今日も中世イタリアの世界には横文字が走る。

属性

戦闘　商売　職人　放浪
宗教　賭業　**権威**　民族

能力

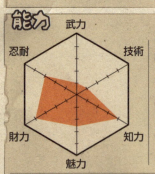

武力：2
技術：2
知力：8
魅力：5
財力：8
忍耐：6

技術2：戦争指導もしたが、自身は知的労働者
知力8：法学に加え、豊富な実務経験も考慮
魅力5：「所詮は余所者」という見方もあったようだ

技能

調停
距離2マス以内のユニットは敵味方問わず
1ターン攻撃できない（コスト45）

ディストレット
田舎出身者に対して魅力・権威 +2

うちらのボスは外国人（スキル）

左のページの解説は解説になってないような気がするので、まずはポデスタの背景から改めて説明したい。

中世の北イタリアは都市文化の世界であり、その都市はコムーネ（自治共同体）によって運営されていた。しかしその統治は容易ではない。イタリアの諸都市は内部に党派や結社を大量に抱えており、有力者同士の内紛に明け暮れていた。

そんな状況で争いを回避するために都市が採った手段が「外部からの調停者の招聘」だった。で、その政策によって雇われた他都市出身の最高行政官がポデスタというわけだ。やっと出てきた。

外国人に国のトップを任せるというのも妙な話ではあるが、現代で言えば会社のCEOのようなもの、と思えばいいらしい。厳密に言うとその立場と権限は時と場所によって異なるようで、例えばシエナでは警察権と軍事権をもってはいたが、あくまで役人であり率先して政治的決定をすることはなかったそうである。ともあれポデスタ制は12世紀から13世紀にかけてイタリア諸都市に普及していく。

うちらのボスは職業統治家（知力・財力）

ポデスタは部外者であることを旨としているが、部外者であれば誰でもよいというわけではない。当初は他都市の有力者を招くことが多かったが、やがてポデスタ自体が一種の職業と化し、行政・司法の知識と経験をつんだ「統治のプロ」となってゆく。

各都市のポデスタを歴任する者もいたし、ポデスタ志望者向けの手引書なんてものも登場した。手引書には戦争指導法から、町の有力者が死んだ際の演説の仕方なんてのも記載されてたとか。

THE・機動市役所

また、統治者としての業務遂行に必要な従者は自前で用意せねばならなかったらしく、騎士、判事、公証人、従者、執事、警官等からなる60人近い集団を率いることもあったという。こうした専門の統治屋集団がイタリアの諸都市を渡り歩いていたわけである。

そんな職業統治屋の給料は、上記の例だと3000リラ（だいたい1億2000万円?）だったらしい。庶民からしてみれば相当な金額だが、ポデスタ一人への俸給なのか、それとも配下の統治集団を雇う経費も含めた費用なのかいまいち不明だ。とりあえず財力は高めの「8」で。

中立性と大人の事情（スキル・魅力・忍耐）

そもそも部外者を統治者として招く第一義は、特定の派閥と結びつかせないためである。そういう意味では中立性はポデスタの存在意義とも言える。

実際、ポデスタを招いた都市はその中立性の担保、あるいはポデスタ自身が独裁者にならないための保証に様々な工夫を凝らしたようである。

例えば特定の都市や家系が市政に影響を与えぬように敢えて小さな都市の出身者を選んだり、着任後も各地区に順番に居住させることで、特定の行政区と結びつかないよう配慮がされていた。

後の体制になると、飲食の一切やメッセンジャー等が市によって用意され、更なる完全隔離が図られたようである

また、統治の間は市庁舎内に閉じこめ外部との接触を絶たせるようなことも行われた。

と、このように中立性の確保に心を砕いた側面もあったが、都市によってはポデスタの人選には政治的事情が大いに絡んだようでもある。教皇庁との関係構築のためにローマ出身者をポデスタとして起用したり、支配下の都市に自都市出身者をポデスタとして送り込むことで影響力を強める、といったことはよく行われていたようだ。

ポデスタ制は大都市が周辺の都市を支配するためにも使われたという話もある。ちなみにスキル名の「ディストレット」とはこの従属領域を指す言葉。ちょっと無理があるような気もするが、スキル名に相応しい単語が他になかったのだ。

武器は印章（拳闘属性）

デザインコンセプトは「古代ローマと中世の混ぜ物」。結果的になんだかよくわからないものになるのはいつものこと。

心の目で見ればローマ風に見えなくもないであろう諸要素たち

カピターノ・デル・ポポロ

ポデスタたちは時と共に専制的になっていったとも言われるが、それに対して市民側の代表者として権力を持ったのがこいつ。やがてポデスタに取って代わるようになる。こいつもまた外国から招聘されたという。また横文字。しかも長い。

放浪教師

時代：中世
観測地：都市周辺

学問ある所に教師あり
我らは知を売る行商人

解説

「遍歴学生」の項目では大学に巣食う学生たちについて述べたが、今度は教師の番である。

さて、教師といっても今日のそれとは幾分異なる。「教師＝公務員」の構図が成り立つのは近代に入ってからの話であり、中世の教師は私的な存在だった。というか、当時はまだ公教育どころか「教育」の概念そのものがまだ未完成だったらしい。そこにあるのは長時間間掛けて人格と知識を育成する「教育」ではなく、唯の「知識の伝授」であった、という。

そんなわけで、当時の教師が担った役割はいわゆる私塾に近いものだった。親と個人的に契約し、子供たちに指定された事柄を伝授する。契約を取れるか否かは本人の名声と営業力次第。授業料を徴収できるかは本人の腕と交渉力次第。そこは商売の世界であり、また子供たち以上に競争社会でもあった。

成功した者は更なる栄誉を求めて金持ちのいる街区に、負けた者は競合相手のいないニッチな世界へ。かくして学生同様、教師もまた放浪するのであった。

【コメント】学生の対存在たる教師さんですが、こっちは初等教育の教師も含んでいるのでその分知力は低めです。大学教師限定なら7は楽勝でしょうが。

属性

| 戦闘 | 商売 | 職人 | 放浪 |
| 宗教 | 賤業 | 権威 | 民族 |

能力

武力：2
技術：3
知力：6
魅力：4
財力：4
忍耐：3

技術3：一般人相当
知力6：ピンからキリまでいたが、平均すればこんなもん
財力4：庶民にしてはそこそこ。食えない奴もいたが

技能

教授免許
隣接する、知力6以上の味方ユニットを「教授」に転職させる（コスト30）

知識泥棒
同業者以外の聖職者に対して魅力-2

知識泥棒と教会人（スキル・魅力）

　放浪教師は「商人」属性を持っている。これは彼らが商売の理論の中で生きていたからだけではなく、どうも教師たちは「知識を売る商人」とみなされていたらしいのだ。
　例えば授業契約も「教師Aは生徒Bにラテン語の手紙が適切に読めるようにせねばならない」といった具合になっており、講師に支払われる報酬は「授業料」というよりは「知識代」とでもいうべきものだった。なので、知識を適切に伝授できなかったらいくら授業を行おうと報酬は貰えなかった。
　で、商人というのは一般的に嫌われる職業である。ついでに言うと、世俗の教師はかつて知識人の代表だった聖職者の競合相手でもある。そんなわけで聖職者らは教師らを、神に属する「知識」を売る「知識泥棒」であるとして非難したのであった。

ちなみに似たような理屈で、高利貸したちもまた「時間泥棒」として非難された。こちらについてはまた後ほど。

教師のヒエラルキー（スキル・知力）

教師と一口に言っても読み書き算盤から大学教授まで様々である。上を目指して階段を上る頑張り屋さんもいた。

読み書き教師
初歩的な俗語の読み書きを教えた。教師としては最下層。

算盤教師
算盤や初歩の簿記などを教えた。これらは都市の商人志望者などに需要があった。

文法教師
知識人には必須のラテン語の文法を教えた。ちなみに当時は俗語には文法がないとされていたので、文法といえばラテン語の文法を指した。

大学教授
学位を取り教授免許を手にした最上位の教師。神学、法学、医学などを教授した。尚、免許を授ける権利は教授たちにあり、これは大学の自治の証でもあった。

流浪と定住のはざま（財力・魅力）

　本項のテーマを否定するようでなんだが、頻繁に放浪していた教師もやがては競争社会に疲れたのか、中世末頃には定住し官吏としての道を歩み始める。例えば大学の主要なポストや都市の役職に就いて世襲化したり、或いは教師にとって新しい概念である「給料」でもって都市に雇われたりといった具合である。
　中世末という時代は同時に「教育」の概念が成立し始め、初等・中等教育が整備された頃でもある。そのような時代に合わせて教師たちもまた定住し、公共学校の教師として、大いなる近代教育の歯車に飲み込まれていくのであった。まあ、きっと、良いことだったのだろう。

意外なことに、公教育の整備は中小都市の方が熱心だった。大都市には大量の放浪教師が勝手にやって来たので、放っといても何とかなったのだ。

放浪教師とガウン

　放浪教師さんのデザインは大学の卒業式なんかで着られる服、いわゆるアカデミックドレス（もしくはアカデミックガウン）をモチーフにしています。
　ただし今日のアカデミックドレスは近世にデザインされたものなので、あんまり正確な中世を表しているわけではありません。

メイス（職杖）
中世の大学の図などを見ていると時々ごつい杖を持った教師を見かける。恐らく今日でも時々使われる、権威付けのための杖だろう。さすがにこれを「実用」したりした日にゃ死人が出る。

ドイツやアメリカのガウンには袖に3本のラインが見られる。が、ルーツはいまいち不明。まあ中世起源ではないだろう。

こっそり袖出し口

聖職者がよく身につけるエトワール。ネクタイ状になってるのは、やがて宮仕えの道を進む彼らの将来への伏線です。

ドイツのガウン
黒地に赤とか黒地に黄色とか、やたら中二めいた格好良さを誇るドイツの伝統的ガウン。明らかに中世のセンスではない。

中世のガウンの例
ガウンといっても元は要するに聖職者のローブだった。ので、実際はだいたいこんな感じであろう。うむ、安心の格好悪さ。

代書人

別名：代筆屋
時代：中世〜近世
観測地：パリ、その他

恋心からよからぬ企みまで、巷の思いを運ぶキューピッド

解説

18世紀のヨーロッパの識字率は、20%もあれば良い方だった。ロンドンで20%、パリに至っては10%すらなかったという。特に、女性はほとんど字が読めなかったと考えてよい（但しこの辺、時代や調査によって結構数字が変わるので要注意だ）。そんなわけだから、文書を書くこと自体が商売の種になる。伝言、嘆願、恋文……。文字を書けない人の代わりに思いの丈を書いて届けるのが代書人であった。

ある程度の大きな都市になればこのような職業は珍しくなく、パリ中どこに行っても代書人の屋台のない通りはないと言われていたそうである。特にイノサン墓地に店を構えていた代書屋は、いくつかの年代記に名を記されている。その仕事内容は繁盛ぶりを見るに、都市のインフラの一部と言えなくもないだろう。

細かいことは不明だが、イスラム圏でも代書屋の存在は確認されている。商売にするかどうかは別として、このような役割を担った人は様々な文化圏にいたのだろう。ともあれパリでは、今世紀初頭までこの商売は続けられていたのだった。

【コメント】ソックスの模様は小一時間悩んだ。今も悩んでる。

属性

戦闘 **商売** **職人** 放浪
宗教 **賤業** 権威 民族

能力

武力：2
技術：2
知力：6
魅力：7
財力：4
忍耐：4

武力2：写本師とどっちがマシだろうねというレベル
技術2：文体使い分けなどの技術はあったが知力に換算
魅力7：庶民と秘密を共有する仲といえよう。多分

技能

恋文
距離2以内の異性ユニットを指定すると、そのユニットから一定ターン攻撃を受けない（コスト20）

不正会計
ユニット雇用の際のコストが-1される

キューピッドは三文女士
(スキル・魅力)

　代書人の仕事で忘れてはならないのが、恋する女中たちの思いの丈を代筆し、相手に届ける仕事。つまりラブレター作成代行である。「女たちは、まるで贖罪司祭に罪の告白でもするように、庶民の秘書の耳元でささやく。彼女たちにとり、代書人の屋台は立て付けの悪い告解室のようなものなのだ」という記述を見れば、町の娘たちにとって、代書人がどういう存在なのかわかるだろう。

依頼人ののろけを聞いて書き下ろす簡単なお仕事

不正会計 (スキル)

　代書人は、「主人の金をくすねた料理女の帳尻合わせ」に手を貸すこともあった。このように、事務や経理は文字書きたちの独壇場であった。勿論、主人となるような立場の人間も、書が読めるとは限らないのである。
　かように代書人は、庶民の親愛なる共犯者であった。ただ、町の代書人が高度な会計学を操れたかどうかは不明である。意外とそっち系も強かったのか、あるいは個人レベルの慎ましい不正だったのか。

庶民と権力との橋渡し

　ラブレター作成、帳簿付けの他に、国王や王族向けの請願書の代筆、提出といった仕事も請け負った。代書人にとって実入りの良い仕事の一つだったそうだ。庶民のみならず偉い人とのコネも持っていたようだ。うらやましい。
　翻って日本では、請願書を届ける代書人はいないが、江戸時代の中期に目安箱が設置された。識字率が高い日本だからこその制度と言えるかもしれない。

万年筆 (アイテム)

ペン先に常にインクが補充される構造を持った筆。
効果：知力+1

万年筆は19世紀の品。少なくとも中世ではないが代書人自体は20世紀までいたので代書人さんには万年筆を持たせてます。

文筆屋のとある兄妹

　代書人は、同じ物書きである写本師(132p)と同じギルドに属していたようだ。その辺の事情を踏まえて、代書人のデザインコンセプトは「町で商売を始めた写本師」。どてら＋マントなど、一部パーツが写本師と共通してます。ついでに兄妹設定にしてみたり。まあ、この原稿を書いた頃は若かったということで。

エトワール（エトール）
聖職者が身につけるリネン製のハンカチ。聖なる物を扱う際に用いる。ストラあるいはストールなどと称すことが多いが、今回は仏語の資料に基づいてるので仏語読み。

エトワールは鉢巻き代わりに

エトワールとどてらが一体化

ベージュのどてらに黒いマント

黒いどてらに白いマント

代書人： 妹。兄である写本師と同じ家で暮らしていたが、今は自立して生計を立てている。世渡りが下手な兄のことがちょっと気になる。
写本師： 兄。修道院育ち。妹への感情の8割は食い物の恨み。

公証人

時代：古代〜現代
観測地：イタリアあたり

法に卓越したインテリ物書き、
遥かローマの思想を中世に伝える

解説

現代日本語で言えば、公証人とは契約などの適法性を証明、承認する公務員を指す。

とはいえ一口に「公証人」とされる存在でも、時と場所によって位置づけは異なる。中世以降のイタリアでは商取引などの私文書の作成にも関わっていた。金の貸し借りや商取引の際に彼らが記した証文は法的拘束力を持っており、商業活動にはなくてはならぬ存在だった。取り交わされた文書が真っ当であることは彼らの存在によって保証された。言わば生ける法的権威とでも言える凄いやつなのだ。

一方で、公証人という言葉は書記・記録係とほぼ同じ意味で用いられることもあった。

このように定義すらまちまちだが、概ねどの社会でもその高い法知識のために厚遇されていた。大雑把にまとめると、中世ヨーロッパの一般的な公証人は法律関係が得意な書記官みたいなものと言えよう。文字書きは大体インテリだが、それに加えて法の知識も持つ公証人たちはすごくエリートだった。

【コメント】やけに高スペックになりましたが、公証人が最も重視されたイタリアでの能力値ということでここは一つ。

属性

戦闘　**商売**　職人　放浪
宗教　賤業　**権威**　民族

能力

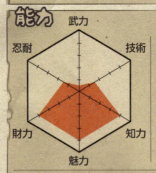

武力：1
技術：3
知力：8
魅力：8
財力：8
忍耐：3

技術3：書簡術、修辞法などは知力に換算
知力8：俗世の中では非常にインテリ
財力8：公証人らは金融業でも有名だった

技能

ローマ法
一定時間、ターン開始時に全味方のHPが1回復する（コスト80）

ティロ書法
行動順序の判定に+2のボーナスを得る

文字書きの本流、ここにあり

　筆記者(scribe)は有史以来存在した。古くは古代エジプトやバビロニアなどでの活動が知られるが、「記録する」という行為が最も力を発揮したのは昔から法廷の世界だった。記された文字は、形に残らぬ証言を凌駕する信憑性を持っていたからだ。

　そんなわけでいつの時代も、文字書きたちの中には法務分野で活躍する者がいた。公証人の歴史はここに始まる。

古代エジプトの筆記者「セス」
文筆一家のご先祖様。神聖文字、神官文字を使いこなす彼らは芸術家でもあった。様々な労役や税を免除された特権階級であり、文字を記すということの重みが窺える。

ローマ法（スキル）

　文字通り、古代ローマにて成立した法理念。一言で解説するのは困難だが、「正義は、文字に記された法によって判断され、その法は公権力によって万民に等しく適用される」……という、今日あたりまえに見られる法の概念の下敷きになった理念である。

　これと対になるのが、ローマ崩壊後のゲルマン諸民族が使ったゲルマン法の法理念である。こちらは部族的な秩序の維持をベースにした考え方で、自力救済だとか復讐だとか、中世特有の思想のベースとなった。

　さて話をローマ法に戻そう。ローマ時代の約1000年間にわたって発展し続けたローマ法は、やがて高度に学問化され、実際の訴訟手続なども学識化・職権化が進む。公証人らの専門家も生まれた。

　さすがに今はローマ法そのものは滅びたが、その精神は日本も含め現代の法典にも今なお息づいている。あまり目立たないが、古代ローマが後世に与えた影響という意味では、キリスト教に比肩しうるすごい存在だったのだ。

ローマは三度世界を支配したと言われる。つまり一度目は武力、二度目はキリスト教、そして三度目がローマ法である。

雌伏のとき

　インテリたる公証人であるが、その存在感を大いに失った時期があった。西ローマ帝国とローマ法が崩壊した後の数世紀、いわゆる暗黒時代である。

　何しろ喧嘩させて白黒付ける「決闘裁判」や神明裁判なんて代物が通用した時代。高度な法体系も法曹たちの出る幕も存在しなかった。

　しかし、イタリアの公証人たちはその時代にも慣習としてのローマ法を維持し続けていたらしい。

　その後、ローマ法は12世紀頃に再発見され、復活を遂げることになるが、その裏には公証人らの働きもあったのかもしれない。

ティロ書法（スキル）

　紀元前63年に、ローマの政治家キケロの記録係ティロが開発した速記法。

　当初、公証人の先祖たちはただの記録人だったが、やがて知識やスキルを身につけることで自身の立場を向上させていった。速記もその一例である。そのため、古代ローマでは公証人のことを速記人と呼んだりもする。

文筆屋の執筆速度は締め切りまでの時間に反比例する。

公証人あれこれ

能力値チェックポイント

知力：俗世の中ではトップクラスの教養を誇り、インテリの証であるラテン語を使いこなした。高い法的知識を武器に、常に社会の上流に有り続けた。

魅力：教養人にとっては憧れの的。仕事上の付き合いから、宗教・俗世を問わず、権威とは常にお友達であった。

財力：金融業なども営み、儲かったようだ。ちなみに現代のイタリアでは、公証人は世襲制のため外部の者が公証人になることはほぼ不可能。ただし内部は超既得権益の世界になっており、アホみたいに儲かるらしい。

メガネ
唯一の特徴、ダブルマフラー
なんちゃってローマ風衣装
袖やマフラーの模様はギリシャ風
鞄の中にはよくわからない書類が一杯

性格はたぶんこんな感じ。そしてローマかぶれ。

訟師

時代：宋代～清代
観測地：中国

裁判の、裏に潜むは訴訟ゴロ
法の世界は百鬼夜行

解説

　中世欧州の人間は、意外と頻繁に訴訟を起こしていた。訴訟の記録は数多く、中世人の実態を知る手掛かりとして研究されることも多いようだ。例えば活版印刷の発明者として有名なグーテンベルクなども、残された訴訟記録のおかげで辛うじてその生涯の輪郭が描ける、といった具合である。

　そんな裁判スキーな中世欧州であったが、それ以上に訴訟社会と呼べる世界が遥か東方に存在した。さよう、中国である。

　宋代に入ってからというもの、かの地では士大夫から子供まで、大きなことから小さなことまで、様々なことで訴訟の場にて利己を主張しあった。農民ですら生涯に一度や二度は裁判所のお世話になったという。かくも訴訟が増えた背景には自己主張の激しい国民性もあるのかもしれないが、何より庶民に入れ知恵をして訴訟をそそのかし、私腹を肥やす訴訟のプロ、訟師の存在があった。

　訴訟の記録は人々の実態を知る手掛かりになるが、そうして明らかになるのは、往々にして人間のろくでもない部分だったりするのであった。

属性

| 戦闘 | 商売 | 職人 | 放浪 |
| 宗教 | 賭博 | 権威 | 民族 |

能力

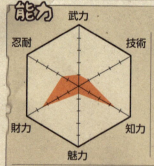

武力：2
技術：2
知力：7
魅力：1
財力：7
忍耐：3

知力7：インテリであり、教養も世渡りの上手さもあった
魅力1：特にお上からは諸悪の根源扱いである
忍耐3：逮捕のリスクはあったが、自業自得しかなあ

技能

袖の下
公務員系の敵ユニットに対し、通常の2倍の効果の説得を行う（コスト50）

健訟之風
距離3マス以内の「権威」属性持ちユニットの最大行動力が-3される

中国の裁判と健訟の気風 (スキル・技術・魅力)

法の世界はどこでも専門知識の迷宮。そもそも訴えを取り上げてもらう時点で訴状作成のテクニックが必要であり、庶民の間で「訟学」なるものが栄えた地域もあるくらいである。そんなわけで、司法の専門家の活躍の余地があった。

中国の訴訟と訟師の図（建前編）
一　依頼人の切実な訴えを訴状にしたためよう
二　訴訟が滞りなく進むよう役人とよく折衝しよう
三　訟師の力添えの暁には、勝訴は即ち君のもの

が、訟師はあくまで己の利益のために商売をしたので、原告の訴えの正当性など知ったことではない。中身はともあれ訴訟であれば飯の種になるのである。訴訟資格がないとわかっている子供に入れ知恵して訴訟を教唆し、訴状を書いて金をふんだくることもあったという。かくして左で述べた、「人々を訴訟にそそのかす」という事態に至るわけである。

中国の訴訟と訟師の図（現実編）
一　理非はともかくとにかく訴状をでっち上げよう
二　あの手この手で白をも黒だと言いくるめよう
三　負けたら負けたで次がある、控訴は追加料金で

また当時は裁判制度の不備も多く、敗訴しても何度でも控訴したり、同じ内容の告訴を「下手な鉄砲」式に幾多の機関に訴えるといったことも行われた。で、これらを全部まとめると、「健訟の風（訴訟ブーム）」と評される気風ができあがるわけである。そんな風潮を煽り、依頼人たる原告すら食い潰してしまう訟師たちは、「悪訟師」として禁圧の対象とされ続けた。

　　　針小棒大な訴状が乱造された結果、
　　　司法が機能不全に陥ることも。

木っ端役人と袖の下 (スキル)

訟師の仕事は単に訴状を作成するだけではない。中には訴訟により積極的に介入する例も見られる。その際に鍵となるのが「胥吏」の存在である。

胥吏（しょり）
地方の役所で採用された下役人。訴訟でも実務は彼らが執り行った。基本的に無給だったので、業務に際して手数料などを取ることで収入を得ていた。が、手数料と賄賂は紙一重であり、きわめてよく買収された。

この胥吏を買収することで、召喚状を握りつぶしたり取り調べを滞らせたりと様々な法廷工作が可能になるのであった。いかにも中国的で牧歌的な風景である。

他国の同輩

中国に限らず訴訟絡みのろくでもない連中はどこにでもいたようである。

代訴人
近世フランスの訴訟屋。要りもしない書類を山のようにでっち上げたりして、訴訟人から不当にふんだくった。

公事師
江戸時代の訴訟代行屋。訴状代筆のみならず、事件師として訴訟に介入して金品を得たりしていた。

三百代言
明治初期のモグリの弁護士。公事師の後裔であり、弁護士の蔑称としても用いられる。

無頼の知識人或いはインテリヤクザ (知力・財力・魅力)

訟師には、仕事上付き合いのある仲間たちがいた。胥吏は左で述べたが、他にも地方の豪族や遊俠に無頼の徒……、要するにヤクザである。訟師はヤクザお抱えの悪徳弁護士のような役割を果たしており、土地の不法な収奪などの悪事に携わったようである。

訟師と愉快な仲間達
胥吏　証人　訟師　無頼の徒　地元のボス
WE ARE FRIENDS!!
※訟師は裁判用の「証人」を日頃から組織していたらしい

更には訟師自身が無頼の徒らを従え、自ら主体的に悪事を行うことすらあった。胥吏を買収して役所に我が物顔で出入りし、意にかなわぬことがあると無頼の徒を使役して脅迫する……。かくして彼らは裁判を支配して蓄財し、また強固な社会的勢力となったのであった。

そんな彼らは数億から数10億円の資産を持っていることもあったようで、いやはや、裁判ってお金になるんだなあと感心する次第である。

「法は金を与える」とはイタリアの格言だが、どこの世界も似たようなモンということか。

代闘士

時代：中世初期〜中期
観測地：欧州とか

> 我は剣を持ちたる弁護人。
> 中世は訴訟も命がけ

属性

戦闘　商売　職人　放浪
宗教　賤業　権威　民族

能力

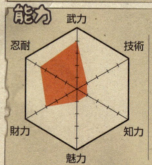

武力：8
技術：2
知力：2
魅力：2
財力：6
忍耐：7

武力8：生半可な腕ではすぐ死んでしまうだろうて
魅力2：古代の剣闘士に比定されて、賤業扱いだった
忍耐7：死の危険を考慮するとこれくらいは

技能

モノマキア
敵味方両者の一切の補正効果を無視して戦闘を行う（コスト20）

土地係争
敵を撃破時、このユニットのいるマスを自軍の領土とする

解説

　騎士道物語に出てくる心清き貴婦人は、大抵の場合、誰かの嫉妬を買って讒言されたり無実の罪で訴えられることになっている。で、いよいよ追い詰められると、どこからともなく素性の知れぬ騎士が颯爽と現れて、彼女を訴えた原告と決闘を行い、見事これを打ち破って彼女の潔白を証明する手筈になっている。

　この決闘はファンタジーなものではなく、現実の裁判制度に裏付けられたものだった。決闘裁判。自力救済を旨とするゲルマン社会では、裁判において決定的な証拠がない場合、最後の手段として原告と被告が物理的に決闘を行い白黒を決するという制度があった。神様は潔白な方を勝たせてくれるだろうという理屈だ。「剣士」の項でもちょろっと述べた。

　決闘は原則として原告と被告本人が直接戦うものであったが、被告が女性・老人・病人などの場合は代理人を立てることも許された。が、やがてこれらの条件は緩和され、健康な男性が代理人を立てるケースも登場してくる。また、裁判の種類によっては証人同士が戦うこともあった。このような状況で生まれたのが決闘裁判の専門代理人、いわゆる代闘士である。

　他人のために命を賭ける騎士は実在したのだった。尤も、彼が得るのは貴婦人の愛ではなく金だったが。

法廷の上のモノマキア（一騎打ち）（スキル・武力）

「野蛮な中世」の象徴的存在たる決闘裁判だが、一応は正式な裁判なのでちゃんと手順が定められていた。

その法規が許し、当事者が合意し、裁判官が許可すれば、晴れて決闘開催となる。

その際、準備期間中に闘士が逃げたりしないようにと保証の提出が求められることもあった。例えば、財産の象徴である手袋を裁判官（＝主君）に渡すことを以って保証としている例もある。

後世の「決闘申し込みの際に手袋を投げ付ける習慣」の起源は、どうやらこの辺にありそうだ。

図のように、太陽が両者の真ん中にくるタイミングで決闘は開始された。

偉い人の席　君主＝裁判官もココ

介添人　勝負がついたときに闘士を止めたりする役目。

リング

男女同士の決闘の場合、フェアになるよう、男性側は下半身を土に埋めた状態で決闘が行われた。じつにフェアだ。

かくして諸々の手続が終われば決闘は開始される。が、やはり決闘とはいえ正式な裁判なので、公平さを保つための規則も多かった。

両者の武器は当然統一され、観客も決闘の最中は、戦いに介入しないよう沈黙を守らねばならなかった。

他にも決闘に際してプロの剣士による訓練期間を設けたり、或いは男女差を考慮したハンデを課したり、一方が有利にならないようにと、太陽が両者を等分した状態で決闘を開始させることも定められていた。

フェアプレイの追求の背後には、神意を占う儀式という側面もあったのだろう。

土地と教会と代闘士（スキル・財力）

イングランドにおいて、代闘士がその本領を発揮したのは貴婦人を巡る争いではなく土地所有権を巡る係争においてだった。本来であれば決闘の資格は本人か関係者に限られていたが、代闘士は色々な屁理屈を駆使してこの縛りをくぐり抜けた。かくして赤の他人たちが代理人として剣を交えるようになる。

その結果、より高い金を払って良い代闘士を雇った方が土地の権利を獲得するようになり、土地をめぐる裁判は一種のオークションのような状況を呈するようになるのであった。

大抵の代闘士は、訴訟が起きた時にオンデマンドで雇われたが、多くの土地を持ちその分訴訟の機会も多かった教会では、専属の代闘士を抱えることもままあった。大抵の僧院では代闘士を待機させるための小屋を出していたという話もあるようだ。中には正規の戦争の際にも手下を率いて出動した例も見えるので、一種の用心棒のような役目も果たしていたのかもしれない。

で、その契約の年俸はというと、資料によって差があり相場がいまいちよくわからないが、決闘1回の報酬はだいたい数100万から1千万といったところのようだ。命をかけた決闘の対価として高いかどうかは微妙なところだ。

代闘士と名誉（魅力）

物語では貴婦人の名誉を救った代闘士であるが、彼ら自身は「名誉なき」存在とされていた。中世で名誉がないというのは、法的権利を持たないことに等しい。

需要の多かったイギリスではまだましだったが、特にドイツなどではその傾向が著しかったらしく、社会の底辺であり浮浪者や詐欺師と似たような扱いだったようだ。

大道芸人たちに交じって見世物の決闘ショーなんてのも行なっていたという。それゆえか、古代の剣闘士に比定され、ますます蔑まれることになったとか。

気になるのは代闘士の死亡率であるが、「決闘者が死ぬのは稀」とか「負けた代闘士には処刑も含む重い罰に処せられた」とか、証言も色々である。実際には決闘中の和解もままあったと言うし、「何だかんだで思われてる程は死ななかった」ってところじゃなかろうか。

共犯者告発人

代闘士の関連ジョブ。中世イギリスでは、犯罪は当局ではなく、個人が私訴する制度になっていた。が、時には適当な私訴人がいないケースも出てくる。

そんな時は、国王が牢屋で飼っている犯罪者を告発人としてでっち上げたらしい。当時は犯罪者が共犯者を告発し、決闘して勝てば罪を軽減される制度が存在したのだ。

訴訟の世界はいつも魑魅魍魎というお話。

高利貸し

時代：古代～現代
観測地：世界各地

貨幣経済の申し子
憎悪と羨望と黄金と共に

解説

　中世欧州で最も「蔑まれ」た職業候補は幾つかあるが、最も「妬まれ」た職業といえば商人……その中でも特に高利貸しが鉄板だろう。

　英語版ウィキペさんを信じるなら、高利貸しを非難する最古の文献は古代インドのヴェーダまでさかのぼるという。それ以外でもアリストテレスら古代の賢人たち、イスラームや仏教文書など高利貸しに対する悪態には事欠かない。さもあろう。理屈はともあれ結果的には貧困者から搾取し自分は富み栄えることになる商売だ。そりゃ、道徳家や宗教がこれを非難するのももっともである。昔は貨幣経済がまだ自明な存在ではなかった点も見過ごせない。額に汗することなく虚業で金を蓄える彼らに対する不信感は時代を通じて常に存在した。

　とはいえ、世界の主要な文明の中で、利子そのものを執拗に否定し続けたのもキリスト教文明とイスラム文明くらいだろう。教父たちは議論を尽くし、様々な理論で以って高利貸しを攻撃した。その伝統は根深く、欧州各地で徴利を禁ずる法が廃止されたのは実に19世紀になってからだった。ただ、利子攻撃の理屈を眺めていると、どうも、根っこにあるのは極々シンプルな感情なんじゃねえのかという気がしないでもない。

属性

戦闘　商売　職人　放浪
宗教　賭業　権威　民族

能力

武力：2
技術：2
知力：8
魅力：2
財力：9
忍耐：6

技術2：商売上の技術は知力に換算
魅力2：教会から攻撃されたが、王侯に保護されることも
財力9：本書で扱う中では最も裕福な部類だろう

技能

為替
利子1割／ターンの利率で任意の相手に資金を貸与できる（コスト30）

時間泥棒
聖職者に対して魅力-2

教会と金貸しと (スキル・魅力)

中世といっても、12～13世紀くらいまでは 教会自身が金貸し業を営んでいたりと、あの時代独特の鷹揚さ溢れる光景が見られたそうである。しかし、スコラ学者を始めとする教父たちによって徴利禁止の理論が確立されていくにつれ、キリスト教徒はこの事業から手を引くようになった。

その数々の理論の中には、「聖書が言ってたよ」というわかりやすいものもあれば「時間泥棒」という一見よくわからない理屈もあった。当時は時間とは神に属し万人に等しく与えられたものと考えられていたわけだが、利子とは貸与期間のために生じる利益であり、これは時間を売る行為に他ならないというわけである。子細を検討してみてもやっぱり屁理屈だと思うのだが、中世の利子禁止論はだいたいどれも屁理屈めいたものである。

説教師やダンテも高利貸しを同性愛に匹敵する罪に数えている。

"ユダヤ人高利貸し" というテンプレ (財力・魅力・忍耐)

教会が依拠した聖書には、「同朋から」金利を取ってはならないとある。なるほど、仲間同士で高利貸しをやったら共同体が崩壊するという理屈は昔から唱えられていた。しかしこの理屈。逆に言えば同朋じゃない者、つまり外国人からなら利息OKということにもなる。これに目を付けたのがキリスト教社会の内なる異邦人、ユダヤ人である。

実を言うと最近はこの辺の理屈を疑問視する声もあるのだが、ともあれユダヤ人高利貸しが欧州各地で活発に活動していたのは確かである。

しかし異邦人財テク屋も楽ではない。彼らの商売には純粋に商売的なリスクの他にも様々なリスクがあった。王権からの恣意的な徴税 (その名の通り恣意税と呼ばれる) もその一つだ。極端な例になるが、13世紀イギリスで最も傑出していたユダヤ人高利貸しは、王室から様々な名目で税金を搾り取られ、その金額は7年間で (たぶん個人で) ざっと2000億円ほどにも上ったようだ。

また、欧州各地でユダヤ人への暴行や焼き討ちが多々あったのも周知のとおりである。一般的には金貸し業への嫌悪がその原因とされるが、実際には、偉い人が、高利全般に対する不満の矛先を、ユダヤ人高利貸しにだけ向けさせようと誘導した節もあったらしい。また暴動の際には、襲撃を扇動した貴族がどさくさに紛れて自分の借金の証文を焼き捨てるといった微笑ましい光景も見られたという。

欧州人によるユダヤ人迫害のパターンは、中世からこの方あんま変わっていない。前世紀のアレもその一つと言えるかもしれない。

このように、金貸しは大いなる財産を手にしたが、それでもなお、異邦人たる彼らの足場は脆弱だった。

海原為替 (スキル・知力・財力)

利子を巡る歴史は、抜け穴の歴史でもある。利子を禁ずる教会に対して、商人らは様々な回避方法を発展させていった。

為替もその一つである。紙面の都合で詳細な理屈は省くが、商人たちは為替手形の輸送や両替を巧みに組み合わせて実質的な利子を獲得していたという。他にも遅延金という名目の実質的な利子を取ったり、不動産購入を経由したり贈与に見せかけたりと、脱法に関しては商人の手練手管ここにありといった具合である。

もちろん教会当局も抜け穴を防ごうとイタチごっこを繰り広げたが、餅は餅屋。商売の世界では最終的に勝利を収めたのは商人だった。というわけで商人らの迂回策の前に、教会の利子禁止はあまり実効性はなかったとも言われていたりする。事実、利子は時代とともに容認されていった。

架空為替
今風に言えばエア為替。約束手形を遠方とやりとりした体を装いつつ実際には何もしない、要するにただの金貸し。手形を使った偽装徴利の発展型。

高利貸しの心性

現実には教会による利子禁止はさほど効果を挙げなかったといわれる。では精神面においてはどうだろうか。

ある資料は、商人らの信仰心は上辺だけのものだったという。しかし一方で、金貸しの遺言状の中には、生前にぶんどった利子を死後返還・寄付するよう指示したものが多数存在した。当時の教会は、徴利の「罪」を償うためには、その利子を当人に返還するか喜捨せよと主張していたのだ。

さる銀行家が悪事で築いた財産の返還を遺言状に記したところ、その長さは5.5メートルに及んだとか。

このように、金貸し自身も罪の意識の中で生きていたことを示す資料も多い。そうでなくても、彼らは常日頃から非難され、敵対的な雰囲気の中で心理的圧迫を受けながら生きていた。彼らの心性もまた単純ではないのだ。

16世紀のある商人は、稼いだ金を引退後に喜捨したばかりか、二人の息子には商人になることを禁じている。息子はその言葉通りに大学教師の道を歩んだが、しかしそのかたわらではやっぱり商売にも手を出していたという。

徴税請負人

時代：古代～近世
観測地：ローマ、イスラム圏等

ユーラシアが誇る集金マシーン
対価は金と少々の混乱にて

属性

| 戦闘 | 商売 | 職人 | 放浪 |
| 宗教 | 賭業 | 権威 | 民族 |

能力

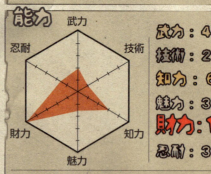

武力：4
技術：2
知力：6
魅力：3
財力：10
忍耐：3

武力 4 ：場所によっては武力を携えて取り立てることも
知力 6 ：相場とかその辺の知識は必要だった
財力10 ：金持ち度合いで言えば金貸しをも凌ぐか

技能

属州税
支配下にある勢力の収入の10分の1を
自身の収入に上乗せする

ファリサイ人と徴税人
ユダヤ人に対して魅力 -2

解説

「クロヨン」「トーゴーサン」といった言葉があるように、税金とは必ずしも計算通りに満額徴収できるものではない。特に中央集権制度や官僚制が発展途上にある国では徴税の困難はひとしおだった。極端な例だと、理論値の1割以下なんてこともあるのだ。市長も大激怒。

というわけで、この面倒な徴税業務を民間に丸投げしようとする国もあらわれた。この現象自体は世界各地で見られるが、最初にそれを実行したのは例によってローマ・ギリシャの人びとだったらしい。

この仕事を請け負った徴税請負人は、取り決めた額を国家に支払う必要がある一方で、担当する範囲の徴税権を国家から託されることになる。もし全く徴収できなければ国家に支払った分だけ丸損だし、高い徴税率をあげることができれば国家への支払いとの差額が利益として手元に残る。つまり徴税率を高めるインセンティブが彼らには働くわけで、彼らは極めて熱心に徴税を実施。結果として、請負制度を導入した国家では必然的に徴税率は高められることになった。

が、その過程では強引な取り立てや、お上との癒着もまた必然。かくして一度は請負制が導入された地域でも、国家機構が整うにつれてこの制度は廃止されてゆくのであった。

ローマの属州と徴税請負（スキル・知力・財力）

　徴税請負制度は絶対王政期の欧州やイスラム世界でも発達したが、やはり古代ローマのそれが有名なので、これを例にとって請負人の世界を概観しよう。
　古代ローマにおける徴税請負の主な対象は、ローマ市ではなく属州だった。市内に住むローマ市民ならともかく、遠く離れた属州人となると財産評価だけでも一苦労。更に当時は対外戦争を繰り広げており、急速に拡大する領土に対して官僚機構の整備が追いつかないという事情があった。こうして集税のために我らが徴税請負制度が投入されるようになった次第である。
　そんな徴税権であるが、どうも都市一つとかそんな単位で売りにだされたらしい。当然、並の財力ではとても買えない。そんなわけで、この仕事を得ることができたのは、元から財力のある金持ちだけだった。
　しかしひとたび徴税権を取得できれば、この仕事は信じられない程の儲けにつながった。例えばシチリアのさるポリスの例では、徴税権を小麦190万リットル分で取得した請負人が、その徴税権を駆使して小麦470万リットル分以上の財産を取り立てたという。ちょっと単位が単位なのでピンとこないが、まぁとにかく凄い量と利益率であることだけは確かである。
　実際には豊作凶作や貨幣価値の変動等の要因によって徴収できる額は変動したので、その辺の事情を考慮しないと損失を出す可能性も存在した。とはいえ、彼らは過酷な取り立てに出るといった手段を駆使したので、概して言えば極めて儲かった。識者の言葉を借りれば「金持ちが更に金持ちになる」には最高の仕事だった。勿論、取り立てられる属州民の苦難と引き換えに、であるが。

国にとっての徴税請負人（財力・魅力）

　徴税請負人の仕事は文字通り徴税の代行だが、徴税を依頼する国の側から見た場合、この制度には果たしてどのような意味があるのだろうか。識者によれば三つほどあるとか。

①徴税経費の削減
　これは自明だろう。徴税請負の存在意義でもある。
②徴税額の安定化
　徴税人が国に支払う徴税権料は契約によって決められるので、豊作や凶作といった要因に影響されず一定の収入が期待できた。
③先払い
　請負人は契約が成立した時点で徴税権料を支払った。つまり、まだ実際には徴税がされていない段階で、国は前もって収入を得ることができた。

　これらのうち、特に③番は一見地味ながら結構重要である。何故ならこれは一種の先納であり、徴税人からの「予算の前借り」に等しかったからだ。徴税権を担保に予算を借りる、と言ってもいいかもしれない。つまり彼らは実は国に金を貸している立場であり、単なる雑用代行に留まらない影響力を持っていた。いつの世も払う奴は強いのだ。
　先述の通り請負人は苛烈な取り立てで悪名を残すことになるのだが、そんな悪行ができたのも、貸付などを経て国庫との結びつきを強くし、また偉い人ともがっしりと癒着した大資本としての請負人の立場あればこそだった。

聖書と徴税人（スキル・魅力）

　聖書には徴税請負人（徴税人）が何度か登場するが、中でも有名なのが「ファリサイ派の人と徴税人のたとえ」だ。これは、平たく言えば「己を誇る有徳人（ファリサイ派）よりも己を恥じる徴税人の方が義であるよ」という、神の前でへりくだることの大切さを説いたお話である。しかしこの喩え話が成立するには、ファリサイ派と対置された徴税人が本来は義とは程遠い存在だという前提が必要だ。実際、聖書の他の箇所でも一貫して徴税人は罪人とすらほぼ同等の扱いをされている。
　当時のユダヤの土地はローマの属州であり、当然ローマには種々の税金を支払わねばならない。そんな状況にあって、ユダヤ人の徴税人とは、憎きローマの手先となって同胞たちから税を取り立てる裏切り者に他ならないわけである。聖書における徴税人観には、そんな当時の世相が反映されていた。
　ただ、徴税請負制度はイエスよりちょっと前の時代に廃止されている筈なので、聖書に出てくる徴税人は、資本家たる元締めの請負人というよりは、お上に雇われた末端の取立人と見た方がいいかもしれない。
　当の請負人自体は属州人に嫌われた一方でローマ本国にあっては同時に社会の名士でもあったわけなので、徴税請負人の魅力は、とりたてて高くも低くもない「3」にしてみたよ。どうかな。

NOW LOADING...

8：路地裏の風景

　農民と戦士と坊主しかいなかったひなびた中世社会にも、やがて都市が勃興し、商工業が発達してゆきます。活気に満ちた都市には多種多様な人々が集いました。

　しかし、資本主義が栄える所、貧富の差もまた発生します。都市の路地裏では、貧困にあえぐ名もなき人々が日々の糧を求めてさすらっていたことも忘れてはなりません。
　無論、都市民たちも手をこまねいていたわけではありません。貧民に対する喜捨制度など、中世人は様々なセーフティネットを構築していきました。しかしこれらの救済網も万全とは言い難く、また中世末頃からほころびも広がっていきます。貧民たちの受難の時代が始まったのです。

　また、路地裏は社会の周縁部に生きたアウトサイダーやゴロツキたちが活動する場所でもあります。決して上品なものではないものの、彼らもまた文化史、生活史になくてはならない存在なのです。

偽乞食

別名：職業乞食
時代：中世末中心
観測地：ドイツあたり

悪しき貧者、底辺のペテン師
末世の都市に押し寄せる

属性

戦闘　商売　職人　放浪
宗教　賤業　権威　民族

能力

武力：1
技術：3
知力：5
魅力：2
財力：4
忍耐：1

知力5：教養はないが、騙しの手練手管には長ける
財力4：施す側よりも金持ちだった、なんて例も
忍耐1：労働を嫌うあまり乞食をしてるって時点でお察し

技能

仮病
3ターン「病気」状態になる。慈悲が5以上の
ユニットは病人を攻撃できない（コスト20）

隠語
隣接する賤業属性持ちのユニットがいる場合、隣接
している数だけ知力にボーナス

解説

　物乞い。21世紀の世の中ではあまり見かけなくなったが、ちょっと前までは日本でもこの手の人々を散見したと聞く。海の外の国々に目を向ければ今なお現役の方々も多い。
　そんな具合だから中世欧州にも当然乞食はいた。ただし、欧州の乞食はちょっと複雑だ。
　「清貧」という概念があるように、キリスト教社会では、貧困は（少なくとも建前上は）神聖なイメージで語られることが多い。特に煉獄の概念が発明されてからというもの、「後ろめたい手段で財産を築いた金持ちが地獄行きを免れるには、生前の罪の償い＝儲けた金の貧者への喜捨が必要」という理論が一般化した。で、その結果、貧者はキリスト教社会に組み込まれ、乞食とは天国へのパスポートを発給する神聖かつ正当な生業となったのだった。
　これがいわゆる「良き貧者」「キリストの貧者」なわけであるが、良い貧者がいるのなら悪い貧者も当然いる。つまり働けないわけでもないのに人々を騙して喜捨をせしめる乞食、即ち本項の主人公、偽乞食である。

〔コメント〕職業乞食とどっちの名前にするか悩みましたが、欧州流の良き貧者を装うもの、ということでここでは「偽乞食」としています。

乞食と偽乞食とキリスト教（魅力）

左のページで述べたように、偽乞食はキリスト教の慈善の精神を悪用した職業である。彼らはキリスト教の慈善の歴史が始まった頃から既に存在したようであり、良き貧者と偽乞食をどう見分けるかという問題もまた古代から存在した。そんなわけで、例えば病人や老人など、自力で食えない正真正銘の貧者には乞食免許を与えるといった制度もあったようだ。乞食のことは中世人にとっては割と大きな問題だったらしい。

識者が語る偽乞食問題とその変遷

しかし、概ね時代が進むに連れて乞食たちに対する風当たりは強くなった。これは人々がケチになったというよりは、中世末に偽乞食を含むならず者が大量発生し、社会的脅威にまで成長したという事情があった。1人の貧者なら可愛いものでも、大量の貧者に押し寄せられたらそりゃア○パンマンだって裸足で逃げるというものだ（確か初期の作の中にそんな感じの話があったような）。

そんな状況もあって、偽乞食のみならず、正当な乞食や放浪者全般に対する不信感や嫌悪が醸造されていったのだった。もちろんその一因となったのは間違いなく偽乞食の所業であったわけだが。

で、そんな乞食たちにとどめを刺したのが宗教改革とそれに続く貧者立法。これらによって慈悲だの喜捨だのといった中世社会の潤滑油は否定され、一種のくそまじめさが幅を利かすことになる。つまり、働かざるもの食うべからず、である。ここに「働かない＝悪」の構図が成立し、乞食も偽乞食もひっくるめて強制労働所に駆り出されることになるのだがそれはまた別の話。

近世の矯正施設での強制労働は名高く、中には強制労働を嫌がるあまり、「死刑になるような重罪」をあえて自白したという放浪者の記録さえ残っている。

ならずの王様
ケルンにおける浮浪者取締役人。乞食の敵であるが、薄給だったのでよく買収される。この取締官もまた賎業の一つに数え上げられる。

隠語と乞食文学（スキル・知力・魅力）

偽乞食のようなならず者の集団の特徴の一つに、彼ら独自の隠語の使用が挙げられる。この手の隠語は部外者を排除すると同時に共同体の団結やアイデンティティの構築にも一役買っていた、というのは容易に想像できることだろう。実際乞食が組合を作ることもあったらしく、ローマでは19の乞食団があったそうな。

そんな独自の言葉を使いこなすアングラな世界に人が惹かれるのは今も昔も変わらないらしく、隠語にまみれた放浪者の世界は中世から近世にかけての文学に多大な影響を与えたという。ボッカッチョの「デカメロン」をはじめ、ラブレーの「ガルガンチュアとパンタグリュエル」、果てはシェークスピアまで底辺の人々を好んで描いている。中にはストレートに隠語を作中に用いた例もある。

ちなみにドイツでは、ならず者たちが現実的脅威だったためか、彼らに対する記述は文学ではなくもっぱら手配書や犯罪記録に偏っている。

偽乞食四十八手 (スキル・技術・知力)

　偽乞食対策の手配書等のお陰で、偽乞食の手練手管は今日までよく残っている。同情を誘うようなものは基本として、各種手法の中に宗教的要素が多く紛れているのが中世らしい。
　とりあえず今回は、技術を駆使するもの、宗教パワーを使うもの、同情を誘うもの、外道な手段で稼ぐものの4つに分類してみた。だいぶ無理がある分類なのはわかっちゃいるのだ。あまり責めてくれるな。

技術 →

偽盲者
　盲人を偽ることは難しかったため、放浪者ではなく地元の偽乞食がやることが多かった。
　盲人用の頭巾を隠しておいて、盗まれたと言ってかわりの頭巾をせしめたり、血塗れた包帯で目を覆って追い剥ぎに遭ったと主張して同情を誘ったりした。

偽病人
　膏薬や馬糞を顔に塗って麦角中毒などの病を装うこともよく行われた。
　他にもてんかんの発作のふりをしたり、絵具などを塗りたくって潰瘍を作ったり、石鹸を口に含んで口から泡を吹いたり、麦藁で鼻の穴をつついて鼻血を出したりと、工夫の仕方は無限大である。
　病気を装う際は、その病に対応した守護聖人や、彼らの奇蹟譚などが引き合いに出されることが多かった。

偽聖職者
　司祭のふりをして、ミサをするためだとか何とか言って、祭壇布用の亜麻布や聖杯用の銀の破片等をせびった。
　また遠い国々の歌をもっともらしく語って聴衆をその気にさせる盲目の偽説教師なんてのも存在した。

← 同情　　宗教 →

偽聾唖者
　聾唖者は、盲者に比べれば容易に化けることができたようだ。当局は「背後に重いものを落とす」手法でこれを見破った。というのも偽の聾唖者はつとめて気にしないふりをするが、逆に本物の聾唖者は振動を感じてびっくりするのだ。

巡礼出る出る詐欺
　贖罪のために巡礼に出かけるとか言ってその費用を募ったりした。もろ肌を脱いで鞭で打つパフォーマンスなどがあるとより効果的だった。
　当時、巡礼帰還者は敬意を抱かれており、地元民は聖地のご利益にあやかろうと帰還者の衣服に皆が触れたがったらしい。

偽身障者
　恐らく最もポピュラーな手法。義足をはめ松葉杖をついて、いかにもな障がい者を装った。
　縛り首になった死体の手足を切り取って自分の手足に結びつけることもあった。本項の偽乞食さんのデザインに取り入れようとも思ったのですが、ちと生々しすぎるということで現在のデザインに。

偽狂人
　狂人のふりをして暴れたり、或いは本物の狂人を鎖で繋いで悪魔憑きであると称した。衆目を浴びるには十分だっただろう。

子供を使う
　子供は人々の同情を買いやすいのでよく駆り出された。近所から適当に子供を借りてきて子沢山の貧乏家族を演出したり、腹に詰物をして妊婦のふりをしたりといった具合である。
　中には子供の足をわざときつく締め付けて障がい者にさせることすらあったとか。

ひよっこ
　遍歴学生も乞食を生業としていたが、より乞食に適した年少者を支配下に置き、乞食として使役していた。

遍歴学生のペテン
　遍歴学生は田舎の百姓を相手にして、魔術が使えるとか種々の学問を極めたとか適当こいて金品をだまし取ったりしていた。
　もうこうなると乞食というよりただの詐欺である。

← 外道

それでも世界は働かない（魅力・財力・忍耐）

というわけで慣習に従い中世欧州の偽乞食について述べてきたが、乞食自体は古今東西を問わず何処にでもいた。乞食を世界最古の職業に挙げる者もいる。そしてその裏には、働けるのに働かない職業乞食もまた姿を見せるのであった。

イスラーム

キリスト教世界の乞食を挙げたなら、やはり次はイスラム世界の乞食だろう。両世界の乞食は色々と共通点も多い。何よりキリスト教と同様にイスラム教にも喜捨の概念が存在し、そして困窮者たちに施しをする者こそ天国にふさわしいとされていた。つまり、彼の地でも乞食らは天国へのパスポートの発給係であったわけだ。

最近のウズベキスタンにおける調査では、2分間で30人近い人々が施しを与えたという例もある。こんな具合で、喜捨理由は様々だがともあれ喜捨精神は人々の生活に溶け込んでいるようだ。

で、そんな喜捨の文化のためか、働けるのに働かない職業乞食の姿もそこにはあった。というか、資料を読むに、イスラームの地こそが華やかなる乞食文化の中心地ではないかとすら思えてくる。10世紀に上梓されたさる詩集には、実に100種類を越える乞食たちの姿が描かれていたという。

マフタラーニー
いわゆる偽隠者。隠者や托鉢僧、神秘主義者たちは人々からの施しで生計を立てていたが、中東では昔からこれに扮する偽托鉢僧がいたそうである。

ムシャッイブ
アラビア語で「改善するもの」の意。乞食の「商売」に便利なようにと、生まれたばかりの赤子に手術を施して人工的に障がい者にする仕事をしていたらしい。まさに外道の所業。

職業乞食が用いる手口はどこの世界でも共通らしく、病気や障がい者を装ったり、狂人のふりをしたりといった手法はこっちでも鉄板のようだ。また、隠語が隆盛した点も欧の乞食文化に類似する。逆に、モスクが属する宗派によって物乞いの文句を変えたりといったイスラムならではの生活の知恵も見られた。

一方、社会のほうがこれらの偽乞食にどう応えたのか、については資料が少なくわからない点も多い。マムルーク朝のスルタンは健常者の物乞いを禁じたそうであるし、非難もあったようだ。ただ、乞食全般について言えば、イスラム世界では比較的寛容に扱われ、時代を下るに従って管理下に置かれ組織化されていく傾向にあったらしい。

中国

お次は中国である。大陸の方では現代でも乞食的な生業が盛んという噂もたまに耳にする。とはいえ、世界レベルで見た場合、日本が異常に乞食が少ないだけのような気もする。

とまれ歴史の中の中国はというと、もちろん職業乞食は存在した。あまり詳細な資料は手元にないが、南宋時代の訴訟記録には、この手の職業乞食が人身売買で購入した子供を使って乞食業を営んでいた様子が記されている。

子供 → 販生口人（人買い） → 牙人（ブローカー） → 求食人（乞食）
誘拐 → 仲買 → 販売

こんな感じで、宋では乞食を相手とした人身売買の販路が確立していたという。もちろんそんな販売ルートがあるということは、それだけ活発に職業乞食が活動していたということでもある。少なくとも清代には乞食の同業団体もあったというし、おそらく組織的な乞食業や人身売買が行われていたようでもある。何というか、悠久なる歴史と広大なる大地を誇る中国にかかれば、欧州の乞食など赤子同然といった声が聞こえてくるような気もする。

日本

最後は日本。時は平安時代。当時の律令社会において、公民は原則としてみな戸籍に編入されて口分田が支給されていた。が、国司の悪政などによって困窮した落伍者の中には、公民の立場を捨てて戸籍から逃げ出す者もいた。

その際に、戸籍を捨てるために用いた手段が出家である。個人で勝手に頭を剃って法衣を身につけただけで、決して正式な僧侶ではないのだが、ともあれ人々は先を争って出家。その結果、戸籍から課税対象たる男性がほぼ消滅する事態にもなったという。

で、そうやって戸籍を捨てた者の中には本物の法師に交じって托鉢乞食を営む者も現れた。これすなわち濫僧（ろうそう）である。偽乞食と言うにはちょっと苦しいが、調べ方が足りなかったのか、我が国ではあまりえげつない乞食の例が見つからなかったのである。悪いことではないのだろうが。

濫僧
戸籍を捨てて乞食になった僧侶姿の俗人。河原に流れて住み着いたので河原者、河原法師などとも呼ばれた。また、戸籍を捨てたために非人などとも呼ばれた。

この呼称からわかるように、後に河原者、非人などと呼ばれる被差別民の源流となった凄い奴だったりもする。

マッチ売り

時代：近世
観測地：欧州

報われぬしがないお仕事
時を経て物語となる

解説

　マッチ売りと聞いて、ハンス・クリスチャン・アンデルセンの童話「マッチ売りの少女」以外の何かを想像するのは困難だろう。私もそうだし、グーグル先生も同様のようだ。

　さて、アンデルセンが童話を作り始めたのは1830年代。ちょうど今で言うマッチ、つまり、燐を使用した、摩擦により発火するマッチが登場してきたころである。童話の中のマッチもそんな時代を反映している。

　ではそれ以前はどうか。マッチ自体は16世紀には既に登場している。当然マッチ売りもアンデルセンより以前から存在した。その頃のマッチは発火能力を持っておらず、もっぱら火を伝える媒体としての役割しか持っていなかった。火をおこすには火打石などの点火器が必要だが、そっちはそっちで、別に点火器売りが販売を扱っていたらしい。

　つまり、アンデルセン先生以前のマッチ売りは、自分では火をおこすことができず、最後に白昼夢に浸ることすらできなかったのだ。

【コメント】ゴチックロリータ枠が1個くらいはあってもいいんじゃないかと思いました。

属性

| 戦闘 | 商売 | 職人 | 放浪 |
| 宗教 | 賭業 | 権威 | 民族 |

能力

武力：2
技術：2
知力：2
魅力：3
財力：2
忍耐：3

知力2：商売に関するエピソードの一つでもあれば……
魅力2：童話はともかく、しがない商売なのは確か
忍耐3：貧乏だっただろうが、仕事自身の辛さはまた別

技能

黄燐マッチ
自分を含む周囲のユニットを燐顎状態にする
（コスト40）

硫黄マッチ
火属性の攻撃の威力 +3

219

硫黄マッチ（スキル）

初期のマッチは、木の棒の先に硫黄を付けたもの、とされていた。もちろん擦っても火は出ない。そのため19世紀になるまでは、伝統的な発火法……つまり火打ち石を用いた発火法の一部として利用されていた。伝統的な方法に取って代わるのは、後述する燐のマッチが登場してからである。

火口箱

時代物のお約束。火打ち石を使った伝統的発火法は、マッチの登場後も近世になるまで使われ続けた。

①火打石
発火に用いる石。西洋ではフリント（チャートの一種）が用いられた。

②火打金
鋼でできた発火道具。鎌の刃などで代用することもあったらしい。

③火口（ほくち）
火花から火を起こす繊維。乾燥した藁やおがくずや綿の消し炭などが用いられる。

火口箱（ほくちばこ）
三点セットを入れた箱。と言っても「箱」なのは日本での話。西洋では形は色々。

使い方

火口箱 featuring 硫黄マッチ、の使用手順は以下の通り。江戸時代の日本では「付け木」と呼ばれていた。うーん、現代のマッチとは遠い。

①火打石と火打金を、こするようにぶつけて火花を出す。

②飛んだ火花が火口に付けば、火が移り火種ができる。

③マッチはここで登場。火種にマッチの先端を付けることで、火種から炎が起こる。

④あとは憎いあの子の家に火を付けて、焼け落ちるのをのんびり待つだけ☆

火打金とセルビア十字

ビザンツ帝国やセルビアで用いられる意匠で、十字の回りに四つの火打金が配置されている。現在のセルビアの国章にも採用されているが、そもそも何故に火打金なのかは謎である。
火と言えば、火事を象った紋章なんてのも確か存在する。Fire Emblem というわけである。

錬金術師とマッチ

硫黄といえば、錬金術師である。確か前述したと思うが、錬金術は硫黄と水銀こそ本質に最も近い物質として注目されていたのだ。
後にマッチを進化させる「燐」を発見したのも錬金術師ブラントだとされる。

マッドサイエンティストとヤンデレ

黄燐マッチ（スキル）

19世紀に入ると摩擦によって発火するマッチが登場したが、初期の物はまだまだ欠点を多く抱えていた。
1830年代に登場する黄燐マッチは、頭薬をどんなものに擦りつけても発火するという利点のため、広く普及した。ただし発火し易すぎるため、ポケットに入れていたら勝手に発火した、なんて事故もよく起こった。

初期の摩擦マッチ。「ルシファーマッチ」というアレな名前で発売された。オランダでは20世紀までマッチのことをルシファーと呼んでいたとか。

更に黄燐自体に毒性があり、黄燐が発する蒸気はマッチ製造者の健康を蝕んだ。顎の骨が壊死する「燐顎」もその一つである。これらはやがて社会問題となり、今では各国で黄燐マッチの製造は禁止されている。

マッチ工

マッチ売りの関連ジョブ。こちらもマッチ売りに負けず、いや、それ以上に過酷な仕事だった。
皮肉にも彼女らの過酷な境遇は、労働者の待遇向上を目指す社会運動の発端の一つともなった。

ゴチック（デザイン）

ゴチック（gothic）：中世ヨーロッパの美術形式を表す言葉。ゴチック建築、ゴチック様式などというように使用される。元々は「ゴート風の」という意味の蔑称を起源とする。
……というわけでゴチックロリータ、通称ゴスロリです。アンデルセンの童話をヒントに「白昼夢」→「そっち系」→「ゴスロリ」という訳のわからない連想でこうなりました。や、しかし、いざ描こうとするとこれが中々難しいもんですね。白と黒ならまだやりやすかったのですが。

リボン

一歩間違えると「赤ずきん」に。嗚呼、キャラデザとは何なのか。

煙突掃除人

時代：近世
観測地：欧州

9インチ四方の仕事場
時には服のない子のように

解説

　一時期、父が暖炉にはまったことがあった。確かに冬でも暖かいといえば暖かい。暖房効果は結構馬鹿にできない。が、燃料である薪を割るお仕事がこっちに振られてきたりしたわけで、微妙に割に合わん代物だと思いながら爆ぜる薪を見つめていたものだ。

　我が家はともかくとして、中世近代の昔ながらの暖炉の場合、燃料以外にも問題があった。メンテナンスだ。石炭を燃やした際に発生するススは、薪の時とは比較にならない。結果、煙突の煙道内の空気の流れが阻害されるだけでなく、発火する危険性もあった。それ故定期的に掃除する必要があったわけだが、あんなススだらけの所、入って掃除なんかしたくない。

　というわけでこの苦役は煙突掃除人……特に、小さな煙突にも潜り込める子供の掃除人に割り当てられることになった。その待遇は国によって異なったが、総じてひどいものだった。

　ちなみに我が実家の暖炉はとっくの昔に稼働停止。もう薪にもススにも頭を悩ませることはない。

〔コメント〕オーバーオールを描くのは今しかないと思いました。

属性

| 戦闘 | 商売 | **職人** | 放浪 |
| 宗教 | 賎業 | 権威 | 民族 |

能力

武力：2
技術：4
知力：2
魅力：2
財力：1
忍耐：8

武力2：子供がメインだった
技術4：かろうじて職人
魅力2：好感は持たれないが、世間の同情は買った

技能

粗塩
一定時間、物理と炎の攻撃に対する防御力を+2する（コスト15）

煙突掃除法
ドイツ人のユニットに対し、全能力が+2される

煙突掃除 ～子供達のいんふぇるの～

世界名作劇場やその他の文学なんかで煙突掃除人の子供が登場した場合、その人物はつまり「かわいそうな子供」という意味である。家族はなく、貧乏で、いつもススで真っ黒け。もちろん、社会的にも最下層で尊厳などなきに等しく、仕事は過酷極まりなかった。筆者ですら資料を読んでて同情の念を覚えたくらいである。

煙突
当時の煙突のサイズは9～14インチ(23～35.5cm)だったとか。いくら何でも潜るには小さすぎると思うが、それだけ過酷な仕事だったということだろう。また煙突は真っ直ぐではなく曲がっていることも多く、移動は困難を極めた。無理しすぎた結果、膝がアゴの下に挟まって身動きが取れなくなることもあった（そして窒息で死ぬ）。

親方
親方は見習いらを管理するのが主な仕事で、自身は煙突掃除はしないようだ。文学でも大抵悪役。見習い掃除人を養う代わりに、掃除代は全額自分がゲット。

スス
煙道内に溢れかえるススによって、掃除人が窒息死することがあったのみならず、ススは確実に掃除人の健康を蝕んだ。肺を病むのは当然であったし、新種の癌まで発生した。陰嚢の癌は当時煙突掃除人にのみ発症していたことから、「煙突掃除人癌」や「スス病」などと呼ばれていた。

灼熱の煙道
煙突掃除は家の持ち主と契約が成立するとすぐ仕事に取りかかった。そのため大抵の場合、掃除をする直前まで暖炉は使用中で、煙道は余熱で爛れるような熱さだった。場合によっては、稼働中に掃除を強いられることすらあった。

ドイツと煙突掃除法 (魅力・スキル)

ドイツでは煙突掃除人の事情が異なっていた。早い内から掃除人親方たちはギルドに所属して新規参入を阻んでいたためか、子供たちが使役されるということはなく、あくまで職人のする仕事と考えられていた。それどころか、煙突掃除人の黒い格好は、威厳すら放っていたという。

で、時は流れて20世紀、そんな掃除人の状況に目を付けたのがお馴染みナチス。1937年「煙突掃除法」を改訂し、煙突掃除人は生粋のドイツ人に限られることになった。これによって掃除人の既得権益を保護し、更に各家庭がナチスに反抗的でないかといったことを監視する役目を掃除人に負わせたという。

伝統的な掃除人の服装
ドイツでは今でも掃除人は伝統的職人の座を得ている。観光地に行くとこの格好の掃除人が今もいるそうな。

また煙突掃除人に関して以下のような伝説が残っている。
かつて王様が危機に陥ったとき、これを煙突掃除人が助けたという出来事があった。しかし、男の顔はススで真っ黒で判別できなかったため、それ以降は結局、全ての煙突掃除人に敬意を払うようになったという。

真偽はともかく、ゲルマン諸国には「結婚前に煙突掃除人を見ると縁起がよい」といった言い伝えが残っており、今でも幸運のシンボルとされている。

粗塩 (武力・スキル)

打撲や火傷は当たり前の過酷な仕事場である。この仕事をやり遂げるには強靭な皮膚が必要だった。
親方は強い塩水をブラシで皮膚に擦り込んだり、火の側に立たせるなどの手段で見習いたちの皮膚を鍛えていった。

煙突掃除人保護法 (魅力)

まだ福祉の概念も発展途上な時代であったが、さすがに煙突掃除人の境遇は人々の同情を誘ったようだ。
哀れんだルイ十五世は掃除人を保護する王令を出し、彼らの惨状を見かねた神父は掃除人らが通える学校を設立したりした。
イギリスでは1875年、上記の煙突掃除人保護法により子供を掃除人として使役することは禁じられた。

煙突掃除人のフローチャート

★スタート★

★救貧院で育つ  ★貧民の家で育つ  ★死ぬ   ★ルンペンになる

↓6歳になる

★親方に買われる → ★見習いとして働く  →やりとげる/逃げ出す/事故に遭う→ ★一人前になる  →引き続きやりとげる/体を壊す→ ★ゴール 親方になる

花売り娘

時代：古代～近代
観測地：西欧

一本一ギルの日銭商売
華の都の華無き花売り

属性

戦闘 **商売** 職人 放浪
宗教 賤業 権威 民族

能力

武力：1
技術：3
知力：2
魅力：2
財力：2
忍耐：4

武力1：まあ、こんなもんじゃろ
技術3：花冠製造業者の側面を持つこともあった
財力2：貧しかったが、地域によりけり

技能

チューリップバブル
一定ターンの間、財力に+6される。
ただし、その後は「財力0」になる（コスト30）

花冠
隣接するユニットの魅力+1

解説

　しがない商売の代表格としてマッチ売りと頂点を競う花売り娘。さてその実態は、というと中々難しい。

　まず、中世ヨーロッパと花の関わりを示す資料は、今回調査した限りではとても少ない。なるほど、生きるのに精一杯な農村では花に興味を注ぐ余裕なんぞなかったことくらいは想像できる。一方城では庭園で花やハーブが栽培されることもあったが、そこに花売りが絡んだという話は寡聞にして知らない。

　というわけで、花売りたちの活動はローマ、パリ、ロンドン、アムステルダムといった都市部で何とか確認できるといった具合である。中世パリの人頭税台帳に記されている花売り女の数はわずか2人。恐らく、人々の生活と花との関わりは時代地域によって異なっていたと見える。資料が少なく一般化も困難と、難儀な職業だ。

　ただ、断片的な資料から察するに、社会的に需要があるときは金になりもしたようだが、概ねイメージ通り儲からぬ商売と言ってよさそうだ。

[コメント] 相変わらずパラメータがひどい花売りさん。とはいえ、路上の物売りは大抵こんなモンです。

花冠と花の需要（スキル・財力・技術）

中世の本で花が出てくるのは、部屋の飾りではなく大抵はハーブやら薬やらとしてである。うむ、文字通り花より団子ということか。しかし、装飾的な用途としての花の記述もないわけではない。というわけで、手元の資料から花に関する記述を幾つか引っ張ってみたよ。

花冠

特にパリ方面の記述で意外と目にするのが「花冠」である。少なくともパリでは、中世から祭りや慶事の際には花冠や花飾りの付いた帽子をかぶるのがお決まりだったそうである。

しかも結構頻繁に使われたらしく、花冠を作る専門の同業組合も存在していた（ただし、女性の仕事というわけではなかったようだ）。やがて貴族らもこの手の飾りを好んで付けるようになったとも。

一方、時代が飛んで17〜18世紀パリの規定では、花売り女は「花の販売と花冠製造販売を行う者」と定義づけられている。その用途は洗礼、結婚、埋葬用、とのことであるが、この辺の記述から、花売りと花冠製造の距離感が窺える。

そもそも「月桂冠」にイメージされるように、催事に花冠を被るのは古代からの伝統とも言える。

インテリアとしての花

先述の通り、中世では部屋の装飾として花が使われることはあまりなかったが、この辺は教会の意向も絡んでいるようだ。しかし、綺麗好きの家や祝宴などの際には水差しや杯が花で一杯に飾られることもあったらしい。

また、当の教会自身、宗教的行事の際には花の装飾を用いるようになった。

催しの中でも例えば5月祭は特に花と関連が深く、ベリー公のいとも有名な時祷書など当時の写本挿絵にも枝や花の冠を被った姿が描かれている。

床の花

中世の城や教会、邸宅では、床にイグサやハーブ、草花などを敷き詰めていた。

パリでは公共の場所に撒かれることもあり、特に国王の入市式のような大きなイベントの際には、通り中が香りの良い草や花で敷き詰められたという。中には風呂に花を浮かべたなんて話も。

大雑把にまとめると、単なる視覚的な装飾というよりは、芳香・防虫・衛生・魔除け的な効果が見込まれていたようである。例によって、ペストに効果があったよという声もあったし、装飾と実益を兼ねた文化と言えるだろう。

チューリップバブル（スキル・財力）

チューリップは元々オスマントルコで栄えたものが、16世紀にヨーロッパに伝えられた。

その後17世紀になるとオランダの植物愛好家の間で大変な人気を博すことになり、その結果値段も高騰する。そして高騰は一儲けを狙った投機家を呼び寄せ、投機家らの買い付けが更なる暴騰を招いた。つまり、バブルだ。

バブルはいずれ弾けるもの。この場合も例外ではなく、暴落と共にバブルは終焉を迎えた。ただし、チューリップ熱が冷めた後も花の栽培は依然として大きな収益を上げていたという。

時代と地域によっては、花栽培も立派な事業になりうるという話。

希少な球根は家より高値になることすらあったとか

花と春（魅力・財力）

さて、花売りに関して、今日の世間では一つの噂が流れている。それはつまり、「花売りとは売春婦の仮の姿である」という言説である。特に、特定のキャラクターを論ずる時によくこの手の話が語られるようである。

で、実際のところはどうだったのか、資料の中から調べてみた。

この問いに一つの答えを示すのが、ヘンリー・メイヒュー著「ロンドンの労働とロンドンの貧民」である。その中の一節に、「不道徳な目的のために街頭で花を売っているタイプの少女がいる」なる一文があるのだ。

しかし、結論を急いではいけない。件の書によれば上記のようなタイプの花売りは少数派であり、本業たる生花業の売り上げの少なさを補うためにやむなく不道徳な行為に出ざるを得ないケースがあるというのが実態のようだ。つまり、これは花売りの問題というよりは、当時の社会の問題と言えよう。

実際、花売り以外でも、金を得る術を持たない娘や、低賃金でこき使われたお針子たちも、食べ物にありつくための最後の手段としてこのような行為に及んだという。

平たく言えば、花売りが春を売るケースは存在した。ただし、それは近代都市世界の困窮した少女全般に言えることであり、花売り固有の問題というわけではなかった。要するに貧乏が悪いのだ。

※プライバシー保護のため、シルエットのみの表示となります

かむろ

時代：平安時代
観測地：日本

平安限定、京の都で幅をきかせる赤いやつ

属性
戦闘 商売 職人 放浪
宗教 賎業 **権威** 民族

能力

武力：4
技術：2
知力：4
魅力：2
財力：4
忍耐：1

武力4：一応暴力の商売ではあるが
知力4：清盛の御用聞きのような役割もあった？
忍耐1：一体何を耐え忍んだというのか

技能

捕縛
隣接する敵ユニットを1ターン行動不能にする
（コスト15）

童謡
リーダーユニットの魅力+1

解説

　かむろを漢字で書くと「禿」となる。実に切ない。その意味は時代によってちょくちょく変わるのだが、本項では平安時代、平氏の政権下で市中の見回りなどをしていた14～16歳の若者のことを指す。彼らの髪型であったオカッパ頭のことを当時はかむろと言ったため、彼ら自身もかむろと呼ばれた次第である。はげではないので安心だ。

　そのかむろは何をしたのか。平家物語によれば、彼らかむろは平家に反抗的な者を見つけては家に押し入って家財やその他を打ち壊したり没収。本人は捕えて六波羅に検束するといった、憲兵のような活動をしていた。また、人々の噂話を盗み聞きして密告するという活動もあった。いずれも平氏に対する反抗心を力ずくで抑圧するのが彼らの仕事だった。

　平家物語に登場したときから、かむろは清盛政権の驕りたるさまと、そこから平家の没落を暗示させる役割を担わされていた。後には漢時代の逆臣である王奔の故事と結び付けられて、清盛の帝に対する逆心を暗示させる解釈が追加されたりもした。なんというか、清盛の悪行を強調する物語のための小道具という印象が拭い去れない。こういうポジションのキャラこそ、その心のうちがどのようなものだったか気になるのだが。

威圧のパッツン（魅力）

京を支配下に置いた平清盛が、一種の弾圧政治を行うために創立したのがかむろである。

平家物語にはかむろの外見も明記されている。「十四五六の童部」で「三百人」の「かぶろ」髪で「あかき直垂」を着て京中をうろつき、禁門（皇居の門）にも我が物顔で出入りしていたという。

色や髪型まで揃えたのは、都の人々に物理的のみならず、心理的にも重圧を加えようとする清盛さんの意図の表れだろう。大河に出てきたかむろも、実に威圧感たっぷりだった。

お揃いの服で都に溢れる300人の年頃の攻撃的なパッツン。嗚呼、これが女の子だったら桃源郷なんだけどなぁ。

パッツンの嵐

平清盛さん
職業：棟梁
専用スキル：六波羅殿
日本初の武家政権を築いたすごい人。大河にもなったが視聴率はいまいちだった。ツッコミどころは多かれど、個人的には好きだったんだけどなぁ。

さりとてちんぴら（武力・知力）

この手のキャラは、資料が著しく少ないので能力値の判断がすごく難しい。

現代の歴史モノでかむろが登場するときも、武力で恫喝するちんぴらから、影に隠れて政権批判を告げ口する間諜まで、その描かれ方は様々である。うむ、陰険な寡黙系パッツンも良いし殺伐とした暴力系パッツンも良い。

そんなわけで、清盛さん政権下ではかむろを恐れて批判する者はいなかったという。しかし、本当に恐ろしいのはかむろの背後にいる清盛さんであって、かむろ自身ではない。というわけでかむろの武力自体は一般人に毛が生えた程度の4、知力も同様とした。

なんだか結果的にぱっとしない能力値になってしまった。多分、清盛さんの近くにいると能力が上昇するとかそんな役回りだと思われる。

検非違使（けびいし）
平安京の公式な警察役。こっちは歴とした本職なので、武力もかむろよりは高い。

時代物にも警察役として登場することがあるが、彼らは単なる警察のみならず、裁判や商業課税、賤民たちの統括など幅広い職掌を担っていた。特に広い意味での「穢れ」に対処するのも彼らの仕事であり、その流れで賤民史とも関わりが深い。

ちなみに検非違使の典型的な出で立ちは「赤い狩衣に白衣に白杖」というものらしい。お前も赤か。

童 IN 中世（スキル・魅力）

清盛さんがかむろに選んだのが15歳前後の童だった理由はもはや知る由もない。ただ、中世日本にあって童、あるいは童のナリをしていることには相応の意味があった。というのも、中世の日本において、童の格好は一種の「異形」であり、聖性あるいは呪術的な力を帯びるとされていたからだ。

例えば童謡。古くから、子供たちの間で流行する童謡（わざうた）には、天からの神託が反映されるとされていた。特に熒惑星（＝火星）の精によって天帝の意思が子供たちの歌のなかに宿るのだという。そういえば火星の色は赤である。

12世紀の記録である中右記には、何らかの事件の犯人を蔵人町の童が「指名した」という出来事が記されている。記述の中ではその指名は、全面的ではないものの、一定の信ぴょう性があるものとして扱われており、子供の発言には何らかの神託に近い何かが認められていた、と考えられている。網野善彦はこのような童のあり方が、かむろの背景として存在したのではないかと睨んでいる。

また童たちは、大人たちの秩序に縛られぬ天衣無縫な存在として記録に登場することもある。彼らは飛礫を投げ、乱闘し、勝手気ままに振る舞ったと言われている。その身勝手な様は、かむろにも通じるものがある。

……と、思わせぶりなことばかり書き連ねたが、結局のところ真相は闇の中である。

パッツン（聖）とパッツン（邪）

童について話したついでに、中世欧州の子供についても少し語ろう。日本では先述のように子供には神聖なる何かが宿っており、「七つまでは神のうち」などとも言われた。

では欧州はどうか。欧州では子供を子供とみなさず「小さな大人」と考えていた、といった言説が巷では見受けられる。特にアリエスの研究の影響は大きい。

ところがどっこい、よくよく見てみれば、中世欧州にも子供に聖性を見出す似たような発想がちらほらと見つかるのである。

例えば、夢占いにおいて、子供の夢は聖者の夢と同様に重要視された。ヨークシャーの幽霊譚では、「童貞という特権」に恵まれた未成年の子供だけが幽霊を払うことができるとされている（理屈は不明だ）。15世紀末のマントヴァでは、壺に水を満たし、水面を子供たちに覗かせるという占いが行われていた。また中世には各地で行事としての行列がよく行われたが、感謝の行列には「無垢の象徴たる子供」を参加させることがままあった。そして極めつけ、蔵人町の童のケースと同様に、犯人探しのくじを子供に引かせるという事例が存在したりする。

要するに、日本でも欧州でも、中世において子供は聖なる何かだったのだ。子供から聖性が剥ぎ取られ、未熟な大人とみなされるのは宗教改革や対抗宗教改革の時代、効率ベースにものを考える近代的労働倫理が普及してからのことなんだという。

まァ、筆者的には聖性と無縁なすれ切ったかむろさんも嫌いではないですよ。

遊侠

時代：春秋戦国〜清代
観測地：中国

歴史の隙間のチャイナ・ヤクザ
或いは現実水滸伝

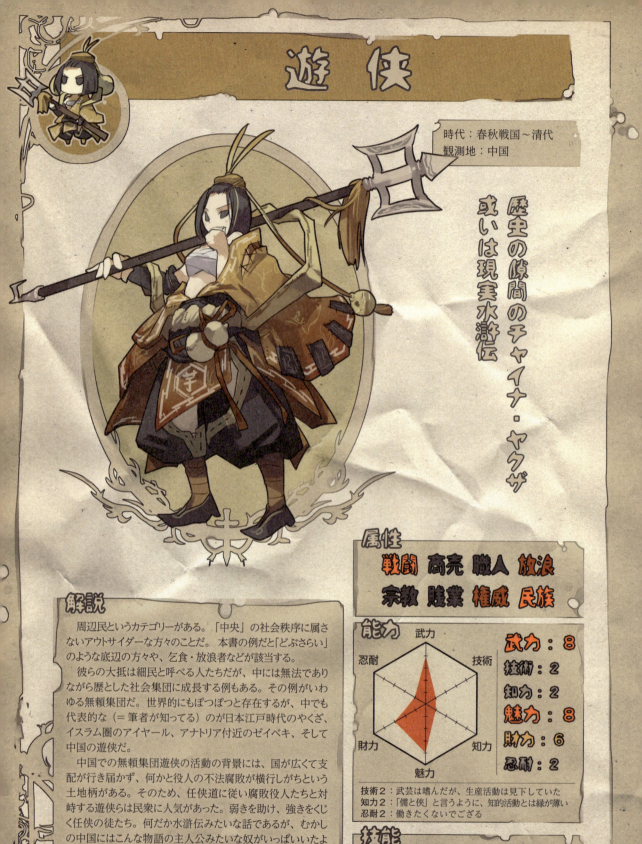

解説

　周辺民というカテゴリーがある。「中央」の社会秩序に属さないアウトサイダーな方々のことだ。本書の例だと「どぶさらい」のような底辺の方々や、乞食・放浪者などが該当する。

　彼らの大抵は細民と呼べる人たちだが、中には無法でありながら歴とした社会集団に成長する例もある。その例がいわゆる無頼集団だ。世界的にもぽつぽつと存在するが、中でも代表的な（＝筆者が知ってる）のが日本江戸時代のやくざ、イスラム圏のアイヤール、アナトリア付近のゼイベキ、そして中国の遊侠だ。

　中国での無頼集団遊侠の活動の背景には、国が広くて支配が行き届かず、何かと役人の不法腐敗が横行しがちという土地柄がある。そのため、任侠道に従い腐敗役人たちと対峙する遊侠らは民衆に人気があった。弱きを助け、強きをくじく任侠の徒たち。何だか水滸伝みたいな話であるが、むかしの中国にはこんな物語の主人公みたいな奴がいっぱいいたようなのだ。

　ただし流石に主人公補正はなかったようで、やがては下火になり歴史の中に消えていった。さもありなん。

[コメント] 久しぶりのチャイナ分ですよ。こういう、能力値に偏りのある職業は書いてて楽しくもあります。

属性

戦闘　商売　職人　放浪
宗教　賭業　権威　民族

能力

武力：8
技術：2
知力：2
魅力：8
財力：6
忍耐：2

技術2：武芸は嗜んだが、生産活動は見下していた
知力2：「儒と侠」と言うように、知的活動とは縁が薄い
忍耐2：働きたくないでござる

技能

撃剣
射程距離2の通常攻撃を行う（コスト15）

復讐
リーダーのユニットが倒された際に、攻撃力は2倍、防御力は半分になる

ぼくのかんがえたさいきょうのにんきょう（スキル・魅力）

遊侠を語る上で最も欠かせないのが、その人格的特徴だろう。これこそ遊侠を遊侠たらしめるものだ。その性格を一言で言えば「義侠心」。一言以上で言えば、仁義・忠勇・実直・剛毅・奔放・傲慢・果断・剛直・無法・胆気などなど、彼らを評する言葉には事欠かない。恩には恩で報い、恨みには恨みで報い、強者にはおもねらず弱者を助け、信念のためには己の命も厭わず、金と法を軽んじ、己のけじめと仁義を貫く。なんというか、精神性の塊に剣を持たせたようないきものだ。

春秋戦国時代は尚武の気風が蔓延していたためか、義侠が尊ばれ遊侠に憧れる者も多かったとか。

三国志の人物で言えば、例えば魏の夏侯惇は、師がある人に辱められるとただちにその人を殺害している。

そんな極端な人間性を持つ遊侠さんだが、当時の書によると彼らへの評価は必ずしも高くはない。上で述べたように彼らは一様に法を軽んじまた命を大切にせず、更に恨みには恨みで報いることをよしとした。で、これらが合わさった時に導き出されるのが復讐（ふくしゅう）、つまり報復である。

例えば魏の楊阿若は「若い時は遊侠で、つねに仇を討って怨みを晴らすことを重んじていた」とある。どんだけ仇がいるんだよと言いたくもなるが、似たような記述は史書にあまたとある。こういう血の気の多い性格のため、偉い人たちにとっては遊侠は世間を乱す厄介な存在でもあった。

やくざもののシノギ（魅力・財力・忍耐）

遊侠の性格だけを抜き出すとまるでどこかの義士様のようにも見えるが、志だけで食えるほど世の中は甘くはない。何しろ、自分の美学に合うならどんな困難でも厭わないが、それに反することなら意地でも努力しないのが遊侠である。真っ当な仕事などどうしてできようか。

それでも大遊侠であれば働かなくても金を得る手立てはあっただろうが、末端の遊侠ともなるとそうもいかない。彼らが手を染めた渡世を右の図にリストアップしてみた。なんというか、ああ、しょせんはヤクザだなという気分になるリストである。

ただ、遊侠同士の横のつながりもあり、色々援助もあったようだ。そんなわけで、総じて言えば遊侠は一般人よか財力を持っていた。もっとも、「金を軽んず」のが遊侠なのですぐに使ってなくしてしまうのだが。

遊侠メーカー＠春秋戦国

遊侠の武（スキル・武力）

史書の中の遊侠の伝を紐解くと、まるでテンプレかのように「若い頃は義侠心にとみ、撃剣と騎射にすぐれ……」といった記述に出くわす。

ここでいう撃剣とは、剣を遠くから撃ってあてるもので、斬ったり刺したりするものではないらしい。他にも「剣を抜き放ち、みたび躍りかかって斬りつけた」といった記述もある。よくわからんが射程距離2の遠距離物理攻撃といった所だろう。あと移動直後に使用可（重要）。

このように武芸を嗜んだ遊侠であるが、「武力8」にまで値するかと言われると正直筆者もあまり自信がない。ただ、遊侠として知られる有名人の中には甘寧や典章といった豪傑たちも含まれることを考えれば、上位の連中は相当武勇に秀でていたと言ってもいいだろう。

社会の中の遊侠（財力・魅力）

遊侠は社会秩序の外にはいるが、現代のヤクザ同様いろんな人たちと付き合いはあった。

例えば高祖・劉邦も天下取りの際には親交のあった遊侠らを勢力基盤としたように、ちょくちょくと反乱や地方有力者に力を貸して、間接的に歴史の動向にも関わっていたようだ。

このように、大遊侠ともなると、偉い人や有力豪族とは良くも悪くも密接な関係にあったようだ。他にも食客として有力者に仕える遊侠も歴史の中には多数見られる。

悪党

時代：鎌倉～室町
観測地：主に畿内

力こそ正義であると悪党言い。
日本の中世も危険がいっぱい

解説

日本の中世に関する本を読んでいると、知っているはずの単語が、現代とは微妙に違った、固有名詞に近い特定の事象を指す言葉として使われているケースに出会って戸惑うことがある。日本史に疎い身からすると、喉に刺さるほどではないが、しかし食べるたびに喉に引っかかる太刀魚の小骨のような感触である。

そんな小骨の例として「悪党」がある。現代では悪人一般を指すが、鎌倉・室町時代にはもっと限定的な意味をもっていた。その中身も何となくはわかるのだが、ぼんやりとしたイメージでしかないので、読み進めるたびに喉に引っかかって鬱陶しい。ならばいっそのことちゃんと調べてやろうではないか、ということで本を買って調べた結果が本項である。

お陰様で当時の悪党について大まかなところは把握できたのだが、しかし、そのために読んだ本にもまた、わかるようで微妙にしっくり来ない単語が数多く存在する。かくして悪党という小骨を一つ取り除く最中に、人類はまた新たな幾多もの小骨に遭遇するのであった。

【コメント】どうでもいいんですが、当時の武士が袴をたくしあげた絵って割とセクシーだと思いません？や、どうでもいいんですけどね。

属性

| 戦闘 | 商売 | 職人 | 放浪 |
| 宗教 | 賤業 | 権威 | 民族 |

能力

武力：6
技術：2
知力：2
魅力：3
財力：5
忍耐：3

武力6：暴力を商売にした人なのでこれくらいは
魅力3：悪人だが、時代の気風には合致していた
財力5：断片的な情報によれば羽振りはよかったようだが

技能

苅田狼藉
敵の領地にいる時、そのマスの収入を横取りする（コスト 20）

入法興隆
味方に聖職者がいない場合、各能力＋1

鎌倉固有の悪党とその背景（スキル・武力）

　鎌倉・室町期固有の悪党を大雑把に説明すると、朝廷や幕府の秩序に従わずに狼藉を尽くした武装勢力……ということになる。これだけだとただの野盗のように見えるが、彼らの誕生には鎌倉中期以降の世相が関わっている。

　当時の日本の荘園世界は平たく言えばカオスの世界だった。貴族や大寺院を中心とする荘園領主、地頭（御家人）をはじめとする在地領主、更には現地の有力農民等などがそれぞれ勢力を得んとひしめき合っており、しかして彼らを取り締まる国家権力はあまり機能していない。そんな中では、暴力を武器にしてのしあがるヤクザ的な集団が台頭してくるのはある意味必然だった。

　で、このヤクザ的な武装勢力・武士団がいわゆる悪党ということになる。もっとも、彼らとて悪党を自称することは基本的にはなく、抗争をしている片方が相手方の悪辣な手段を非難して悪党と呼ぶのが一般的だった。よくあるのが、地頭のような現地の有力者が、名目上の支配者である荘園領主に逆らい悪党と呼ばれるケースだ。それ故、「悪党」とはただの言葉であり悪党なる存在がいたわけではない、という意見も存在する。

　略奪を生業にした野盗たちに比べると、彼ら悪党は地元の勢力抗争の明確なプレイヤーであり、その抗争の手段として暴力を行使した点が異なる。例えば略奪をするにしても、彼らは無差別に行うというよりは、敵対勢力への攻撃という意味を込めて行うことが多かった。

　うん、こうして見ると思いっきりヤクザだ。或いは盗賊騎士ならぬ盗賊武士か。

悪僧
武士のみならず、高い地位にある坊主が悪党と化すこともあった。いわゆる悪僧であり、彼らは世俗世界での活動を称揚する「人法興隆」などのスローガンを掲げて悪行を重ねた。

もう一つの悪党（財力）

　上の方では中世特有の悪党について述べたが、これはあくまで悪党の形態の一つであり、この言葉は実際にはもうちょっと幅の広い意味で使われていた。組織的なヤクザとしての悪党以外にも、社会の底辺を漂泊する小規模なゴロツキ・チンピラたちもまた悪党と呼ばれた。こちらは現代的な意味での悪党や、野盗の類に近い。

　時代的に言えば、チンピラとしての悪党がやがてヤクザとしての悪党へと発展していったようである。また前期型の悪党が後期型の悪党に傭兵として抱えられるといった事例もあり、このへんの重複した実態が、悪党という言葉の全貌をややこしくしているのだ。

非人からバサラへ（魅力）

　資料によれば、初期の悪党は山伏や非人たちと同様の出で立ちをしていたという。また逆に、悪党の構成員として、供御人、神人、山僧といった遍歴する人々も加わっていた。

　どうもこの辺を見るに、前期型の悪党は、いわゆる周縁民たちと近い存在だったように思われる。公の秩序に属さない無頼の精神は、やはり中央の秩序に属さぬ周縁民と相性が良かったのかもしれない。

　一方、ヤクザとして組織化された後期型の悪党は、外見からしてみすぼらしい前期型悪党とは異なっている。権勢を得た彼らは金銀を散りばめた綺羅びやかな甲冑に身を包み、騎馬に跨り大集団で周囲を威圧した。

　権威をあざ笑い、奢侈な格好で我が物顔に振る舞う無頼の徒……。これを当時の言葉で言えば、いわゆる婆娑羅（ばさら）ということになる。当時においては新しい時代の価値観となり、現代にあってはゲームのテーマにもなったこの婆娑羅精神であるが、その裏には非人の頃から続く悪党たちの無頼の精神が存在したのだった。

　チンピラがヤクザにレベルアップして高いスーツを着るようになった、と評せば身も蓋もないが。

悪党三昧（スキル・武力）

最後に悪党たちの仕事ぶりを見てみよう。うん、ヤクザ以外の何物でもないな。

年貢対捍
本来、地頭は荘園の官吏であり、取り立てた税を荘園領主に送るのが仕事だった。しかし悪党と化した地頭はあの手この手で税の納入を拒み、収益を己の懐に入れるのであった。

苅田狼藉
田畑の作物を強制的に刈り取る行為。これは作物を盗むというよりは、その土地の領有権を実力行使で主張するという意味があった。言わば縄張り争いのようであり、当時はそれなりに受容されていた。

荘園押領
実力行使の真骨頂。要するに、武力でもって相手の所領に押し入り、金品を強奪し、最終的には相手勢力をその領地から一掃する。ヤクザ的に言えばカチコミな。

コーヒー嗅ぎ

時代：18世紀
観測地：ドイツ

近代世界を流れる黒い血液
ああ今日も焦げた豆の匂いがする

属性

戦闘　商売　職人　放浪
宗教　賤業　権威　民族

能力

武力：6
技術：2
知力：4
魅力：1
財力：5
忍耐：3

武力6：元軍人であることと、横暴さを評価
技術2：技術と呼べるほど鼻が利いたのかは不明
財力5：徴税人とも近しい存在だった

技能

代用コーヒー
3ターンの間、覚醒状態になる
但し、覚醒効果は通常の半分(コスト20)

奢侈税
毎ターン、味方ユニットの装備品の
ランクに応じた収入を得る

解説

18世紀プロイセン。この国は典型的な軍事国家であるが故に、高い軍事費を支える予算の捻出は常に為政者の関心の的だった。

彼の地を治めるフリードリヒ大王は重商主義政策でこの予算を確保しようとしたが、一つ問題があった。コーヒーである。この嗜好品の輸入のおかげで貴重な資金が大量にオランダに流れているのである。

事態を重く見た大王はコーヒーに高い税金を掛けることでこれに対処した。なんでも、関税額はコーヒーそのものの額の1.5倍に達したというからドイツ人は極端である。

しかし住民も黙ってはいない。プロイセンの民たちは関税に対して密輸という手段で対抗した。ならば今度はと、大王は豆の焙煎の方を認可制にすることでコーヒーを封じようと画策した。美しいイタチごっこである。

そんなイタチごっこから生まれたのが違法焙煎の取り締まり官……つまり本項のコーヒー嗅ぎである。彼らは管理外の焙煎を探知するため、ベルリンの方々で聞き耳ならぬ利き鼻を立てたのだった。

かつて、茶や砂糖、コーヒーなどの嗜好品は世界史を動かしうる存在だった。その情熱は、時として変な職業を生み出すこともあったというお話である。

一石二鳥のコーヒー狩り （武力・魅力・忍耐）

　コーヒー流通の管理以外にも、大王にはもう一つの狙いがあった。当時のプロイセンには、度重なる戦争の影響で傷痍軍人や退役軍人の増加に悩まされていたという事情がある。プロイセン大王は、この仕事のない人びとをコーヒー焙煎の取締官に割り当てることで、社会問題と経済問題を同時に解決する一石二鳥の政策としたのだった。

　彼らの仕事はというと、鼻で嗅ぎながら街中をうろつき、コーヒーを焙煎する匂いを嗅ぎつけると匂いの元を突き止めてこれを確保するという単純な作業である。

　しかし、匂いを頼りに捜査を行うのも容易ではない。それ故、彼らには大王から強力な権限が与えられた。平たく言うと、「人びとの家屋に押し入り、一人一人を調べあげる」権限である。業務上やむを得ない処置ではあるかも知れないが、元軍人にこんな権限を与えたらどうなるかは何となく想像がつくのではないだろうか。さよう、昼食の後に午後の紅茶を楽しんでいたら、いきなりドアが蹴破られ強面の軍人たちが部屋に雪崩れ込み拘束される……といった古典的な時代劇みたいな風景が街の各地で繰り広げられるようになったのだった。

　彼らはその仕事の成果に応じて報酬をもらっていたため、極めて熱心に働いた。それはつまり、住民から見ればそれだけ横暴に働いたということでもある。やがては焙煎の取り締まりという本分を越えて、コーヒー豆の単純所持まで取り締まり始める。例えば、橋の上で通行人をつかまえてポケットを嗅ぎ回り、コーヒー豆を所持していないか調べあげる。勿論人びとは彼らに逆らうことはできない。

　そんなわけで、瞬く間に監視社会めいた風景がドイツの都市部で展開されるようになり、その立役者たるコーヒー嗅ぎはベルリンを代表する嫌われ者として定着したのであった。そう、全てはコーヒーのためだった。

徴税人と嫌われ者 （スキル・魅力・財力）

　実際のところ、プロイセンで高い贅沢税（奢侈税）が掛けられたのはコーヒーだけではない。ワイン、チョコレート、紅茶等々、ほかの物品を見渡しても税が掛けられていないものがない程であった。

　しかし、新興国プロイセンには多彩な税目に対応するための官僚機構はまだ整っていない。こんな時に導入されるのはなにか。そう、本書でも取り上げた悪名高い徴税請負制度である。大王は仏国からこの請負制度を導入したことでも知られているのだ。

　というわけで、どうやらプロイセンで多彩な税金を取り立てたのはフランス人の徴税請負人だったらしい。更に、コーヒー嗅ぎがフランス人だったとする文献もあるくらいなので、取立人と取り締まり人は互いに近い仕事をしていたようだ。仔細は不明だが、徴税請負人の元でコーヒー嗅ぎたちが取り立てに奔走したりしたものと思われる。うむ、嫌われ者ここに極まれりといったコンビである。

カツラ嗅ぎ
コーヒー嗅ぎに匹敵する程嫌われた西の横綱。プロイセンではカツラも認可制で課税対象だったため、カツラ嗅ぎは調査のために人びとの髪を切る権限が与えられていた。当然嫌われた。

　ちなみにその徴税の成果収益だが、半分以上は徴税人やコーヒー嗅ぎたちの運用コストに消えたなんて言説もあったりする。

代用コーヒー （スキル・知力）

　コーヒーを禁ずる当局の姿勢は、また新たなコーヒー文化を生み出した。それが、コーヒー以外の材料からコーヒーの模造品を生み出そうとする、いわゆる代用コーヒーである。

　チコリの根を燻してつくったものが有名だが、その他にも、ドイツの民は苦味が出そうなものであれば何でも試したらしい。麦芽、大麦、ライ麦、サトウキビ、いちじく、イナゴ豆、南京豆、大豆、どんぐり、海草、etc.etc.……。半ば意地というかヤケ糞という気がしないでもないが、ともあれドイツの科学力と情熱が明後日の方向に向けられた結果、ドイツは世界に冠たる代用コーヒー立国となったのだった。

　後にナポレオンが大陸封鎖令を敷き、ドイツにコーヒー豆が入ってこなくなった時にも、やっぱりドイツ人は代用コーヒーをせっせと開発しつづけたそうである。菊芋、ダリヤの球根、タンポポの根、アスパラガスの種と茎……。代用コーヒーの原材料リストは際限なく増え続けた。

　そんなわけで、「ドイツのコーヒー」と言えば長い間代用コーヒーのことを指していたそうである。

募兵官

時代：中世末〜近世
観測地：欧州

軍の基盤たるリクルーター
もれなく素敵な職場にご招待

解説

中世末から近代にかけての兵隊事情を調べていると、どの本でも共通して、とある仕事が言及されていることに気づく。その仕事とは一体何か。そりゃこのページの上の方を見りゃ一目瞭然、募兵だ。

学者によれば、この頃の軍事制度は三十年戦争までが「傭兵の時代」で、それ以降が「常備軍の時代」ということになるらしい。ただし、当初は常備軍といっても実態は常備傭兵軍とでも呼ぶべきものであり、国民皆兵による徴兵制はもうちょっと先のことだった。大抵の場合、兵隊は任意雇用契約によってのみ補充されていたので、近世を通じて募兵官の出番はなくなることはなかったようである。

中世に慣れている人間からすると、近世以降の時代の流れはまこと早い。度重なる戦争の最中に新たな戦術が次々と生み出され、英傑らによって軍事制度は日々改革される。マウリッツ、グスタフ・アドルフ、ルイ十四世。益々国家は強固になり、軍は増強され、時代は近代への道を突き進む。

が、末端の募兵の現場はというと、いつになっても中世末からあんま変わってなかった。というか、むしろ悪化するらしていた。こういう、人々の適当な営みを見ていると、中世に慣れた人間は安心するのである。

属性

戦闘 商売 職人 放浪
宗教 賤業 権威 民族

能力

武力：5
技術：2
知力：4
魅力：2
財力：6
忍耐：2

武力5：古参の傭兵が募兵官を務めることも
知力4：このへんは詐欺の術策ということで
魅力2：好かれる要素が見つからないでござる

技能

強制徴募
自分よりも武力が低い、隣接する中立ユニットを強制的に味方陣営にする（コスト45）

募兵特許状
ユニットを新規に雇用した際、+3の資金を得る

募兵特許状と中隊経営（スキル・財力）

傭兵時代における募兵の手順はこんな感じだ。まず君主が傭兵隊長に一種の契約書である「募兵特許状」を授与し、次に将校団と呼ばれる傭兵隊長の手下や各中隊の募兵官が実際の募兵作業を請け負った。

資料によっては中隊長自身が担当したとも書かれてある。当初はこの辺の役割分担が場合によって色々だったようだが、後になると「兵集めに関しては中隊長よりも募兵官のほうがずっと腕がよかった」という記述も出てくる。募兵業務も専門化の道を進んだのだろう。

募兵の様子。囃し立てに乗せられて、田舎の若者は罠にかかる。

出撃！ SRPGの定番、低コスト部隊！

ここまでは全く問題ないのだが、現実の募兵にはいろいろと問題もあった。というのも、当時の傭兵軍では中隊の維持に必要な資金は国家や傭兵隊長から支出されたが、それを中隊内でどうやりくりするかは中隊長の裁量範囲内だった。この状況で中近世人のやることは一つ。予算の横領である。

同一人物を二度カウントして2人分の予算をせしめたり、輜重の少年少女にランツクネヒトの扮装をさせて兵員を水増しすることは度々あったらしい。乞食やルンペンを兵に採用していたことはつとに有名だ。もちろん戦力には全くなるまい。

強★制★徴★募（スキル・魅力）

ランツクネヒトの時代であれば、まだ傭兵稼業は買い手市場。需要よりも傭兵志願者の方が数は多かった。が、度重なる軍制改革の結果、軍隊が維持できる兵の数は飛躍的に増加し、その分軍隊は大量の兵士を必要とするようになった。軍隊が保持する兵力は、ざっと見ても半世紀で倍以上になったようである。

更に度重なる戦争のため、補充の必要は常にあった。当然、兵が足りない。こうして募兵官たちは多少強引な手段を使ってでも兵士を募るようになった。下に示すような各種手法は19世紀に入るまで見られたようである。

募兵の実態 ～パリの場合～

1：物で釣る
現金やご馳走を見せびらかして貧乏人の心を揺さぶるのは常套手段だった。

2：女をけしかける
募兵官らは「衛兵所の娘」を抱えており、遊び好きな青年を誘惑したという。

3：酔い潰す
文字通り対象を酔い潰してから契約を結ぶ。酒場を持っていることもあったようだ。

4：実力行使
それでも駄目なら、暴力、脅迫、あらゆる手段で契約を結んだ。

しかしこれらもまだ穏やかな方である。それでも兵が足りない場合、彼らは強制徴募という手段にでた。これは、要するにそこらの人間をかっさらってきて強制的に軍に放り込むという素敵制度だ。市場で若者を拉致してきたり、日曜日のミサを襲ったり、果ては他国に侵入してそこの兵士をひっさらうことすらあった。イギリス海軍や、急ピッチで軍事国家の道を駆け上がったプロイセンなどが強制徴募で有名だが、常備軍を有する近世欧州の軍隊では多かれ少なかれどこでも行われたという。

関連ジョブ

巨人部隊

軍人王フリードリヒ・ヴィルヘルム一世によって編成された近衛部隊。

文字通り背の高い兵士からなる部隊だが、この部隊もまた強制徴募によって兵員が掻き集められた。彼らに対する軍人王の愛着はやや常軌を逸している節があり、他国領に押し入ってまで巨人狩りを行ったので外交紛争にもなった。

強制徴募を行ったのは中隊の募兵官であるが、その背後にはお上から課せられたノルマという現実もあったのだ。

むろん、強制徴募とて無制限に行われたわけではないが、いずれにせよさらわれた当人や家族にとってはたまったものではなく、募兵官らは大いに嫌われたようである。彼らの所業と人々の評価は、18世紀に彼ら自身に付けられたあだ名に集約されている。「人肉売り」だ。

皮剥ぎ

時代：中世～近代
観測地：世界各地

命刈り取るは死神の鎌。
刈り取られた後の事は私にお任せ

属性
戦闘　商売　職人　放浪
宗教　賤業　権威　民族

能力

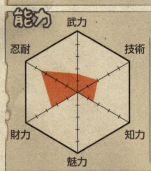

武力：3
技術：4
知力：3
魅力：0
財力：5
忍耐：7

技術4：副業感覚でこなせる仕事でもあった模様
魅力0：扱いは死刑執行人と同等
忍耐7：種々の差別や悪臭など

技能

解体
死亡したユニットと隣接している場合、そのユニットは消滅し、変わりに毛皮を得る（コスト10）

皮剥ぎ人のナイフ
短刀系武器を使って非賤業ユニットを攻撃した際、金を1奪う。

解説

　本書では、賤業の中の賤業として死刑執行人を取り上げた。全身から漂う厨二臭といい、地の底より深い蔑まれ具合といい、まさに賤業の王にふさわしい。中世都市の裏社会的な事情を語る書籍でも、必ずといっていいほど取り上げられている。
　ところで、そのような書籍の中で死刑執行人が語られる際、その前後で大抵ついでに紹介される職業がある。もう一人の賤業の極み、皮剥ぎだ。
　その仕事を一言でいえば動物の死骸処理。人口密度も高い都市世界では、動物の死骸は疫病の原因にもなる。そこで死骸を速やかに回収し、ついでに有効利用するために生まれた専門家がこいつだ。
　死刑執行人に比べると幾らか地味で、王者の風格も感じないが、しかし彼らはその蔑視度においては死刑執行人と同格。場合によってはそれ以上のことすらある、底辺社会の東西の横綱を張る存在だった。
　蔑まれた理由は色々取り上げられているが、結局は死に触れる仕事ゆえ、ということなのだろう。その点では死刑執行人も同様だ。元々は日常の一部であった「死」を生活から切り離し、特定の人間に押し付ける。こうして生まれた2つの賤業は、きっと、蔑む側の人たちを映す鏡でもあるのだろう。

解体（スキル・技術・財力）

「皮剥ぎ」というくらいなので、当然死体処理をする際にはその皮を剥いで製革の材料にする。未確認情報によれば、単に皮を売っぱらうだけではなく自ら皮なめしをしたりと製革をすることもあったという。また、利用するのは皮のみではなく、文字通り骨の髄まで使い尽くしたようでもある。

ぼくらの死獣再利用フロー

食肉？
食用にされるのは正規に屠殺された肉のみであり、死獣の肉は原則として食してはならなかった。ただ、死獣の肉を売っぱらったとして非難された事例があったりと、この辺はあまり厳密ではなかったのかもしれない。

肉骨粉
脊髄や内臓、骨等を加熱処理して乾燥・粉砕したもの。動物の飼料として使用された。

ニカワ
皮や骨などを煮固めて作られた、動物性の接着剤。木工品などによく利用されたとか。

石鹸
豚脂や牛脂は石鹸や蝋燭など様々な加工品に使われた。中世人が焼き肉に牛脂を用いたかは定かではない。

ちなみに、皮剥ぎはすでに死んだ動物だけでなく、病気になった獣の殺処分も担当していた。そんな場合でも上記のように有効利用されたかは気になるところだ。中世では嚢虫症になった豚の肉が格安で販売されていたそうではあるが。

触ることもままならず（魅力・忍耐）

例えば執行人は、酒場でも隔離された専用の席で飲まねばならなかった。恐らく皮剥ぎも似たようなものだろう。精神的には学食の一人飯よりきつそうだ。

都市における皮剥ぎの蔑視具合は、死刑執行人とだいたい同じ。一般市民との接触は当然として、死後教会の墓に埋められることも否定されていた。

執行人と違う点を挙げるとすれば、市門の外に住まねばならないとされていた点だろう。何しろ屍肉を扱う商売。その仕事の悪臭は素人には吐き気を催すものだったというし、その臭い自体が皮剥ぎの体には染み付いていた。更に死骸と接触する彼らは感染のリスクもあった。つまり彼らは、死に触れる観念的な穢れのみならず物理的な汚染にも侵されていたわけで、二重の意味で不可触の存在だった。

東の方の関連ジョブ

穢多（エタ）
広い意味では日本における被差別民の一つだが、狭義には屠殺や製革など、死獣に触れる生業の者を指した。
おなじみ触穢思想のため、日本でもこれらの民は賤民の極みと位置付けられていた。ちなみに差別が制度として確立したのは江戸時代で、その後遺症は現代まで続いている。

皮剥ぎ人のナイフ（スキル・魅力）

皮剥ぎが職業として成立したのはだいたい15世紀あたりらしい。そして専門の死獣処理業者が誕生すると、こんどは逆に市民が動物の死体を扱うことは禁止され、例え自分のペットであっても必ず皮剥ぎに処分させねばならなかった。もし市民が勝手に家畜を埋葬した場合、皮剥ぎは自分の権利を侵害されたことへの報復として、その市民の家の扉に皮剥ぎ用ナイフを突き立てたという。

当時、皮剥ぎ本人のみならず、皮剥ぎが使うナイフや馬車に触れるだけでも、彼らのけがれは「感染」するとされていた。ので、市民が戸に刺さったこのナイフを抜こうとすれば、彼もまた賤民の不名誉を被ることになる。というわけで、市民はこの不名誉の証を、皮剥ぎにお金を払って抜いてもらわないとならないのだった。

解決策：抜けないのであればドアごと捨てれば良い

皮剥ぎナイフ
猟師たちが獲物の皮を剥ぐのに使っていた小刀。グリップは握りやすく、また先端は鋭く作られている。ただし中世当時の正確な形状に関してはちょっと自信ない。

他の箇所でも触れたが、この手の底辺の仕事は兼業することが多かった。皮剥ぎが死刑執行人の助手をしたり、執行人が皮剥ぎや汲取り人を副業にしたり。このへんの事情から、皮剥ぎや汲取り人にはさして高度な専門技能は不要だったことが窺える（執行人は例外）。

中世末になると、人々はギルド・兄弟団などの組織を頼りに自己の立場の強化をはかり、その反動で「誰でもなれる」ような職を攻撃するようになる。技術力のなさと魅力の低さは表裏一体だったりもするのだった。

底辺の究極三身合体

文献紹介コーナー ②

文献紹介コーナーの続きですよ。本書執筆にあたって特にお世話になった本やおすすめしたい本を幾つかピックしますよ。

十八世紀パリ生活誌
タブロー・ド・パリ（上／下）
メルシエ(著) 原宏(編訳)／岩波文庫／1989

再び近世パリに帰ってまいりました。本書はルソーの弟子であるルイ・セバスチャン・メルシエが革命前夜のパリの情景を描いた書です。

その最大の特徴は、華と泥の都パリの表も裏も、一切の遠慮も呵責もなく切り込む冷徹なる筆さばき。定期市のこと、糞のこと、冗長な役人たち、流行……。パリの道から見える一切合切を本に詰め込んだかのような容赦のなさ。生活史の資料という意味では金字塔と呼んでも過言ではないでしょう。

この本がどういう位置づけなのかと言いますと、「近代パリの生活史に触れた本は、ほぼ全てが何らかの形でこの本について言及している」、そんな本です。近代パリを語るなら、絶対に避けては通れません。

上述の通りパリの暗部も遠慮なく取り上げているのですが、書きぶりの多くが皮肉めいているため、軽い気持ちで読めてしまうのも本書の特徴です。かと思えば彼なりの義憤が見え隠れするところもあり趣深い一冊です。

ヴィクトリア時代
ロンドン路地裏の生活誌 上／下
ヘンリー・メイヒュー(著) ジョン・キャニング(編)
植松靖夫(訳)／原書房／2011

パリの次はロンドンです。著者のヘンリー・メイヒューは19世紀イギリスの風刺雑誌に携わったジャーナリスト。彼もまたメルシエのようにロンドンの路上の様子を観察し、つぶさに書に記しています。

タイトルに路地裏とあるように、彼は特に道端の貧しい物売りや屑拾いたちなど、下層民にスポットライトを当てています。更に彼は単に観察するだけではなく対象本人によくインタビューをしているため、紙面には貧民たちの身の上話が記されることになり、都市の暗部をも軽快に描いたメルシエの本とは全く違った趣が醸しだされます。

なんと言いますか、この本を読んだ後なら、たとえ人生に何が起ころうとも日本に生まれただけで儲けものだと気付き、やさしい気持ちになれることでしょう。そんな本です。

本シリーズでは、花売り娘やどぶさらいなどの元ネタになりました。

縞模様の歴史―悪魔の布
ミシェル・パストゥロー(著) 松村剛・松村恵理(訳)
／白水uブックス／2004

似たような本が2冊続いたので、今度は趣向を変えて文化史ものをご紹介。

紋章学などで有名なミシェル・パストゥローによる縞模様の歴史を描いた本です。今日においては変哲もない縞模様ですが、中世の人間はこれをどのようにとらえたか、といったことが論じられております。

正直に言うと、この本はそれほど本シリーズ執筆の参考になったわけではないのですが、中世人の精神に迫る一つの例ということでご紹介申し上げた次第です。全157ページとそれほど厚くはないので、これまで挙げた他の本よりは気軽に読めることかと存じます。

多分、パンツが縞模様である理由を中世の紋章学にまで遡って説明するような本は、世界広しといえども本書だけでしょう。

9：夜と地下の風景

　最後に、夜と暗がりの世界を生きる仕事人と、地の底で活動する中世のドワーフたちを紹介しましょう。元来、夜というものは危険と恐怖を思い起こさせるものであり、人々にとって望ましいものではありません。しかし、そんな夜の闇を商売道具に変えた逞しい人々もいたのです。

　大地の地下もまた、夜と同様に陽の光が届かぬ場所です。そんな闇に包まれた世界の風景とそこに住む人々の姿を、いざ照らしだして参りましょう。活動場所が場所だけに、いずれも一癖も二癖もある人たちばかりです。

夜の役人

別名：夜警など
時代：14〜16世紀
観測地：イタリア各都市

清く正しく美しく。
人よ、自然なる営みに回帰せよ

属性

戦闘 商売 職人 放浪
宗教 賭業 権威 民族

能力

武力：4
技術：2
知力：5
魅力：3
財力：5
忍耐：4

武力4：警邏の一種だろうしこれくらいは
魅力3：詳細不明。取り締まる側だが、事が事でもある
財力5：割と上流の人たちが就いた仕事らしい

技能

ソドムの炎
3マス以内の同性愛者（敵味方問わず）に対して
威力2倍の炎属性攻撃を行う（コスト70）

タンブーリ
隣接する敵ユニットが暴露状態となり詳細情報を取
得できる

解説

　その仕事は様々な名前で呼ばれていた。夜の役人、夜警、或いは夜の紳士など。しかし具体的な仕事内容が見えてこない。こういう婉曲的な名前が付くということは、そういう仕事であろうとは想像できるが。

　彼らの呼称は都市によっても差がある。ヴェネツィアでは「ソドミー専従班」がこれにあたり、ルッカではこの仕事のために「品行に関する役所」が設立された。勘の良い方ならもうわかったかもしれない。また木村容子の訳では「ソドミー取締官」となっている。ここまで来ればもうひと息だ。

　あまり長々と引っ張るのは真摯ではあるまい。ここいらで答えを示そう。ホモ取締官だ。

　キリスト教が性に関して（少なくとも建前上は）禁欲的だということは有名だが、それは同性愛に関してもまた同様だった。

　昨今海外で同性愛者の権利がどうという話をよく聞くが、その背後にはキリスト教下で罪とされた同性愛の歴史があったのだ。その一方で我が国は……いや、ホモに関しては読者諸賢の方が詳しかろう。私はただ中世の世相を紹介するに止めよう。紳士は怪力乱神を語らずである。

ぼくとわたしの「自然に反する罪」(魅力)

特にキリスト教社会に限らず、性的なものに関する道徳というものはどこにでもあるだろう。中世欧州の場合は、13世紀頃までこのへんの事情は一貫していなかったが、教父トマス・アクィナスらによって方向性が定められた。というわけで、教父たちの証言や都市の法律などを繋ぎあわせて大雑把な中世後期の性犯罪ランクを無理やりでっちあげてみたよ。日本よ、これが中世の性だ。

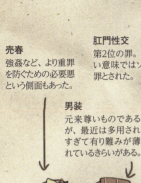

重罪 ▲

男色 — キング・オブ・悪徳。説教師たちも口酸っぱくこれを非難した。

肛門性交 — 第2位の罪。これも広い意味ではソドミーの罪とされた。

売春 — 強姦など、より重罪を防ぐための必要悪という側面もあった。

男装 — 元来尊いものであるが、最近は多用されすぎて有り難みが薄れているきらいがある。

獣姦

自慰 — 聖書にも名を記されたオナンがその語源だというのは有名。もっとも、これに厳格に罰が適用されたとは思えないが。

レズ — 同じ同性愛でも、女性同士のそれはさほど重視されず、「自慰相当」とされていたらしい。

姦通

強姦 — 中世末には「もはや重罪とはされなかった」という資料も。

近親相姦

微罪 ▼

特に上位の4つは「自然に反する罪」としてきびしく咎められた。いずれも生殖に寄与しない性行為がノミネートされている。このへんは、ペストなどによって人口減が大きな問題と認識されていた当時の事情が絡んでいる。聖書時代の「産めよ増やせよ地に満ちよ」の思想もまたルネサンスしたわけである。

ソドムとゴモラとキリスト者 (スキル)

キリスト教では、聖書に記され悪徳の町ソドムとゴモラは、同性愛の罪のために神の炎と硫黄によって滅ぼされたとされている。で、これが転じてソドミーとは主に男色のことを指すようになった。他にも、レビ記にも同性愛に対する非難の記述はある。

とはいえ、識者によれば聖書自体ではソドムびとの罪は同性愛とは明記されていないという。これが同性愛と解釈されるようになったのはローマ時代であり、また同性愛を禁じたのも東ローマのユスティニアヌスが最初だとされている。かと思えば、その後は13世紀になるまで、同性愛は必ずしも重罪とは認識されず、その位置付けは曖昧だったともいう。中世キリスト者の反同性愛精神の本当の深淵はいったいどこにあったのか。今のところそれを示す資料は手元にない。

ソドムの街を焼きつくす炎と硫黄
Q:なんでこのスキルだけこんなにファンタジーチックなんだよ
A:私に言われても

イタリアホモと取締り (スキル・知力)

というわけで罪深い行いとされた同性愛だったが、それに対する社会の対応はいまいちはっきりしない。というのも、同性愛を禁ずる話は多々あれど、それで裁かれたという事例はあまり見つかっていないらしいのだ。

例外がイタリアだ。かの地では都市文化が栄えていたためか、ルネサンスで万事が開放的になったのか、はたまたローマの遺産か。ともあれ同性愛がすこぶる蔓延していた。ホモを嗜む歴史的人物も多い。

当初はやる気のなかった都市当局も14世紀頃から本腰を上げ始め、本格的な対同性愛政策を強化してゆく。それが本項の「夜の役人」の設立に至るわけだ。

彼らはタンブーリと呼ばれる告発状を入れる箱を都市のあちこちに設置した。偽情報も多かったが、これらの政策によって夜の役人たちは裏社会の実体を掌握しようとしていた。

で、その結果、例えばフィレンツェでは、1432~1502までの約70年間に、17000もの人がソドミーの咎で告発され、3000人が有罪宣告を受けたという。ちなみに当時のフィレンツェの人口は約4万人。

取締官の系譜

本項では取締官の名称を「夜の役人」としたが、このへんは都市によって色々だ。似たような名前やあだ名の職があったりして、けっこうややこしい。

夜の紳士 (Signori di Notte)
「夜の役人」はフィレンツェの取締官だが、こちらはヴェネツィアの取締官。若い貴族が務める夜警長官的位置付け。様々な犯罪を取り締まったが、同性愛専門の取締官というわけではない。後にヴェネツィアでは専門の対策部署であるソドミー専従班が設立された。ちなみにメンバーは長官や異端審問官などけっこう大物揃い。

蝋燭番

時代：中世〜近世
観測地：英独仏とか

光あるところ、また闇もあり
闇の力は我に任せよ

属性

戦闘 商売 **職人** 放浪
宗教 賭業 権威 民族

能力

武力：2
技術：3
知力：2
魅力：4
財力：3
忍耐：2

技術3：高度な専門性などは皆無
知力2：劇場にいたが、芸術への理解などはやはりなし
魅力4：人目につき、場合によっては愛されもした

技能

営業の光
近代系職業のユニット1体の知力に+3
(コスト35)

芯切りバサミ
炎に関連する職業の健康被害を半減させる

解説

　欧州の中世を形容する言葉の中に「暗黒時代」というものがある。それなりに人口にも膾炙している言葉ではあるが、元々これはルネサンス人らが自分たちの開明さを強調するために前時代を蔑んで作られた概念なので、あんまり真に受けて然るべきものでもあるまい。優れているか劣っているかなど、個々の状況と背景に応じて論ずればいいだけの話である。

　ただ、あの時分が物理的に暗かったのは確かだろう。ガラスを使えたのは教会か金持ちくらい。多少ましな家では獣脂や樹脂を浸したリンネル布や動物のツノを磨いて伸ばしたものを窓に敷き詰めたりして何とか光を採っていたという具合だ。多くの家や城では冬になると窓を閉め切ったので屋内は真っ暗であった。

　それ故あの時代には貴賎聖俗を問わず、屋内では蝋燭が必需品だった。が、その蝋燭。これが中々曲者で、当時の蝋燭は長時間放置していると有害な煤がたまるため、定期的にメンテナンスが必要だったのだ。そんなわけで時代は蝋燭番という仕事を生み出したのであった。

　ルネサンスにバロックと、時代は進み世を照らす光は明るさを増してゆくが、その一方で生み出される煤とその処理人の仕事もまた消えることはないのであった。

中世蝋燭事情（技術・スキル）

　前述のとおり中世では蝋燭を光源としてよく用いたが、その蝋燭も種類によってランクが存在した。一般的に言えば、蜜蝋製は高級品という位置づけで、一般人は獣脂製のものを用いていた。
　が、この獣脂蝋燭は安物だけあって、臭いも煙も多い。元々蝋燭というものは、炎が不安定だったり、芯が長く炎が大きくなりすぎると不完全燃焼が起こり煙（煤）を発するようになる。これに獣脂製という特性が加わると、人間には耐え難い量の煤を発するようになるらしい。そのため、資料によって微妙にずれもあるが、だいたい30分おきに芯切りを行なって炎を調整する必要があるのだ。

外炎
炎の外側は気化した蝋と酸素（外気）がいい具合に混ざっており、温度が高い。

内炎
炎の内側は、気化した蝋が多いため、酸素が足りず温度が低い。

① 時間が経つと蝋が溶けるため、相対的に芯が長くなる。

② 芯が長くなるとその分炎が大きくなる。その結果内部の温度が下がり、不完全燃焼が起こり煤と煙が発生する。

③ 適度な間隔で芯を切り取ると、また炎は適切なサイズになり振り出しに戻る。

　芯切り作業には右図のような鋏が使われた。これは通常のハサミの刃にイボができたようなもので、ここに切り落とした芯を乗せて回収するのだ。ちなみに現代の蝋燭は、残った芯が自動的に丸まって燃えて消え、炎が大きくならないようになっているので芯切りは不要である。

芯切り鋏
いにしえの芯切り専用鋏。使用の際にはちょっとしたテクニックが要ったようで、芯を切り詰め過ぎると炎自体が消えてしまう。そのため適度な長さの見極めが必要だった。

ひかりのなかで（財力・スキル）

　いくら蝋燭に定期的な芯切りが必要だとしても、ご家庭内での利用であれば利用者が自分で芯を切ればよいだけである。が、宮殿や城の大広間など、多くの蝋燭を使う場所ではそうもいかなかった。例えば200本の蝋燭を灯しているとすると、9秒に1本芯切りをせねばならない計算になる。こうなってくると芯切り専門の人夫が必要になってくるというわけである。そうして生まれた芯切りや蝋燭の火の管理をする蝋燭番は、どこにでもあり誰でもなれる仕事ではあったが、しかし中世の日常を支える大切な存在だった。扱いとしては下級事務員とかそんな感じだったらしい。

中世のシャンデリアは円環に蝋燭台を取り付けたシンプルなものだった。より初期のものは十字に組んだ板に蝋燭を設置したりした。見れば解るように、描き易さという点において近世のシャンデリアを遥かに優越する。

シャンデリアを図のように上げ下げして芯を切ったり火をつけたりした。

固定式のシャンデリアの場合は、棒の先に火をつけて点火する係がいたようだ。芯切り事情については謎だ。

　「暗黒時代」を抜けて近世に入ると、彼らの仕事場が一つ追加される。劇場だ。光を強調するための反射板、シャンデリアの流行、ステージを下から照らすフットライト。近世劇場における照明の試行錯誤もこれまた長い歴史を秘めているのだが、その歴史の傍らにもやっぱり蝋燭番の姿はあるのであった。
　幕間にはシャンデリアが落とされ、芯切り係が迅速に蝋燭の芯を切る。フットライトがある場合はこれも切る。パリでは仕事がうまくいくと観客から拍手で迎えられたというが、逆にイギリスでは上手くいかなかった時はどやされたようである。
　ともあれ幕間にいつも出現する彼らは、観客にとってもお馴染みの存在になっていく。中には蝋燭番が戯曲に組み込まれ、演ずる側として舞台にあげられることもあったらしい。

フットライトの例。鏡に反射させて役者を照らす。

啓蒙の光

　芸術の象徴たるステージの上で蝋燭と格闘する無学な事務員。どうもこの対比が面白かったのか、蝋燭係の存在は幾多のジョークも生み出したらしい。その例というわけではないが、当時の啓蒙思想家を揶揄する言葉としてこの蝋燭番(LichtPutzer)という言葉がよく使われたという。さよう、啓蒙時代を照らした光も、蝋燭番たちなくしては存在し得なかったのである。

墓掘り

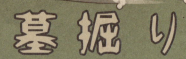

別名：墓守
時代：古代〜
観測地：ローマなど

死の世界と相対する
墓所と信仰の番人

解説

　墓掘り、およびそれに類する職業は、恐らく世界各地に存在しただろう。が、ここでは例によって大いなる意志の都合により、ヨーロッパの墓掘りについて言及する。

　彼の地に墓掘りなる職業が最初に確認されたのは、2世紀半ば・古代ローマ。当時のキリスト教徒たちはいわゆるカタコンベと呼ばれる地下共同墓地に埋葬されていた。理由は色々あるが、ともあれ地下墓地は安くて安全。カタコンベはガンガン拡張され、大きなものでは面積15ヘクタール、地下道の長さは20kmに渡るものまで出現した。こうも大きくなると素人が気まぐれに掘り進めるわけにもいかなくなってくる。ここに、地下墓地を掘削する専門の労働者、つまり墓掘りが生まれた。

　時代が下ると、かつての職人的側面は失われてゆき、墓掘りたちは単なる墓地の管理人と化していく。一般的な墓掘りのイメージはこちらが近いだろう。そのためか彼らは「墓守」という名で呼ばれることもある。海外では「墓掘り」が主流なので本項ではそちらに従った。ちなみに日本では「墓守」の方が使用例が多い。風習の違いだろう。

属性

戦闘　商売　職人　放浪
宗教　賎業　権威　民族

能力

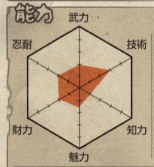

武力：4
技術：6
知力：2
魅力：3
財力：4
忍耐：4

武力4：少なくとも昔はまごうことなき肉体労働だった
技術6：古代の墓掘りには芸術家という側面もあった
魅力3：古代は下級の聖職者という扱いだったが

技能

埋葬
味方死亡時、死亡したユニットの魅力/3の収入を得る

ミサの番人
隣接キリスト教徒の防御力+2
キリスト教徒と隣接時は自身の防御力-1

みんな大好きカタコンベ

古代ローマにおいてまだキリスト教が認められていなかった頃、信徒たちは迫害の手を逃れるため地下墓地で密かに信仰を保っていた。……というのがよく言われるカタコンベのお話だが、実際にはカタコンベにそんな意義はなく、あくまでただの地下墓地であるとする言説もある。ともあれ、宗教上の理由により火葬を嫌い土葬を望んだキリスト教徒は、大量の埋葬スペースを確保するために地下に墓地を掘らざるを得なかった。

CATACOMB MAP!

- 隠し宝箱。中身は多分黄金の爪。
- 隠し通路の先には、人間に憧れるモンスター。
- 遺体を収納する穴。ロクロと呼ばれる。
- セーブポイント
- 壁のフレスコ画
- 偉い人の墓はよく礼拝堂として使用された。

ミサの番人（スキル）

キリスト教がローマで迫害されていた頃、カタコンベで執り行われていた秘密のミサにおいて、墓掘りは見張りの役目を果たしていたと言われる。

もっとも、戦闘能力は期待できそうにない。

いにしえの技師（技術）

ある墓掘りが法廷で職業を問われたとき、「自分は墓掘りではなく芸術家である」と答えたというエピソードが残っている。
実際、カタコンベに遺されたフレスコ画や棺の彫刻は墓掘りらによって手がけられた。そんなわけで墓掘りはキリスト教最古の宗教芸術を担う画家であり彫刻家でもあった。
ちなみに表立って信仰を表明できなかった当時のキリスト教徒らは、信仰の対象を直接描くのではなく、シンボル化することで信仰を表した。

よく描かれるモチーフに「子羊を抱えた良き牧者」があるが、これはイエスを牧者に仮託したシンボル。

埋葬（財力・スキル）

時代が下るにつれ、墓掘りは埋葬スペースの販売などに手を出すようになる。例えば17世紀のオランダでは、金額によって「教会内の永代の墓」、「25年レンタルの墓」「教会外の墓地」「貧者の共同納骨堂」へと埋葬先がランク分けされていたらしい。

Aプラン／Bプラン

墓掘りのデザインはファンタジー企画で有名なarohaJ氏の手によるものです。以前に氏の同人誌にゲスト要請されたので、ゲスト要請仕返してやりました。氏による原案は↓

女性タイプのデザインも捨てがたかったのですが、野郎分補充のためあえなく没に。

提灯持ち

時代：近世
観測地：欧州都市部

暗黒に閉ざされし夜の世界にすすんで明かりをつけませう

解説

　中世風ゲーム「Mount & Blade」をプレイする者は皆、中世社会の2つの危険に思いを馳せる。一つは盗賊であり、もう一つは夜だ。かのゲームでは夜に街や村に立ち寄ると、極めて高確率で賊の襲撃に遭う。見えぬ敵、矢と銃弾が空を切り裂く音、囲まれる我が分身、そしてリセット。
　というわけで中世は危険だが、夜は特に危険だ。外灯もなく家々から漏れる光も殆どない世界は、限りなく闇に近い。町の小路は視界も悪く襲撃にはもってこいだし、2階の窓から汚物が降ってくる可能性がないとも言い切れない。うっかり相手を間違えて性行為に及んでしまったという中世によくある小話も、この闇の世界を前提にして初めて理解されよう。
　そんな危険な夜に対して中世の諸都市当局がとった対策はというと、夜間の外出禁止令であるとか、夜警を巡回させるとか、市の中心部を鎖で封鎖するとか、そんなところだろうか。危険の根源である夜闇そのものを光でもって払いのけてしまうという発想もなくはなかったが、導入コストの問題もあり、実現は近世まで待たねばならなかった。

属性

戦闘　商売　職人　放浪
宗教　賤業　権威　民族

能力

武力：4
技術：3
知力：3
魅力：6
財力：4
忍耐：4

武力4：警官の一種でもあったので
魅力6：夜の頼れる男でもあった
忍耐4：近世以前の昼夜逆転生活ってどうなんだろうね

技能

目覚めの客引き
周囲3マス以内の「睡眠」状態にあるユニットを敵味方問わず起床させる（コスト20）

角灯巡警
夜間に限り、犯罪者に対して攻撃力+4

夜を照らす者（スキル・魅力）

　中世とは違い、近世になると劇場や舞踏会の帰りなどで夜遅く帰宅せねばならないシチュエーションも増えてくる。そんな状況で生まれたのが本項の主役だ。提灯持ち、照燈持ち、灯火持ちなど訳は色々だが、要するに明かりを持って夜を歩く仕事である。如何に夜が危険であろうと、彼らさえ呼べばもう安心というわけである。

新ジョブ：金を貰うと一定時間静かにする仕事

　他にも劇場帰りや道行くお客たちのために馬車の手配をするのも彼らの仕事の一つだった。また市民を自宅まで送った後は、例えそれが8階にあったとしても、部屋まで随行し、部屋についた後も、必要であれば明かりをつけてくれたりとサービス精神に富んでいたらしい。本によればサービスが過ぎたのか「愛想のよい火付け役が、明け方にならないと階段を降りてこない、なんてこともよくあった」とのことであるが、ぼくにはちょっといみがよくわからない。
　そんなこんなで、提灯持ちは危険な夜に対して都市が示した答えの一つであり、人々に重宝されたという。そんな彼らの難点を一つだけ挙げるとすれば、うるさかったことだ。彼らは毎夜、一晩中客引きの叫びを上げ続けていたらしく、人々の安眠を妨げることにも一役買ったそうな。

提灯持ちと巡警と犯罪と（スキル・武力・魅力）

　さてこの提灯持ち。仕事がない時は明かりを持ってそこらを巡回していたので、犯罪者も彼らのことは恐れていた。
　というか、資料によっては彼らを「角灯巡警」と呼んでおり、巡回こそを仕事とする警官であるとしているものもある。夜道のエスコートと巡回のどちらが本業だったかはどうにもはっきりしないが、警察と強い結びつきを持っていたのは確かなようだ。実際に彼らの巡回は犯罪の予防と事故の防止に大いに貢献したようで、皮肉屋のルイ＝セバスチャン・メルシエもこの点に関しては賞賛している。
　が、メルシエのいたパリではそれでよかったかもしれないが、全ての都市でそうだったわけではない。
　例えばロンドンではというと、提灯持ちらは逆に裏社会の連中とグルになっていたという。つまり連中の「仕事」に便利なように明かりを提供し、いざという時には明かりを消せば証拠は何も残らないというわけである。
　だいたいどの時代も、取り締まる側と取り締まられる側とは紙一重という話でもある。

もう一つの灯り（魅力）

　提灯持ちも闇夜に光を与えたが、並行して、近世都市はより根本的な解決方法を模索していた。それがつまり、街灯である。
　当初はガラスの楕円体に蝋燭を入れただけの簡単なものだったが、この頃から毎晩この街灯を点火する人夫が雇われていたようだ。パリでは毎夕「街灯を降ろせ」と助手に指示する灯火夫の声が響き渡ったという。
　時とともに街灯は進化を続け、ガス灯の時代になるとパリは光の町と讃えられるようになる。

灯火夫
光の都の名高き街灯を支える存在であり、パリの花形として憧れの的だった。

初期の街灯の図。看板のように壁の器具に取り付けられた。

他（財力）

　提灯持ちさんのデザインですが、夜に似合う服装とか考えてたら、いつのまにか裸コートになってました。これではむしろ取り締まられる側ですね。

股間にぶら下げている剣は、中世貴族の間に流行したらしい剣の携え方です。これもまた適当にデザインしていた頃の名残です。

　ちなみに提灯持ちの気になるお値段はというと、15分で0.25リーブルとのこと。ざっと調べた所、従者の日給が1.5リーブルなので、1時間半で1日分の生活費相当の金額になった模様。今でいうタクシーのような感覚だろうか。

太鼓持ち

別名：幇間
時代：江戸中期～現代
観測地：日本

身も心も客と共に。
ヨイショの専門家も楽ではない

解説

前ページでは近代欧州の夜に出現する提灯持ちのプロフェッショナルについて述べた。提灯持ちを取り上げたからには、彼の職と唯一互角に張り合えるであろうこの仕事も取り上げねばなるまい。そう、太鼓持ちである。西に提灯持ちあらば、東に太鼓持ちあり、というわけだ。

「たいこもち」と言うと一般的には、人にへつらい媚を売りおべっかを使う人間という否定的な意味で使われるが、元々は、宴席で場を盛り上げることを生業とする専門職を指していた。この仕事が専業化したのは宝暦というから江戸時代の中頃となる。宴席と述べたことからも窺えるように、この頃はお座敷文化が栄えており、そこに彼らの出番があったわけである。

そんなわけでお座敷文化と盛衰を共にした太鼓持ちだが、現在はどうなっているのか。記事を読むと「日本最後の幇間」という記述が目についたかと思えば、別の記事では現役は6人とか2人とか4人とか色々である。時期と集計方法によるのだろうが、何だかんだ言って残り1人～6人あたりの間をウロウロしながら今後も生き残るような気がしないでもない。

属性

戦闘　商売　職人　放浪
宗教　賭業　権威　民族

能力

武力：2
技術：7
知力：5
魅力：6
財力：3
忍耐：7

技術7：「芸」の世界とも深いつながりがあった
知力5：客との会話のために「広く浅い」教養が要った
財力3：浮き沈みが激しく、性格的に貯金も難しかった

技能

ステテコダンス
距離2以内にいる敵ユニットを一定確率でそのターンの行動を不能にする (コスト20)

修羅場
周囲8マスにいるユニットに対して、命中率、回避率が上昇する。

アリンス国の水先案内人（知力・魅力）

　太鼓持ちは「お座敷」の世界の住人と言ったが、もう少し有り体に言えば花柳界……つまり吉原などの遊郭街が彼らの仕事場だった。しかし、遊郭と太鼓持ちが一体どう関係してくるのか。
　遊郭は遊郭であるがゆえに、平たく言えば野郎が遊女とまぐわうわけであるが、当時の、特に高級な娼館ともなると、金さえ払えば即ベッドインというわけにはいかない世界だった。遊び方にも色々ルールというものがあり、一例を上げれば、まずは遊女らをお座敷に招いて宴席を設けるのがしきたりだった。んで、宴も成功裏に終わり、二人の雰囲気もいい感じになってくると、そりゃ流れ的に布団に向かうこともあるよね、というわけである。宴席を3回開いてようやく肌に触れることを許される、という伝説も時に語られる。ああ面倒臭え。

この業界の面倒臭さを物語る「揚屋遊び」の例。パターンは他にもある

　そんなわけで、売る側にとっても買う側にとっても意外と無視できない要素だった宴席だが、ここで登場するのが本項の太鼓持ちというわけだ。座を盛り上げ、客をいい気分にさせ、その後につなげる。そういう意味では、やはり宴席にやってくる芸者たちと本質的に同じ役割と言えるかもしれない。実際、太鼓持ちは「男芸者」と呼ばれることもある。ただし太鼓持ちの場合はそれに留まらず、遊女の気をはかり芸者を手配し予算を管理するといった、より広い範囲で客に奉仕することもあったようだ。
「たいこもち　アリンス国の　通辞なり」
と当時の川柳にうたわれているように、彼らは遊郭の水先案内人でもあったのだ。※アリンス国＝遊郭、通辞＝通訳
　ちなみに、本によれば太鼓持ちは遊郭でのみ成立した仕事とされている。とはいえ理屈の上では、遊女の絡まない純粋な宴席でも仕事はできる筈だし、現にその例も多くある。むしろ現在の太鼓持ちであれば事情は逆だろう。どうもこの辺、時代とともに遊郭の外にもエリアが広がっていったと思われるが、遊郭の外で生まれた別の系譜の太鼓持ちの存在を語る資料も存在する。

たいこ持つ者（技術）

　遊郭や座敷で働くということはわかったが、今一つ彼らの素顔がまだ見えない。太鼓持ちたちは一体何処から来たのか。
　本によれば、油問屋の御主人であるとか深川木場の若旦那であるとか、直参・旗本の次男三男坊であるとか、要するに「旦那衆」と呼ばれる人びとがその母体の一つとされている。彼らは相応の社会的地位もあり、狂歌や茶の湯といった教養にもひと通り通じた粋人だが、何より遊びの世界に精通しているのが特徴で、例えば財布など持ち歩かなくても自身の信用だけで飲み食いできる、そんな人間である。
　で、その旦那衆が遊びの世界に精通し過ぎた成れの果てに、こんどは本人が他人を遊ばせる側に回ってしまったものが太鼓持ちというわけだ。
「たいこもち　あげての末の　たいこもち」
という川柳にもうたわれるように、太鼓持ちを座敷にあげて芸者遊びをしていた旦那が、こんどは自分自身が太鼓を持つ番になったというパターンは割と多くあったようである。「きてん才覚なみなみなることあらず」という当時の評も残されており、他人に媚びへつらう下賤な輩というイメージとは相反して、意外と太鼓持ち、できる奴だったりする。

噺屋
落語家。いわゆる寄席を拠点に落語や人情噺などを語った。かつては新聞の半分くらいは寄席の記事だったとされるほど、寄席は国民的な娯楽だった。

芸者
舞踊や音曲で座敷に興を添える女性。基本的に遊女とは別。名作RTSである「SHOGUN TOTAL WAR」では忍者を凌ぐ最強の暗殺ユニットとして活躍した。

　しかし、旦那衆以上に太鼓持ちの供給元となったのは、何よりも芸能の世界である。役者なんかもいたが、中でも特に噺屋、今で言う落語家とは非常に親和性が高く、落語家から太鼓持ちに転職する例は非常に多かったらしい。
「幇間と　噺屋は紙一重なり」
と八代目桂文楽も川柳にうたったように、落語家と太鼓持ちは「背中合わせの職業」であったという。両者ともに扇子と手ぬぐいをその商売道具としていたし、何より、喋ることで銭を得るという根本的な点で共通している。師弟制度であるとか、家元の存在であるとか、そういった意味でも芸道の世界とは相通ずる。落語家と太鼓持ちを行ったり来たりする者もいた。そんなわけで、広い意味では芸人の一種であると考えると太鼓持ちたちの世界も何となくイメージが掴めるのではなかろうか。なお、昭和初期の時代、太鼓持ちにも税金が掛けられていたが、その名目は「俳優税」だったそうである。

お座敷という修羅場（スキル・技術・知力・忍耐）

　ここいらでようやく、具体的な太鼓持ちの仕事の様子を窺ってみたい。太鼓持ちの仕事場であるお座敷は、彼らの世界では「修羅場」と呼ばれている。ここここそが彼らの戦場であり、そこで行われるあらゆる所作こそが彼らの真剣勝負というわけだ。空気を読む仕事も楽ではないのだ。

　ただし、資料の都合上、明治以降のそれに偏っていることを予め断っておきたい。というのも、明治以降の著名な太鼓持ちに関しては詳細なインタビューなども残っているのだが、それ以前となると具体的な情報が欠け気味なのだ。

座敷入り

　まずは座敷に入るところから彼らの仕事は始まるが、この入座の瞬間こそが最も神経を使うのだという。愛嬌たっぷりに入る者もいれば空気のように目立たぬ者もいるが、ともあれ座敷入りからわずかの間に客のことを察知せねばならない。どんな客で、どんな趣味なのか、そもそも何を求めて太鼓持ちを座敷に呼んだのか、などなど。

挨拶

　芸者と同様、彼らは最初にはお辞儀をするが、その間にも太鼓持ちは横目で客を見てその場の雰囲気を察しなければならない。自分が座る場所も同様である。客や芸者の邪魔にならない場所を見定めてそこに座すのが座敷入りの心構えとされている。

お座敷芸

　座を盛り上げるたに、仕事の一環として太鼓持ちは芸もする。

　しかし、太鼓持ちは決して芸人ではないわけで、自分自身の芸が座の主役になってはならない。彼らの芸は、あくまでお客の芸を引き出すためのものだった。

　そんなわけで、「芸はやらなくてもいけない、やりすぎてもいけない」というのが太鼓持ちの世界の言い伝えとなっていた。他人を遊ばせるというのも楽ではないのだ。

　言い伝えによれば、客が中座しようとすると、宴席の興を覚まさないためにさり気なくトイレまで付いていって会話をし続けたという。客からすれば大きなお世話のような気もする。

　ちなみに落語家の三遊亭圓遊は「ステテコ踊り」で有名だが、これは元々は太鼓持ちの座敷芸が芸能の世界に輸入されたものである。ちなみに股引の一種をステテコと呼ぶのは、このステテコ踊りが元になっている。

　ステテコパンツやステテコダンスは、ドラクエにも登場した由緒あるファンタジー概念であることはあまりにも有名だ。

気遣い

　他にも、空気を読み気を使うべき箇所は多い。お座敷なので当然酒を勧められることもあるが、決して酒に飲まれてはならない。そんなわけで酒を飲むときも酔わない飲み方が求められた。中には、あらかじめ糸を口から食道にかけて垂らしておき、ある程度酒を飲むと便所に行きこの糸を引っ張って、これまで飲んだ酒を全部吐き出す、という芸当を身につけていた者もいたという。

　根本的に、客とのとっさのやりとりであるとか、空気の読み方であるとか、形のないものを相手にする仕事である。教科書があるわけでもないし、稽古をすればどうにかなる仕事でもない。この辺の妙味を体得するのも楽ではないのだ。

　このように、華やかな宴席の影で太鼓持ちは色々と涙ぐましい努力をしていたのである。総じて言えば、己を殺す忍耐、あるいは徹底した職業意識となるだろうか。そんなストイックさを持った「間」のスペシャリストこそが太鼓持ちなのであった。馬鹿ではつとまらぬが利口でもつとまらぬ仕事であると言われる所以である。

　ちなみにさる太鼓持ちが語ったところによると、「お目当ての芸者が全員出払っていた」というシチュエーションの客の相手をしたときが最も辛かったという。もちろん芸者が来ないのでお客はご立腹。しかも酒が飲めないときに。そしていつまで待っても結局芸者は来ず、結局3時間延々客と太鼓持ちの二人だけで間をもたせたという。

　……そう言われると、あんまり大したことじゃないような気もするのだが、とにかくお客を持ち上げるのも楽ではないのだ。

お大尽と愉快な仲間たち（財力・忍耐）

　さて、左のページでは、太鼓持ちの世界も甘くはないことをお伝えした。しかし、そもそも何故にそこまでして客に尽くしたのか。資料を読む限り、答えは単純に見える。見返りが期待できたからだ。

　お座敷遊びに関する記述を読んでいるとちらほら現れるのが、大盤振る舞いをしてくれるお客……つまり大尽客・お大尽である。元々吉原の上等な店で遊女と寝るために一晩宴席を設けると（現在の金で）100万近い金が飛ぶ、そんな世界である。当然、絵に描いたような豪商や放蕩者が客として来ることもあるし、店側としては彼らこそが上客といえた。

　また、お座敷の世界には祝儀としてチップを払う慣習もあるし、他にも贔屓になった客からは色々と心づけや贈り物が期待できた。四代目三遊亭圓遊などは、自らの仕事を「畳の上の乞食」と評している。売れっ子になると、ご贔屓にしている旦那に何でも買ってもらえるのだ。浮き沈みの激しい商売ながら、調子のいいときには一月に1千万円近い金を稼ぐこともあったらしい。そんなわけで、大尽客と懇ろになるために太鼓持ちは頑張ってヨイショするのであった。

　逆に、お客の側にも気前のよさが求められた。例えばこんなエピソードも残されている。雪の降る中、ある客が太鼓持ちに池の中に飛び込めと要求した。客の言うことは断れないということで飛び込んだ太鼓持ちだったが、彼は実は着たきり雀。替えの着物も持っていないのに一張羅を濡らして駄目にしてしまった。どうしようかと途方に暮れて家に帰ると、何者かの注文によって新品の着物一式が呉服屋から届けられたという。

　「粋」というやつだろうか。要するに、客の側にも遊び心と、遊びの金には糸目をつけない財力があったからこそ、太鼓持ちも滅私奉公したというわけだ。

　ともあれ、そんなバブリーなお客の財布の力によって昔のお座敷世界は回っていたのであり、太鼓持ちもまたその財布パワーによって養われた人間の一人だったというわけだ。

仕事人か腰巾着か（魅力）

　誇り高きプロフェッショナルとしての太鼓持ちを色々紹介したが、同時代人は彼らのことをどう評していたのだろうか。太鼓持ちである三代目善平は、太鼓持ちという稼業を卑しいとはまったく思っていないという。しかし、逆に言えば一般的には卑しい稼業だと思われていたとも読める。

　ちょっと時代を飛んで、江戸時代に視線を移しても似たような事例は散見される。「太鼓持ちほどうるさいものはなし」とする本があるかと思えば、それに反論して「うるさきものと書きたるは、優なるあそびの心をしらざるゆえなるべし」と論ずる本も残されている。当時の川柳でも、どちらかというと太鼓持ちは碌でもない芸で金品をせしめる蛆虫のごとき存在としてうたわれている。かと思えば、落語の中では厚顔無恥ながら人を疑うことを知らぬ滑稽な善人として描かれている。

　要するに、評価が一定していないのだ。なるほど、宴席を支える苦労人と形容できはするが、一方で見方を変えればお大尽の懐を狙う寄生虫のように見えなくもない。

　後者に近い例としては、「野だいこ」と呼ばれる非正規の太鼓持ちが挙げられる。資料によると彼らは、往来で贔屓にしてもらっている客を見つけては、料亭などで遊ばせて祝儀を貰う、といったやり口で金を得ていたらしい。さる野だいこに至っては、たまたま会っただけの、名前も思い出せないようなほとんど縁のない男を言いくるめて料亭に連れ出したりしている。このエピソードのソースは落語だが、一応実在の野だいこを元にしてあるそうな。

　こうなるともうただのタカリである。よくこんな仕事が成り立ったものだと感心するが、それはともあれ、これは寄生虫とも言われるのも納得である。

　そんなわけで大雑把にまとめると、太鼓持ちにはストイックな仕事人という側面とたちの悪いタカリという側面の双方があったと言える。で、その配分によって立派な粋人になったりタチの悪い野だいこになったりするということなのだろう。いずれにせよ、おおらかな時代だ。

他

　資料を読んで太鼓持ちという仕事を幾らかは理解したつもりですが、何だかんだ言って筆者自身、肌感覚として彼らのことを本当に分かったかというと、正直、微妙なところです。平成の庶民には、お座敷の大尽たちの世界は遠い。

　ちなみに太鼓持ちは基本的に野郎の仕事ですが、外国人の例や女性の例も存在するようです。とはいえこの辺は変に色気を出さずに、比較的まともな野郎デザインにおさめてあります。

太鼓持ち（古代）
　古代ローマ・ギリシャにも太鼓持ちはいた。気の利いたジョークや即興詩を作れるものが太鼓持ちとして好まれたらしく、詩人や哲学者が宴席に呼ばれたりしたそうである。

アサシン

別名：フィダーイー
時代：11～13世紀
観測地：イスラム圏

正統目指して頑張る僕ら
暗殺教団と呼ばないで

属性

戦闘　商売　職人　放浪
宗教　賭業　権威　民族

能力

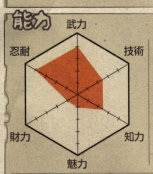

武力：8
技術：5
知力：5
魅力：2
財力：2
忍耐：8

武力8：戦闘行為が目的ではないが、武力は高いだろう
技術5：暗殺達成のために様々な術策を巡らせた
魅力2：過激派故に民衆から疎まれることも多かった

解説

アサシン。暗殺者と同義に使われることもある言葉だが、その実態は長年謎と誤解にまみれており、近現代になるまで神秘のヴェールに包まれていた。

12世紀には既にアサシンという言葉は十字軍を通じてヨーロッパに伝わっている。ある者はその正体を金で雇われたイスラムの暗殺者だと言い、別の者は麻薬と引き替えに暗殺を引き受けた愚かな若者のことだと言う。あのマルコ・ポーロさんも（いつものように）デマの流布に一役買っていた。

上記は全て伝説に過ぎないが、元となった史実があるのも確かである。具体的にはイスラム教の二大宗派の一つであるシーア派の中のイスマイル派の中のニザール派。この一派は政治的目的のために暗殺という手段を用いていたのだが、その下手人こそがアサシンと呼ばれる存在の正体だった。

欧州人がアサシンの最初の犠牲となるのは1192年。犠牲者はイェルサレム王国君主のコンラッドさんだが、彼を殺した者が何者なのかを欧州が本当に理解するのは、じつに死後700年以上経ってのことだった。

〔コメント〕伝説まみれで実態が掴みづらいアサシンさん。手元の資料でも資料同士で内容が微妙に食い違っていたりします。おのれ、ここでも伝説の影響が。

技能

殉教
自身の命と引き替えに威力+5の攻撃を行う
（コスト45）

テロリズム
敵殺害時、死亡ユニットに隣接する敵ユニットの士気を1ターン半減させる

暗殺のはじまり

前ページで述べた様に、アサシンとは具体的にはイスラム教シーア派のイスマイル派のニザール派に属する。有り体にいうと、イスラム世界の異端派で少数派で過激派なやつらと思っていただけると幸いである。主流派とはもう殆ど別の宗教だとも言える。

さて彼らは過激派なので、敵対宗派であるスンナ派を撃滅せねばならない。しかし少数派なので兵力的には圧倒的に不利だ。そのかわり異端派故か熱狂的信者には事欠かず、そして過激派なので目的のためには手段を選ばない。

で、この状況でニザール派が採れる最も有効な戦術は何か。ニザール派の偉い人が考えた結論が「敵中枢の暗殺」だった。かくしてアサシンは生まれたわけである。ある意味理に適った戦法ではあるし、実際、ニザール派はこの「画期的戦術」のおかげでイスラム世界に一定の影響力を保ち続けることができたそうである。

ニザール派は、山岳に立てられた難攻不落の要塞を建設(もしくは奪取)して立てこもり、そこから伝道や暗殺などをつかってスンナ派に対抗した。この山の上の要塞もまた、「山の長老」というアサシンの伝説を生み出した。

アサシンあれこれ

とかく実情の掴みづらいアサシンさんの素顔であるが、それでも近年の研究によって、輪郭ぐらいは描くことができるようになったようだ。アサシンの日常と訓練風景を描いた資料の出現が待たれる。

信条：狂信的ニザール派。布教はダーイーと呼ばれる導師が担当したため、彼ら自身は神学には詳しくないのかも。

防具：変装は得意。暗殺のみならず、敵勢力に侵入して煽動や妨害をしたという記録もある。スパイと呼んでよいかは不明だが、それに近いこともしていたようだ。

殉教 (スキル・忍耐)

アサシンという言葉が暗殺者という意味で使われる以前、ヨーロッパ人は彼らを暗殺者としてではなく、むしろ狂信的な献身者としての側面に注目した。ダンテの記した詩の中にも、愛の深さを伝える比喩として「アサシンのように貴方に仕える」という言い回しが登場する。

ニザール派自身はアサシンのことをフィダーイーと呼んでいたが、この言葉も献身者といった意味を持っていた。献身の対象は、もちろんニザール派の理念であり、そのために彼らは命をも惜しまず暗殺に殉じた。実際の所、彼らは最初から逃げ道の確保などをする気はなく、成功しようが失敗しようが死ぬ気だったようである。

武器：短剣にプラス補正有り。宗教的な事情のため、彼らは暗殺の際には必ず短剣を用いた。でもゲームじゃ短剣って大して強くないな (略)

ハシーシュ (魅力)

アサシンという言葉の語源は長年研究の対象だった。ある者は、インド大麻を意味するアラビア語「ハシーシュ」にあると言う。アサシンらはその活動の際に麻薬を用いていたとか、アサシンを育成する際に褒美として麻薬を用いていたとか、彼らにまつわる伝説の多くも麻薬について言及している。

が、より新しい資料に言わせれば、実際の所は彼らに対する罵倒語が語源であるという。なるほど、確かに彼らは異端派であるが故に、主流派からはひどく嫌悪されることもあった。

ベルセルクもそうであるが、人間というものは常軌を逸した言動は薬物で片付けたくなるものらしい。

最古のテロリスト (スキル・魅力)

シカリィ
ローマがイェルサレムを攻撃した際に活動したユダヤ教徒の暗殺者。デザインは資料がないので5秒で考えた。

ローマのカエサルを挙げるまでもなく、暗殺という政治的手段は古来から幾度となく繰り広げられてきたのであり、なにもアサシンの専売特許というわけではない。

ではアサシンたちは何がこれまでと違ったか。それは、暗殺を「目的」ではなく「手段」にしたこと。つまり散発的な暗殺ではなく、組織的な暗殺を継続して行い、その威力を誇示し敵対勢力を恫喝することで政治的目的を達すること……。要するにテロリズムだ。これこそニザール派が発明したものといっていいだろう。

とはいえ、現代的なテロリズムとはまたニュアンスが異なりもするのだが。

そんなテロ殺法も騎士修道会にだけは通用しなかった。ヨハネ、テンプル両騎士団は高度に階層化された組織であり、例え総長を暗殺しても別の者が代わりにその座に収まるだけだった。士気も高いので暗殺もあまり恐れなかったのかもしれない。

墓泥棒

別名：墓荒し
時代：古代〜現代
観測地：エジプト、中国等

墓は暴かれるためにある。
古代文明四千年の略奪虫。

属性

戦闘 商売 職人 放浪
宗教 賭業 権威 民族

能力

武力：4
技術：4
知力：2
魅力：2
財力：8
忍耐：2

技術4：一応墓荒しのノウハウもあったようではあるが
知力2：大抵は無教養な農民・職人層あたりだった
財力8：文字通り一攫千金

技能

望開問切
数ターンのあいだ、知力と技術に+3。
また地形効果が2倍になる(コスト50)

ミイラ薬
切傷、打撲、骨折の傷を治癒する(コスト20)

解説

エジプト最大の名物ピラミッド。一般的に想像される巨大な四角錐というスタイルが確立したのはだいたい第四王朝の時代で、以後1千年にわたってピラミッドは王墓の理想型とされてきた。

が、ピラミッドにはその構造上避け得ぬ致命的な欠陥が存在した。でか過ぎるのだ。あまりにも目立つピラミッドは、ここに王家の莫大な財宝が眠っていますよと宣伝しているようなものである。

そもそもピラミッドに限らずエジプトは厚葬の文化であり、貴人の墓には豪華な副葬品が添えられるのが常だった。そして、それを狙う墓泥棒もまた古代から存在した。あまりにも荒され続けるのでピラミッドの形状はやがて放棄され、新王国時代あたりからは王族はいわゆる「王家の谷」にひっそりと埋葬されるようになっていった。

しかし墓泥棒は諦めない。ピラミッドだろうと王家の谷だろうと、古代だろうと近現代だろうと、人びとは金目の物があるかぎりそこを荒すのであった。

[コメント] 墓泥棒自体の活動に関しては、実はエジプトよりも中国の方が資料が豊富だったりします。とはいえ中国職は他でも取り上げたので、外見はエジプト風を優先させて頂きました。

他界観と厚葬文化（財力）

　墓泥棒の本場はエジプトや中国だが、これには他界観が大きく関連している。彼の地では死者は死後も生前と同じような生活をするものと信じられていた。それ故、故人があの世での生活に困らぬよう、墓には豪華な調度品や金銀財宝を供えるのが残された者の責務であるという理屈だ。そんなわけで墓は豪華になり、支配者の墓には数千数万の宝物が納められることもあった。

　納めるのはいいが、問題はその後の保守である。社会が安定している間はまだおとなしくしていた墓泥棒も、王朝が滅んだり内乱で国が荒れればたちどころに活動を本格化。そうして厚葬文化は盗掘文化へと早変わりするのであった。盗掘が地場産業と化して墓の側に村落が形成され、組織された墓泥棒は娯楽の一種にすらなり、あまりに広範に行われたため課税対象にまでなってしまったそうである。かくしてごく一部の例外を除いて歴代の墓という墓は荒らされつくし、「古より今に至るまで滅びざる国はなく、掘られざる墓はなし」という言葉通りの事態になるのであった。

　ちなみに我らが中世欧州はと言えば「死者は最後の審判の日によみがえり、天国 or 地獄に行く」というのがキリスト教の他界観であり、エジプトや中国とは根本的に異なっている。それゆえ基本的に豪華な副葬品とは縁がなく、盗掘文化も栄えなかった。墓荒しへの言及があったとしても、「死者の衣服を奪う」といった可愛いものである。

王侯貴族の墓荒し（財力）

　墓泥棒といえども盗掘が悪事だという常識くらいは持ち合わせていたので、多くの場合、彼らは人知れずその仕事を行ったようである。

　しかし、広大な大地を誇る中国は墓泥棒のスケールも一味違う。本を読んでいると、軍団の長や地方の支配者、果ては皇族自身が墓荒しに手を染めるといった、「どちらかと言えば陵墓に入る側の階級」による略奪の例にやたらと出くわす。楚の項羽が始皇帝陵を暴いた話は有名だし、魏の曹操に至っては配下に盗掘専門の部隊まで設けていたという。

　どうも中国ではエジプトに比べて、過去の権威を否定するとか、政治的報復といった意味合いでの墓荒しが多かったようである。とはいえ、政治的理由は口実で、実のところ単に財宝が欲しかっただけのような気もするが。

発丘中郎将
曹操が自軍内に設けた、盗掘を担当する官職。他にも摸金校尉なんてのもいた。

淘沙官
北宋時代の「斉」なる国で設けられた官職。平たく言えば国営の墓泥棒。民間の墓や古墓を暴いて得た金を国庫に納めた。

もう一つの盗掘（スキル）

　埋葬された故人は墓を暴かれて安眠を妨げられるのみならず、当人自身が盗掘の対象となることもままあった。つまりミイラである。

　詳しい理屈は省くとして、イスラム圏では10世紀には既にミイラは薬として知られていたようで、後には欧州人が取引先になった。例えばミイラを煮てできた油を集めて欧州人に売ると、50kgにつき金貨25枚という、高いのか安いのかよくわからない値段で売れたらしい。

　少なくとも真っ当に働くよりは利益の高い仕事ではあったようで、エジプトのミイラは地元の農民らによって近現代に至るまで掘り返され続けたという。中にはミイラ需要に応えるために、新品の死体をミイラと偽って売るようなこともあったそうな。

墓泥棒のノウハウ（スキル・技術）

　一口に墓泥棒といってもその幅は広く、技術力の評価は容易ではない。地元の農民の小遣い稼ぎレベルの者も多かったが、独自のノウハウを積んだ専門家もいた。

　例えば長沙の練達の墓泥棒は「望聞問切」と呼ばれる奥義を身につけていたと言われる。この言葉の本来の意味は医者の診療法を差す熟語だが、ここでは
・望：風水などを用いて墓の場所を見出す技術
・聞：土の匂いで墓の年代等を嗅ぎ分ける技術
・問：地元民から諸々の情報を聞き出す技術
・切：副葬品に手で触れることで対象を鑑定する技術
……と妙にファンタジックな技術を意味しているらしい。

　「風水」と聞くと眉唾に思えるかも知れないが、そもそも当の王たち自身も風水で墓所を決めていた節があるので、風水から逆算して墳墓の位置の目星をつける、というのは意外と理にかなっていたりもするのだ。

墓泥棒の道具

洛陽鏟
（らくようさん）
洛陽あたりで用いられたスコップ。墓を掘り返したりするのに適しているらしい。

一方古代のエジプトでは、ツルハシのかわりに青銅の鍬とかを使っていたようだ。

もっとも、近代に入ると全部まとめて発破で吹き飛ばすようになるのだが。

どぶさらい

別名：トッシャー
時代：近代
観測地：ロンドン

大都市ロンドンの地下に潜むは底辺の冒険者達

属性

戦闘　商売　職人　放浪
宗教　賎業　権威　民族

能力

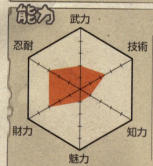

武力：4
技術：5
知力：2
魅力：2
財力：6
忍耐：6

技術5：危険な仕事であり、独自の技術が要った
魅力2：どぶさらいは違法だった。それに汚いしね
財力6：意外と裕福。でもすぐ酒に消えるという

解説

　ヴィクトリア朝ロンドンには、ゴミを漁って生きる者たちがいた！
　……といっても何ら驚くにはあたるまい。くず拾い的な営みは都市部には少なくとも中世からあったし、農村で行われていたいわゆる「落ち穂拾い」もこれの遠い親戚といえるだろう。最近リサイクル都市と持ち上げられがちな江戸にしたって、廃品やくずを回収する者がいるからこそ成り立つ話だ。
　話をロンドンに戻そう。産業革命以降、都市の貧民は受難の最中にあり、それこそ金になるなら何でもやった。その結果、ゴミ拾いの類も多種多様な職業が生まれることになる。
　本項のどぶさらいもその一つ。排水溝の掃除人ではなく、下水道のなかから汚水に埋もれたゴミを拾う職業だ。しかしゴミ拾いと馬鹿にするなかれ。彼らは、少なくとも筆者が本書を書くに当たって調べた限りでは、「冒険者」と呼ぶに値する唯一の職業だったりするのだ。

【コメント】くず拾い系ジョブ、割とあるんですが、取り上げ甲斐があるということで見事どぶさらいさんが選ばれました。ダンジョンに一人は連れて行きたい男です。本書はSRPG想定ですが。

技能

くず拾いの王
敵味方問わず、フィールド上にいるくず拾い系ユニットの数だけ全能力が上昇する

疫病耐性
ペスト、コレラ、赤痢等の病気状態にならない

ロンドン下水のものがたり

18～19世紀のロンドンの衛生は壊滅的な状態にあった。飲み水の水源たるテムズ川にはあらゆる汚物が流れ込み、その色はというと緑がかったコーヒー色に輝いていた。当然ながらこの衛生状態はロンドン市民の健康を直撃。下痢、チフス、そしてコレラが蔓延し、1年に1万以上の命が犠牲になることもあった。

しかし、あまりの悪臭に近所の国会が開催不能になるに至り、政府も衛生対策を決意。20年近い歳月を掛けて下水ネットワークを完成させた。この下水によってロンドンの衛生はようやくまともになったわけだが、同時に新たな職業を生み出すことにもなった。

バザルジェットさん
職業：技師
ロンドン下水計画の中心となって尽力した俊英。偉大なるヒゲハゲ。

みんな大好きロンドン下水

時代によっても異なるが、ロンドン下水は最終的には総延長1000kmを超える（ちなみに現在は40万キロ以上あるらしい）。ロンドンの地下世界はまさしく迷宮であり、その全貌を把握する者などいなかった。そんな下水に流れ込んだ貴重品を狙うのが僕らのどぶさらいという訳だ。

下水には崩落の危険も付きまとっていた。ここは下水。壁を腐食するガスには事欠かないのだ。

どぶさらいは違法だった。ので、格子の下を通るときは見つからぬよう明かりを消して通った。

隠し通路

テムズ川に通じる放流口を見張るポリス

セーブポイント

白骨死体

とぶさらいの敵といえばネズミである。1000匹を超えるネズミに襲われ命を失ったケースもあるという。窮鼠猫をかむと言うように、彼らを追い詰めるのは危険なのだ。

ちなみに下水のネズミを捕る専門の業者もいるぞ。彼らは中世から欧州中で活動していたよ。

有毒性のガス

どぶさらいは常に3、4人のグループで行動するよう心がけた。ネズミに襲われるリスク等を軽減するためだ。足を取られるような場所では、鍬の扱いが生死を分けるのだ。

レンガの割れ目等に、獲物である硬貨や鉄くずなどがよく挟まっているぞ。中には鉄くずなどが錆付いて岩のように固まり、巨大な構造物と化すケースも。

下水ができた当初は、テムズ川が満潮になると川の水が下水内に逆流し、地上の格子から汚水が溢れ出ることがあった。対策として放水口に蓋が設けられたが、おかげでどぶさらいは出入りがし辛くなった。

疫病耐性（武力・忍耐・スキル）

資料によれば、どぶさらいたちはその青白い顔とは裏腹に皆健康で丈夫で病とは無縁であるという。どぶさらい自身はというと、下水に充満するガスやら匂いが自分らの健康を支えていると信じていたらしい。

今となっては推測するしかないが、劣悪な環境が抵抗力を育んだというのも考えられる話ではある。

くず拾いの王（スキル・財力）

くず拾いの類というものは、大抵はマトモな仕事に就けない者が食うためにやむを得ず行うものだ。が、どぶさらいは彼らとは一線を画す。

技術と勇気を併せ持ち、危険を冒して富を探し当てるその仕事を語るとき、彼らの態度からは誇りすら窺える。

収入面でも、待遇の良い職人やそこらの事務員を遙かに凌いでおり、そこらのくず拾いに付きまとうネガティブなイメージは（少なくとも本人からしてみれば）欠片もない。まさにくず拾いの王と呼ぶにふさわしい職業である。

馬糞さらい
肥料用に馬糞を拾って売る仕事。江戸時代に存在する幾多のくず拾いの中の一つ。

泥ひばり
どぶさらいと同じ時代の職業。テムズ川に流れた、どぶさらいのおこぼれを拾って生計を立てた。

汲み取り人

別名：糞さらい、
　　　黄金堀りなど
時代：中世〜近代
観測地：欧州都市部

夜にうごめく地下の役人
清潔な都市生活に身を捧ぐ

属性

| 戦闘 | 商売 | 職人 | 放浪 |
| 宗教 | **賤業** | 権威 | 民族 |

能力

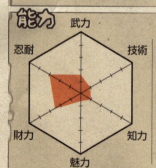

武力：3
技術：2
知力：2
魅力：1
財力：5
忍耐：6

技術2：兼業されることも多く、専門技能は要らなさそうだ
魅力1：ドイツでは15世紀以降は最低ランクの賤業だった
財力5：儲かったらしいが、当時の通貨はよくわかんね

技能

人糞堆肥
隣接する農村系ユニットの生産力を向上させ、
自身は+5の料金を得る（コスト40）

刑吏風情
「賤業」属性の味方ユニットと隣接する時、その隣接
ユニットのスキルを使用可能になる

解説

　ケルンやライン川流域のドイツ都市では黄金掘り、イギリスではナイトマン。婉曲的な呼び名は色々あるが、その実態は糞さらい、汲み取り人。要するにトイレ掃除人のことである。

　都市ではどこでも、排泄物の処理は頭の痛い問題だった。水道の完備はまだ遠い先の時代、頻度はともかくとして、かの地では糞尿を窓から投げ捨てることもあった。そんな衛生問題に挑むのが本項の黄金掘り・糞さらいであるわけだが、その扱いは想像通り、ろくなものではない。ドイツでは14世紀までは自由業だったが、15世紀末以降は賤業の一つになってしまっている。イギリスでは他国よりはマシだが、やはりまともな待遇には程遠いものだった。フランスでも、この職業が自由業になったのは1776年のことだった。ただいずれの場合も、金になる仕事だったという点は共通している。仕事内容を考えれば、妥当な対価だとは思う。

【コメント】どぶさらいとの差別化に悩んだ結果、こんな感じに落ち着きました。ちょっといじればNINJAと言っても通じるかもしれませんが、残念、糞さらいです。

THE・糞尿回収

トイレ事情はというと都市によりけり。各ご家庭の離れに簡易トイレがあるかと思えば便壺を使う地域もあり、かと思えばフランスの貴族は「おまる」を使用していたりといった具合である。形態が変われど、文字通り糞にまみれながらそれを回収する仕事には変わりなかった。

汚水貯め

トイレにて排泄された糞尿が溜まる汚水貯めの中での仕事は、当然ながら劣悪だった。悪臭は言うまでもないとして、ガスで窒息死したり中毒死したりすることもあった。パリでは18世紀になってようやく、ガスを焼却し空気を循環させることで無毒化できるようになった。

ナイトマン

真っ昼間から往来で糞なんぞ運搬されちゃかなわないという民意の故か、彼らの仕事は夜間に限られていた。ナイトマンとの呼称はそこのことに由来する（推定）。

「黄金」

彼らが掘り出す「黄金」の上半分は液体で下半分には泥の層が続く。上はバケツで汲み出せるが、堅くなった泥を取り除くのは骨の折れる力仕事だった。

夜間運搬車

黄金掘りらが汚物を運び出すのに使用した馬車は、夜間運搬車と呼ばれていたようだ。ちなみに海外には、この黄金掘りの馬車をレゴで再現した人とかもいたりする。レゴ、侮り難し。

お城と掃除人

都市に限らず、城の生活においても排泄物の処理は大切だった。城のトイレは壁から突き出ていることが多く、そこから排泄物をそのまま外に破棄した。

刑吏風情の人々（スキル・魅力）

ドイツでは、黄金掘りや死刑執行人、皮剥ぎといった汚れ仕事に従事する者らは「刑吏風情の人々」として一種のクラスタを形成していた。

手の空いた死刑執行人が黄金掘りや皮剥ぎの仕事を兼ねたり、黄金掘りが皮剥ぎの仕事を兼ねたりといった具合でそれぞれ重なった領分を持っていた。

このクラスタの中で最も権力を持っていたのが死刑執行人で、執行人はこれら賤業集団の支配者として振る舞ったという。やはり専門技能を持つものは強いということか。

仕事がかぶる故に、仕事を取り合って対立することもままあった。仲は、あんまよくない。
「やぁ、心の友よ。」
「……。」「……。」

世界を救う糞尿（スキル・財力）

糞さらいに回収された糞尿は、ただ捨てられるだけではなかった。一部ではあったが、肥料として利用されることもあった。またそれ以外にも漂白、染色、革なめし、また漆喰の材料にと様々な形で有効利用された。糞尿リサイクルは日本に限った話ではないのだ。パリでは捨てられた糞尿を農民が取り合う事態にも発展した。

排泄の三態

また中には専用の「便所塔」なるものを備えている城もあったらしく、そこではやはり、溜まった糞便を回収する専門の汲み取り人がいた。彼らは便所百姓などとも呼ばれていたようだ。近隣の農村から雇ったんだろうかね。

こうして見ると、見事に悪臭で嫌われた職業ばっかりである

下肥問屋

とはいえ、やはり肥料としての再利用に関しては日本の右に出るものはない。下肥問屋と呼ばれる仲買人が糞便を回収し、農村に売却するビジネスモデルが確立していた。また農民が長屋の主から直接購入することもあったとか。

カンナース

イスラムのゴミ処理人及び糞尿処理人。やはり仕事が仕事なためか、建前はともかく実質的に社会の最下層とされた。ただし、公益に資する仕事故に名誉に値するとする意見も当時から存在したようだ。この辺イスラムは侮れない。

井戸浚い

浅井戸の清掃を行う職業。汲み取り人の組合に属していた。井戸関連ということでダウザーと黄金掘りを混ぜたデザインにしてみました。

ダウザー

時代：(古代)〜近代
観測地：西側各地

二本の棒を持って歩くアレ。
中の人は魔術師か探検家か。

属性

戦闘　商売　職人　放浪
宗教　賤業　権威　民族

能力

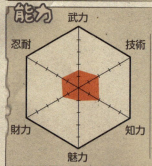

武力：3
技術：4
知力：4
魅力：2
財力：3
忍耐：3

技術4：時と場合と解釈次第では技術者
魅力2：胡散臭いと思われていたのは現代のみにあらず
財力3：資料ナシ

解説

　L字の棒を握って歩き、真下に何か埋まってたら不思議な力によって手の中の棒が動く。ダウジングの一般的なイメージといえばこんな感じだろうか。これはロッド・ダウジングと呼ばれるものだが、L字のものは比較的歴史が浅い。歴史的には、ダウジングと言えばY字の棒（ロッド）を用いるものの方が一般的なようだ。

　で、そのダウジングをするのがダウザーさんなわけだが、職業としてのダウザーさんは一体なにをしていたのか。中世の職業ダウザーは水脈占い師などとも呼ばれ、地下に埋まった水脈や鉱脈を探し当てることを生業としていた。占い師と呼ばれているように彼らは魔術属性を持っている一方、探鉱家自身がダウザーを兼ねる例も多かった。

　現代でもダウジングは存在しているが、科学的検証のふるいにかけられるとその都度ボコボコにされるのは、まあ運命ということなのだろう。近代初頭の鉱山書である「デ・レ・メタリカ」にも鉱山で働くダウザーの記述があるが、その業前は迷信的であるとして全く信用されていなかったりする。

【コメント】性能自体は微妙ですが、スキル「ペンデュラム」がやけに高性能に。まあそんなこともあるさ。

技能

ペンデュラム
一定時間、魅力以外の全能力を+2させ、魅力を-2させる（コスト35）

井戸掘り
自分がいるマスを水属性に変化させる（コスト15）

世界のダウザーさん（知力）

　どこからどこまでを「ダウジング」と呼んでいいかは意見が分かれるところだが、ロッドを用いた魔術は太古から多くの文明で行われてきた。アルジェリアの山脈「タッシリ・ナジェール」（世界遺産）の洞窟には、叉状の杖を握り締めて水を探す人物を表す8000年前の壁画が残されている。他にもエジプトのダウジングツールらしき物を手にするファラオの壁画や、ギリシャでダウジングに使われた振り子など枚挙にいとまがない。
　このように、古代に於いてダウジングとは、宗教的指導者による神秘の業とされていた。嗚呼、昔はよかったのだ。

ドルイドの杖
ケルトの司祭ドルイドも、ダウジングに似たような術を使っていたらしい。デザインは適当。

アロンの杖
旧約聖書に登場する魔法の杖。映画「十戒」にてモーセが海を割った際に使ったやつ。聖書には他にも、「青銅の蛇が巻き付いた杖」が傷を癒す描写もある。ヘルメスの杖とのデザイン的類似性が気になるところ。

ヘルメスの杖
ギリシャの叙事詩「オデュッセイア」に登場する魔法の杖。ケリュケイオン、或いはカドゥケウスとも呼ばれ、時々ゲームにも登場する。そのままでは実用に耐えないデザインなので、どうアレンジするかが肝である。

→ エジプトの壁画に記された、ファラオの杖

→ Y字ロッド。中世ではコレが一般的だった。

ダウジングと井戸掘り（技術・スキル）

　そもそも何故に水脈を探すかといえば、もちろん井戸のためである。中世欧州では井戸の建設は非常に値が張ったが、井戸掘りの専門職がいたというわけではならしい。資料によれば石工がこれを行っていたようだ。一方イスラム圏では、専門の職人が活躍していた。

モカンニー
中東では水の確保のためにカレーズ、或いはカナートと呼ばれる地下水道が使われており、これを作る職人はモカンニー、或いはチャークー等と呼ばれる。高度な技術者であり、親から子へと秘伝の技を代々相伝していったようだ。その技術の中には水脈探しの秘訣もあるらしいのだが、ダウジングに類似しているかは不明。なにせ秘伝なので。

ペンデュラム（スキル）

　ダウジング道具の一つ。直訳すれば「振り子」。これを吊して、その揺れ方で何か埋まってないか判断するというわけだ。かつては「デルフォイの神託」にも使われていたらしい。

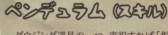

　翻って現代日本ではパワーストーンと同類の扱い、つまりこれを使って波動やら深層心理やら潜在意識やらをどうこうしようという目的で売買されちゃっているのが現状である。
　嗚呼、ただでさえダウザーさんは胡散臭いのに、ますます胡散臭さがプラスされることに。スキルの効果が強化系になってるのはこういう事情からである。
　「Neo ATLAS II」ではよくお世話になったんですけどね。ペンデュラム。

ダウジングと探鉱家（魅力）

　上述の通り、ダウジングは一種の魔術的な業とされていた。ので、中世になると、当然のように教会からは攻撃を受けた。18世紀の本によると、ダウジングロッドを最初に発明した人物はペテン師とみなされて処刑されたという。事実か否かはともかく、そういう存在と認識されていたようだ。

　ダウザーさんのデザインは、FFTに出てくる風水士さんをモチーフにしてます。え、何でって？ ホラ、水柱とか召喚しそうじゃん。

三つ編みは、お下げをペンデュラムに見立てるデザイン案の名残。

長ネギ色のY字ロッド。深い意味はない

もっとも、教会とて一枚岩ではなかったが。

　ダウジングが禁止された結果、中世初期のダウザーたちは水脈探しを諦めて鉱山に働き口を見いだすことになる。文字通り「地下に潜った」わけだ。

Y字ロッドはこう使う

ブーツにこっそりL字ロッドが

　ちなみに、20世紀になってもポンベイ市が公認の水脈占い師を指名したり、ドイツでは井戸掘りに先駆けてダウザーを呼んだりと、ダウザーと井戸の縁は長く続いたらしい。日本で言えば地鎮祭の神主みたいなモンだろうか。未確認情報ではあるが、現代でも海外の職業引き電話帳を引くと水道修理工事のページにダウザーの広告が載っているとか何とか。

鉱山師 (やまし)

別名：鉱夫
時代：中世末〜近世初
観測地：主に中欧

貨幣経済の土台を支えるは
地底の王国の誇り高き自由人

解説

　中世風創作ものでよく描かれる割に、その実態はあまり知られていない……というものは結構ある。教会、職人、農村、騎士……。漠然としたイメージは誰でも持っているとは思うが、その実際の所に精通しているのはその道の専門家か歴史好きか創作屋くらいなのではなかろうか。
　個人的には、中世関連のトピックで一般的認知度と実際の認知度のギャップが一番大きいのは、鉱山世界じゃないかと思っている。なにしろ、日本語だとそもそも資料自体がちっともないのだ。中世の鉱山を専門に、かつ包括的に扱った本は、ざっと調べたところ1冊も見当たらなかった。びっくりである。
　いや、厳密に言うと全くないわけではない。
　「デ・レ・メタリカ」。16世紀ドイツの学者が記した鉱山学の金字塔とも呼べる書の名前だ。幸いその本は日本語に翻訳され出版されてもいる。ただ、何というか、これ、50年前の本でとっくの昔に絶版になっており、本項執筆時点ではAmazonで中古が13万円もするのだ。庶民の感覚からすると、ちょっと、高い。
　で、その「デ・レ・メタリカ」を気合で手配することができたということで喜び勇んで執筆したのが本項である。うむ、国会図書館はいつだって僕らの味方だ。

属性

戦闘　商売　**職人**　放浪
宗教　賤業　権威　民族

能力

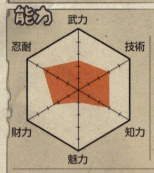

武力：5
技術：6
知力：6
魅力：2
財力：5
忍耐：7

知力6：広い知識が求められたが、現実はこれくらいか
魅力2：外の世界の人間からは胡散臭く見られた
忍耐7：やりがいはあれど死の危険は常に付きまとった

技能

鉱山株
敵が所有する鉱区を一つ、
強制的に買取り自領土とする（コスト40）

探鉱自由の原則
埋もれた財宝の探索範囲が+1される
また埋もれた財宝を見つけた際、全能力に+1

中世ヨーロッパにおける鉱山業（財力）

というわけで、本項ではいわゆる「中世ヨーロッパ」における鉱山業について述べる。鉱夫、という枠組みであれば例えば近世の炭鉱なんかも含まれるのだが、今回はスルーである。

中世で鉱山が盛り上がってきたのは、中世も末になってようやくだった。というのも、鉱山の活動が活発になるには、貨幣経済の浸透による銀貨の需要と重火器等の普及による諸金属の需要が出てくるまで待たねばならなかったからだ。

だが、ひとたび需要に火がつけばあとは早い。ドイツとかボヘミアとか、いわゆる「中欧」と呼ばれる地域では特に銀をはじめとする鉱山業が発達し、神聖ローマ皇帝カール五世によれば年間生産額は数100億円、従業人口は10万人に及んだとか。場所によっては領邦国家の総収入のうち7割が鉱山収入だというケースもあり、鉱山業は農業・繊維業に次ぐドイツの主力産業に成長したようである。平たく言えば、瞬く間に時代の花形産業に駆け上がったのだった。

鉱夫とその諸特権（スキル・財力）

この時代の鉱夫の特徴。それは、彼らは一般に想像されるような領主の隷属者でも大資本の手先でもなく、独立自営業者だったという点にある。

前述のとおり中世末に増加した金属の需要に対処するため、偉い人たちは鉱山業を奨励する必要があった。その結果だろう、国家に莫大な富をもたらしうる鉱夫たちには様々な諸特権が与えられることになった。

税金・通行税・兵役の免除。自由通行権、自由居住権、放牧権、家屋建築権（特権なのか）、森林伐採権、武装権、ビール、パンや生活必需品の製造と販売の権利などなど、その内容は実に多岐にわたっている。

更には、一定の地域内であれば鉱脈の有無を調べるために、「その土地の所有者の許可なしに」踏査して試掘する権利すら持っていたという。これを行使して、勝手に川の流れを変えたり付近の木を切り倒したりした結果、周辺民とトラブルになることもあったそうな。

「試掘に来ました。」

そして極めつけに、彼ら鉱夫たちの組合は自前の裁判権すら持っていた。裁判権を持つということは、都市当局からほぼ独立した自治が可能だったということを意味する。ここに至り、鉱山世界はもはや地上の支配から抜けだした一つの独立した世界といった様相を呈してくる。事実、裁判権を持つ彼ら鉱夫の組合がのちに鉱山都市へと成長することになるのだ。もうほとんど「好きにやってくれ」というレベルだ。

このように、彼らは手厚い保護を受けていた。鉱山収入はそれだけ魅力的だったということもあるだろうし、山々を渡り歩き山奥で活動する彼らを統制する困難さから、自由を与えざるを得なかったという側面もあるかもしれない。いずれにせよ、同じ時代の農民と比べればその優遇ぶりは明白だろう。実際、自分ンとこの農民が農業を捨てて鉱夫になりたがると貴族たちは不満を持っていたようでもある。このような諸々の特権は「採鉱自由の原則」と呼ばれ、中欧の鉱夫の特徴を成していた。

鉱山で働く人の名前ならば「鉱夫」と呼ぶのが一般的だろうが、今回項目名をあえて鉱夫でなく「鉱山師」としたのも、単なる雇われ労働者ではなく独立した誇り高き仕事人だったという中世鉱夫の側面を汲んでのことである。前述の「デ・レ・メタリカ」でも、訳者は鉱夫という言葉は使わずに「鉱山師」と書いて「やまし」と読ませている。

勿論、さすがに完全に無条件な自由人というわけではない。最終的な鉱山の権利を有している主体は鉱夫らとは別に存在した（例えばドイツでは皇帝に代わって鉱山特権を行使した有力諸侯、フランスでは国王といった具合）。

鉱夫らはこれら権利者に税金を支払うことで、己の権利を保証してもらっていたという構図である。この関係のことをレーエンシャフトと呼ぶそうな（ただし、この語は別の意味で使われることもあるので注意）。

尚、鉱山権利者の取り分としてはこの税金の他に、産出された銀を廉価で買い叩いて貨幣鋳造にまわすことで利益を出したりすることもできた。

十分の一税徴税官
鉱山の上級役人の一人。鉱山権利者の代理として税を徴収した他、様々な諸事務を司った。鉱夫が特権領主に支払う税が「十分の一税」とされていることから、税率は最終的に1割に落ち着いたと目されている。

山の中の社会（財力）

　鉱山業の黎明期では一人の鉱山師が幅広い仕事を受け持つこともあったが、時代が進むに連れて専門化・分業化・組織化が進んでいった。高度な組織化と厳格な規範。人里離れた山奥で効率的に富を生み出す必要があるという事情があるのかもしれない。また規範に関しては、おそらくは常時命の危険に晒される仕事ゆえのことだろう。この辺は軍隊が必然的に組織化されてゆくのと同じ理屈じゃなかろうか。

　鉱山師たちは様々な職種に分かれて作業したが、大雑把に分けると、坑内の作業者・坑外の作業者・及び鉱山役人の三者に分かれる。鉱山師を相手にする職人や商人など間接的な関係者も鉱山の住人といえる。

鉱山役人ズ

　自立した鉱夫たちといえど全く好き勝手に作業ができるわけではなく、鉱山には彼らを管理する役人たちが存在した。これらの役人組織がいつどのようにできたかははっきりしないが、鉱山領主側が管理のために導入したという側面と、鉱夫たちの組合が発展して自治組織ができていったという二つの側面があるようだ。

鉱山長官（鉱山監督長官）
鉱山で一番えらい人。鉱山における領主の代理であり、全ての鉱夫・鉱山役人はこいつに服従せねばならない。

鉱山監督官（鉱山支配人）
長官の次に偉い人。ほとんどの鉱山人に対する裁判権を握っており、訴訟の処理などを行った。監督長官が制定した法の公布とかの仕事も。

十分の一税徴税官
集税したのは記述の通り。単なる徴税官であるのみならず、鉱物の精錬所への引き渡しとか、鉱山経営の中枢的な仕事もしていたようだ。

陪審員（参審人）
人望ある鉱夫たちの中から選ばれた職。鉱山を見まわり、鉱夫たちの賃金評価など諸々の管理を行った。監督官の助手として働くこともあった。

鉱山管理人
金銭や物資など鉱山・株主の財産の管理を行った。鉱山株主（後述）から払い込まれた銭を使って鉱山の運営に必要な物資の調達なども行った。

鉱山書記
上級役人からなる会議など、鉱山に関するもろもろのことを記録する。偽造を防ぐため、彼らが記した帳簿は二重の鍵を施した箱に収められたとか。

鉱山株major書記
鉱山書記とは別に、諸々の坑口の所有者とその推移を記した役人。誰がどの鉱区に対して権利を持っているか、といったことは非常に重要だったのだ。

鉱区長
鉱夫に仕事を割り当て、監督・督励を行うなど、日常の鉱山運営で重要な役割を果たした。現代の会社で言えば課長クラスか。このクラスだと、高度な読み書きの素養も必要だった。

鉱夫長（鉱夫支配人）
鉱夫の直接の上役。鉱区長の部下で、その仕事内容もほぼ同じ。今の会社だと係長クラス。現場を仕切るため、本人も熟練の鉱夫である必要がある。

　見ていけば何となくわかると思うが、名前から実務が微妙にイメージしづらい例もちらほら存在する。それぞれの仕事の違いがいまいちはっきりしない例もある。更に資料によって微妙に訳が異なっていたりと、何というか全体的にどうもイメージが分かりづらいのが鉱山役人の世界だ。ともあれ、細分化した役人組織があったのだよということだけは確かだ。わかってくれ。
　ちなみに一番上の長官は貴族出身が相場だが、それ以外の監督官以下は鉱夫経験者がなることが多かった。どうやら、能力と人望があればそれなりに上が目指せる職場だったようだ。

鉱夫ズ

　役人がこれだけ分化されていたのだ。そりゃ、鉱夫たちも当然様々な仕事を分担していた。とはいえ、残念ながら鉱夫の職種を体系的にまとめた資料が見つからなかったので、資料の中から目についたものを羅列してみた。これらの職種の中にも、ものによっては親方から手伝いまで序列が存在したわけである。ああややこしい。

揚水係

鉱山鍛冶

鉱山大工

採掘夫

粉砕工

巻上工

　こういう、分業化・階層化の進んだ職は、本書的には能力評価が厄介なのだ。本項の場合、「石工」なんかの場合と同様、やや熟練者よりに合わせた能力値にしてありますよ。

地底の国へようこそ（武力・魅力）

というわけで、ここいらで具体的な山の男の世界を見て行きたい。何よりもまずは坑内で作業する鉱夫たちだ。

縦坑こそらおいらの仕事場

　一つの鉱山は複数の鉱区に分かれ、その鉱区が更に幾つかの区画にわかれ、その区画に、地下に向かって掘られた「縦坑」が掘られ、この縦坑が鉱山の基本単位となった。例えばヨアヒムスタールでは、多い時には坑口数は約900で、労働者数は4000人程度だったそうである。一つの穴ではだいたい同時に4人程度が作業しており、これらの人びとが3交代制（or 4交代制）で24時間運転をしていたもようである。

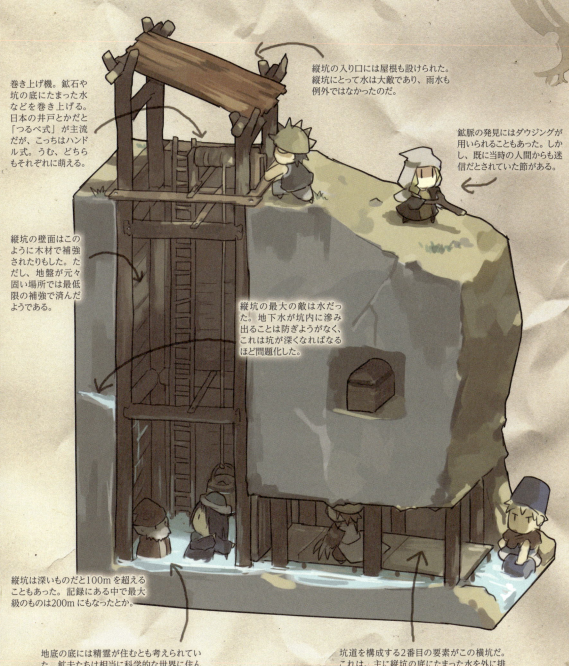

巻き上げ機。鉱石や坑の底にたまった水などを巻き上げる。日本の井戸とかだと「つるべ式」が主流だが、こっちはハンドル式。うむ、どちらもそれぞれに萌える。

縦坑の壁面はこのように木材で補強されたりもした。ただし、地盤が元々固い場所では最低限の補強で済んだようである。

縦坑は深いものだと100mを超えることもあった。記録にある中で最大級のものは200mにもなったとか。

地底の底には精霊が住むとも考えられていた。鉱夫たちは相当に科学的な世界に住んでいたが、浮き沈みが激しくまた危険に晒される仕事故か、このような伝説もまた根強く語られていたようである。

縦坑の入り口には屋根も設けられた。縦坑にとって水は大敵であり、雨水も例外ではなかったのだ。

鉱脈の発見にはダウジングが用いられることもあった。しかし、既に当時の人間からも迷信だとされていた節がある。

縦坑の最大の敵は水だった。地下水が坑内に滲み出ることは防ぎようがなく、これは坑が深くなればなるほど問題化した。

坑道を構成する2番目の要素がこの横坑だ。これは、主に縦坑の底にたまった水を外に排出する用途で掘られた。また縦坑の奥に空気を送り込むという用途で用いられることも。

こんな感じで縦坑と横坑を基本単位として、これらが縦横に組み合わさることで、複雑な山中の坑道が形成されていったのであった。

山の仕事の後半戦（技術・知力）

鉱山の作業というとやはり山を掘る仕事が真っ先にイメージされるが、まだ後には、掘り出した鉱石から有益な金属を精製するという仕事が控えている。これとて単純な作業ではない。

選別　　破砕　　焙焼　　洗鉱　　→　　精錬

「精錬」と一言で片付けられがちだが、上図のような手続きを経て鉱石はやっと精錬所に送られる。

精錬法の例：ザイゲル法

- 目的：銅鉱石から銀を分離したい
- 1：粉砕された銅鉱石に鉛と木炭を加え加熱する
- 2：すると銅鉱石は銅と鉛化銀に分離される
- 3：分離された鉛化銀を炉皿に入れて加熱する
- 4：すると鉛化銀は酸化鉛と銀に分離される
- 5：上層に浮いた鉛を除去し、銀を木炭で焼く
- 6：最後に灰を拭き取ると純銀をゲット

現代科学の知見を持たない当時にあって、これらの精錬法を会得するには相当の試行錯誤が要ったことだろう。経験で得たノウハウと学問としての知識の線引きは難しいが、鉱山師たちが錬金術師顔負けの科学力を持っていたとは言えそうである。

鉱夫と工夫（技術・知力）

前述の鉱山本「デ・レ・メタリカ」は、その詳細な記述のみならず、膨大な挿絵においても有名である。というか、ネットとかで中世の鉱山の様子を描いた木版画に出くわしたら、ほぼ確実に出典はこの本だと思っていい。そんな木版画には、鉱山で用いられた様々な装置が記述されている。眼福の至りと言う他ない。

送風機その1
坑口の上に十字に交差させた板を置くことで、風を坑道に導く仕様。

送風機その2
ちょっと手の込んだ送風機。やはり十字に交差させた板が円盤状の装置の中に入っており、この板をハンドルで回すことで外から風を坑内に送る。

黎明型トロッコ
初期のトロッコはこんな感じだった。車輪ではなく、前方中央の突起をレールに沿わせた模様。中世末期のスタイル。

大型揚水機
最大級の揚水機……を簡略化した図。貯水池を設け、流水が水車を動かす力で水を引き揚げる。

これらは、「デ・レ・メタリカ」に記載された装置のごく一部に過ぎない。彼の書の機械は揚水機械だけでも2桁を数えており、中には吸い上げポンプ式のものすらあった。このように溶鉱技術に負けず劣らず、鉱山には実に多彩な機械技術が導入されたわけである。これらのラインナップをざっと見ると、何というか、水車に代表される中世風機械技術の集大成といった趣が漂ってくるではないか。

そんなわけで、鉱山世界では科学にしろ工学にしろ、中世の最先端の技術が惜しげもなく投入されたのだった。他にも鉱山で必要とされる学問は幅広い。建築術や測量術、およびそれらを支える図学・算術。或いは方位を正確に知るための天文学や鉱山法を中心とした法知識、そして医学など。

むろん、一人の鉱夫がこれら全てに精通していたわけではなく、鉱夫たちの中にそれぞれの分野の専門家がいた、というのが実情だろう。こういうケースでは能力評価が難しいのだが、概して言えば技術者集団だったということで、知力・技術はそれぞれ「6」でどうだろう。

外から見た鉱山（魅力・忍耐）

　中世の鉱山世界は今日あまり知られていないが、それは実は当時も同様だった。平地に住む大多数の人間からしてみれば、地理的に山奥に住んでいる彼らの実態を知ることは困難である。種々の鉱山技術は門外不出であり、独自の労働歌や礼拝堂などを持っており、組合の強固な組織もまた外からは閉鎖的に見えかねない。しかしそのくせ見えないところで莫大な富を生み出している……。そんな彼らに、人びとは畏怖とも嫌悪ともつかぬ感情を抱いていたという。

　「デ・レ・メタリカ」においても、著者アグリコラは1巻分を丸々つかって鉱夫たちを擁護する記述を残している。逆に言えば、それだけ擁護せねばならぬほど、当時の鉱夫は嫌悪と偏見の目で見られていたということでもある。それによれば、鉱山の仕事は「行き当たりばったりで」「汚く」「危険で」「骨折りとも学問とも無縁で」「農作業を投げ捨てたような連中の」「博打めいており」「詐欺行為も横行する」ような碌でもない仕事だと言われていたようである。

　勿論、アグリコラ自身はこれらの批判に対して、いやいや鉱山業はまっとうな仕事であるぞと反論している。ただし、「危険」ということについては半ば認めているが。

　鉱夫たちの死亡率などの具体的な数字は手元にはないが、窒息、落盤、一酸化炭素中毒など、常時危険にさらされていたのは事実である。そしてその一方で、苦しい仕事の果てに莫大な富が得られるかもしれないという希望もある。この極端なリスクとリターンが鉱夫の仕事の特徴であり、これが彼ら独自の自意識や、種々の鉱夫伝説を生み出したとされている。外と中から見た彼らの世界は、こんな感じだった。

農民VS山の民

鉱山株と大資本経営（スキル）

　何度か述べたように、中世の鉱山業は元来自営的だった。しかし、時代が進むにつれて彼らの事情は少しずつ変わっていった。例えば、左のページで述べたように鉱山業には様々な鉱山機械が導入されたが、それには多大な金を必要とした。こうして高度化していった鉱山は、もはや鉱夫たちの共同費用でまかなえるようなものではなくなり、相応の資本を必要とするようになった。

　そんな世相の現れの一つが「鉱山株」である。これは、要するに坑口に対する権利を分割し、一口いくらで売買の対象としたものである。これによって、外部から資本を調達するようになったわけである。特に収益性の高い坑道はそれだけ評価額も高く、教会団体や富裕市民でないと中々手が出せないくらいの存在だったようだ。

　とはいえ鉱山株にも弊害はあった。例えば部外者が坑道の権利を得た結果、適性のない者が鉱区長に収まってしまうようなことがあった。また上述のように優良鉱山株には高値がついたので、結果として良い坑道はみな大資本の手中に収まっていく。このような鉱山では、坑道の権利保有者と実際に働く鉱夫が分離し、自立した鉱山師ではなく出資者に雇われた下請組が数を増やすようになる。

鉱山株仲買人
文字通り、鉱山株の仲買を務めた人。鉱山株にはやがて相場表なども登場し、投機的投資の対象にもなった。ただ、そこでは詐欺的行為も多発していたらしく、鉱山人の悪評にも繋がったようである。

　このように、近世に入ってしばらくすると、鉱山は働く鉱夫の共同組織から大商人や国家の企業へと変貌していく。そこで働く人夫たちは、もはや誇り高き鉱山師 (Bergmann) ではなく、資本主義の支配下に置かれた鉱山労働者 (Bergarbeiter) と呼ばれるようになるのだった。

　そして鉱山の鉱夫たちには更なる打撃が訪れる。そう、新大陸における鉱山開発である。これらの鉱山で培われたノウハウは新大陸の銀山でも遺憾なく発揮され、そして新大陸で産出された莫大な銀は逆にヨーロッパの銀山を圧迫してゆくのだった。資料によって幅もあるが、17世紀の新大陸の銀の産出量は中部ヨーロッパの10倍にも達したというほどである。

　鉱夫の自立性は失われ、そしてその鉱山自体も衰退し、かくして誇り高き鉱山師の物語は過去のものとなっていったのであった。とはいえ、である。いかに賃金労働者と堕した彼らとはいえ、鉱山労働のもう一つの形態に比べれば「はるかにマシ」と評せざるを得ないのも確かである。何の話かは次の項目で語るとしよう。　大地の底に横たわるのは、ドワーフの王国か、そうでなければ地獄である。

鉱山奴隷

時代：古代
観測地：ギリシャ・ローマ

神々の神殿を飾る金銀と
それを生み出す地獄のはなし

解説

　水汲み奴隷、剣奴、軍人奴隷にサンダル持ち運び奴隷……。一口に奴隷と言ってもその有り様は一様ではない。特に、奴隷社会が発達した古代ローマやギリシャではそれだけ多種多様な奴隷形態が存在した。

　概して言えば、知的労働を担当した奴隷や家内奴隷らは比較的待遇が良かったが、逆に大規模な産業の単純労働に従事する奴隷は不運だった。代表的な例が農場で、ローマでもイスラム圏でも近代の植民地プランテーションでも、農場で使役される奴隷の境遇は過酷を極めた。

　が、下には下がいる。その名は、鉱山奴隷。誇り高き仕事人だった中世の鉱山師とは異なり、古代ローマと古代ギリシャにおいては、鉱山堀りは奴隷労働の中の奴隷労働だった。

　煙突掃除、ガレー船漕ぎ、汲み取り人、死刑執行人……。本シリーズでは これまで様々な職業を見てきたが、「最悪」の仕事を一つだけ選ぶなら、この鉱山奴隷を推したい。迷いがないわけではなかったが、決め手となったのは、スペイン・カルタヘナの銀山の奴隷に関する以下の記述である。

"平均寿命、3ヶ月"

属性

戦闘　商売　職人　放浪
宗教　賤業　権威　民族

能力

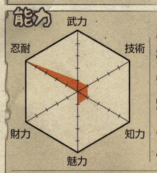

武力：2
技術：2
知力：2
魅力：2
財力：0
忍耐：10

武力　2：劣悪な健康状態を考えるとこの程度か
財力　0：財産とか言ってられる状態じゃない
忍耐10：単純だが壮絶なるブラックさ

技能

ダムナティオ・アド・メタラ
隣接する犯罪者ユニットを強制的に
鉱山奴隷にジョブチェンジさせる（コスト40）

鉱山請負制
徴税請負人と隣接したとき、忍耐以外の全能力が-1

黄金の仕事場（忍耐）

古代バビロニアにおいて、金は「地獄の糞」と言われたらしい。なるほど、確かに金銀が生み出される場所は地獄に他ならなかった。鉱山の現場を語る資料は古代においてもそれほど多くはないのだが、その限られた資料は必ずと言っていいほどその環境の劣悪さを語っている。時代は近世になるが、手持ちの奴隷をプランテーションにレンタルさせていた奴隷主すら、炭鉱にだけは貸さないぞと主張する事例が見られたりもする。

立って歩くこともできない狭い坑道の奥には空気も十分には届かず、ランプの火も頼りなくほぼ真っ暗。坑道に支柱が据えられることは稀で、事故死することも多かった。衣服と呼べるものはほとんどなく（資料によっては全裸のケースも）、ゴツゴツした岩が直接肌を傷つける。

銀や酸化鉛から発生する有毒なガスは遠慮なく臓腑を蝕んだ。手枷足枷がはめられることもあり、そんな状態で10時間の過酷な肉体労働が続く。仕事が終わっても与えられる食事は体格にかかわらず僅かであり、地上でも精錬で生じる有毒ガスが立ち込める。場所によっては何ヶ月も陽の光を見ることすらなかった。

……と、鉱山奴隷の待遇を各資料から抜き出せばだいたいこんな感じである。「きつい、汚い、危険」の3K職場を限界まで極めたような仕事と考えればわかりやすいだろうか。こんな環境だと、そりゃ数ヶ月で死ぬわな。

刑罰 in ローマ（スキル・忍耐）

例えばギリシャの例だと、鉱山請負人は将軍から奴隷を一人1日あたり1オボロス（だいたい小麦1kg分）でレンタルしている。しかし他にも調達の口は存在した。その一つが戦争捕虜で、もう一つが犯罪者だ。

ダムナティオ・アド・メタラ。直訳すれば「鉱山刑」といったところだろう。鉱山で働かせるというこの刑罰は極めて不名誉なものであり、その重みはだいたい死刑と同程度のものだった。もっとも、鉱山刑であってもどのみち死ぬまで働くことになるので、実質的には死刑に強制労働がくっついたようなものだった。「死の方が生より遥かに望ましい」という当時の人間の評も残されているくらいだ。

ちなみに似たような刑罰にダムナティオ・アド・ベースティアスというのがある。これは、闘技場で猛獣と戦わされる刑罰だが、囚人側は大抵は空手なので、実質的には処刑の見世物に他ならなかった。キリスト教徒がこれに処されたことで有名だが、刑罰の重さとしては、「鉱山刑よりちょっと重めかも」くらいだったそうな。要するに死とどっこいどっこいの仕事というわけである。

そして現れる請負人（スキル・忍耐）

ローマ時代の鉱山では、大規模な請負制が採られたことが知られている。請負人が5000人以上の奴隷を使役することを禁ずる法案が存在したことから、それくらいの規模で奴隷が投入されていたことが窺える。

で、この請負制。鉱山の劣悪な労働環境にはこの制度が絡んでいるのではないかという研究も存在する。徴税請負人のケースと同様、請負人にとっての関心は収益を最大化することのみ。となると、彼の商業的な観点からすれば、可能な限り奴隷たちをこき使うことこそが唯一の正義となるわけである。そういえば近代における奴隷の酷使も、資本主義の栄えと表裏一体だった。

鉱山請負人
鉱山の元締め。鉱山請負人も徴税請負人も原語ではpublicaniという。そのため両者が混同されることもあるが、請負人一般を指す言葉が鉱山請負人にも徴税請負人にも適用されたというのが実際のところのようだ。

地球の裏側の鉱山労働者

本項の対象は古代ローマ・ギリシャの鉱山奴隷だが、場所と時代が変わろうとも、鉱山の労働が快適になることなどないのであった。有名なのは16世紀、スペインの植民地ペルーのポトシ銀山で働いた「ミタヨ」だろう。

ミタヨ
ペルーのポトシ銀山で強制労働に従事させられた原住民。「ミタ」とはケチュア語で輪番という意味で、スペインによる原住民の徴用制度を指す。純粋に重労働だったが、赴任の際の費用負担や天引きなどの副次的な要素とも相まって原住民を苦しめ、多くの死亡者を出し、怨嗟の的となった。

勿論、古代ローマの鉱山奴隷に比べればマシだが、そもそもアレと比べれば世界中のあらゆる職場は天国だ。

影絵師
〜 影の支配者、或いは手抜き絵描き 〜

力：■■□□□□□
技：■■■■□□□
知：■■■□□□□
魅：■■□□□□□
財：■□□□□□□
耐：■■□□□□□

　シルエットという言葉は、フランスの財務大臣エティエンヌ・ド・シルエットに由来する。彼は経費削減のため、肖像画を絵の具ではなく、当人の輪郭をかたどった切り絵で代用させようとした。ここから派生して、輪郭を黒で塗りつぶした影絵がシルエットと呼ばれるようになった。民明書房のようだが本当の話。

　そんなシルエットだが、庶民でも手の届く安価な代替肖像画として広く用いられたようで、専門の影絵描きも登場した。シルエットは本人の似姿だと考えられ、名刺代わりに交換されたり、シルエット同士の人相占いの本なんてものも登場したらしい。
　その起源は適当でも、人とは勝手に豊かな文化を築いてしまうものという一例だろう。

親孝行
〜 孝行息子は辛うじて芸人 〜

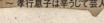

力：■■□□□□□
技：■■■□□□□
知：■■□□□□□
魅：■■■□□□□
財：■□□□□□□
耐：■■□□□□□

　江戸時代には様々な大道芸があったが、親孝行と称される商売もその一つである。
　張り抜きの人形を胸に吊り、自分自身は前の人形に背負われているという体を取る。そして「親孝行でござい」と言いながら街を巡って銭を乞うたとされる。

　要するに「父親を背負う孝行息子」を一人で演ずる芸というわけだ。この健気な姿に免じて銭を恵んでくれと言っているようにも見える。だとすると芸人というよりは物乞いの一種なのかもしれない。
　勿論江戸人もこれが芝居だというのは百も承知である。その上で銭を恵んだとされているので、江戸人も相当に「お約束」好きのようだ。

猫の蚤取り
〜 珍商売の代名詞、そして現実 〜

力：■□□□□□□
技：■■■□□□□
知：■■■■□□□
魅：■■□□□□□
財：■□□□□□□
耐：■■□□□□□

　猫というのはノミが付きやすい生き物で、現代でもノミ取り首輪などはそれなりに売れているという。
　江戸時代にも似たようなことを考えた者はいたらしく、滝沢馬琴の書は猫の蚤取り業者の存在を伝えている。
　その手法はというと、猫を湯浴みさせた後で狼の毛皮で包む。するとノミは水気を嫌って狼の毛皮の方に移っていくという算段だ。

　そのお値段は1回3文。現代の貨幣に換算しても100円に満たぬ金額である。これで食っていけるのかと心配になるが、事実食っていくことはできず、この商売は長く続かなかったそうである。

ルーンマスター
〜 地上最名前倒れ 〜

力：■■■■■■□
技：■■■■■■□
知：■■■■■□□
魅：■■■□□□□
財：■■□□□□□
耐：■■■□□□□

　本書で取り上げた全職業の中で、最もファンタジックな名前を持つ職がこいつだ。気になるその仕事内容は「ルーン石碑を彫ること」。ルーン石碑とはヴァイキング時代の北欧で多く掘られた一種の記念碑で、6千程が今日まで現存している。

　そう、ルーンマスターのmasterとは、いわゆる「親方」の意味であり、別にルーンの力を使って敵を倒すファンタジックな戦士なんかとは全く関係ないのであった。
　何ともがっかり感の漂う内容だが、英語版ウィキペにしっかりと項目があるので私が悪いわけじゃない。それに、資料的な意味でも彼らは重要な仕事をしたわけだし、決して変な名前だから取り上げた訳ではないぞ。

墓職人
〜 エジプトの神秘の創造者 〜

力：■■■□□□□
技：■■■■□□□
知：■■■□□□□
魅：■■□□□□□
財：■■■□□□□
耐：■■■■□□□

　ピラミッドを始めとするエジプトの墓に関しては昔から俗説がささやかれてきた。ピラミッドは奴隷が作ったとか、墓泥棒の正体は墓職人だったとか色々。
　少なくとも「王家の谷」以降の時代であれば、墓づくりは専門の職人の仕事だった。当時の職人村の跡も発見されている。
　彼らの村は王たちの庇護のもとで高い自治を保っていた。自前の法廷も持ち時にはストライキも起こす、そんな誇り高い専門職人集団であり、決して奴隷ではなかったのだ。

　それはそうとして、王の訃報を悲しみではなく（仕事が増えるという）喜びでもって迎えたという言い伝えはどうかと思うが。

羊皮紙職人
〜 「書かれたもの」の歴史 〜

力：■■■□□□□
技：■■■■□□□
知：■■■□□□□
魅：■■□□□□□
財：■■■□□□□
耐：■■■□□□□

　本書的には今更だが、中世では紙は植物ではなく羊の皮を加工して作った羊皮紙が用いられていた。毛をそいで洗って水に浸し、石灰水に2週間漬け、石膏粉末をふりかけて脂肪分を吸い取って板枠に貼り付けて干した後に表面を削って作る。

　ちなみに現代日本にも羊皮紙職人は存在する。検索するとすぐ出てくるので興味のある方は調べてみると幸せになれるだろう。
　その方に話を伺ったところでは、酪農関係者が羊皮の処分の一環として新たに羊皮紙製作を始めた例もあるというので、少なくとも職人が2人は国内にいるという計算になる。こんな所でも日本は中世に戻りつつあるのだ。素晴らしい。

268

印刷工
～ 印刷三銃士を連れて来たよ ～

力：■■■■□□□
技：■■■■□□□
知：■■□□□□□
魅：■■□□□□□
財：■■■□□□□
耐：■■■■□□□

　グーテンベルクは活版印刷の発明者として有名だが、この技術は単なる思いつきで成せるものではなく、彼はこのアイデアを現実のものとするために試行錯誤を幾度となく繰り返している。実験のための借金の抵当として、自分が作った印刷機を持っていかれてしまっているくらいである。そんな、彼が苦心して開発した技術の伝承者が印刷工だ。

　現場を描いた当時のイラストでは植字工、インク工、プレス工の三者がセットで描かれることが多い。当初から分業体制の整った職場だったが、外から見たらこれは謎めいた技術でもあった。世にでる前からグーテンベルクの印刷は妖術だと言われていたし、印刷技術が悪魔と結び付けられることもあった。それは、きっと保守層や既存の写本師が感じた本能的な恐怖でもあったのだろう。先駆者には敵も多いのだ。

　しかし、幾多の反対者を跳ね除けて、この技術が大いなる仕事を成しとげたことは歴史を見れば自明だ。本書も、そんな印刷業者の偉大な仕事の末席の一つ……だといいな。

インク工

筆記用のインクは印刷に向かなかったため、新たな調合を開発する必要があったのだ。

植字工

活字箱から活字を拾って組版していく人。活字は鉛で作られていたので鉛中毒に注意だ。

プレス工

印刷工場の肉体派。中世ではプレス機は葡萄の圧搾など割と広く用いられていた。

蹄鉄工
～ 鍛冶屋のもう一つの顔 ～

力：■■■■□□□
技：■■■■□□□
知：■■□□□□□
魅：■■□□□□□
財：■■■□□□□
耐：■■■■□□□

　ファンタジー世界には欠かせぬ鍛冶屋だが、彼らは時代とともに錠前とか鍋とか、特定の製品に特化した専門家へと分化していった。そんな種々の鍛冶屋の中にあって、本家の鍛冶屋と兄弟であり続けたのが蹄鉄工だ。

　馬を支える彼らは軍事には欠かせぬ存在だった。第3回十字軍では、リチャード一世がディーンの森の鍛冶屋に5万の蹄鉄を注文した。そしてその結果、ディーンの森は溶けた。製鉄用に大量の木材が消費されたわけだ。

　また、仕事柄馬に精通することになった彼らは、獣医としても働くことがあったらしい。中世において伯楽がいたか否かは常々疑問に思っていたが、案外、こんなところに答えはあるのかもしれない。

鐘職人
～ 音の支配者、華麗なる転身を遂げる ～

力：■■■■■□□
技：■■■■■□□
知：■■■□□□□
魅：■■□□□□□
財：■■■□□□□
耐：■■■■□□□

　中世において、「教会の鐘」の存在感は、結構大きい。この辺は阿部謹也の受け売りになるが、単に朝晩の時刻を知らすのみならず、夜には鐘楼に火が灯され灯台代わりにもなった。また鐘は都市民全員に何かを伝えるための唯一の手段であり、招集の手段にも支配の象徴にもなった。

　さてその鐘を作ったのが鐘職人ということになるが、鐘の鋳造もまた簡単なことではなかった。まず単純に、でかい。大きいということはそれだけ大きな設備が必要ということである。金も掛かるし、高い精度で鋳造するのにもやはり質の良い溶鉱炉や熟練の技術を要した（錫23～25%の青銅合金でないとよい音は出ないんだとか）。丹精込めて作った鐘には、それぞれ洗礼名が付けられたと言われる。

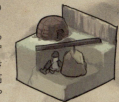
穴を掘ってそこで作業をすることもあった

　さて、そんな鐘職人には、時代が下ると大砲造りという新たな仕事が降ってきた。そう、こんなバカでかい青銅の筒を望んだ配合で鋳造できる人間なんぞ、鐘職人くらいしかいなかったからだ。幸い、鐘と大砲は青銅合金の配合がだいたい同じだったというのもある。大砲職人を兼ねるようになった鐘職人は、その後急速に社会的地位を向上させたというから、彼らは新しい分野でも存分に活躍したようである。

鐘も大砲も、その音こそが力の泉源だった

　火薬と銃は中国で発明され、その後時間を掛けて欧州に伝わった。この辺の技術では中国などのアジア勢が先進国だったが、これらを改良して大砲という技術に発展させたのはヨーロッパだった。そしてその裏には、長年教会の鐘を作り続けた鐘職人の技術の蓄積があった。

ラベンダー売り
～ 道端の花売り、都市の景観と共に ～

力：■□□□□□□
技：■□□□□□□
知：■□□□□□□
魅：■■□□□□□
財：■■□□□□□
耐：■■■□□□□

　花売りの派生職。花の中でもラベンダーは特に洋服ダンス用として需要があった。虫食い対策に用いられる他、洋服の香り付けにも用いられたようだ。
　そんなラベンダーを売る彼女らは、基本的に花売りとほぼ大差ない。ただ、地域によって微妙な違いもあったらしい。18世紀のロンドンの記述によれば、インモラルな目的にも用いられたとか何とか書かれている（残念ながら詳しいところはわからない）。

　また、ウィーンの例では彼女らは陰鬱な歌で知られていたらしい。そこでは、姿はちっとも見つからないが歌声だけは聞こえるという、何やら伝説めいた逸話が語られている。

ボロ布拾い
～ 毎度おなじみのボロ布拾い。近代リサイクル物語 ～

力：■□□□□□□
技：■□□□□□□
知：■■■□□□□
魅：■■□□□□□
財：■□□□□□□
耐：■■■■□□□

　グーテンベルクが世に出て以来、紙の使用量は急速に増大したが、書物の需要はあらたな問題を引き起こした。紙がないのだ。
　本が増えたと言っても羊皮紙はそう簡単に増えるわけではない。そこで、刷るための紙不足に陥った欧州では、麻や綿で作られたボロ布を原料にした代替紙が作られるようになった。そして生まれたのがボロ布拾い。
　彼らは主に、各御家庭を回って不要になったボロ布を回収した。ちょっと前でいうところのちり紙交換車のようなものだろう。紙と布という身近なものに絡むだけあって市場規模は大きかったらしい。製紙業者らは皆ボロ布を欲しており、地区からボロ布を持ち出すことを禁ずる法が出されることもあった。一方でボロ布拾いたちもそれぞれの縄張りを持っており、時にボロ布を欲しがる地区間で密輸だとか紛争が起こることもあったそうな。中にはボロ布交換の大規模な市だとか、ボロ布交換専用の雑誌なんてものもあったらしい。
　で。やはりというか何というか、この職に就いたのは、子供や女性、老人や障がい者、ユダヤ人など社会的弱者に分類される人たちだった。
　顔や手を真っ黒にして国中をうろつく様は差別と嫌悪と、時として哀れみを誘うものだった。誇りも組合もない底辺の仕事だったが、製紙産業の底辺を支えていたのも彼らだった。

先供
～ 悲しきトップランナー、或いは先行者 ～

力：■■■■■□□
技：■■□□□□□
知：■□□□□□□
魅：■■■□□□□
財：■■□□□□□
耐：■■■■□□□

　近代に入り、欧州の都市では馬車がそこらを駆けまわるようになったが、当時の街路は今ほど交通制度が整備されておらず、事故の危険はそこかしこに満ちていた。そこで金持ちたちは馬車の前を使用人に走らせて、道をあけさせる役目を申し付けた。
　本によればオリエント起源と言うが、真相のところはわからない。ともあれこの役を負った彼ら先供たちは、昼は馬車の先導を、夜は明かりを持って前を照らすヘッドライトの役割を担った。
　先供たちは俊足で有名だったが、しかしひとたび転んだりすると、後ろを走る馬車にはねられる恐れもある危険な仕事だった。さすがに危険性や非人道性が指摘されたのだろう、やがてこの仕事は下火になり、先供は祭りなどの晴れの日にのみ見られるようになったようだ。
　これと同一と言えるかは微妙だが、ドイツの祭りでも、群衆をかき分けて先陣を切る「先駆け」の役は栄誉ある人気のポジションだったというので、似たような習慣は存外あちこちに存在したのかもしれない。
　ちなみに先供が廃止された後、馬車の先導役はどうなったか。金持ちたちは今度は犬に馬車前を走らせることで、人々に道をあけさせたのだという。下品な趣味はまだ続くのだった。

サラミ売り
～ 路上の物売り、酒と共に ～

力：■□□□□□□
技：■□□□□□□
知：■□□□□□□
魅：■■□□□□□
財：■■□□□□□
耐：■■■□□□□

　江戸の街がそうであったように、近代の都市の街角では様々な呼び売り人がいた。サラミ売りもそんな「路上の物売り」に分類される一人で、居酒屋や宿屋、公園などを歩きまわって商品を売っていたようだ。

　品目は、サラミにソーセージ、そしてチーズなど。要するに酒のツマミである。一般的に欧州人は酒の席にツマミはあまり用いないと言われているが、ひょっとしたら近代以前は事情が違ったのかもしれない。
　ともあれ、そんな「酒のお供に買いやがれ」と言わんばかりのストレートなラインナップに心動かされたので、ついつい取り上げた次第である。

駕籠かき
～じゃじゃ馬、都民の足となる～

力：■■■■■■□□
技：■■■□□□□□
知：■■□□□□□□
魅：■■□□□□□□
財：■■■□□□□□
耐：■■■■■□□□

近代の欧州にも駕籠はあった。海外の本では「歴史の中の変な職業」の代表みたいな扱いであることが多いが、時代劇を見慣れた日本人からすると「それで？」という気分にもなる。

で、駕籠。テンプレめいた記述だが、この駕籠かきたちも例によって荒っぽい喧嘩好きで、札付きのワルだったりもした。運転もまた荒っぽく、彼らに担がれた搭乗者は壁だの舗道だのにぶつけられる覚悟をせねばならなかった。

当時の大都市というのはどこも泥だらけで、ブルジョワは可能な限り歩きたくないが、馬車は高いし混雑した道には向いていない。そんなわけで駕籠は長年繁盛していたのだった。

渡し屋
～パリの泥が生んだもう一つの商い～

力：■■■□□□□□
技：■■□□□□□□
知：■■□□□□□□
魅：■■□□□□□□
財：■■■□□□□□
耐：■■■□□□□□

いい加減耳にタコかもしれないが、パリを筆頭に欧州都市の道は汚かった。服を汚したくない貴婦人にとって道の汚れは頭痛の種だった。特に鬼門は道の中央。当時は道の中央が凹んでいたため、雨に流された泥や糞尿は道の中央にたまって汚物の川を形成していたのだ。

道を横切りたい婦人は、意を決して頼りない板の上を渡るか、そうでなければ通りすがりの男に金を渡して背負ってもらうしかなかった。

やがてこれを商売にする渡し屋なる存在も誕生した。道の泥に苦しむ婦人はどうやら相当多かったらしい。この小さな川の渡し守は大いに繁盛したとされている。

交差点掃除人
～泥に対するロンドン人の解～

力：■■□□□□□□
技：■■□□□□□□
知：■■□□□□□□
魅：■■□□□□□□
財：■□□□□□□□
耐：■■■□□□□□

近代都市の泥は、ロンドンではまた新たな仕事を生み出した。それが交差点掃除人。これもやはり根本的には渡し屋と同類で、泥だらけの交差点を渡りたいと願う貴婦人のために、彼女の前を掃き清めて進ぜるというお仕事だ。

花売りとのツーショットの絵も残っている

当時の世間の彼らへの評価は様々で、有意義だとする者もいれば、通りを占拠する不愉快な者共と見る人もいた。当時の絵画の中に描かれることも何度かあった。

またこの仕事は元手のない子供や老人、障がい者にとって、金を得るための数少ない手段であり、近代下層民の生活を表すサンプルとして研究も進んでいるらしい。そういう研究は大歓迎だ。

読売
～となり町のニュースは歌と共に～

力：■■□□□□□□
技：■■■□□□□□
知：■■■□□□□□
魅：■■■■□□□□
財：■■□□□□□□
耐：■■□□□□□□

マスメディアも未発達だった時代において、情報伝達の場は街角だった。そんな街角の仕事人といえば、本書で紹介した例だと公示人と説教師がそれに該当する。

だが情報とは、坊さんの説教や王令の布告だけではない。となり村の事件、災害、うわさ話、怪談……。そんなインフォーマルなニュースこそ人の好奇心を駆り立てるという現実は今も昔も変わるまい。そんな側面を担ったメディアがブロードサイド・バラッドと呼ばれる一種の講談・瓦版だった。日本の瓦版売りであるところの「読売」に近い職なので、無理やり意訳した次第である。

ともあれ彼らはその時々のニュースを歌に乗せて面白おかしく歌い、人々の歓心を買った。大道歌手などと分類されることもあるくらいなので、中世の吟遊詩人の末裔と言えるかもしれない。

目を引くように猿を飼ったり色々やったようである。

彼らはパネルの絵を指しながらニュースを歌った。が、このパネルは必ずしも時系列順に並んではいなかった。観衆を解説に集中させるための知恵の一つだそうである。

彼らはシルクハット等で着飾ったり、逆にあえてみすぼらしい格好をしたりして己のキャラを演出した。

簡単なメロディーに合わせて恐ろしい事故や災害のニュースを歌った。最後は道徳めいた言葉でメられたとか。様式美だ。

元々は傷痍軍人や乞食などの浮浪者が小遣い稼ぎとして始めた仕事だったが、徐々に歴とした職業へと成長していった。やがて雑誌と新聞の台頭によって蹴散らされ歴史から消えていくことになるが、それまでの間、地域の情報インフラを担ったのは紛れもなく彼らだった。

熊使い
～ 森の王、平地にて虐めらる ～

力：■■□□□□□
技：■■■■□□□
知：■■□□□□□
魅：■■□□□□□
財：■■□□□□□
耐：■■■□□□□

中世の旅芸人は様々な芸を披露したが、熊による芸や、熊に犬をけしかける「熊いじめ」などもその中には含まれていた。ロシアでは特にこれが盛んだったが、17世紀にはキリスト教的でないとして禁止されてしまった。

ゲーム的には敵にけしかけたいところだが、残念ながら熊使いは芸人枠だった

教会が、この土着の獣であり、またキリスト教的世界観に相容れないこの動物を嫌っていたのは本当らしい。

熊は、元々は百獣の王の座を獅子と争った強キャラだったが、教会はこれを芸人の下僕にさせることで、崇拝の対象から嘲笑の対象へと転落させようとし、事実そうなったんだとか。

散々笑いものにさせられた挙句の禁止。熊にとっては踏んだり蹴ったりだ。

ヒル取り
～ 血を以って蟲々を召喚せし者 ～

力：■■□□□□□
技：■■□□□□□
知：■■□□□□□
魅：■□□□□□□
財：■■□□□□□
耐：■■■■■□□

中世の医療では瀉血や吸い玉が盛んだったが、似たような理屈で血吸いヒルが薬用として用いられることもあった。で、そのヒルを採集したのがヒル取り。やり方は単純。ヒルが生息する沼地で足を沼につけ、ヒルが噛むのを待つ。そのまま20分ほど待てば、150mlの出血と引換えにヒルを得ることができた。とはいえその収入は高くはなく、農民の夏季の副業とかそんな位置づけだったらしい。

このヒル取り。中世の産物かと思いきや意外と近代でも盛況だったらしく、19世紀には数千万匹のヒルがアメリカに輸出されたとか何とか。

犬追い
～ 野獣より司祭を守護する者 ～

力：■■■■□□□
技：■■□□□□□
知：■■□□□□□
魅：■■□□□□□
財：■■□□□□□
耐：■■□□□□□

場所にもよるだろうが、中近世、教会のミサは、あんまり荘厳じゃなかった。というのも、当時の人々は今のようにお行儀が良くなく、お喋りや居眠りは当然だったからだ。中には犬を家から連れてくる者もおり、ミサの最中に司祭が犬の妨害に合うという痛ましい事件も起きた。

そこで雇われたのが我らが犬追い。彼らは、鞭などを用いて教会から犬を追っ払うという聖なる任務を携えた、教会の使用人だった。また、長引く説教で居眠りする聴衆をつつき起こす役目も担っていたようだ。

またそこからより一般的に、都市や村の野良犬を追い払う仕事も誕生した。その発展形が下の犬ごろしだ。

犬ごろし
～ 人の友か畜生か。路上の屠殺人、今日も往く ～

力：■■■■□□□
技：■■■□□□□
知：■■□□□□□
魅：□□□□□□□
財：■■□□□□□
耐：■■■□□□□

昔から野良犬は苦手な当方であるが、いないといないで妙に物足りない気分にもなる。

そんな犬であるが、中世人と犬との関係は単純ではない。犬は子供たちの遊び相手でもあり、また時として権力のシンボルともなった。しかし一方で、危機の時代には難民たちとともに都市に流入する野犬が社会問題と化した。段々犬は忌まわしいものとされ、中世末のドイツでは、犬の死骸に触れることは禁忌とされていた。

更に、野良犬たちがペストの原因と考えられるようになったことで、犬の評判は地に落ちた。もはや人々は犬追いがしたように、鞭で追い払うだけでは満足できなくなっていた。こうした状況にあって市当局が遣わしたのが、すなわち犬ごろしだ。

彼らは皮剥ぎの亜種という位置づけらしく、皮剥ぎと同様、社会の最底辺に位置する賤民だった。ただでさえ忌まれた皮剥ぎが更に汚れ仕事を押し付けられた格好といっていいだろう。

彼らは元々は皮剥ぎ人なので、殺した野犬は毛皮や脂肪、ニカワ、薬などの材料になった。これは役得というものだが、これがまた新たな緊張を呼び起こした。つまり、彼らは役得目当てに、飼い犬をも殺したりしているのではないか、という疑惑が飼い犬の飼い主たちから持たれたのだ。

嫌われる要素を何重にも持ち合わせた犬ごろしたちだったが、彼らの結末は資料の中には記されていない。人並みの尊厳を得られたことを祈るばかりである。

御厠屋
～ はばかりながら、はばかりの話 ～

力：■□□□□□□□
技：■□□□□□□□
知：■■■□□□□□
魅：■■□□□□□□
財：■■□□□□□□
耐：■■■■■□□□

「わたくしめの仕事をご覧じろ」。中世～近世の街角でこう叫ぶのはいわゆる御厠屋（おかわや）という人々だった。その者、大きなマントを羽織り、その傍らには十分な大きさの桶が二つ。さよう、要するに人間公衆便所だ。

近世にあっては公衆トイレも中々一筋縄ではいかない問題だった。欧州各地の都市では投資家が様々な手法を提案し、散っていった。現代のように、税金で公衆トイレを設置し、無料で使わせるという発想はまだ存在しなかったのだ。

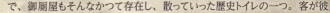

で、御厠屋もそんなかつて存在し、散っていった歴史トイレの一つ。客が彼の側の桶に腰掛けると、彼はそのマントで客を覆う。こうすれば街角であっても安心して用を足せるというわけだ。安心の対価はチップ。この仕事の報酬は定額というわけではなく、相手によって金額が変わる変動相場制だったようだ。

気まずくならないようにとの配慮だろうか、彼は用足し中のお客と気の利いた小話をする程度のウィットも弁えていたようだ。中には腹を下した客に対して、下痢止めや痔軟膏を売って金を稼ぐ者もいたらしい。

普遍的と言ってよいかは微妙だが、英仏独西と欧州各国で事例が見られるから、欧州都市部では一般的な仕事だったとすら言っていいだろう。ではこの仕事は何故に消えていったか。無料の公衆便所が整ったから？ 否、通行人が路上だろうと物陰だろうと平然と用を足すようになったからだ。近世にあっては公衆トイレも中々一筋縄ではいかない問題だった。

貴方、切れ痔ですね
大きなお世話だ

小便組
～ 本邦が誇る聖水の支配者 ～

力：■□□□□□□□
技：■□□□□□□□
知：■■■■□□□□
魅：■■■□□□□□
財：■■■□□□□□
耐：■■■■□□□□

へんてこな職業たちのトリを飾るの彼女たちだ。明和・安永年間というから、大雑把にいって江戸時代の中頃のこと。江戸では小便組と呼ばれる美女らが話題になっていた。彼女らは元来は「妾奉公」といって、賃金でもって雇われる有料の愛人だった。妾奉公らは、参勤交代で江戸に来た大名や旗本たちを相手に契約を結んだが、その際には3両とか5両とか、そんな額の支度金が支払われた。

ここまでは、当時にあってはごく普通の妾奉公の話。小便組たちの真骨頂はこの後だ。彼女らはその務めを果たす……つまり主人と寝んと布団に入った段階で、わざと、小便を、漏らすのだ。当然主人は怒るわけであるが、彼女が言うには、これは病気であり自分にはどうしようもないのだという。かくして、主人が愛想を尽かすまで何度も彼女は小便を漏らし続けるのだった。

流石に主人としても寝小便を漏らす妾を囲う気にもなれない。もはやお暇を出すよりほかはない。しかし自分の都合でのお暇という形になるし、武士の体面というものもある。結局、彼は手付金を返せとも言えず泣き寝入りするより他はない。こうして主人は手付金分を丸損、逆に小便組は手付金の分を丸儲けということになる。

彼女らを歌った川柳が何句か歌われているので、小便組は結構流行っていたらしい。世も末感漂うお話である。糞便に関わるろくでもないエピソードは近代のパリがよく槍玉に挙がるが、流石に近代西欧を見渡してもコレに比定するような職は見当たらなかったよ。我が国もやるではないか。

しかし、旦那方も負けてはいない。彼女らの病気を治すためと称して医者を呼び、鶏卵ほどの大きさのお灸をすえさせた。流石に厚顔無恥な小便組とてこれには参ったようで、その後は小便を漏らすことはなくなった。ええ話や。

寝小便？むしろもっとやってくれ！
げー！

ステージ編

SRPGの楽しみは、数々のジョブもさることながら、それらが配置されたステージにこそあると言っても過言ではない。特にクォータビュー形式であれば尚更である。というわけでステージ紹介編だよ。

ステージ「辺境の川」
～10世紀 イングランド～

　草原を歩くこと丸3日、ようやく見えてきた集落の手前にある河で戦闘は起こった。
　川はヴァイキングたちの庭。迂闊に入ると奇襲を喰らうので要注意だ。
　一方橋の上では**傘貸し屋**が通行料を取ろうと待ちかまえている。金を払って橋を渡るか、危険な川を通過するか、或いは傘貸し屋を殺戮するか思案しどころだ。
　川辺では**洗濯女**が服を洗っている。彼女の周辺は水が汚染されているかもしれないので要注意だ。そして対岸では、人数合わせに即席で作った村娘が手持ちぶさたにこちらを見ているぞ。

ステージ「巨人の執筆部屋」
～14世紀 イタリア修道院～

　そこには、巨大な机があった。羽根ペンが、インク壺があった。観葉植物はパピルスだった。さよう。文筆関連の小道具をまとめて描きたかったので色々突っ込んだステージを作った次第である。

　奥の**写本師**は、写本で使う見本誌用の台の上に立っている。手に持っているのは羽根ペンを削るナイフだ。一方右手の**代書人**が持っているのは尖筆だ。これは粘土に文字を彫る時などに用いる。足下にあるのは鑞封グッズだろう。
　中央やや右下にいる**公証人**は羊皮紙の束の上に立っている。手に持っているナイフは羊皮紙の表面を削るためのものだ。
　文筆一族が思い思いの執筆道具を携えている中、左上では**洗濯女**がロゼッタストーンでやはり服を洗っているぞ。おおい嬢ちゃん、それ違う。

274

ステージ「シャンパーニュ大市」
～13世紀 トロワ～

　13世紀前後、商業活動が活発になるとあちこちで定期市が開かれるようになる。フランスはシャンパーニュ地方では、決まった時期に各都市が持ち回りで交易市を開いた。
　これがシャンパーニュ大市である

　神殿騎士は金融窓口を経営し、**担ぎ屋**はいつも通り小間物を売り歩いている。**ヴァイキング**は奪った宝物を売りさばき、側では**公示人**が宣伝のアルバイトに汗を流している。
　なお、大きな商取引きでは**公証人**の文書が法的価値を持つので、取引きの際には彼女に話し掛けると良いだろう。ちなみに彼女は金融業もやってるぞ。
　公証人は屋根の上にいる（他に配置場所がなかった）ので、奥の屋台の屋根を伝って上るといいだろう。
　市開催中の都市圏では商人を保護する政策がとられた。そのため下手に商人を襲うと、領主が都市の名誉にかけてこちらを捕縛せんと追っ手を差し向けてくるので要注意だ。

ステージ「Load to the Lord」
～13世紀 ウェールズ～

　城門を突破し、中庭を踏み越えて辿り着いた城の大広間では、中ボスたる領主が一行を待ちかまえていた。
　城の広間といっても、床は木の板に干し草や草花を敷いた、しょんぼりな造りになっている。現実なんてこんなもんだ。
　さて左手の高台では**楽師**（**吟遊詩人**）が演奏をし、テーブルの上では**かむろ**が刀を抜いて襲いかからんとしている。領主の側を離れずに待機しているのは**道化師**だが、こいつは戦力にはならんだろう。
　壁の裏に何か隠れているが、こいつは**セイン**と呼ばれるアングロサクソン族の精鋭家士（本書未登場）だ。援軍として現れるので準備しておくべきだろう。
　そして壁に掛けられた立派（ということにしといておくれ）なタペストリーの前……王座に座ってる地味なのが本命、**領主**だ。見た目は地味だがコイツはきっと強キャラだ。私にはわかる。

ステージ「自由への逃走」
~1世紀 ポンペイ~

　いきなりでなんだが、主人公一行は宿敵との対決に敗れて奴隷の身に落ちてしまった。売り飛ばされて辿り着いた場所。ここは夢と火山灰が交錯する土地、ローマ都市ポンペイ。ローマのコロッセオには規模で及ばないが、円形闘技場では今日も剣闘が繰り広げられる。

　花売り娘は花吹雪を舞い散らせ、**調香師**は専属契約を結んだ**剣闘士**に香料を吹きかける。そう、血と汗と猛獣の息にまみれながら戦うのはとても臭かったのだ。
　また、闘技場の奥には死に損なった場合のとどめ役として、**カロン**と呼ばれる一種の**死刑執行人**が控えている。これからお世話になることだろう。

　楽師のラッパの音が響く。戦いのはじまりだ。眼前に現れるは二頭立て戦車に乗った**戦車剣闘士**。映画やゲームではやられ役になりがちだが、平地でその機動力は脅威そのもの。正面から向かうは愚策。今だ、タイミングを合わせて一人ダイヤモンド陣形だッ。

ステージ「モンク・THE・文句」
~16世紀 ノルマンディー地方~

　剣闘に勝利し、奴隷の身を何とか脱出した一行は、とりあえず配達のバイトに身を落ち着けていた。が、窮地はまたもや訪れる。一行を取り囲んだのは**修道士**の群れだった。
　実はコレ、某SRPGに存在する、敵モンクが11体も出現するという鬼畜マップを西洋風に再現したものである。モンクを直訳すれば「monk＝修道士」というわけだ。
　というわけで画面下から反時計回りに紹介しよう。ヒラの修道士、ドミニコ会士、隠修士、フランチェスコ会士、説教師、修道騎士こと神殿騎士、異端審問官。
そして本編には未登場であるが「白衣の修道士」ことシトー会士、「黒衣の修道士」クリュニー会士、正教会の禁欲者、そしてカプチン会修道士の4名を援軍として呼んでおいた。これで11人だ。　さぁ、存分に戦われませ。

　祈り、働け。　たまには奪え。

ステージ「地上最大トーナメント」
～12世紀 マインツ地方～

「トーナメント」と言ったとき、中世では騎士の馬上試合を意味する。

12世紀マインツ。フリードリヒ赤髭王がこの地で開催したトーナメントには、帝国各地から2万に上る騎士が参加したという。そこらの都市の人口を上回る数である。ほんまかいなという気もするが、本に書いてるんだから仕方ない。

トーナメントには一騎打ちと団体戦があるが、今行われているのは後者のようだ。参加した騎士らは2チームに分かれて武勇を競うのだ。壇上両脇の**楽師**が合図のラッパを吹き、**紋章官**は参加者の同定や参加資格のチェック、審判や司会進行等の諸手続を行う。

見物席では主催者や来賓が戦闘の行く末を見つめているが、その中で何より欠かせないのが**貴婦人**の存在だ。意中の騎士殿が活躍したら、衣類やハンカチを壇上から送るというのが騎士道物語のお約束である。おや、左下の騎士は既に貴婦人から送られた袖をこれ見よがしに槍にくくってやがる。お前なんか落馬してしまえ。

勝てば名声ばかりでなく捕虜から身代金も取れるが、負ければ無一文にもなる諸刃の剣。騎士らはみなこの荒っぽい儀式に夢中になったが、教会はこれに対して否定的だった。ストーリーの進行を放ったらかしてレベル上げと金策に勤しむプレイヤーが後を絶たなかったからである。

ステージ「クラック・デ・シュバリエ・サーガ・タクティクス」
～12世紀 シリア～

主人公一行がトーナメントにのめり込んでいるうちにも時は流れ、気がつけば世間は十字軍運動真っ盛りになっていた。

クラック・デ・シュバリエ。直訳すれば騎士の砦。かつてクルド族の砦だったものを十字軍が奪取し、その後聖ヨハネ騎士団に与えられたものである。

しかし何しろ相手は異教徒。形式張った西洋の戦争とは訳が違う。そんなわけで騎士団は潤沢な資金と年間3万人以上の人員と最新鋭の建築技術をこれでもかと投入し、本気でこの砦の改築に掛かる。

その結果、西の世界では類を見ないような難攻不落のガチで正真正銘の軍事要塞がここに誕生することになるのであった。

・このマップでは、これまでの選択によって十字軍・イスラムのどちらの陣営に付くかが変わる。十字軍側は**神殿騎士**、**聖ヨハネ騎士団員**、そして砦改築の立役者、**石工**が城壁を守る。

一方イスラム側は**マムルーク**、トンネル作戦に引っ張り出された**汲み取り人**、建物破壊役として**火消し**らを擁してあの手この手で攻城を試みる。あとなんかアサシンもいる。

また、両陣営に備え付けられた攻城兵器は、ユニットを張り付かせることで使用可能だ。ただ、この手の物は敵が使うと厄介だが自分が使うと役に立たないのが常というものである。僕らの経験が、そう語る。

ステージ「刑執行の鐘が鳴るとき」
～15世紀 ケルン～

「くっ、殺せ！」
気丈な叫びが乾いた秋空に響き渡る。

　一行が現場にたどり着くと、今まさに女騎士——これまで主人公一味に色々とよくしてくれた、話の分かる女騎士——が、処刑されようとしているではないか。無論彼女は清廉潔白。恐らく体制派の卑劣な罠に掛けられたのだろう。おのれ、なんてあくどい奴らだ。
　さて、ここらで冷静になって状況を確認しよう。件の女騎士は断頭台に引き出され、それを押さえつけているのは羊飼いだ。羊飼いら賤民は、獄丁として刑吏の手伝いをすることもあったのだ。
　ともあれ、処刑は一大イベントだ。**紋章官**らの公示により広く喧伝され、処刑台に向かって大掛かりな行列が形成された。観客もマップの外に大勢いる。姿こそ描かれていないが、画面を通じて彼らの熱気が伝わるはずだ（言ったもん勝ちだ）。
　また処刑には、**聴罪師**や**裁判官**が立ち会うこともあったようだ。というわけで今回は代役で**説教師**と**公証人**を置いておいた。
　そして一番奥で剣を構えるのが我らが**死刑執行人**。絞首刑ではなく名誉ある斬首刑が選ばれたのはせめてもの温情か。
　絞首刑といえば、近所の絞首台に吊されているのはダウザーっぽいが、今回の件とは無関係のようだ。まあ、助けておけばステージ終了後に仲間になるんじゃないの？　知らんけど。

ステージ「アウトダフェはキャンプファイアーの香り」
～16世紀 ニュー~~女騎士~~メキシコ～

「またかよ！」
　プレイヤーの心の叫びが乾いた冬空に響き渡る。
　あの女騎士、またとっ捕まりやがった。しかも今度は異端審問官による宗教裁判だ。俗世の死刑よりタチ悪いよオイ。
　……ここはスペインの植民地、ニューメキシコ。異端審問官による宗教裁判及び焚刑の儀式である「アウトダフェ」によって多くの罪なき命が奪われた時代である。
　だがそんな後世の評価など民衆は知ったことではない。彼らにとっては通常の処刑以上の見世物であり、17世紀に彼の地で行われたアウトダフェには、計2万人の人々が、1500キロ離れた場所からも訪れたという。
　焚刑の舞台の他、見物客のためのステージは当然として、休憩用に最寄りの休憩施設に通じる階段等が作られたケースもあったらしい。
　さて、ステージ中央にいる例の女騎士は、サンベニートと呼ばれる三角帽子を被っている。これは異端者がかぶせられるものだ。側にいるのはやはり聴罪師（代役：説教師）と死刑執行人だ。今回は火付けの手伝いとしてマッチ売りを呼んでおいた。
　そして奥の高台で見物している奴らこそ今回の黒幕、異端審問官とドミニコ会士×2だ。見物席を辿って奴らのところまで辿り着こう。道中に配置されているモブ兵士も、前回よりなんか強そうなので気をつけろ。さぁ、急ぐんだ。
　いまさら疑うものか！　私は胸のおおきいほうを信じる！

ステージ「チェス今昔物語」
～15世紀 ブルゴーニュ地方～

チェス。西洋人はこの盤上の戦争を愛し、アーサー王伝説にも度々登場させている。シャルル豪胆公やプロイセンのフリードリヒ二世といった偉い人たちが、人間チェスをやったという記録も残っている。らしい。

さて、将棋と同様インドに起源を持つこの遊戯は、アラブを経由して西洋に伝わった。が、その過程において、ルールや駒は元のものから幾度となく変更されてきた。

「王」（④）、「騎士」（③）、「歩兵」（②）あたりはいいとして、西洋人はアラブ版に存在した「大臣」（⑤）を理解できなかった。当時の宮廷には該当する人物がいなかったらしい。大臣が何者かわからなかったが、位が高い人物っぽかったので、結局西欧では「女王」（⑤）ということに落ち着いた。

また、元々存在した「象」（⑥）の駒は、アラブを経由する際に「幹の上の2本の牙」（⑦）という象徴的な形に置き換えられた。が、やっぱり西洋人はこれが理解できなかった。2本の牙がどうも司教の帽子に似ているということから、これが「司教」（⑥）になった（「道化」とする地方もある）。

最も有為転変を重ねたのは「戦車」（①）だろう。これはラクダや一組の騎士など、様々なものを遍歴した後、何故か「塔」（①）に落ち着いた。何でお前だけ無機物なんだよ。

変わったのは駒だけではない。色も、現代でお馴染みの白と黒の戦いではなく、当初は黒と赤、あるいは白と赤の戦いだった。またマス目も必ずしも8×8だったわけではない。西欧では8という数に深い意味を見出せなかったので、7×7や6×6など、より馴染みのある数にカスタマイズしていった。よって本項の盤も7×7だ。決して8マス入れるスペースがなかったわけではない。決してないのだ。

ステージ「とぅーるーず熱血物語」
～16世紀 トゥールーズ～

不道徳こそ学生たちの本分であるというのは、いつの時代にもあてはまるのかもしれない。当時、大学に通う学生は出身地ごとにまとまって同郷団を組織していた。ただでさえ喧嘩に明け暮れた学生が徒党を組んだらどうなるかは言うまでもない。侮辱の掛け合い、学部長と試験官の選出、宗教的論争等々、様々な理由を口実にして彼らは抗争を繰り広げた。否、抗争という言葉すら生ぬるい。強固に団結した同郷団同士の喧嘩は、もはや「戦争」と呼べる域にまで達していた。

彼らは戦士のように完全武装しており、警邏ですら容易に取り締まれるものではなかった。パリで引き起こされた暴力沙汰に対して、年代記作家は「完全武装した騎士たちでさえ彼らを避けようとしただろう」と述べている。

前置きが長くなったがマップの解説に移ろう。ここは16世紀のトゥールーズ。原因は定かではないが、プロヴァンス地方出身の学生たちとガスコーニュ地方出身の学生たちが衝突した。前者の学生たちは後者の学生らの支配下にある学寮を包囲。ここに「攻城戦」の火ぶたが切られた。

攻城側が門をこじ開けようとする一方、防衛側は寮内の塔に立てこもり、物を投げて応戦する。鎮圧のために役人から派遣された警邏は皆逃げぢまった。

さあ、ゲームのはじまりだ。マッハチョップは控えめに頼むぜ、兄弟。

ステージ「きっかけはいつも」
〜紀元前10世紀 梁〜

　その金持ちは姓を虞といった。保有する財宝は数知れず、邸宅内の高楼で宴会や賭博にふけるという贅沢三昧の日々をすごしていた。
　さてそんなある日、たまたま家の傍を通りがかった**遊侠**の頭に腐ったネズミが落下、激突。これを虞氏による侮辱と怒ったその遊侠は、仲間を集めて虞氏の邸宅を襲撃。一族を皆殺しにしてしまった。春秋戦国時代の書物「列子」のエピソードである。

　というわけで理由はしょうもないが、ともあれバトルである。攻め手は今回のお話の主役たる遊侠と、恐らく金で雇われたであろう**盗賊騎士**だ。
　一方邸宅内にも雇われた守衛たちがいるぞ。高楼のふもとにいるのは名もなきモブ人夫だからいいとして、問題は屋根の上、防衛戦のプロたる**墨家**だ。コイツは強キャラなのでなるべく囲んで倒したい。

　高楼の上では虞氏一族が宴会中だ。とりあえず金持ちで嫌われ者の**高利貸し**と**訟師**を割り振っといた。戦闘力は低いので一気に蹴散らせるだろう。
　ところで遊侠の頭に落っこちたネズミであるが、列子によれば、「たまたま飛んでいた鳥が落っことした」というのが真相らしい。そういえば道には**鷹匠**もいるが、偶然だろう。

ステージ「大いなるもの、海中より」
〜11世紀 ビスケ湾岸〜

　巨大な体躯に輪をかけて大きな顔と口。獰猛な目つきに鋭い牙。額から生えた二つの突起からは潮を吹いている……。
　何のことか。さよう、鯨である。中世人が伝聞で描いた図の中では、鯨はさような怪物になってしまっていたのだ（右図はまだマシな方だ）。
　しかし人の業はその巨体をも凌ぐのか。バスクの人々は10世紀よりも早い段階からこの怪物を狩っていたとされる。
　主力は当然花形たる**銛打ち**であるが、漕ぎ手役を務める**漕刑囚**のことも忘れないでやりたいものだ。あと何か**鮮魚飛脚**が飛ばされたりしている。
　鯨を挟んで向こう側にはヴァイキングのロングシップが獲物を狙っている。そう、ヴァイキングたちも部分的に捕鯨を営んでおり、バスク人たちの競合相手でもあったのだ。あちらでは**渡し守**が漕手を務めているようだ。

　SRPGなら大型ユニットの1体や2体は当然あってしかるべきだよねということで投下してみたよという話である。この手のユニットは味方に囲まれて集中砲火を食らってすぐ死ぬのがオチだけど。

280

ステージ「メディーバル・ナイトウォーカー」
～15世紀 フィレンツェ～

　中世人は夜には眠る。単純に暗いし何もすることがないからだ。そして何よりも夜の世界は危険に満ち満ちている。

　一歩外に出ると、早速出くわすは偽乞食。奴は君を見つけるやいなや金をせびってくるだろう。施しを断った日には何を言われるかわかったもんじゃない。

　狭く入り組み死角の多い街路をゆくと、劇場帰りであろうか、そこには蝋燭番と彼女を先導する提灯持ちの姿が見える。前者はまァいいとして、後者は警察の先先になるかと思えば悪党の一味にもなりうる危険な奴だ。

　通りの向こうから歩いてくるフードの男は墓掘りのようだ。そう、当時はペストが大流行。深夜は彼ら埋葬人のお仕事タイムだった。あまり触りたくない方々である。

　墓掘りを遠ざけてもまだ油断はできない。屋根の上からは夜の役人がいかがわしい行為がないか目を光らせている。そして最後に紹介する夜の住人はパン屋だ。毎朝できたてのパンを住民に届けるために、パン屋は例外的に深夜早朝作業を許可&強制されていたのだ。

　乞食に提灯！ 墓守に役人にパン屋！ さあどうだ、中世の夜は怖いだろう！ なんだか書いてて大して怖くないような気もしてきたが！

ステージ「デュエリストが夢の跡」
～17世紀 マルタ島～

　シェークスピアや西部劇に見られるように、欧米に決闘の文化があることはよく知られているだろう。この文化は元々は中世の決闘裁判から派生したもので、騎士たちの法律（特に土地）を巡る決闘が名誉を巡る決闘に移行したものとされる。

　というわけで一騎打ちだ。今回の決闘者は代闘士に闘牛士。一騎打ちの専門家っぽい者を引っ張ってきた次第である。

　さて、周囲には他にも人の姿がある。画面右手には最悪の事態を防ぐために外科医が待機し、画面上方と左方には野次馬の神殿騎士と魚売り女がいる。この2名を配置したのにも一応謂れはあるのだが、解説は面倒くさいからいいや。

　そんな野次馬よりも、忘れてならないのが介添人である。これは決闘者のエージェントみたいなもので、武器の手配を始めとした各種決闘の準備や、なにより和解を推進する役目を期待されていた。

　通常は双方の決闘者それぞれの介添人がいるものだが、今回はスペースがないので一人だけだ。適役のジョブが見つかんなかったので、アルガシレスという闘牛の先導・統括役を引っ張ってきた。二人の脇にいる黒いのがそれだ。

　介添人は若き決闘者に助言を授ける。地形をうまく使え、武器はよく選べ、事前にレベルを上げろ。だが、何よりも重要なのは一騎打ちの直前にセーブしないことだ。戻れない状況になってからセーブすると、「詰む」恐れがある……。柄にもなく力説する介添人の顔に走る一筋の傷が、かつての苦い記憶を物語っていた。

ステージ「ハンターモンスター」
~13世紀 ロンドン塔~

　動物園は中世にも存在した。
　……とはいうものの、実のところ資料が少なくて不明瞭な点も多い。領主の猟場（ガレンヌ）では、主に狩りのために鹿などの獣が整備され中世版のビオトープとでも言うべき様相を呈していた。が、それとは別に王侯貴族が自前の動物園を設けることもあったらしい。これは狩場というよりは庭園の延長上にあるもので、珍しい動物を集めて己の箔付けに使っていたという。例えばロンドン塔は長年動物園としての側面を持っていたそうである。
　というわけで動物だ。このステージの舞台たる庭園では本シリーズの動物使いが思い思いに活動している。
　貴方は番外編で紹介した闘獣師となって、これらの動物たちを狩りまくるのだ。
　画面手前には羊飼いが放牧しているが、まあ中世では羊は珍しくもないだろう。左手には厩舎で伯楽が馬を育成し、鳥刺しと鷹匠がこちらの様子をうかがっている。鷹を使った遠距離攻撃と、鳥刺しのトリモチ攻撃には注意を要するだろう。
　奥に至る通路で待ち構えているのが狼の専門家たる狩狼官。狩狼官本人はともかく、狼の戦闘力を侮ってはならない。画面右手に熊もいる。北欧から送られた白熊は珍獣としてもてはやされたとされているが、予算がなかったのでここの熊は普通のヒグマだ。そして最奥に佇むのがライオンだ。何だかんだいって中世でも獅子は百獣の王の座を得ており、紋章でも好んで描かれた。やつを倒せば本ステージもクリアとなるだろう。
　あと、何か鵜飼がふてくされているが放っておこう。ステージに川の要素を盛り込むのを忘れてたのでやることがなくなったのだ。

ステージ「Nature is Calling the Lord」
~16世紀 パリ近郊~

　SRPGをプレイするうえで最も腹立たしいものの一つは、役に立たないNPCユニットであろう。大して強くもないのにプレイヤーの意図を無視して勝手に突撃し、そして死ぬ。そんな体験を再現するために用意したステージがこれだ。
　シチュエーションは簡単。森での狩りの中で突然の尿意に襲われた領主が、厠を求めて近場の城を攻め落とすのだ。プレイヤーは領主の配下の公人朝夕人として彼の前の敵を排すのだ。
　目的地は城の最奥にあるトイレ。だがその道中には城の衛兵たちが道を固めている。モブ兵はいいとして剣士やヴァリャーギ親衛隊は強敵。慎重に攻略する必要があるだろう。
　最奥の部屋はこの城の城主の私室。そこで待ち構えるのは敵城主の側近にして通称綿持ちの騎士、便器番だ。戦闘力はともかくとして、彼が手に持つ「綿」はあまり触りたくない一品だ。ベッドには番外編で紹介した小便組とかもいる。
　なお、道中にはバケツの専門家である水売りや、やはり番外編で紹介した御厠屋も待機している。どうしても間に合わない場合は、彼らのもとで用を足すことも可能だ。
　まァ、時代を鑑みれば、そこらの物陰で済ましてしまっても大して問題ではないかもしれない。

ステージ「全てを道に」
~18世紀 パリ~

　花の都、パリ。本書でも何度か言及したが、ここはヨーロッパ最大の都市としてその存在感を放ち続けた。そんなパリの真の魅力は、道にこそあると言ってよいだろう。
　中世には汚物が窓から捨てられたとよく言われるが、これが極まったのはむしろ近代の方だった。そうやって投げ捨てられた糞便は、道の中央に溜まっていき、川を形作る。
　というのも、雨よけのためだろうか、当時の道は中央が窪む構造になっていたらしい。また、いわゆる排水溝も道の両脇ではなく中央に設けられていた。で、一度雨でも降れば、汚物を溜め込んだこの排水溝は、容易に溢れだした。ちなみにこの泥川は最終的にセーヌ川に合流し、そこで水汲みによって回収され再び人びとの喉に行き渡るのだ。
　空から降ってくるのは糞尿だけではない。当時の「雨樋」も厄介なものだった。図のように突き出ていたかは資料の都合により微妙なところであるが、ともあれこの雨樋は現代とは異なり、屋根で集められた水を一箇所に集め、容赦なく地表に叩き落とした。8階建ての家の屋根から降ってくる水は、地上の人間にとっては凶器になりえた。
　また、屋根裏部屋の人間が横着してゴミをここに捨てることもあったし、屋根から剥がれた瓦なんかもここに溜る。そして全ては道路に降り注ぐのだ。
　そんな道を埋め尽くす泥は、馬車によって跳ね上げられる。車輪に撒かれてある鉄のベルトは道路の石畳とぶつかって鉄粉をまき散らす。そしてその鉄粉や土砂や汚水と混じりあい、泥は真っ黒に染め上がり、絶対に落ちないと言われるパリの泥が完成するのであった。そういえばこの街はローマ時代にはルテティアと呼ばれていた。泥の街、の意だ。

最終ステージ「そして神話へ」
~18世紀 ヴェネツィア~

　重厚な世界観を誇るゲームでも、最終面だけはファンタジックなステージで神話的な怪物を倒すというシチュエーションになったりする。中世系のSRPGならよくあることだろう。
　というわけで本シリーズでもそれにならって最終面にふさわしい題材を引っ張りだしてみた。本書でも紹介したオペラがそれだ。
　ローマ風に再現された柱の奥には敵が降臨するステージがあり、そこをまばゆい光が照らしだす。
　そんなステージにラスボスとして君臨するのがやはりオペラの支配者たるカストラートだ。当時のヨーロッパでは彼らはかなりの強キャラだったし、ラスボスとしては妥当だろう。翼のように広げられた衣装やうず高く積まれた舞台装置もまたラスボスにふさわしい。
　このカストラートの脇を固めるのが楽師と道化師だ。時代は微妙にずれるが、仕事内容が似ているので引っ張ってきた次第である。典雅なBGMを奏でるという役目もある。
　また照明の管理人として蝋燭番も忘れてはならない。音と光が一体となって、最終ステージを演出するのだ。
　うむ、自分で言うのも何であるが、割と最終ステージっぽく仕上げることができたのではないだろうか。問題があるとすれば、まともに戦える敵が一人もいないことか。

あとがき

　さてさて、どうでしたか中世！ もはやテンプレと化した感のある中世ヨーロッパ風世界でありますが、そこには様々な人々と魅力的なジョブの数々であふれていることが伝わったのではないでしょうか。きっと、元々中世好きな方はより好きに、そうでない方はそれなりに中世が好きになったのではないでしょうか。

　さて、前書きでも述べたように、本書は元々は同人誌として上梓されたものが前身となっております。書き始めたのが6年前なので、今から見ると、随分と曖昧な知識で偉そうなことを描いていたものだとつくづく呆れるものです（今でも曖昧ですが）。そんなわけで色々お恥ずかしい内容ではありますが、あれこれ言い訳はせず、本書でかいた恥は今後の糧にするということで、未来の私に全て委ねましょう。
　恥をかくついでに同人版に含まれていた大量の誤字もあえてそのままお出しする案もあったのですがね。流石に没になりました。

　同人版を書き始めた頃はまだ健全な一般市民だった筆者も、こんな本を描いているうちにすっかり中世にハマり、今では甲冑を着て殴り合ったり、なんちゃって中世ファンタジー漫画を描くまでに道を踏み外してしまいました。人の業とはわからないものです。
　多分、きっと、これからも踏み外します。貴方もご一緒にどうですか？

というわけでこちらがその道を踏み外した成れの果てでございます。本書を読むような方にとっては面白いはずなので是非買って下さい。

■竜と勇者と配達人（1）
■グレゴリウス山田
■集英社

文献紹介コーナー ③

文献紹介コーナーの続きですよ。本書執筆にあたって特にお世話になった本やおすすめしたい本を幾つかピックしますよ。

図説古代仕事大全
ヴィッキー・レオン（著）
本村凌二（日本語版監修）
／原書房／2009

妙に紹介文献が近代に偏りがちだったので、今度は古代を紹介しましょう。

タイトルを見ればわかる通り、これまで挙げた多くの参考文献と同様、仕事紹介本の古代版です。正直、アカデミックな意味ではそれほどレベルが高いものではなく、レビューによれば間違いも幾つかあるようです。更に私自身も古代は専門外なので、どこまで参考にしていいのかは結構迷いました。

ただそれはそれとして、様々な種類の奴隷やニッチ商売など、他では得難い情報も多数入っておりますので、読み物として楽しむ分には有用であろうと思われます。

あと、弊書の冒頭に挙げたポンペイの壁の落書きの文は、監修者である本村氏による序文から引っ張ってきたものだったりします。そういう意味でも、この本を紹介せずにスルーするのはいささか不義理かなと思いまして。

図説「最悪」の仕事の歴史
トニー・ロビンソン（著）
日暮雅通・林啓恵（訳）
／原書房／2007

ついでなのでこちらも紹介してしまいましょう。こちらもいわゆる仕事紹介本の一つです。単なる歴史紹介であるのみならず、ブラックな仕事に焦点をあてているため、当方のような下世話な歴史好きにはぴったりと言えましょう。

ただし、この本、アカデミックな正確さは上の古代仕事大全よりも更に低かろうと思われます。何というか、「最悪の仕事」と銘打ってしまったがために、取り上げている各仕事のブラックさを必要以上に強調してしまい、その結果、本全体の信憑性を失ってしまっている感があります。あ、いや、弊書を自己批判しているわけではないですよ？

例えばこの本では、弊書でも紹介した「どぶさらい」を取り上げているのですが、そのソースはというと「お勧め文献コーナーその2」で紹介したロンドン路地裏本だったりします。両者の記述を比べてみると、情報というものが伝わる際にどう変化してゆくのかが見えて素敵です。

Von Kaffeeriechern, Abtrittanbietern und Fischbeinreißern
Michaela Vieser Irmela
Schautz／Bertelsmann Verlag／2010

仕事紹介系の本を二つ続けて紹介しましたので、最後も仕事紹介系でメることに致しましょう。

本書は主に近代ドイツにおける変わった仕事を扱った本で、本シリーズでも「砂男」「蝋燭番」「鯨骨職人」などを参考にさせて貰いました。日本語圏では流通していない情報も結構あるので、お好きな方は一つ如何でしょうか。

但し、見ての通りドイツ語です。とりあえず私は弊書の参考にするために気合で抄訳しましたが、相当疲れました。頑張って訳してみたら同じ内容が普通に日本語版 Wikipedia に記載されていたり、おまけにその数カ月後にしれっと日本語訳版まで発売されてたりする始末である。何なのだお前は。

☆スーパー参考文献タイム☆

執筆にあたっては論文や雑誌記事、ウェブサイト等も割と参考にしたのですが、流石にウェブも含めるときりがないので、書籍と論文・記事をここでは記載します。

文献の中にもガッツリ元ネタにさせて頂いたものから、文字通り参考程度のものまで利用度合いには差があります。特に主要なものについては、本書のコラムとかを参照下さい。そのうちウェブサイトかどこかで、書籍紹介とかをするかもしれません。

○あ　悪党／小泉宜右／吉川弘文館／2014　暗殺教団 イスラームの過激派／B・ルイス 加藤和秀訳／新泉社／1973　暗殺者教団 イスラム異端派の歴史／岩村忍／ちくま学芸文庫／2001　異教的中世／ルドー・J・R・ミリス 武内信一訳／新評論／2002　異形の王権／網野善彦／平凡社ライブラリー／1993　異端審問／渡邉昌美／講談社現代新書／1996　異端審問 大国スペインを蝕んだ恐怖支配／トビー・グリーン 小林朋則訳／中央公論新社／2010　インカ帝国 研究のフロンティア／島田泉 篠田謙一／東海大学出版会／2012　インカ帝国 太陽と黄金の民族／カルメン・ベルナン 大貫良夫監修 阪田由美子訳／創元社／1991　イングランドの中世騎士 白銀の装甲兵たち／クリストファー・グラヴェット 須田武郎・斉藤潤子訳／新紀元社／2002　insiders ビジュアル博物館 騎士と城／フィリップ・ディクソン 樺山紘一監修 鈴木豊雄訳／昭文社／1992　鵜飼 よみがえる民俗と伝承／可児弘明／中公新書／1966　薄闇のローマ世界 嬰児遺棄と奴隷制／本村凌二／東京大学出版会／1993　嘘と貪欲 西欧中世の商業・商人観／大黒俊二／名古屋大学出版会／2006　裏中国史 墓どろぼうは金持ちへの道／山本展男／講談社／2007　うんち大全／ジャン・フェクサス 高遠弘美訳／作品社／1998　ヴァイキング 海の王とその神話／イヴ・コア 谷口幸男監修 久保実訳／創元社／1993　ヴァリャーギ ビザンツの北欧人親衛隊／マッツ・G・ラーション 荒川明久訳／国際語学社／2008　ヴィクトリア時代 ロンドン路地裏の生活誌 上／ヘンリー・メイヒュー ジョン・キャニング編 植松靖夫訳／原書房／2011　ヴェネツィアの放浪教師 中世都市と学校の誕生／児玉善仁／平凡社／1993　エクソシストとの対話／島村菜津／講談社文庫／2012　絵で見るある町の歴史／アン・ミラード スティーブ・ヌーン 松沢あさか訳／さ・え・ら書房／2000　絵で見るある港の歴史 ささやかな交易の場から港湾都市への10,000年／アン・ミラード スティーブ・ヌーン 松沢あさか訳／さ・え・ら書房／2000　江戸商売図絵／三谷一馬／中公文庫／1995　明治の近代化につながった 図説 江戸の科学力／大石学／学研／2009　江戸城のトイレ、将軍のおまる／小川恭一翁柳営談／小川恭一／講談社／2007　江戸の醜聞事件帖 ──情死からクーデターまで／中江克己／学研M文庫／2010　オオカミ 迫害から復権へ／ギャリー・マーヴィン 南部成美訳／白水社／2014　オオカミと神話・伝承／ジル・ラガッシュ 高橋正男訳／大修館書店／1992　狼と西洋文明／C.C.ラガッシュ G.ラガッシュ 高橋正男訳／八坂書房／1989　お風呂の歴史／ドミニック・ラティ 高遠弘美訳／白水社文庫クセジュ／2006　織りと染めの歴史 西洋編／佐野敬彦／昭和堂／1999

○か　カストラートの世界／アンガス・ヘリオット 美山良夫監修 関根敏子・佐々木勉・河合真弓訳／国書刊行会／1995　カストラートの歴史／パトリック・バルビエ 野村正人訳／筑摩書房／1995　ガレー船徒刑囚の回想／ジャン・マルテーユ 木崎喜代治訳／岩波文庫／1996　完訳 カンタベリー物語（上）／チョーサー 桝井迪夫訳／岩波文庫／1995　完訳 カンタベリー物語（中）／チョーサー 桝井迪夫訳／岩波文庫／1995　騎士団／須田武郎／新紀元社／2007　「気」と道教・方術の世界／坂出祥伸／角川選書／1996　吟遊詩人／上尾信也／新紀元社／2006　鯨と捕鯨の文化史／森田勝昭／名古屋大学出版会／1994　くじら取りの系譜 概説日本捕鯨史／中園成生／長崎新聞新書／2001　暮らしがわかる〈アジア読本〉アラブ／大塚和夫／河出書房新社／1998　グーテンベルクの謎 活字メディアの誕生とその後／髙宮利行／岩波書店／1998　グラディエイター／ステファン・ウィズダム 斉藤潤子訳／新紀元社／2002　刑吏の社会史 中世ヨーロッパの庶民生活／阿部謹也／中公新書／1978　決闘裁判 ヨーロッパ法精神の原風景／山内進／講談社現代新書／2000　決闘の話／藤曲幸雄／勉誠出版／2006　増補 検非違使 中世のけがれと権力／丹生谷哲一／平凡社ライブラリー／2008　香料文化誌 香りの謎と魅力／C.J.S.トンプソン 駒崎雄司訳／八坂書房／2010　声と文字／大黒俊二／岩波書店／2010　コーヒーが廻り世界史が廻る 近代市民社会の黒い血液／臼井隆一郎／中公新書／1992　告白と許し 告解の困難、13-18世紀／ジャン・ドリュモー 福田素子訳／言叢社／2000　心ならずも天使にされ カストラートの世界／フーベルト・オルトケンパー 荒川宗晴・小山田豊・富田裕訳／国文社／1997　コサック／阿部重雄／教育社歴史新書／1981　乞食とイスラーム／保坂修司／ちくまプリマーブックス／1994　古代占星術 その歴史と社会的機能／タムシン・バートン 豊田彰訳／法政大学出版局／2004　コルセットの文化史／古賀玲子／青弓社／2004　ゴーストハンター エクソシストから修験者まで／三猿舎編／新紀元社／2011

○さ　砂糖の世界史／川北稔／岩波ジュニア新書／1996　サラディンとサラセン軍 十字軍の好敵手／デヴィッド・ニコル 市川定春訳／新紀元社／2000　シエナ──夢見るゴシック都市／池上俊一／中公新書／2001　「塩」の世界史 歴史を動かした、小さな粒／マーク・カーランスキー 山本光伸訳／扶桑社／2005　色彩──色材の文化史／フランソワ・ドラマール ベルナール・ギノー 柏木博監修 ヘレンハルメ美穂訳／創元社／2007　主張する〈貧民〉たち 伝統中国の紛争と解決法／大澤正昭／角川書店／1996　狩猟の文化ドイツ語圏を中心として／野島利彰／春風社／2013　職業外伝 紅の巻／秋山真志／ポプラ文庫／2012　職業別 パリ風俗／鹿島茂／白水社／1999　ジプシー 歴史・社会・文化／水谷驍／平凡社新書／2006　ジプシー［新版］／ニコル・マルティネス 水谷驍・左地亮子訳／白水社文庫クセジュ／2007　ジプシーの謎／アンリエット・アセオ 芝健介監修 遠藤ゆかり訳／創元社／2002　縞模様の歴史 悪魔の布／ミシェル・パストゥロー 松村剛・松村恵理訳／白水uブックス／2004　十字軍 ヨーロッパとイスラム・対立の原点／ジョルジュ・タート 池上俊一監修 南条郁子 松田廸子訳／創元社／1993　十字軍の軍隊／テレンス・ワイズ 桂令夫訳／新紀元社／2000　十八世紀パリ生活誌 タブロー・ド・パリ（上）／メルシエ 原宏編訳／岩波文庫／1989　十八世紀パリ生活誌 タブロー・ド・パリ（下）／メルシエ 原宏編訳／岩波文庫／1989　情報と通信の文化史／星名定雄／法政大学出版局／2006　捨児たちのルネッサンス 15世紀イタリアの捨児養育院と都市・農村／高橋友子／名古屋大学出版会／2000　図解 江戸の暮らし辞典 決定版 江戸時代の生活をイラストで解説／河合敦／学研／2007　図解 古代ギリシア／スティーヴン・ビースティ ステュワート・ロス 松原國師監訳 倉嶋雅人訳／東京書籍／2006　図解 古代兵器／水野大樹／新紀元社／2012　図解 古代ローマ／スティーヴン・ビースティ アンドルー・ソルウェー 松原國師監訳 倉嶋雅人訳／東京書籍／2004　図説 イギリス手づくりの生活誌 伝統ある道具と暮らし／ジョン・セイモア 小泉和子監訳 生活史研究所訳／東洋書林／2002　図説 大江戸おもしろ商売／北嶋廣敏／学習研究社／2006　図説 古代仕事大全／ヴィッキー・レオン 本村凌二日本版監修／原書房／2009　図説 「最悪」の仕事の歴史／トニー・ロビンソン 日暮雅通・林啓恵訳／原書房／2007　図説 ドルイド／ミランダ・J・グリーン 井村君江監訳 大出健訳／東京書籍／2000　図説 蛮族の歴史 世界史を変えた侵略者たち／トマス・クローウェル 蔵持不三也監訳 伊藤綺訳／原書房／2009　図説 吉原事典／永井義男／学研M文庫／2013　聖騎士団 その光と影／テレンス・ワイズ 稲葉義明訳／新紀元社／2001　聖母の都市シエナ 中世イタリアの都市国家と美術／石鍋真澄／吉川弘文館／1988　西洋史学論集／小林栄三郎 今来陸郎／九州大学文学部西洋史研究室内還暦記念事業会／1968　西洋職人図集 17世紀オランダの日常生活／ヤン・ライケン 小林頼子著訳 池田みゆき訳／八坂書房／2010　西洋占星術 科学と魔術のあいだ／中山茂／講談社現代新書／1992　世界図絵／J.A.コメニウス 井ノ口淳三訳／平凡社ライブラリー／1995　世界の城と要塞／アンリ・スティルラン 森山隆訳／創元社／2009　世界文明における技術の千年史「生存の技術」との対話に向けて／アーノルド・パーシー 林武監訳 東玲子訳／新評論／2001　戦闘技術の歴史 2 中世編 AD500-AD1500／マシュー・ベネット他 淺野明監修 野下祥子訳／創元社／2009　賤民とは何か／喜田貞吉／河出書房新社／2008　続・中世ヨーロッパの武術／長田龍太／新紀元社／2013　続 民族衣装／オーギュスト・ラシネ マール社編集部編／マールカラー文庫／2009

○た　たいこもち（幇間）の生活／藤井宗哲／雄山閣 生活史叢書／1982　旅する人びと／関哲行／岩波書店／2009　大学の起源／C.H.ハスキンズ 青木靖三・三浦常司訳／八坂書房／2009　大聖堂・製鉄・水車 中世ヨーロッパのテクノロジー／ジョゼフ・ギース フランシス・ギース 栗原泉訳／講談社学術文庫／2012　大聖堂ものがたり ──聖なる建築物をつくった人々／アラン・エルランド＝ブランデンブルグ 池上俊一監修 山田美明訳／創元社「知の再発見」双書／2008　中国遊侠史／汪涌豪 鈴木博訳／青土社／2004　中国養馬史／謝成侠 千田英二訳／日本中央競馬会弘済会／1977　中世京都と祇園祭 疫神と都市の生活／脇田晴子／中公新書／1999　中世都市と暴力／ニコル・ゴンティエ 藤田朋久・藤田なち子訳／白水

社 / 1999　中世のアウトサイダーたち / F．イルジーグラー A．ラゾッタ 藤代幸一訳 / 白水社 / 1992　中世の高利貸 金も命も / ジャック・ル・ゴッフ 渡辺香根夫訳 / 法政大学出版局 叢書ウニベルシタス / 1989　中世の産業革命 / J．ギャンベル 坂本賢三訳 / 岩波モダンクラシックス / 2010　中世の職人 II 建築の世界 / ジョン・ハーヴェー 森岡敬一郎訳 / 原書房 / 1986　中世の城日誌 少年トビアス、小姓になる / リチャード・プラット クリス・リデル 長友恵子訳 / 岩波書店 / 2003　中世のパン / フランソワーズ・デポルト 見崎恵子訳 / 白水uブックス / 2004　中世の星の下で / 阿部謹也 / ちくま学芸文庫 / 2010　中世の窓から / 阿部謹也 / 朝日選書 / 1993　中世の幽霊 西欧社会における生者と死者 / ジャン＝クロード・シュミット 小林宜子訳 / みすず書房 / 2010　中世パリの生活史 / シモーヌ・ルー 杉崎泰一郎監修 吉田春美訳 / 原書房 / 2004　中世兵士の服装 中世ヨーロッパを完全再現！/ ゲーリー・エンブルトン 濱崎享訳 / マール社 / 2013　中世への旅 騎士と城 / ハインリヒ・プレティヒャ 平尾浩三訳 / 白水社 / 2002　中世への旅 都市と庶民 / ハインリヒ・プレティヒャ 関楠生訳 / 白水社 / 2002　中世への旅 農民戦争と傭兵 / ハインリヒ・プレティヒャ 関楠生訳 / 白水社 / 1982　中世ヨーロッパの教会と民衆の世界 ブルカルドゥスの贖罪規定をつうじて / 野口洋二 / 早稲田大学出版部 / 2009　中世ヨーロッパの城の生活 / ジョゼフ・ギース フランシス・ギース 栗原泉訳 / 講談社学術文庫 / 2005　中世ヨーロッパの城塞 攻防戦の舞台となった中世の城塞、要塞、および城壁都市 / J．E．カウフマン H．W．カウフマン 中島智章訳 / マール社 / 2012　中世ヨーロッパの生活 / ジュヌヴィエーヴ・ドークール 大島誠訳 / 白水社文庫クセジュ / 1975　中世ヨーロッパの都市世界 / 河原温 / 山川出版社 世界史リブレット / 1996　中世ヨーロッパの都市の生活 / ジョゼフ・ギース フランシス・ギース 青島淑子訳 / 講談社学術文庫 / 2006　中世ヨーロッパの農村世界 / 堀越宏一 / 山川出版社 世界史リブレット / 1997　中世ヨーロッパの農村の生活 / ジョゼフ・ギース フランシス・ギース 青島淑子訳 / 講談社学術文庫 / 2008　中世ヨーロッパの服装 / オーギュスト・ラシネ マール社編集部編 / マールカラー文庫 / 2010　中世ヨーロッパの武術 / 長田龍太 / 新紀元社 / 2012　中世ヨーロッパ放浪芸人の文化史 しいたげられし楽師たち / マルギット・バッハフィッシャー 森貴史・北原博・濱中春訳 / 明石書店 / 2006　中世ヨーロッパ万華鏡① 中世人と権力「国家なき時代」のルールと駆引 / ゲルト・アルトホフ 柳井尚子訳 / 八坂書房 / 2004　中世ヨーロッパ万華鏡⑪ 中世の聖と俗 信仰と日常の交錯する空間 / ハンス＝ヴェルナー・ゲッツ 津山拓也訳 / 八坂書房 / 2004　中世ヨーロッパ万華鏡⑩ 名もなき中世人の日常 娯楽と刑罰のはざまで / エルンスト・シューベルト 藤代幸一訳 / 八坂書房 / 2005　中世を旅する人びと ヨーロッパ庶民生活点描 / 阿部謹也 / ちくま学芸文庫 / 2008　つぶて ものと人間の文化史 / 中沢厚 / 法政大学出版局 / 1981　鉄腕ゲッツ行状記 ある盗賊騎士の回想録 / ゲッツ・フォン・ベルリヒンゲン 藤川芳朗訳 / 白水社 / 2008　デ・レ・メタリカ 近世技術の集大成 - 全訳とその研究 / ゲオルグ・アグリコラ 山崎俊雄編 三枝博音訳 / 岩崎学術出版社 / 1968　天皇の鷹匠 / 花見薫 / 草思社 / 2002　テンプル騎士団の謎 / レジーヌ・ペルヌー 池上俊一監修 南條郁子訳 / 創元社 / 2002　ドイツ中世都市の自由と平和 フランクフルトの歴史から / 小倉欣一 / 勁草書房 / 2007　ドイツ中世の日常生活 騎士・農民・都市民 / C．メクゼーパー E．シュラウト 瀬原義生監訳 赤阪俊一・佐藤専次訳 / 刀水書房 刀水歴史全書 / 1995　ドイツ傭兵 (ランツクネヒト) の文化史 中世末期のサブカルチャー／非国家組織の生態誌 / ラインハルト・バウマン 菊池良生訳 / 新評論 / 2002　闘牛 スペイン生の芸術 / 有本紀明 / 講談社選書メチエ / 1996　闘牛への招待 / エリック・バラテ エリザベト・アルドゥアン＝フュジエ 菅啓次郎訳 / 白水社文庫クセジュ / 1998　当世流行劇場 18世紀ヴェネツィア、絢爛たるバロック・オペラ制作のてんやわんやの舞台裏 / ベネデット・マルチェッロ 小田切慎平・小野里香織訳 / 未来社 / 2002　盗賊のインド史 帝国・国家・無法者 (アウトロー) / 竹中千春 / 有志舎 / 2010　都市の創造力 / 河原温 / 岩波書店 / 2009　賭博・暴力・社交 遊びからみる中世ヨーロッパ / 池上俊一 / 講談社選書メチエ / 1994　道教の世界 / 菊地章太 / 講談社選書メチエ / 2012

○な　ナイルの略奪 墓盗人とエジプト考古学 / ブライアン・M．フェイガン 兼井連訳 / 法政大学出版局 / 1988　南米ポトシ銀山 スペイン帝国を支えた"打出の小槌" / 青木康征 / 中公新書 / 2000　日本甲冑史［上巻］弥生時代から室町時代 / 中西立太 / 大日本絵画 / 2008　日本中世の百姓と職能民 / 網野善彦 / 平凡社ライブラリー / 2003　日本の歴史をよみなおす (全) / 網野善彦 / ちくま学芸文庫 / 2005

○は　ハーメルンの笛吹き男 伝説とその世界 / 阿部謹也 / ちくま文庫 / 1988　排出する都市パリ 泥・ごみ・汚臭と疫病の時代 / アルフレッド・フランクラン 高橋清徳訳 / 悠書館 / 2007　馬車の文化史 / 本城靖久 / 講談社現代新書 / 1993　馬賊 日中戦争史の側面 / 渡辺龍策 / 中公新書 / 1964　バチカン・エクソシスト / トレイシー・ウイルキンソン 矢口誠訳 / 文春文庫 / 2010　パリ 地下都市の歴史 / ギュンター・リアー オリヴィエ・ファイ 古川まり訳 / 東洋書林 / 2009　パリ職業づくし 中世から近代までの庶民生活誌 / ポール・ロレンツ F．クライン＝ルブール 北澤真木訳 / 論創社 / 1998　パリ歴史事典 (普及版) / アルフレッド・フィエロ 鹿島茂監訳 / 白水社 / 2011　ビザンツの国家と社会 / 根津由喜夫 / 山川出版社 世界史リブレット / 2008　ビザンティン帝国の軍隊 886-1118 ローマ帝国の継承者 / イアン・ヒース 杉山純子訳 / 新紀元社 / 2001　匪賊 近代中国の辺境と中央 / フィル・ビリングズリー 山田潤訳 / 筑摩書房 / 1994　匪賊の社会史 / エリック・ホブズボーム 船山榮一訳 / ちくま学芸文庫 / 2011　ビンゲンのヒルデガルトの世界 / 種村季弘 / 青土社 / 2002　風呂とエクスタシー 入浴の文化人類学 / 吉田集而 / 平凡社選書 / 1995　武器甲冑図鑑 / 市川定春 / 新紀元社 / 2004　王 (ファラオ) の墓づくりびと / M．ビアブライヤー 酒井傳六訳 / 学生社 / 1989　プリニウスの博物誌 5 (第26巻〜第33巻) / プリニウス 中野定雄・中野里美・中野美代訳 / 雄山閣 / 2012　辺境のダイナミズム / 小澤実・薩摩秀登・林邦夫訳 / 岩波書店 / 2009　ベナンダンティ 16-17世紀における悪魔崇拝と農耕儀礼 / カルロ・ギンズブルグ 竹山博英訳 / せりか書房 / 1986　放浪学生プラッターの手記 スイスのルネサンス人 / トマス・プラッター 阿部謹也訳 / 平凡社 / 1985　放浪者の書 博打うち、娼婦、ペテン師 / ハイナー・ベーンケ ロルフ・ヨハンスマイアー編 永野藤夫訳 / 平凡社 / 1989　星占いの文化交流史 / 矢野道雄 / 勁草書房 / 2004　本当に江戸の浪人は傘張りの内職をしていたのか？時代考証でみる江戸の仕事事情 / 山田順子 / じっぴコンパクト / 2008　本の歴史 / ブリュノ・ブラセル 荒俣宏監修 木村恵一訳 / 創元社「知の再発見」双書 / 1998　墨子 / 浅野裕一 / 講談社学術文庫 / 1998

○ま　魔女狩り / 森島恒雄 / 岩波新書 / 1970　マムルーク 異教の世界からきたイスラムの支配者たち / 佐藤次高 / 東京大学出版会 / 1991　民族衣装 / オーギュスト・ラシネ マール社編集部編 / マールカラー文庫 / 1994　もう一つのスイス史 独語圏・仏語圏の間の深い溝 / クリストフ・ビュヒ 片山淳子訳 / 刀水書房 刀水歴史全書 / 2012　物語 カタルーニャの歴史 知られざる地中海帝国の興亡 / 田澤耕 / 中公新書 / 2000　森と川 歴史を潤す自然の恵み / 池上俊一 / 刀水書房 世界史の鏡 / 2010　紋章の歴史 ヨーロッパの色とかたち / ミシェル・パストゥロー 松村剛訳 / 創元社「知の歴史」双書 / 1997

○や　闇の歴史 サバトの解読 / カルロ・ギンズブルグ 竹山博英訳 / せりか書房 / 1992　やんごとなき姫君たちのトイレ / 桐生操 / 角川文庫 / 1995　傭兵制度の歴史的研究 / 京都大学文学部 / 比叡書房 / 1955　傭兵の二千年史 / 菊池良生 / 講談社現代新書 / 2002　ヨーロッパ古城物語 / ジャン・メスキ 堀越孝一監修 遠藤ゆかり訳 / 創元社「知の再発見」双書 / 2007　ヨーロッパ史における戦争 / マイケル・ハワード 奥村房夫・奥村大作訳 / 中公文庫 / 2010　ヨーロッパ中世社会史事典 / A・ジェラール J・ル=ゴフ 池田健二訳 / 藤原書店 / 1991　ヨーロッパ中世象徴史 / ミシェル・パストゥロー 篠田勝英訳 / 白水社 / 2008　ヨーロッパ中世の城 / 野崎直治 / 中公新書 / 1989　カラー版 ヨーロッパ中世ものづくし メガネから羅針盤まで / キアーラ・フルゴーニ 高橋友子訳 / 岩波書店 / 2010　ヨーロッパの傭兵 / 鈴木直志 / 山川出版社 世界史リブレット / 2003　浴場から見たイスラーム文化 / 杉田英明 / 山川出版社 世界史リブレット / 1999

○ら　ラクダの文化誌 アラブ家畜文化考 / 堀内勝 / リブロポート / 1986　歴史学事典 第8巻 人と仕事 / (責任編集) 佐藤次高 (編集委員) 尾形勇・加藤友康・樺山紘一・川北稔・岸本美緒・黒田日出男・佐藤次高・南塚信吾・山本博文 / 弘文堂 / 2001　錬金術 おおいなる神秘 / アンドレーア・アロマティコ 種村季弘監修 後藤淳一訳 / 創元社「知の再発見」双書 / 1997　路地裏のルネサンス 花の都のしたたかな庶民たち / 高橋友子 / 中公新書 / 2004　ロンドン路地裏の生活誌 下 / ヘンリー・メイヒュー ジョン・キャニング編 植松靖夫訳 / 原書房 / 2011

○わ　輪切り図鑑 ヨーロッパの城 中世の人々はどのように暮し、どのように敵と戦ったか / スティーヴン・ビースティー画 リチャード・プラット文 桐敷真次郎訳 / 岩波書店 / 1994　忘れられた日本人 / 宮本常一 / 岩波文庫 / 1984

○他　CASTLE/Richard Platt/DK experience/2007　THE MAMLUKS 1250-1517/David Nicolle PhD/OSSPREY MILITARY MEN-AT-ARMS SERIES/1993　Verschwundene Arbeit/Rudi Palla/Brandstätter Verlag/2010　Von Kaffeeriechern,Abtrittanbietern und Fischbeinreißern/Michaela Vieser Irmela Schautz/Bertelsmann Verlag/2010

以下は論文や雑誌記事など、非書籍の資料です。

- 11・12世紀イングランドにおける告解制度 ——ノーリッチ司教ハーバート・ロジンガの司教区改革にみる—— / 田巻敦子 / 欧米の言語・社会・文化 14号 pp.43-64 / 新潟大学大学院現代社会文化研究科 / 2008
- 13世紀前半「教皇領」内における都市ローマ出身のポデスタ / 飛鳥馬一峰 / 人文研紀要 75号 pp.255-283 / 中央大学人文科学研究所 / 2013
- 14-15世紀イタリア諸都市における反ソドミー政策 ——フィレンツェとヴェネツィアを中心に / 高橋友子 / 立命館文學 558号 pp.625-652 / 立命館大学人文学会 / 1999
- 15世紀イタリアの遍歴説教 ——都市による説教依頼・交渉・融通 / 木村容子 / イタリア学会誌 57号 pp.239-264 / イタリア学会 / 2007
- 15・16世紀における中央ヨーロッパの鉱山業 ——ゲオルク・アグリコラ『デ・レ・メタリカ』(1556年) にみる / 小川知幸 / ヨーロッパ文化史研究 6号 pp.93-111 / 東北学院大学大学院文学研究科ヨーロッパ文化史専攻 / 2005
- 18世紀フランスにおける高利貸の問題 / 森岡邦泰 / 大阪商業大学論集 102号 pp.159-176 / 大阪商業大学商経学会 / 1995
- 19世紀パリの水まわり事情と衛生 / 大森弘喜 / 成城大學經濟研究 196号 pp.1-58 / 成城大学経済学会 / 2012
- Trial by Battle / Peter T. Leeson / Journal of Legal Analysis (1) pp.341-375 / Harvard University Press / 2011
- インカ帝国の文化「太陽の祭り」と記録法キープ ——一九六一年関西学院大学ペルー・アンデス探検学術報告 (1) —— / 川村大膳 / 人文論究 13巻 1号 pp.35-61 / 関西学院大学人文学会 / 1962
- 禿童異聞考 / 柳瀬喜代志 / 日本文学 46巻 5号 pp.25-34 / 日本文学協会 / 1997
- 規矩考 墨家の幾何学 / 岡本光生 / Liberal arts bulletin of Saitama Institute of Technology 28号 pp.66-56 / 埼玉工業大学基礎教育センター / 2010
- キリシタンの聖書 ——「徴税人」の翻訳をめぐって—— / 米井力也 / 日本文学 45巻 7号 pp.57-64 / 日本文学協会 / 1996
- 金のうんこ ——近世ドイツの鉱夫たちに / 吉田孝夫 / 大谷學報 83巻 3・4号 pp.29-51 / 大谷学会 / 2005
- 祇園社と犬神人 [含 質疑応答] / 山本尚友 / 講座・人権ゆかりの地をたずねて 2004 年度号 pp.45-71 / 世界人権問題研究センター / 2004
- 古代キリスト教探訪 (4) 司教と負債と高利貸し ——四世紀における借金地獄・続 / 土井健司 / 福音と世界 58巻 1号 pp.50-55 / 新教出版社 / 2003
- シエナのベルナルディーノの説教にみる「自然に反する罪」/ 木村容子 / イタリア学会誌 53号 pp.55-81 / イタリア学会 / 2003
- ジャーヒリーヤの盗賊詩人サアリークの類型化試論 実像と虚像の間で / 山本薫 / 日本中東学会年報 16号 pp.111-138 / 日本中東学会 / 2001
- 書評 アンドレ・ヴォシェ監修『フランスとイタリアの隠修士 (11-15世紀)』(エコール・フランセーズ・ド・ローム集成, 第313番) / 小野賢一 / 紀要 7号 pp.123-128 / 藤女子大学キリスト教文化研究所 / 2006
- 白河印地と兵法 ——義経記覚書 / 岡見正雄 / 國語國文 27巻 11号 pp.944-952 / 中央図書出版社 / 1958
- スリットとランツクネヒト ——十六世紀ドイツの傭兵像とその服飾 / 黒川祐子 / 服飾美学 37号 pp.1-16 / 服飾美学会 / 2003
- 訟師秘本と悪訟師のイメージ ——『珥筆肯綮』の分析—— / 夫馬進 / 明清司法運作中的權力與文化 / 學術研討會 / 2005
- 中世イギリスにおける高利貸資本 ——12・3世紀のユダヤ人の活動を中心として / 藤田重行 / 経済と経済学 10・11号 pp.211-240 / 東京都立大学経済学会 / 1963
- 中世犬神人の存在形態 / 三枝暁子 / 部落問題研究 162号 pp.2-34 / 部落問題研究所 / 2002
- 中世イングランドにおけるパードナーの研究 / 田巻敦子 / キリスト教史学 41号 pp.1-19 / キリスト教史学会 / 1987
- 中世ヴェネツィアの製塩業・塩商業をめぐる諸問題 コマッキオ・チェルヴィア・キオッジャの塩から / 城戸照子 / 大分大学経済論集 54巻 2号 pp.79-96 / 大分大学経済学会 / 2002
- 中世京都の犬神人 / 三枝暁子 / 年報都市史研究 10号 pp.11-22 / 山川出版社 / 2002
- 中世後期フェーデをめぐる諸問題 ——都市文書史料からの管見—— / 若曽根健治 / 西洋史学論集 39号 pp.54-70 / 九州西洋史学会 / 2001
- 中世賤民の社会経済的一考察 ——特に祇園社犬神人について / 野田只夫 / 京都学芸大学学報 A 文科 14号 pp.54-74 / 京都学芸大学 / 1959
- 中世パリの魚屋に関する法史料について ——刊本史料を使用するための若干の予備的検討—— / 髙橋清德 / 専修法学論集 106号 pp.117-143 / 専修大学法学会 / 2009
- 中世パリの漁師と魚屋 ——その職業規則から / 髙橋清德 / 専修大学法学研究所所報 35号 pp.19-45 / 専修大学法学研究所 / 2007
- 中世末からルネサンスにかけてのトスカーナのステンドグラスの色彩 アントニオ・ダ・ピサ『ステンドグラス制作術』の記述を中心として / 伊藤拓真 / GLASS 54号 pp.3-21 / 日本ガラス工芸学会 / 2010
- 中世末期・近世初頭のドイツ鉱山業と領邦国家 / 瀬原義生 / 立命館文學 585号 pp.42-83 / 立命館大学人文学会 / 2004
- トルコ近代史の一断面 ——エフェ・ゼイベキたちのこと / 永田雄三 / イスラム世界 18号 pp.36-49 / 日本イスラム協会 / 1981
- バスクにおける捕鯨の歴史 / Jean-Pierre Proulx 山浦清訳 / 貝塚 66号 pp.19-34 / 物質文化研究会 / 2010
- 匪賊たちの系譜学・第1部 / 山崎カヲル / コミュニケーション科学 32号 pp.3-30 / 東京経済大学コミュニケーション学会 / 2010
- フェーデ再考 / 土浪博 / 関東学院教養論集 12号 pp.143-148 / 関東学院大学法学部 / 2002
- フランケン・ウァフェーデの一考察 ——騎士の都市勤務を中心に—— / 若曽根健治 / 熊本ロージャーナル 2号 pp.57-94 / 熊本大学大学院法曹養成研究科 / 2008
- 平和形成としての紛争 ——フェーデ通告状の考察から—— / 若曽根健治 / 熊本法学 113号 pp.464-368 / 熊本大学法学会 / 2008
- 「ペルジーノ風」ステンドグラス ——一五〇〇年前後のジェズアーティ会修道士工房とフィレンツェの画家たち—— / 伊藤拓真 / 美術史 58巻 2号 pp.250-265 / 美術史學會 / 2009
- 北極圏地域における先住民生存捕鯨 アラスカとチュコトカの事例より / 浜口尚 / 北方民族文化シンポジウム報告書 17巻 pp.27-32/ 北方文化振興協会 / 2003
- 墨家思想の宗教的傾向と墨家集団の宗教結社的傾向について ——墨家の宗教性は、その本質か？方便か？ / 谷中信一 / 人文科学 15号 pp.111-125 / 大東文化大学人文科学研究所 / 2010
- 墨家集團の質的變化 ——説話類の意味するもの—— / 淺野裕一 / 日本中国学会報 34号 pp.17-30 / 日本中国学会 / 1982
- 墨家集団論序説 ——墨家思想の再構成—— / 柴田昇 / 名古屋大学東洋史研究報告 23号 pp.1-24 / 名古屋大学東洋史研究会 / 1999
- 墨家衰微考 / 沼尻正隆 / 漢學研究 22・23号 pp.49-65 / 日本大學中國文學會 / 1985
- 墨家の守禦した城邑について / 渡辺卓 / 東方学 27号 pp.33-47 / 東方学会 / 1964
- 墨家の兵技巧書について / 渡辺卓 / 東京支那学報 3号 pp.1-19 / 東京支那学会 / 1957
- 墨俠 / 増淵龍夫 / 一橋論叢 32巻 4号 pp.455-474 / 日本評論新社 / 1954
- 明末清初の訟師について ——旧中国社会における無頼知識人の一形態—— / 川勝守 / 九州大学東洋史論集 9巻 pp.111-129 / 九州大学文学部東洋史研究会 / 1981
- ラウレイオン銀山における鉱山採掘権の問題 / 伊藤貞夫 / 史学雑誌 68巻 8号 pp.921-948 / 山川出版社 / 1959
- ルネサンスのトスカーナにおけるステンドグラス研究の諸問題 ——ガラス師の芸術性を巡って / 伊藤拓真 / GLASS 50号 pp.13-25 / 日本ガラス工芸学会 / 2007
- 論文評 ユダヤ人高利貸像再考 / 佐々木博光 / 史林 88巻 3号 pp.461-468 / 史学研究会 / 2005

謝辞

浅学の徒である筆者が本書および本シリーズを
執筆するにあたっては、幾多の人びとのお力添え
を頂きました。この場を借りて御礼申し上げます。

　メロンブックスの誇り高き同人管理部のＡ氏、Ｙ氏には同人版の委託
通販に関してお世話になりました。氏のプッシュがなければ同人版がシリー
ズ化することはなく、この商業版の刊行に至ることもなかったでしょう。
　長田龍太氏、及び現役剣士のＶ卿、Ｎ卿からは特に西欧の武術関
連の事柄に関して、多くの知恵を賜りました。
　中世ドイツの突っ込んだところを研究しておられる森貴史先生には、代
闘士や決闘請負人に関する情報を提供いただきました。
　絵描き仲間のarohaJ氏には、花売り娘と墓掘りのキャラデザをご協
力頂きました。あと即売会に際しては売り子等でもご協力頂いております。
　○。○漫画界隈の泰斗であらせられるＭ師からは、火消しの武器デ
ザインをお借りしました。また「薄くない薄い本」という意味で、師の同
人誌は本書の目標でもありました。
　商業版出版にあたり、誤字脱字に溢れ、読みやすさを放棄したかのよ
うな同人版を、まともな本になるよう尽力下さった一迅社、桜雲社の編集・
校正人に対しても足を向けては寝られません。

　勿論、参考にさせて頂いた幾多の文献の著者・編者の方々もまた然り
です。金持ちになったらウンベルト・エーコ著、ジャック・ル・ゴフ時代考
証のペアに異世界転生ファンタジー小説を書かせるのが夢だったのです
が、本書が出る前に両人とも手の届かぬ場所に行ってしまわれました。

　最後に、これまで本シリーズをご贔屓にして頂いた一般参加者及び読
者の皆様方に御礼申し上げます。当初は赤字前提の企画だった本シリー
ズが無事完結し、更には商業版出版にまでこぎつけることができたのは、
皆々様による支援のおかげです。

索引兼総覧

悪党(228p)
鎌倉期に武力で公の秩序に逆らった人びとの通称。やがてちんぴらから一種のやくざ組織へと成長した。

アサシン(250p)
イスラム教の過激派の闘士。継続的な暗殺によって政治的目的を達するという中世的テロリズムの体現者。

石工(134p)
欧州の象徴たる石造建築物に欠かせぬ石材加工職人。親方クラスは建築家として現場の職人たちを指揮した。

異端審問官(128p)
みんな大好き異端審問官。教皇直属の対異端スペシャリストだが、立場を利用して暴走することも。

犬神人(136p)
名前がかっこいい中世日本の賤民。寺社に仕えた隷属民としていろんな仕事をしたよ。

隠修士(42p)
修道士の上級職。原始キリスト教の使徒のような清貧を目指して俗世を離れ、砂漠や森林で生活した。

ヴァイキング(72p)
10世紀前後に欧州中を荒らし回った北欧民族。工芸、商業、戦闘、略奪、航海と多芸。

ヴァリャーギ(96p)
北欧のヴァイキングがビザンツ帝国の皇帝親衛隊になったもの。その精神はヴァイキングのままだった。

鵜飼(68p)
文字通り。現代は長良川の鵜飼が有名だが、かつてはもっと広範に行われ、その意義も様々だった。

乳母(26p)
実親の代わりに子供を育て、授乳も行う女性。上流階級のみならず、庶民や捨児なども己の乳で育てた。

煙突掃除人(220p)
「貧しい子供」の仕事の代表。重労働に子供をあてがう搾取システムは多くの同情を生んだ。

傘貸し屋(10p)
日焼けしたくないパリ人のために傘を貸すお仕事。ニッチ産業。遮蔽物のない橋の上が仕事場。

カストラート(166p)
少年の声を保つために意図的に去勢させられた歌手。教会聖歌隊やオペラの支配者として君臨した。

担ぎ屋(44p)
田舎を渡り歩く小間物の行商人。しがない商売だったが、田舎では有り難がられた模様。

かむろ(224p)
平清盛さんが創設した、京都周辺の憲兵もどき。赤い服+おかっぱ。これで女の子だったらなあ。

からくり技師(188p)
江戸や欧州で流行った、人型機械の設計者。当時最高峰の学問と技術を持っていた。

皮剥ぎ(234p)
動物の死骸処理をする。死刑執行人と並ぶ、中世二大賤業の片方であり、執行人と同様「死」の処理人。

キプカマヨク(194p)
インカ特有の縄文字の使い手。インカ社会におけるインテリであり、名士として人々を指導した。

吟遊詩人(88p)
宮廷詩人や放浪楽師を混ぜた抽象概念。詩と音楽を奏で各地を渡り歩いた。本書では楽師として登場。

公人朝夕人(100p)
将軍が御所で尿意を催した際に尿筒をそっと差し出す係。現実には名前だけの職だった。

汲み取り人(256p)
黄金掘りなどと揶揄された中世便所掃除人。欧州でも糞尿は色々と再利用された。言うまでもなく賤業。

鯨骨職人(180p)
鯨ひげ(鯨骨)を加工する職人。鯨骨はプラスチックに近い存在であり、コルセット等に使われた。

剣士(102p)
武術の専門家として、決闘裁判の進行や武術教師として活動した人たち。長年存在を忘れられていた。

剣闘士(152p)
古代ローマの闘技場で命を削った見世物戦士。社会の底辺だったが、その剣闘に人々は熱狂した。

鉱山奴隷(266p)
主に古代の鉱山で採掘に当てられた奴隷や犯罪者。「最悪の仕事」を一つ挙げるとしたら、本書的にはこれ。

公示人 (12p)
町の触れ役。王侯のお触れから探し物依頼まで、色々と町の四つ辻で触れ回った。意外とエリート。

公証人 (202p)
各種文書の法的効力を裏付けする法律専門家。イタリアではインフラの一部とも言えた。ローマ大好き。

高利貸し (208p)
金貸しは昔から様々な理屈によって悪行とされた。彼らはそんな社会にあって尚、金を貸して富を築いた。

粉ひき (24p)
中世の最新技術たる水車で小麦粉を製粉した人。領主と民衆の中間の立場故に嫌われた。

コーヒー嗅ぎ (230p)
プロイセンにおける違法焙煎取締官。元軍人や傷痍軍人で構成され、暴力的な取り締まりで嫌われた。

魚売り女 (22p)
西洋のオバタリアン。西洋では魚売り女は歴史を通して「がさつな女」の代名詞であり続けた。

三助 (176p)
銭湯でマッサージとか色々な仕事をした下働き。意外なことに、色々な職業の母体となった。

死刑執行人 (158p)
首切り役人。人を斬り殺すことを仕事とする彼らは、賤業の中の賤業として忌み嫌われた。でも儲かった。

持衰 (76p)
「魏志倭人伝」に登場する船旅の祈祷役。無事航海できれば褒美を貰え、嵐に遭えば殺されたという。

ジプシー (36p)
インド起源とされる放浪民。中近世の欧州においては胡散臭い存在とみなされていた。

写本師 (132p)
印刷がない時代に本を手作業で写本した職人。かつては修道士だったが、やがて俗人も参入した。

狩狼官 (62p)
狼狩りの専門家。狼に関する狩猟の権利を独占していたが、越権と無能のためにあまり役に立たなかった。

訟師 (204p)
中国の訴訟屋。無知な一般市民を焚きつけて訴訟を起こさせ金を絞りとったろくでなし。

神殿騎士 (112p)
十字軍運動と連動して誕生した戦う修道士。対イスラム戦争の主力となった。説得に応じてくれない。ケチ。

説教師 (14p)
民衆教化のために教会や広場で教えを説いた僧侶。中世におけるマスメディアとしての役割も果たした。

鮮魚飛脚 (70p)
飛脚の特殊版。新鮮な魚を偉い人に届けるという問題は、古今の東西を問わずに大いなるテーマだった。

戦車競走手 (154p)
古代ローマの一大娯楽だった戦車競走の選手。25万人の注目の中を駆け抜けるスターの中のスター。

占星術師 (94p)
当時は立派な学問だった星占いの専門家。中世では医学とも密接な関係を持っていた。

洗濯女 (18p)
足踏みなどとも。洗濯棒が登場する前は、衣類の入った桶を足で踏んで洗った。生足ふともも。

漕刑囚 (78p)
「ガレー船漕ぎ」の刑を受けた犯罪者。その刑は重く、服役中に死亡するものもかなりいた。

染物師 (184p)
化学染料なき時代、色を作ることは容易ではなかった。そんな中世化学の結晶に挑む安賃金労働者。

太鼓持ち (246p)
各種の宴席を盛り上げる専門家。名前の印象に反して、己を殺すストイックな仕事人でもあった。

代書人 (200p)
文字が書けない者のため、お上への嘆願や恋文等、各種文書作成を代行した。写本師の妹（本書設定）。

代闘士 (206p)
中世の裁判形式である「決闘裁判」において、その代理人を務めた仕事人。あんまり良民ではなかった。

ダウザー (258p)
曲がった針金で地中の物を見つけるという噂のアレ。中世では鉱脈や水脈発見を仕事とした。

鷹匠 (58p)
王侯貴族が好んだ高貴なる鷹狩りのために鷹を飼育した人。立場的には技術系公務員。

調香師 (182p)
「香り」という存在は常に金持ちの関心を引き続け、そこには大きな市場が存在した。ただし中世を除く。

聴罪師 (122p)
キリスト教文化の一つである告解の専門家。一種のカウンセラーに近い役割も担った。

徴税請負人 (210p)
為政者の代わりに徴税業務を請け負う事業者。儲かる仕事だったが、悪辣な取り立てで悪名を残した。

提灯持ち (244p)
夜道においてランプを持って先導してくれる人。時にその実態は警察だったり犯罪者だったりもした。

綱職人 (186p)
船や絞首刑に不可欠な綱を作る職人。刑吏との縁のためか、著しく嫌われた。

闘牛士 (150p)
ご存じスペインの名物(やや過去形)。かつては凄まじい人気を誇ったが、中世にも実は闘牛はあったのだ。

道化師 (92p)
王侯お抱えの愚者。愚者であるが故に失礼なことを言っても許された。吟遊詩人同様、芸人の一種でもある。

盗賊騎士 (50p)
私戦の権利を乱用して都市や敵から金を巻き上げた騎士。騎士黄昏の時代の一幕。

塔守 (138p)
町や教会の塔に住み着き、時報代わりのラッパや、危険を知らせる角笛を鳴らしたりした。賤業。

どぶさらい (254p)
近代ロンドンの下水道で金目の物を漁ったひと。他のクズ拾い系職業とは異なり冒険者的精神を持っていた。

鳥刺し (60p)
鳥を捕まえる専門家。食用以外にも、鷹狩用鷹の餌など、地味なところで様々な活動を支えていた。

ドルイド (64p)
ケルト世界の神官でありまた諸々の知的活動を司ったえらいひと。訓練に20年の期間を要したとも。

泣き女 (156p)
泣き叫んで葬儀をもり立てるお仕事。韓国のものが比較的知られているが、実は世界中どこにもいた。

偽乞食 (214p)
「乞食への施し」を救済手段と位置づけたキリスト教社会の裏をかいた人たち。あの手この手で物乞いをした。

ハイランダー (38p)
スコットランド高地の、尚武の気風を守る戦士。勇猛だが貧乏。そのため傭兵になったり防具がショボかったり。

墓泥棒 (252p)
文字通り墓荒し。彼らのメッカはエジプトや中国で、何千年に渡って墓という墓を荒らし続けた。

墓堀り (242p)
墓地の管理人。古代ローマでは、キリスト教の地下墓地「カタコンベ」を掘る職人だった。

伯楽 (34p)
馬の鑑定の専門家。他にも獣医や馬商といった側面もあり、そちらは馬喰などと呼ばれた。中国が本場。

抜歯屋 (164p)
各地を遍歴し、見世物として医療を行った大道医の一種。力任せに歯を抜く行為は見世物になった。

花売り娘 (222p)
都市の零細商売その1。調べた限りでは、売春との親和性はネットで囁かれるほどには高くない。

パン屋 (16p)
文字通りパン屋。しかし彼らは都市民の胃袋を支える、半ば公の機関という側面も持っていた。

飛脚 (52p)
大学や王侯に雇われ、彼らの伝令官として走り回った。特にかつてはエリートが務める職だった。

火消し (162p)
江戸時代の消防士。喧嘩属性と火事属性を兼ね備えた江戸の象徴的存在として大いに人気があった。

匪賊 (46p)
中国やバルカンで栄えた賊の一種。農民・盗賊・部族の中間にいるような微妙な立場のひとたち。

羊飼い (32p)
農民や都市民の羊を預かり、春夏の間に世話をする仕事。余所者であるが故に蔑視の対象だった。

ビール妻 (20p)
ビール造りが女性の仕事だった頃のビール醸造職人兼居酒屋の女将さん。半ズボン。

祓魔師 (124P)
悪魔祓いの専門家。キリスト教ではエクソシストと呼ばれ、その立場は時代によって色々だった。

ベナンダンティ (28p)
イタリア北東部の田舎にかつていた一風変わった魔術師。恐らくキリスト教以前の信仰の継承者。

ベルセルク (110p)
北欧の神話等に登場する戦闘バカ。伝承と現実の間の存在だが、その野獣性の源は不明のまま。

遍歴学生 (40p)
勉学を放り出して放浪者となった学僧。風刺的精神に溢れ、中世のサブカルチャー的文化を生んだ。

放浪教師 (198p)
学校教育の概念が未発達だった中世にあって、移動しながら教えを施した教師たち。

墨家 (116p)
古代中国の組織的思想家集団。ストイックな活動で知られるが、ストイック過ぎて消えていった。

ポデスタ (196p)
イタリア社会で採用された、お雇い外国人都市長官。やがて、都市間を移動する統治の専門家となった。

募兵官 (232p)
近世の軍隊には必要不可欠な募兵業務を担当したひと。その暴力的な仕事っぷりは実に近代的。

マッチ売り (218p)
都市の零細物売り。昔のマッチは自力で発火しなかった。アンデルセンによって童話となった。

マムルーク (114p)
イスラームのエリート奴隷兵。有力者の私兵として権力を握り、そのまま支配者にまでなってしまうこともあった。

水売り (8p)
家々に水を運んで売る肉体労働者。いかにも前近代的な仕事だが、前世紀初頭頃にはまだ存在した。

免罪符売り (130p)
告解文化の延長に存在する役職。金と引き換えに罰を許すのが仕事だが、やがて集金マシーンと化した。

銛打ち (74p)
鯨取りを生業とする熟練漁師。中でも鯨と最も格闘する銛打ちは尊敬される立場にあった。

森番 (56p)
王侯の所有物であるところの森林を他者から守る番人。地元の住民からは権力者の手先として嫌われた。

紋章官 (148p)
紋章の専門家。式部官の一種として外交や首実検、馬上槍試合の運営などで宮廷生活を支えた。

鉱山師 (260p)
中世の鉱山業を支えた誇り高い独立自営業者。人里離れた山の中で高い技術を発揮した。

遊侠 (226p)
中国社会のアウトサイダー。良く言えば水滸伝的義賊であり、悪く言えばいわゆるヤクザ。

夜の役人 (238p)
いわゆる同性愛取締官。キリスト教社会では同性愛は犯罪だったので、こういう人たちもいるにはいた。

ランツクネヒト (104p)
中世末にドイツで生まれた自己主張の激しい傭兵たち。評価は色々だが、少なくとも名は残した。

理髪外科医 (174p)
欧州では伝統的に床屋が医者を兼ねていた。ただしあまり真っ当な職業とはみなされていなかった。

錬金術師 (190p)
実験を通じて神の神秘への到達を目指した中世流の「化学者」。ペテン師とは紙一重。

蝋燭番 (240p)
獣脂蝋燭には必須である芯切り作業を担った人たち。目立たないが必要な作業でもあった。

渡し守 (66p)
欧州の川は日本に比べて大きいので、渡し守の活動の場も広かった。悪行を積む機会も。

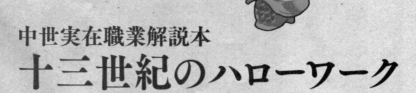

中世実在職業解説本
十三世紀のハローワーク

2017年2月 1日　初版発行
2017年3月29日　第3刷発行

著者　　　グレゴリウス 山田

編集協力　株式会社桜雲社
本文デザイン　株式会社センターメディア

発行者　　杉野庸介

発行所　　株式会社一迅社
　　　　　〒160-0022　東京都新宿区新宿2-5-10 成信ビル8F
　　　　　電話　03-5312-6851（編集）
　　　　　電話　03-5312-6150（販売）

印刷・製本　大日本印刷株式会社

装幀　　　圀夢見(imagejack)

本書のコピー、スキャン、デジタル化などの無断複製は、
著作権法上の例外を除き禁じられています。
本書を代行業者などの第三者に依頼してスキャンやデジタル化をすることは、
個人や家庭内の利用に限るものであっても著作権法上認められておりません。

落丁・乱丁本は株式会社一迅社販売課までお送りください。送料小社負担にてお取替えいたします。

定価はカバーに表示してあります。

ISBN978-4-7580-3255-1
©グレゴリウス 山田／一迅社2017　Printed in JAPAN